riften zum deutschen und
ernationalen Persönlichkeits- und
materialgüterrecht

d 49

ausgegeben von Professor Dr. Haimo Schack, Kiel,
sionierter Direktor des Instituts für Europäisches und
ernationales Privat- und Verfahrensrecht

V&R unipress

Nico Einfeldt

Open Content Lizenzen und das Bearbeitungsrecht

V&R unipress

MIX
Papier aus verantwortungsvollen Quellen
FSC® C083411
www.fsc.org

Bibliografische Information der Deutschen Nationalbibliothek
Die Deutsche Nationalbibliothek verzeichnet diese Publikation in der Deutschen Nationalbibliografie; detaillierte bibliografische Daten sind im Internet über http://dnb.d-nb.de abrufbar.

Gedruckt mit freundlicher Unterstützung der Studienstiftung ius vivum.

Druck und Bindung: CPI books GmbH, Birkstraße 10, D-25917 Leck
Printed in the EU.

Vandenhoeck & Ruprecht Verlage | www.vandenhoeck-ruprecht-verlage.com

ISSN 2198-6398
ISBN 978-3-8471-1107-8

Inhalt

Vorwort

Die vorliegende Arbeit wurde im Wintersemester 2019/2020 als Dissertation von der Rechtswissenschaftlichen Fakultät der Christian-Albrechts-Universität zu Kiel angenommen. Sie entstand während meiner Zeit als wissenschaftlicher Mitarbeiter am Lehrstuhl von Herrn Prof. Dr. Haimo Schack, dem mein ganz besonderer Dank gilt. Die Zeit an seinem Lehrstuhl war geprägt von diversen Seminaren und Exkursionen sowie seiner stets offenen Tür. All das werde ich in sehr guter Erinnerung behalten!

Weiter danke ich Herrn Prof. Dr. Jickeli für die zügige Erstellung des Zweitgutachtens. Der Studienstiftung ius vivum danke ich für den überaus großzügigen Druckkostenzuschuss.

Bedanken möchte ich mich auch bei meinen »Durchschnittsprogrammierern« Lasse Einfeldt und Nils Malte Jung, die mir bei technischen Fragen stets mit viel Geduld zur Seite standen. Darüber hinaus danke ich Dr. Florian Jotzo für die vielen anregenden Diskussionen und Dr. Jan Hendrik Schmidt, der ein Teil meines Manuskripts durchgesehen hat. Besonderen Dank schulde ich meinem Freund, Laufpartner und Motivator Max Dregelies für diverse Diskussionen und die kritische Lektüre meines Manuskripts. Die diskussionsreichen »Kaffeerunden« am Lehrstuhl werde ich vermissen.

Mein Manuskript schonungslos auf Fehler durchforstet hat meine Freundin Marlene Schulz. Sie lässt mich glücklich in die Zukunft blicken. Ihr gilt mein größter Dank!

Zuletzt bedanke ich mich bei meinen Eltern Birgit Romig und Reinhard Einfeldt, die mir mein Studium ermöglicht und mich immer ermutigt haben, meinen eigenen Weg zu gehen.

Einleitung

Linux ist spätestens seit den 2000er Jahren vielen ein Begriff und wird häufig als Paradebeispiel für Open Source Software genannt.[1] Während manche bei Linux noch an ein Betriebssystem für »Computerfreaks« denken, sieht die Wirklichkeit heute anders aus: Linux bzw. Teile davon sind längst in unserem Alltag angekommen. Das zurzeit am meisten benutzte Betriebssystem für Smartphones (Android) basiert auf Linux.[2] Open Source Software ist damit (oft unbemerkt) Bestandteil des täglichen Lebens vieler Menschen geworden. Und nicht nur Smartphones nutzen Open Source Software: Auch Haushaltsgeräte, Autos, Router und Server funktionieren häufig auf der Basis von quelloffenen Computerprogrammen. Diese sind günstig und gelten als sicherer im Vergleich zu nicht quelloffenen Programmen. Daher hat die Stadt München bereits 2004 den Versuch gewagt, alle Rechner auf Linux umzustellen.[3] Obwohl sich der Stadtrat München 2017 für eine Rückkehr zum Betriebssystem Windows entschied und das Projekt somit beendete, hat sich der Schleswig-Holsteinische Landtag im Juni 2018 einstimmig[4] für den Einsatz von Open Source Software in der Verwaltung ausgesprochen.[5] Das Unabhängige Landeszentrum für Datenschutz Schleswig-Holstein unterstützt diesen Vorstoß:[6] Die Transparenz, die ein einsehbarer Quellcode liefert, führe dazu, dass die Datenverarbeitung besser beherrschbar sei und ermögliche so mehr Datenschutz. Mehr Transparenz wünschte sich auch die Berliner Rechtsanwaltskammer nach diversen Sicherheitslücken beim elektronischen Anwaltspostfach. Sie forderte, den eingesetzten Quellcode offenzulegen, um so das Vertrauen in die Software zurückzugewin-

1 Zur Entwicklung von Linux *Grassmuck*, Freie Software, S. 227 ff.
2 Linux erobert mit Android die Smartphones der Welt, abrufbar unter: https://t1p.de/SZ-Linux.
3 Das sog. LiMux-Projekt. Dazu *Thoma*, Die tragische Geschichte eines Leuchtturm-Projekts, https://t1p.de/Leuchtturm.
4 Bei Enthaltung des SSW, Plenarprotokoll 19/32, S. 2293.
5 Schleswig-Holsteinischer Landtag Drs. 19/756; Plenarprotokoll 19/32, S. 2293.
6 Pressemitteilung des ULD vom 18.6.2018, https://t1p.de/ULDSH.

nen.[7] Zuletzt forderte die deutsche Bundesregierung in einer Stellungnahme zur Richtlinie über das Urheberrecht im digitalen Binnenmarkt[8], dass die EU den Einsatz von quelloffener Programme unterstützt, sofern technische Lösungen (etwa Upload-Filter) zum Einsatz kommen sollten.[9] Auch die Bundesregierung begründete dies mit der Transparenz, Interoperabilität und Standardisierung, die Open Source Software biete.

Aber nicht nur Software, auch andere Inhalte stehen Nutzern als Open Content zur freien Verfügung und ersetzen wie zB Wikipedia sogar traditionelle, kommerzielle Produkte – etwa den Brockhaus oder die Encyclopedia Britannica.[10] Darüber hinaus gibt es im Internet diverse Plattformen, auf denen Nutzer Fotos, Videos, Musik und andere Inhalte unter freien Lizenzen anbieten.[11] Die kostenlose Verwertung von Open Content ist erst durch Lizenzierung möglich. Open Content betrifft Werke, die unter einer bestimmten Lizenz angeboten werden.

Bei großen Open Content Projekten ergibt sich die Schwierigkeit, dass die Inhalte gemeinsam von vielen Menschen geschaffen werden, die aus verschiedenen Nationen kommen und einander oft nicht einmal kennen.[12] Da hierbei häufig urheberschutzfähige Werke entstehen, fragt sich wie und wem die Werke urheberrechtlich zugeordnet werden können. Insbesondere deren sukzessive Erweiterung und Veränderung wirft in diesem Zusammenhang Probleme nicht nur der (Mit-)Urheberschaft, sondern auch der zugrundeliegenden Lizenzen auf.

Die folgende Untersuchung widmet sich nach einer kurzen Einführung zu Open Content in ihrem 1. Teil der urheberrechtlichen Zuordnung der Werke. Im 2. Teil wird exemplarisch anhand von drei Lizenzen dargestellt, welche rechtlichen Beziehungen zwischen den verschiedenen Beteiligten bestehen. Im 3. Teil geht es darum, wie die Rechtsdurchsetzung bei Werken mit vielen Urhebern gelingen kann, wie das Open Content Modell aber auch ausgenutzt und in sein Gegenteil verkehrt werden kann. Der 4. Teil schließlich widmet sich dem Kol-

7 Pressemitteilung des RAK Berlin vom 22.3.2018, https://t1p.de/RAK.

8 Richtlinie (EU) 2019/790 vom 17.4.2019 über das Urheberrecht und die verwandten Schutzrechte im digitalen Binnenmarkt und zur Änderung der Richtlinien 96/9/EG und 2001/29/EG.

9 Erklärung der deutschen Bundesregierung zum Richtlinienvorschlag über das Urheberrecht und verwandte Schutzrechte im Digitalen Binnenmarkt in der Fassung des Trilog-Kompromisses vom 13.2.2019, Rat der EU 2016/0280 (COD), 7986/19ADD 1 REV 2, S. 4.

10 *Mezger*, in: Rechtsquelle Wikipedia?, S. 9. Kritisch gegenüber Wikipedia *Czychowski*, in: Fromm/Nordemann GPL Rn. 6; *Bernau*, Die Wikipedia stößt an ihre Grenzen, FAS 17.2. 2019, S. 17.

11 Auf SoundCloud, flickr und Europeana sind u. a. Open Contents zu finden.

12 An Linux sollen bereits über 13.000 Menschen gearbeitet haben, *Jaeger/Metzger*, OSS, Rn. 22a. Zur Motivation der Beteiligten *Spindler*, in: FS Schäfer, S. 89ff.

lisionsrecht: Da die Urheber von Open Content in aller Regel nicht alle aus demselben Land stammen und die Veränderungen überall auf der Welt vorgenommen und verwertet werden, wird untersucht, welches nationale Urheber- und Vertragsrecht auf den jeweiligen Fall anwendbar ist.

1. Teil: Open Content

A. Begriffsbestimmungen und historische Entwicklung

Um zu definieren, was unter Open Content zu verstehen ist, lohnt sich ein kurzer Blick auf die Entwicklung von freier Software[13] hin zu Open Content.

I. Open Source Software

Seit Ende der 1970er Jahre ist es üblich, Software zu veräußern, ohne Zugriff auf ihren Quellcode zu gewähren.[14] Erwerber können diese, wenn nötig, installieren und bestimmungsgemäß verwenden. Darüber hinausgehende Interessen haben die meisten Anwender nicht. Ihre Bedürfnisse sind erfüllt, wenn das Programm läuft, ohne abzustürzen. Hat der Nutzer indes ein Interesse daran, die Software zu verbessern, weiterzuentwickeln oder an seine Bedürfnisse anzupassen, dann muss er sie verändern. Dafür braucht er Zugang zu ihrem »Kern«, dem Quellcode. Wenn dieser nicht offengelegt wird, bleibt dem Nutzer eine Veränderung des Computerprogramms verwehrt. Solche Software, deren Quellcode für den Erwerber unzugänglich[15] ist, wird proprietäre Software genannt.[16]

---

13 Software wird als Oberbegriff verstanden, unter den nicht nur das Computerprogramm, sondern auch Begleitmaterial (etwa Benutzungshinweise) fällt. Dazu BGHZ 94, 276, 283f. – Inkasso-Programm und ausführlich *Marly*, GRUR 2012, 773, 774ff. Vorliegend werden die Begriffe synonym verwendet. Zur Funktionsweise von Computerprogrammen *Karl*, Urheberrechtlicher Schutzbereich von Computerprogrammen, S. 23ff.

14 *Grassmuck*, Freie Software, S. 202.

15 Es besteht die Möglichkeit, den Quellcode zu dekompilieren. Allerdings ist dies aufgrund des Umfangs heutiger Computerprogramme und der Fehleranfälligkeit eher theoretischer Natur und zudem nur in den engen Grenzen von § 69e UrhG zulässig; vgl. *Rosenkranz*, Open Contents, S. 12; *Karl*, urheberrechtlicher Schutzbereich von Computerprogrammen, S. 36f.

16 *Rosenkranz*, Open Contents, S. 11; *Teupen*, Copyleft, S. 33; *Koglin*, Opensourcerecht, S. 1; kritisch *Jaeger/Metzger*, OSS, Rn. 3.

Erst nachdem sich ein eigenständiger Markt für Software entwickelt hatte,[17] gab es Bestrebungen, den Quellcode geheim zu halten und die – daran möglicherweise bestehenden – Rechte durchzusetzen.[18] Das führte dazu, dass bereits Anfang der 1980er Jahre fast sämtliche Software ohne Offenlegung des Quellcodes vertrieben wurde.[19] Einige Programmierer kritisierten diesen Zustand aus idealistischen Gründen, da die fehlende Offenheit den Prinzipien der gewachsenen Hacker[20]-Szene entgegenstand: Es war üblich, sich gegenseitig zu unterstützen und Problemlösungen zu teilen.[21] Wenn nur die jeweiligen Software-Entwickler Zugriff auf den Quellcode haben, verlangsamt dies die Fehlerbehebung und Verbesserung der Software.[22]

1. Der Weg zur freien Software

Richard Stallman, der als »Vater der freien Software«[23] bezeichnet wird, gründete bereits 1985 die Free Software Foundation (FSF), um ein Betriebssystem zu entwickeln und es mit Zugang zum Quellcode anzubieten.[24] Die Idee für sein Betriebssystem entstammte dem proprietären Betriebssystem Unix. Stallman wollte eine Alternative zu Unix schaffen, ohne eine Zeile des geschützten Unix-Quellcode zu übernehmen.[25] Beim Namen seines Betriebssystems bezog er sich auf Unix und distanzierte sich gleichzeitig davon, indem er es GNU (für: Gnu's not Unix) nannte.[26] Zu großem Erfolg gelangte das Betriebssystem allerdings erst mit dem Kernel[27] von Linux. Dieser ist Teil des Betriebssystems, das der

17 Ausführlich zur Entwicklung von Software zum eigenständigen Wirtschaftsgut *Grassmuck*, Freie Software, S. 202 ff.

18 Zum Rechtsschutz für Computersoftware *Marly*, Softwarerecht, Rn. 33 ff., zur Historie Rn. 59 ff.

19 *Jaeger/Metzger*, OSS, Rn. 15; *Grassmuck*, Freie Software, S. 221.

20 Das Wort »Hacker« meint in diesem Zusammenhang leidenschaftliche Programmierer, die Programme austauschten und gemeinsam entwickelten. Die heute geläufige Bedeutung als »Computer-Einbrecher« hat sich erst später entwickelt. Dazu *Grassmuck*, Freie Software, S. 218, 221; *Lessig*, Free Culture, S. 154.

21 *Jaeger/Metzger*, OSS, Rn. 15, *Grassmuck*, Freie Software, S. 219.

22 Vgl. *F. A. Koch*, CR 2000, 273, 280. *Grassmuck*, Freie Software, S. 242 f. berichtet, dass »Bugs« im Open Source-Betriebssystem Debian GNU/Linux in vielen Fällen binnen 24 Stunden behoben werden oder zumindest eine Lösung für das Problem angeboten wird. Zur Effizienz *Bitzer/Schröder*, in: Open Source JB 2007, S. 185 ff.

23 *Jaeger/Metzger*, OSS, Rn. 15.

24 *Stallman*, Free Software, S. 11. Dafür gab er seine Anstellung am Massachusetts Institute of Technology auf, da dieses sonst als Arbeitgeber das Urheberrecht an der Software erlangt hätte, vgl. *Stallmann*, aaO, S. 13. Zum Grundsatz des »work made for hire« in 17 USC § 201 lit. b *Rosenkranz*, Open Contents, S. 136; *Schack*, UrhR, Rn. 301.

25 *Jaeger/Metzger*, OSS, Rn. 15; *Grassmuck*, Freie Software, S. 222 f.

26 *Stallman*, Free Software, S. 26.

27 Der Kernel ist der zentrale Bestandteil eines Betriebssystems, auf dem weitere Bestandteile aufbauen.

finnische Student *Linus Torvalds* programmierte und ebenfalls frei zugänglich machte. Das neue Betriebssystem GNU/Linux[28] war aufgrund seines Erfolgs ein Meilenstein für frei zugängliche und veränderbare Software und gilt noch heute als Vorzeigemodell.[29]

Ein Blick auf die Entstehung dieses Modells zeigt, dass quelloffene Software gewöhnliche Software ist.[30] Doch die Offenlegung des Quellcodes allein genügt nicht, um die »Freiheit« der Software zu gewährleisten. Denn nur weil der Quellcodes einsehbar ist, darf das Programm noch nicht verändert, kopiert oder vertrieben werden. Um diese von den Schöpfern angestrebte Freiheit zu gewährleisten, müssen zusätzlich Nutzungsrechte eingeräumt werden. Es bedarf einer Lizenzvereinbarung.

Daher entwickelte Stallman die GNU General Public License (GPL)[31]. Mit dieser Lizenz werden die erforderlichen Rechte eingeräumt: Lizenznehmer dürfen die Software zweckunabhängig nutzen, vervielfältigen, vertreiben und verändern, ohne dass Lizenzgebühren anfallen. Geknüpft ist diese Erlaubnis daran, dass die Lizenznehmer ihrerseits den Quellcode offenlegen und die Software unter derselben Lizenz anbieten.[32] Software, die unter diesen Bedingungen vertrieben wird, nennt die FSF *freie* Software. Dieser Begriff soll den Fokus auf die durch die Lizenz gewährleistete Freiheit legen, welche durch die eingeräumten Nutzungsrechte entsteht.[33]

2. Definition von Open Source Software

1998 wurde die Open Source Initiative (OSI) gegründet. Sie prägte den Begriff der *Open Source Software*, um dem Vertriebsmodell der freien Software mehr Akzeptanz zu verschaffen.[34] Die bisherige von der FSF geprägte Bezeichnung als »freie« Software verstanden viele Unternehmen als unwirtschaftliche und geschäftsschädigende Schenkungen.[35] Da in der Sache keine Unterschiede beste-

---

28 GNU/Linux ist heute eher bekannt als Linux.

29 *Rosenkranz*, Open Contents, S. 19.

30 *F. A. Koch*, CR 2000, 273; *Jaeger/Metzger*, OSS, Rn. 3.

31 Text (in Auszügen) in Anhang 3. Zudem abrufbar unter https://www.gnu.org/licenses/gpl-3.0.de.html, eine inoffizielle deutsche Übersetzung unter http://www.gnu.de/documents/gpl.de.html.

32 *Stallman*, Free Software, S. 5; zum Copyleft s. unten S. 24.

33 *Stallman*, Free Software, S. 3 ff. Pointiert, S. 3: »*Thus, ›free software‹ is a matter of liberty, not price. To understand the concept, you should think of ›free‹ as in ›free speech‹ not as in ›free beer‹.*« *Stallmann* ist gegen den Begriff Open Source Software, dazu aaO, S. 75 ff.

34 *Grassmuck*, Freie Software, S. 230; *Jaeger/Metzger*, OSS, Rn. 4.

35 *Jaeger/Metzger*, OSS, Rn. 4; ausführlich *Grassmuck*, Freie Software, S. 230 ff.

hen, werden die Begriffe »Open Source Software« und »freie Software« in der folgenden Darstellung synonym verwendet.[36]

Damit ein Computerprogramm zu Open Source Software wird, muss die Lizenzvereinbarung bestimmten Anforderungen genügen. Dabei werden die von der OSI aufgestellten Voraussetzungen[37] heute vielfach für eine Definition herangezogen. Das bietet sich an, weil die OSI Open Source Software Lizenzen zertifiziert und sie im übrigen auch den Anforderungen anderer Initiativen ähneln.[38] Die Lizenz erhält ein solches »Siegel«,[39] wenn u. a. die freie Weitergabe zulässig, der Quellcode frei verfügbar und die Bearbeitung erlaubt ist. Darüber hinaus muss die Software zweckunabhängig lizenziert werden. Eine Lizenz, die diese Voraussetzungen erfüllt und von der OSI erfolgreich geprüft worden ist, darf als »OSI Certified« bezeichnet werden.[40] Die zertifizierten Lizenzen sind jedoch keineswegs identisch; Unterschiede ergeben sich daraus, dass sie an verschiedene Bedürfnisse angepasst sind. Sie unterscheiden sich insbesondere darin, ob sie die Einräumung der Nutzungsrechte an bestimmte Bedingungen knüpfen.[41] Zum Beispiel enthalten die von der FSF entwickelten GNU Lizenzen eine Copyleft-Klausel, während etwa die BSD Lizenz[42] auf eine solche Klausel verzichtet.

3. Freeware und Shareware

Aufgrund der begrifflichen Ähnlichkeit werden auch Freeware und Shareware häufig mit freier Software in Verbindung gebracht.[43] Doch beschreiben diese beiden Begriffe Vertriebsmodelle proprietärer Software: Freeware bezeichnet Software, die kostenlos genutzt werden darf.[44] Allerdings ist der Quellcode nicht offen zugänglich[45] und es dürfen regelmäßig keine Veränderungen vorgenommen werden[46]. Daher handelt es sich bei Freeware nicht um Open Source Soft-

36 Wie bei *Jaeger/Metzger*, OSS, Rn. 2; *Teupen*, Copyleft, S. 31, 34; *S. Meyer*, Miturheberschaft, S. 1; vgl. *Rosenkranz*, Open Contents, S. 12ff., *König*, Einfaches, unentgeltliches Nutzungsrecht, S. 26.

37 https://opensource.org.

38 *Stallman*, Free Software, S. 76.

39 https://opensource.org/osd; *Jaeger/Metzger*, OSS, Rn. 2; *Grassmuck*, Freie Software, S. 231 hält den Versuch der Zertifizierung mit einem Gütesiegel für gescheitert.

40 Eine Übersicht über die zertifizierten Lizenzen ist abrufbar unter: https://opensource.org/licenses/alphabetical.

41 Zum Copyleft s. unten S. 24 und ausführlich S. 105ff.

42 Berkeley-Software-Distribution Lizenz; dazu *Grützmacher*, ITRB 2006, 108ff.

43 *Schack*, UrhR, Rn. 611.

44 Etwa um eine neue Software bekannt zu machen und Interesse an ihr oder dem Unternehmen zu wecken, vgl. *Jaeger/Metzger*, OSS, Rn. 9.

45 *Teupen*, Copyleft, S. 35; *F. Schäfer*, Viraler Effekt, S. 12; *Omsels*, in: FS Hertin, S. 141, 142.

46 Teilweise sind sie ausdrücklich verboten, vgl. *Jaeger/Metzger*, OSS, Rn. 9 mit Bsp. in Fn. 27.

ware. Auch Shareware ist keine freie Software, sondern eine Software, die vom Nutzer zunächst kostenlos genutzt werden darf, damit er die Tauglichkeit für eigene Zwecke prüfen kann.[47]

II. Von Open Source Software zu Open Content

Die Idee, ein Werk Dritten zur Verfügung zu stellen und ihnen Nutzungsrechte einzuräumen, ohne dafür eine Lizenzgebühr zu verlangen, fiel nicht nur bei Programmierern auf fruchtbaren Boden. Auch andere Kreative wollten Werke nach dem Vorbild der Open Source Software unter ähnlichen Bedingungen lizenzieren.[48]

Zu diesem Zweck gründete *David Wiley* 1998 die Open Content Initiative und entwickelte die Open Content Lizenz.[49] Sie ermöglicht eine Lizenzierung sämtlicher Inhalte und ist nicht auf Computerprogramme zugeschnitten, sondern auch für andere Werke wie Texte, Bilder, Filme und Musik geeignet. Im Jahr 2001 gründete eine Gruppe um *Lawrence Lessig* die Creative Commons Foundation. Sie entwickelte die Creative Commons Lizenzen.[50] Eine Creative Commons Lizenz der dritten Version wird seit 2007 für die Inhalte von Wikipedia eingesetzt.[51] Gerade der Erfolg von Wikipedia[52] zeigt, wie verbreitet diese Lizenz heute ist.[53]

Im Zusammenhang mit den Creative Commons Lizenzen wird regelmäßig von Open Content gesprochen. Diese Bezeichnung geht auf die Open Content Initiative zurück und wurde in Anlehnung an den Begriff der Open Source Software gewählt.[54] Denn auch hier stand zu befürchten, dass die Bezeichnung

---

47 *Schack*, UrhR, Rn. 611; *F. Schäfer*, Viraler Effekt, S. 13.

48 Vgl. *Krujatz*, Open Access, S. 125; *Kreutzer*, Open Content 2015, S. 12; *Jaeger/Metzger*, MMR 2003, 431; *Strobel*, MMR 2003, 778; *Mantz*, MMR 2006, 784 f. Allgemein zu den Motivationen *Spindler*, in: FS Schäfer, S. 89, 95 ff.

49 *Rosenkranz*, Open Contents, S. 21; *Strobel*, MMR 2003, 778; *Jaeger/Metzger*, MMR 2003, 431, 432.

50 *Lessig*, Free Culture, S. 282 ff.; *Kreutzer*, Open Content 2011, S. 13; *Rosenkranz*, Open Contents, S. 25. Der Lizenztext ist abrufbar unter: www.creativecommons.org; die Version 3 der Lizenz ist abgedruckt bei *Rosenkranz*, Open Contents, S. 239–246. Die Version 4 ist (in Auszügen) unten im Anhang 1 abgedruckt.

51 Zur Problematik des Lizenzwechsels im Fall Wikipedia *Rosenkranz*, Open Contents, S. 103, 105 ff. Vorher waren die Inhalte der Wikipedia unter einer GNU *Free Documentation License* (FDL) lizenziert; vgl. *Rosenkranz*, Open Contents, S. 105; *Jaeger/Metzger*, MMR 2003, 431, 432. Dazu auch unten S. 73 ff.

52 Wikipedia gehört seit Jahren zu den zehn meistbesuchten Webseiten, vgl. https://www.alexa.com/topsites.

53 Bereits nach einem halben Jahr waren eine Million Werke unter die Creative Commons Lizenz gestellt; *Lessig*, Free Culture, S. 285.

54 *Strobel*, MMR 2003, 778.

Free Content mit »kostenlos« statt mit der eingeräumten Freiheit in Verbindung gebracht wird.[55] Allerdings passt der Begriff *Open* Content bei anderen Werken als Software nicht.[56] Der Begriff der Open Source Software wurde durch den offen einsehbaren Quellcode geprägt. Andere Werke liegen aber typischerweise nicht in einer nur von Maschinen lesbaren Form vor, sondern können von Menschen direkt wahrgenommen werden. Damit fehlt ein Quellcode, der offengelegt werden könnte. Darüber hinaus fehlen auch die übrigen Bedingungen einer Open Source Software Lizenz bei vielen Lizenzen, die als Open Content Lizenz bezeichnet werden. Die Creative Commons Foundation bietet verschiedene Lizenz-Module an, die Nutzer nach ihren Bedürfnissen zusammenstellen können. So können Lizenzen ausgewählt werden, die keine Bearbeitungsrechte einräumen und/oder nur eine nicht-kommerzielle Nutzung gestatten. Dass ein Bearbeitungsrecht eingeräumt wird, ist jedoch eine essentielle Voraussetzung für Open Source Software. Bei anderen Werkarten ist es dagegen üblich, Bearbeitungen zu verbieten.[57] Auch das häufig gewählte Verbot kommerzieller Nutzung steht im Widerspruch zur Definition von Open Source Software, die eine zweckunabhängige diskriminierungsfreie Lizenz verlangt.[58] Es gibt diverse Lizenzen, die unterschiedlich weit reichende Rechte einräumen. Allein die Creative Commons Lizenz erlaubt in der aktuellen vierten Version eine Zusammenstellung der Module in sechs verschiedenen Ausführungen.[59] Der Grund für diese unterschiedliche Handhabung liegt darin, dass bei anderen Werken als Computerprogrammen häufig ein engerer Bezug zur Persönlichkeit des Schöpfers besteht und dieser sich daher bestimmte Rechte vorbehalten möchte.

Anders als beim Begriff der Open Source Software fehlt bisher eine Auflistung von Mindestanforderungen für Open Content Lizenzen. Der Begriff Open Content Lizenz wird in Gefolge der sog. Linux-Klauseln[60] in §§ 31a I 2, 32 III 3, 32c III 2 UrhG als unentgeltliche Einräumung eines Nutzungsrechts an jedermann verstanden.[61] Daher werden alle Creative Commons Lizenzen regelmäßig als Open Content bezeichnet.[62] Open Content fungiert damit als Oberbegriff,

55 *Jaeger/Metzger*, MMR 2003, 431.

56 So auch *Jaeger/Metzger*, MMR 2003, 431, 432; *Rosenkranz*, Open Contents, S. 22.

57 *Mantz*, in: Open Source JB 2007, S. 413, 417.

58 *Rosenkranz*, Open Contents, S. 21.

59 Überblick bei *Kreutzer*, Open Content 2015, S. 30ff.

60 BT-Drs. 14/8058, S. 19; *Wandtke/Grunert*, in: Wandtke/Bullinger, § 32 UrhG Rn. 73. Übersehen hat der Gesetzgeber, dass eine solche Ausnahme auch bei § 60 g UrhG erforderlich ist, vgl. *Schack*, ZUM 2017, 802, 807.

61 Vgl. *König*, Einfaches, unentgeltliches Nutzungsrecht, S. 23; *Schulze*, in: Dreier/Schulze § 31a UrhG Rn. 83; *Wiebe*, in: Spindler/Schuster § 31a UrhG Rn. 9.

62 Vgl. OLG Köln GRUR 2015, 167, 171 – Creative-Commons-Lizenz; *Rauer/Ettig*, WRP 2015, 153ff.

unter den auch Open Source Software fällt.[63] Auf die konkreten Lizenzbedingungen kommt es nicht an.

Zusammengefasst sind Open Content Inhalte, die unter einer Lizenz stehen, welche jedermann unentgeltliche Nutzungsrechte für eine Verwertung einräumt, die über die kraft Gesetzes erlaubnisfreie Nutzung des Werkes hinausgeht.[64]

III. Open Access

Handelt es sich bei den Open Contents um wissenschaftliche Inhalte, so spricht man von *Open Access*.[65] Dieser Begriff geht auf verschiedene Initiativen zurück, die sich aufgrund der sog. Zeitschriftenkrise[66] entwickelt haben.[67] Ziel ist ein freier Zugang zu wissenschaftlichen Informationen.[68] Es geht insoweit über andere Open Contents hinaus, als eine dauerhafte Veröffentlichung intendiert ist.[69] Die »Berliner Erklärung über offenen Zugang zu wissenschaftlichen Werken«[70] fordert, dass auch ein Bearbeitungsrecht eingeräumt wird.[71] Für die rechtliche Betrachtung des Bearbeitungsrechts im Rahmen von Open Content Lizenzen ist es unerheblich, ob es sich um wissenschaftliche Publikationen handelt. Allerdings wird im Bereich der wissenschaftlichen Publikationen häufig kein Bearbeitungsrecht eingeräumt.[72]

63 So auch *Plaß*, GRUR 2002, 670f.; *Jaeger/Metzger*, MMR 2003, 431f.

64 *Rosenkranz*, Open Contents, S. 23; vgl. auch mit engerer Definition *Jaeger/Metzger*, MMR 2003, 431.

65 *Mantz*, in: Open Source JB 2007, S. 413, 420. Etwa die online unter www.zjs-online.com abrufbare Zeitschrift für das Juristische Studium (ZJS) und das Journal of Intellectual Property, Information Technology and E-Commerce Law (jipitec), abrufbar unter www.jipitec.eu. Open Content ist auch insoweit der Oberbegriff, *Rosenkranz*, Open Contents, S. 34; vgl. auch *Krujatz*, Open Access, S. 135.

66 In den 1990er Jahren stiegen die Preise der Fachzeitschriften stark an. Zudem gab es zunehmend mehr Zeitschriften, sodass Forschungseinrichtungen vor dem Problem der Finanzierung standen. Dazu *N. Schmidt*, Open Access, S. 20f.

67 Ausführlich *Krujatz*, Open Access, S. 33ff.; *Lutz*, Zugang zu wissenschaftlichen Informationen, S. 165ff.; *N. Schmidt*, Open Access, S. 20ff.

68 *N. Schmidt*, Open Access, S. 19.

69 *Mantz*, in: Open Source JB 2007, S. 413, 420.

70 Abrufbar unter: https://t1p.de/BerErklaerung. Urheber der Berliner Erklärung sind verschiedene nationale und internationale Forschungsorganisationen.

71 Dazu *Krujatz*, Open Access, S. 37f.

72 So soll eine unverfälschte Zuordnung von Forschungsergebnissen zu einer Person erreicht werden; vgl. *Krujatz*, Open Access, S. 113f., 128ff.; *Schack*, UrhR, Rn. 613.

IV. Copyleft

Erklärungsbedürftig ist der Begriff *Copyleft.* Gemeint ist eine Klausel im Lizenzvertrag, wonach die Rechteeinräumung unter der Bedingung steht, dass das Werk in der bearbeiteten Fassung seinerseits unter derselben Lizenz angeboten wird.[73] Ihren Ursprung haben Copyleft-Klauseln in Open Source Software Lizenzen. Die Klausel soll das Ziel der freien Software fördern; gleichwohl passt sie auch auf andere Werke. Dem liegt folgende Idee zu Grunde: Entwickelt jemand ein Werk und stellt es unter eine Open Content Lizenz, so räumt er dem Lizenznehmer große Freiheiten ein. Er kann das Werk nutzen, aber auch verändern und dadurch ggf. verbessern. Damit auch andere hiervon profitieren, soll der Lizenznehmer seinerseits Zugang zu dem veränderten Werk unter denselben Bedingungen gewähren. Nur so werden die angestrebte Freiheit und die Möglichkeit einer ständigen Weiterentwicklung der Software erreicht.[74] Fehlt eine Copyleft-Klausel bei einer Open Source Lizenz, so spricht man von Public-Domain-Software.[75]

Die Creative Commons Foundation verwendet für Copyleft-Klauseln den Begriff *share-alike.* Teilweise wird das Copyleft auch mit dem Begriff des »viralen Effekts« umschrieben; das bearbeitete Werk werde durch die Lizenz »infiziert« und müsse daher unter bestimmten Lizenzbedingungen angeboten werden.[76] Diese Begriffe sind wegen ihres Bezugs zu Krankheiten negativ konnotiert. Da eine Wertung des beschriebenen Effekts nicht schon von den Begrifflichkeiten beeinflusst werden soll, wird im Folgenden der neutrale Begriff des Copyleft verwendet.

V. Lizenzierung

Das Charakteristikum bei Open Source Software wie bei sonstigem Open Content ist der Lizenzvertrag. Er legt den Umfang der Rechtseinräumung fest und verknüpft sie in der Regel mit Bedingungen.[77] Wer das von ihm geschaffene Computerprogramm als Open Source Software lizenziert, will nicht auf sein

73 *Teupen*, Copyleft, S. 56. Teilweise wird die Rechtefortfallklausel selbst als Copyleft-Effekt bezeichnet, *Czychowski*, GRUR-RR 2018, 1, 4.

74 *Stallman*, Free Software, S. 184ff.; vgl. auch LG Hamburg CR 2013, 498, 499.

75 *Spindler*, in: Schricker/Loewenheim vor §§ 69a ff. UrhG Rn. 25; *Marly*, Softwarerecht Rn. 914.

76 *Determann*, GRUR Int. 2006, 645, 649 weist darauf hin, dass je nach Sichtweise von einem »viralen« oder »immunisierenden« Effekt gesprochen wird. Vgl. auch *Jaeger*, in: ifross-GPL § 2 Rn. 2: »Impf-Effekt« und »viraler Effekt«.

77 *Metzger/Jaeger*, GRUR Int. 1999, 843f.; *Rosenkranz*, Open Contents, S. 86f., 108f.; *Krujatz*, Open Access, S. 126.

Urheberrecht verzichten[78] und kann dies nach deutschem Recht mit dinglicher Wirkung auch gar nicht[79]. Vielmehr ist das Urheberrecht die Grundlage dafür, dass die Lizenzvereinbarungen ihre volle Wirksamkeit entfalten können.[80] Mit den Lizenzbedingungen wird auch nicht auf die Verwertungsrechte verzichtet.[81] Der Rechteinhaber will vielmehr Nutzungsrechte einräumen. Denn erst die lizenzvertragliche Ausgestaltung ermöglicht ihm, gegen Lizenzverletzungen vorzugehen.[82] Wer sein Werk unter eine Creative Commons Lizenz stellt, will sein Werk womöglich nicht vollständig freigeben, sondern sich bestimmte Rechte vorbehalten und diese auch durchsetzen. Dafür verwendet die Creative Commons Foundation die eingängige Formel »some rights reserved«.

Einige Projekte wollen vollständige Freiheit bei der Verwertung ermöglichen und sammeln gemeinfreie Werke – wie etwa das Projekt Gutenberg.[83] Dies ist nach deutschen Urheberrecht erst nach Ablauf der Schutzfrist möglich.[84] Solange das Werk noch urheberrechtlich geschützt ist, ist es nicht gemeinfrei. Eine Dereliktion wie im Sachenrecht ist nicht möglich.[85]

B. Urheberrecht und Open Content

Eine Open Content Lizenzierung ist nur dann erforderlich, wenn die Inhalte urheberrechtlich geschützt sind. Die beschriebenen Open Contents, wie etwa Texte, Fotos oder Computerprogramme, unterfallen dem Urheberrechtsgesetz, wenn dessen Schutzvoraussetzungen erfüllt sind. Das Urheberrecht steht dann dem Urheber oder bei mehreren Beteiligten den Urhebern zu. Nur Rechtein-

---

78 LG München I GRUR-RR 2004, 350 – GPL-Verstoß; *Rosenkranz*, Open Contents, S. 48; *Krujatz*, Open Access, S. 112ff.; *Harte-Bavendamm/Wiebe*, in: Kilian/Heussen Teil 5 Urheberrecht Rn. 108.

79 BGHZ 129, 66, 73 – Mauer-Bilder; *Schack*, UrhR, Rn. 347f.; *Peukert*, Gemeinfreiheit, S. 207; *Schulze*, in: Dreier/Schulze § 29 UrhG Rn. 10.

80 *Metzger/Jaeger*, GRUR Int. 1999, 848; *Omsels*, in: FS Hertin, S. 141, 144f.; *Dreier*, in: FS Schricker, S. 283, 298; *Spindler/Wiebe*, CR 2003, 873.

81 *Mantz*, MMR 2006, 784, 786; *Völzmann-Stickelbrock*, in: Geistiges Eigentum im Internet, S. 47, 61. Die Möglichkeit eines Verzichts nach deutschem Urheberrecht bejahen BGHZ 129, 66, 72 – Mauer-Bilder; *Ulmer*, UrhR, S. 366; *Ohly*, in: Schricker/Loewenheim § 29 UrhG Rn. 18; dagegen *Schack*, UrhR, Rn. 348; *Rosenkranz*, Open Contents, S. 55; *Schulze*, in: Dreier/Schulze § 29 UrhG Rn. 10.

82 *Krujatz*, Open Access, S. 112; *Jaeger/Metzger*, OSS, Rn. 151ff.; *Schack*, UrhR, Rn. 611; vgl. auch LG München I GRUR-RR 2004, 350f. – GPL-Verstoß und OLG Köln GRUR 2015, 167ff. – Creative-Commons-Lizenz.

83 https://www.gutenberg.org/ (aus Deutschland nur noch eingeschränkt abrufbar LG Frankfurt a.M. ZUM-RD 2018, 585) und die deutsche Version http://gutenberg.spiegel.de.

84 *Rosenkranz*, Open Contents, S. 48. Zur zeitlichen Dimension der Gemeinfreiheit *Peukert*, Gemeinfreiheit, S. 28ff.

85 S. oben Fn. 79.

haber können Lizenzen erteilen. Es kommt für die Lizenzerteilung daher maßgeblich darauf an, wer die Urheberrechte an den lizenzierten Inhalten hält. Im Folgenden soll es allein um den urheberrechtlichen Schutz gehen, nicht um verwandte Schutzrechte. Doch gelten die folgenden Ausführungen entsprechend für den vorliegend durchaus relevanten[86] Lichtbildschutz iSv § 72 UrhG. Dieser unterscheidet sich im Schutzumfang (abgesehen von der Schutzdauer) nicht vom Schutz für Lichtbildwerke;[87] insbesondere steht dem Lichtbildner – im Unterschied zu anderen Leistungsschutzberechtigten[88] – auch ein Bearbeitungsrecht zu.[89] Ausgeklammert bleibt auch ein daneben möglicher Schutz durch andere gewerbliche Schutzrechte, wie etwa Patente oder Marken.[90]

I. Urheberrecht am Ausgangswerk

Das Urheberrecht entsteht unabhängig vom Willen des Urhebers durch den Realakt der Schöpfung.[91] Das gilt für einen einzelnen Urheber wie für mehrere Miturheber. Voraussetzung für einen Urheberschutz ist eine persönliche geistige Schöpfung iSv § 2 II UrhG, wobei die Anforderungen an die Schöpfungshöhe

86 S. nur die Entscheidungen OLG Köln GRUR 2015, 167ff. – Creative-Commons-Lizenz; LG München I MMR 2015, 467 – Namensnennung durch MouseOver; LG Berlin MMR 2016, 838 – Lichtbildschutz für Fotografien gemeinfreier Werke.

87 Den Lichtbildschutz des § 72 UrhG kritisiert zu Recht *Schack*, in: FS Wandtke, S. 9, 10f. Die Unterscheidung zwischen Lichtbildwerk und einfachem Lichtbild wirkt sich im internationalen Recht aus; vgl. OLG Köln GRUR Int. 1993, 872, 873 – Beatles; *Schack*, UrhR, Rn. 954.

88 Für ausübende Künstler: KG Berlin GRUR-RR 2004, 129, 131 – Modernisierung einer Liedaufnahme; *Schack*, UrhR, Rn. 686. Für Tonträgerhersteller: *M. Vogel*, in: Schricker/Loewenheim § 85 UrhG Rn. 58; *Stang*, in: BeckOK-UrhG § 85 Rn. 16; differenzierend *Schulze*, in: Dreier/Schulze § 85 UrhG Rn. 33; *von Lewinski*, in: Schricker, Informationsgesellschaft, S. 251ff. Ein Bearbeitungsrecht steht dagegen den Leistungsschutzberechtigten nach §§ 70, 71 UrhG zu, vgl. *Plassmann*, Bearbeitungen, S. 240ff.

89 Das folgt aus § 72 II UrhG, wonach Vorschriften des ersten Abschnitts zum Schutz von Lichtbild*werken*, also auch § 23 UrhG, entsprechend anwendbar sind. OLG Köln GRUR 2015, 167, 169f. – Creative-Commons-Lizenz; *Lauber-Rönsberg*, in: BeckOK-UrhG § 72 Rn. 23; *Plassmann*, Bearbeitungen, S. 236; vgl. auch *Schulze*, in: Dreier/Schulze § 72 UrhG Rn. 13, der auf den engen Schutzumfang aufgrund des geringen Gestaltungsspielraums hinweist. Das gilt genauso für Werke im Sinne von § 2 II UrhG, vgl. BGHZ 199, 52, 69 Tz. 41 – Geburtstagszug I. Zum Schutzumfang eines Lichtbilds *Schack*, UrhR, Rn. 724.

90 Zur patentgeschützten Software und Open Source Lizenzen *Suchomski*, Patenrecht beim Einsatz von OSS, S. 41ff. Zur rechtserhaltenden Benutzung von Marken bei der Verwendung von Open Source Software OLG Köln GRUR-RR 2017, 138 – Open-LIMS. Dazu *Nägele/Apel*, WRP 2017, 775ff. Zur markenmäßigen Benutzung OLG Düsseldorf, GRUR-RR 2010, 467 – xt:Commerce.

91 *Schack*, UrhR, Rn. 252; *Ulmer*, UrhR, S. 185; *Loewenheim/Peifer*, in: Schricker/Loewenheim § 7 UrhG Rn. 5; *Schulze*, in: Dreier/Schulze § 7 UrhG Rn. 3; *Thum*, in: Wandtke/Bullinger § 7 UrhG Rn. 3; a.A. *Stroh*, Werkeinheit und Werkmehrheit, S. 2f.

allgemein nicht sehr hoch sind.[92] Für Computerprogramme finden sich spezielle Vorschriften in §§ 69a ff. UrhG, die auf der Richtlinie zum Schutz von Computerprogrammen[93] beruhen. Mit dieser Richtlinie wurde u. a. der Werkbegriff für Computerprogramme harmonisiert.[94] Für die Schutzfähigkeit bei Computerprogrammen bestimmt § 69a III UrhG in Umsetzung von Art. 1 III Computerprogramm-RL, dass sie geschützt sind, »wenn sie individuelle Werke in dem Sinne darstellen, dass sie das Ergebnis der eigenen geistigen Schöpfung ihres Urhebers sind.«[95] Damit verbieten sich besondere Anforderungen an die Schöpfungshöhe von Computerprogrammen; es wird vielmehr wie bei den übrigen Werkgattungen auch die sog. kleine Münze geschützt.

Da nach deutschem Recht weder das Urheberrecht noch einzelne Verwertungsrechte übertragen werden können,[96] erfolgt die Verwertung des Werkes durch Einräumung von Nutzungsrechten oder schuldrechtliche Einwilligungen iSv § 29 II UrhG. Daher ist im Folgenden zu untersuchen, wer Urheber eines Werkes und somit zur Rechtseinräumung befugt ist.[97]

1. Alleinurheber

Wer ohne fremde Hilfe ein Werk schöpft, ist gemäß § 7 UrhG Alleinurheber (Schöpferprinzip). Er kann dann grundsätzlich alleine entscheiden, ob und wie er sein Werk verwerten will. Entscheidet er sich für eine Open Content Lizenzierung, räumt er Dritten einfache Nutzungsrechte ein.[98]

92 Zum Schutz auch der »kleinen Münze« *Schulze*, in: Dreier/Schulze § 2 UrhG Rn. 4; *ders.*, Kleine Münze, S. 1 ff.; zu Recht kritisch *Schack*, ZUM 1990, 59, 61 f.; *ders.*, in: FS Wandtke, S. 9, 12 ff.

93 RL 91/250/EWG vom 14.5.1991 über den Rechtsschutz von Computerprogrammen; neu kodifizierte Fassung RL 2009/24/EG vom 23.4.2009.

94 *Bisges*, ZUM 2015, 357 f. Einen allgemeinen europäischen Werkbegriff auch für die InfoSoc-RL bejaht EUGH EU:C:2018:899 Tz. 34 ff., 45 – Heksenkaas, mit insoweit kritischer Anm. *Schack*, GRUR 2019, 75. Einen allgemeinen Werkbegriff ablehnend noch BGHZ 199, 52, Tz. 27–31 – Geburtstagszug I; *J. H. Schmidt*, Maximalschutz, S. 148 ff.; bejahend *Jotzo*, ZGE 2017, 447, 456 ff.

95 Vor Umsetzung der Richtlinie hatte der BGH eine Programmierleistung gefordert, die das handwerkliche Können eines »Durchschnittsprogrammierers« erheblich überragt, BGHZ 94, 276, 287 – Inkasso-Programm. Nach Umsetzung der Richtlinie hat der BGH seine Rechtsprechung entsprechend geändert, BGHZ 123, 208, 211 – Buchhaltungsprogramm. Dazu *Marly*, Softwarerecht, Rn. 106 ff.; *Dreier*, GRUR 1993, 781, 782.

96 Siehe oben Fn. 79 und 81.

97 Hierzu auch *F. A. Koch*, CR 2000, 273, 277 f.; *Koglin*, Opensourcerecht, S. 73 ff.; *Teupen*, Copyleft, S. 151 ff.; *Rosenkranz*, Open Contents, S. 43 ff.; *Jaeger/Metzger*, OSS, Rn. 143 ff.

98 Dazu unten 2. Teil: Lizenzierung von Open Content, S. 69 ff.

2. Mehrere beteiligte Personen

Sind an dem Schöpfungsprozess mehrere Personen beteiligt, stellt sich die Frage, wer die Urheber des Werkes sind.[99] Insbesondere, wenn nicht alle Urheber gleichzeitig an dem Werk arbeiten, ist fraglich, welche Form der Urheberschaft vorliegt. Bei dieser sog. vertikalen Arbeitsteilung[100] muss zwischen Miturheberschaft (§ 8 UrhG), Bearbeitung (§§ 3, 23 UrhG) und verbunden Werken (§ 9 UrhG) unterschieden werden. Die genaue Abgrenzung ist für die Frage der Rechtseinräumung, Rechtsdurchsetzung und das Verhältnis der Beteiligten untereinander unerlässlich.

a) Miturheber

Schöpfen mehrere Urheber gemeinsam ein Werk, ohne dass sich ihre Anteile gesondert verwerten lassen, sind sie Miturheber, § 8 UrhG.[101] Dies ist der Fall, wenn etwa ein Roman von zwei Personen verfasst wird; demgegenüber liegt keine Miturheberschaft vor, wenn voneinander unabhängige Kurzgeschichten in einem Sammelband zusammengefasst werden.[102] So einfach verhält es sich bei den meisten Open Content Projekten aber nicht. Eine pauschale Einordnung pro oder contra Miturheberschaft ist für Open Content genauso wenig möglich wie für andere Formen des Werkschaffens.[103] Vielmehr ist im Einzelfall zu prüfen, ob die jeweiligen Voraussetzungen vorliegen.

Um die Miturheberschaft von der Bearbeitung und der Werkverbindung abzugrenzen, müssen die beiden Tatbestandsmerkmale »gemeinsames Schaffen« und die »Unmöglichkeit einer getrennten Verwertung« gesondert untersucht werden.

aa) Gemeinsames Schaffen

Mit dem Tatbestandsmerkmal des gemeinsamen Schaffes wird die Miturheberschaft von der Bearbeitung abgegrenzt.[104] Nur wenn die Beteiligten *gemeinsam* geschaffen haben, sind sie bei der Werkverwertung voneinander abhängig. Wird hingegen ein bereits bestehendes Werk von jemand anderem be-

99 Ausgangspunkt ist auch bei Schöpferkollektiven stets das Schöpferprinzip, *Czychowski*, in: Geistiges Eigentum im Internet, S. 11ff.

100 *Plett*, Wissenschaftliches Gemeinschaftswerk, S. 9, 58; *Schulze*, in: Dreier/Schulze § 8 UrhG Rn. 3.; siehe unten bei Fn. 117.

101 BGH GRUR 2009, 1046, 1049 – Kranhäuser; *Schulze*, in: Dreier/Schulze UrhG § 8 Rn. 4; *Schack*, in: FS Raue, S. 649, 656.

102 *Sontag*, Miturheberrecht, S. 5.

103 Grundsätzlich gegen eine Miturheberschaft bei Open Source Software *Oehler*, Komplexe Werke, S. 333f., 349f.

104 OLG Düsseldorf GRUR-RR 2005, 1, 2 – Beuys-Kopf; *Sontag*, Miturheberrecht, S. 9; *S. Meyer*, Miturheberschaft, S. 21; *Schulze*, in: Dreier/Schulze UrhG § 8 Rn. 2.

arbeitet, so besteht keine gegenseitige, sondern nur eine einseitige Abhängigkeit bei der Verwertung.[105] Deshalb ist es erforderlich, die Miturheberschaft von der Bearbeitung abzugrenzen.

In der Schöpfungsphase des Werkes wird ein Punkt erreicht, ab dem weitere Arbeiten nicht mehr dazu führen, dass der Schöpfer Miturheber wird. Seine Arbeiten stellen dann vielmehr eine Bearbeitungen des Ausgangswerkes dar.

Ein gemeinsames Schaffen mehrerer Personen setzt einen gemeinsamen Plan voraus.[106] Die Miturheber müssen eine Gesamtidee dessen haben, was sie erschaffen wollen; andernfalls schaffen sie lediglich parallel und nicht gemeinsam. Es ist nicht erforderlich, dass die Idee, die dem Schaffensprozess zu Grunde liegt, von allen gemeinsam gefunden wird; es genügt, wenn sie sich einer Gesamtidee unterordnen.[107] Auch müssen die einzelnen Miturheber einander nicht kennen.[108] Erforderlich ist allerdings, dass der Beitrag jedes Einzelnen die Schöpfungshöhe erreicht.[109]

Gelegentlich wird bestritten, dass jeder Beitrag die Schöpfungshöhe erreichen muss. Dazu werden Einzelfälle angeführt:[110] Wenn ein Werk, das gerade eben die Schöpfungshöhe erreicht, von zwei Miturhebern gemeinsam geschaffen wurde, könne nicht jeder Beitrag die Schöpfungshöhe erreichen. Mindestens einer der Beiträge müsse in einem solchen Fall zwingend ein Weniger zu dem Gesamtwerk sein.[111] Dies verkennt, dass die Beiträge der Miturheber nicht addiert werden können. Vielmehr können die beiden Urheber sich gegenseitig beeinflussen und aufeinander einwirken, sodass die Beiträge der einzelnen Urheber nicht mehr unterscheidbar sind.[112] Das Ergebnis ist dann ein gerade eben schutzfähiges

---

105 *Schulze*, in: FS Wandtke, S. 373, 374; siehe auch unten S. 64ff.

106 *Schulze*, in: Dreier/Schulze § 8 UrhG Rn. 2; *Thum*, in: Wandtke/Bullinger § 8 UrhG Rn. 42. Dieser Plan setzt keine rechtsgeschäftliche Erklärung sondern vielmehr eine tatsächliche Verständigung voraus, vgl. *Schack*, in: FS Schmidt, S. 315.

107 *F. Schäfer*, Viraler Effekt, S. 26ff.; *Siefert*, Werkeinheit und Werkmehrheit, S. 69f.; a.A. *Stroh*, Werkeinheit und Werkmehrheit, S. 36f.; differenzierend *Oehler*, Komplexe Werke, S. 330f.

108 *Schack*, in: FS Raue, S. 649, 657; *Jaeger/Metzger*, OSS, Rn. 145; *Spindler*, in: FS Schricker, S. 539, 542; *Völzmann-Stickelbrock*, in: Geistiges Eigentum im Internet, S. 47, 58; wohl auch *F. Schäfer*, K&R 2010, 298, 301; a.A. *S. Meyer*, Miturheberschaft, S. 22f.; *ders.*, CR 2011, 560, 561; *Oehler*, Komplexe Werke, S. 329.

109 BGHZ 123, 208, 212 – Buchhaltungsprogramm; *Schack*, UrhR, Rn. 313, 318; *Sontag*, Miturheberrecht, S. 7; *S. Meyer*, Miturheberschaft, S. 14. Andernfalls ist derjenige nur Gehilfe, *F. A. Koch*, CR 2007, 273, 277; *Wirtz*, in: Fromm/Nordemann § 8 UrhG Rn. 2; *Thum*, in: Wandtke/Bullinger, § 8 UrhG Rn. 15ff.; ausführlich *Oehler*, Komplexe Werke, S. 303ff.; a.A. *Ahlberg*, in: BeckOK-UrhG § 8 Rn. 8f.; *Szalai*, UFITA 2012/I, 5, 12ff.; kritisch auch *Siefert*, Werkeinheit und Werkmehrheit, S. 49f.

110 Vgl. *Ahlberg*, in: BeckOK-UrhG § 8 Rn. 8f.

111 *Szalai*, UFITA 2012/I, 5, 14.

112 Vgl. *Stroh*, Werkeinheit und Werkmehrheit, S. 39; *Plett*, Wissenschaftliches Gemeinschaftswerk, S. 31f.; 59f.; *Siefert*, Werkeinheit und Werkmehrheit, S. 90f.

Werk mehrerer Personen. Auch wenn der Schutz durch die *Zusammenstellung* zweier als solche nicht schutzfähiger Anteile entsteht,[113] scheidet eine Miturheberschaft genauso wenig aus wie eine Alleinurheberschaft. Voraussetzung für die Miturheberschaft ist lediglich, dass die urheberschutzfähige Schöpfung (hier: die Zusammenstellung) von mehreren Personen gleichermaßen stammt. Wollte man in diesen Fällen eine Miturheberschaft verneint, so würden für ein in Miturheberschaft geschaffenes Werk höhere Anforderungen an die Schöpfungshöhe gestellt. Das ließe unberücksichtigt, dass sich die Miturheber bei der Schöpfung durchaus und typischerweise gegenseitig beeinflussen können.[114]

Schwierigkeiten ergeben sich bei der Auslegung des Tatbestandsmerkmals des »gemeinsamen Schaffens« und damit in der Abgrenzung zur Bearbeitung, wenn die Urheber nicht das gesamte Werk gemeinsam geschaffen haben. Wenn etwa die Beiträge zeitlich gestaffelt erfolgen oder sich eine weitere Person entschließt, an der Verwirklichung eines Projekts teilzunehmen, nachdem der Schaffensprozess bereits begonnen wurde: Wird der später Hinzutretende dann Miturheber des gesamten Werkes? Diese Frage ist im Bereich von Open Content besonders virulent. Denn nicht nur Open Source Software wird regelmäßig von mehreren Programmierern entwickelt, die dem Projekt nicht alle von Beginn an angehören.[115] Auch andere Open Content Projekte wie etwa Wikipedia werden von tausenden wechselnden Personen gemeinsam entwickelt.[116]

Der Gesetzeswortlaut führt in den genannten Grenzfällen nicht weiter; aus § 8 I UrhG (»gemeinsam geschaffen«) lässt sich nicht entnehmen, wie ein Fall zu behandeln ist, in dem die Beiträge nacheinander erbracht wurden. Nach herrschender Meinung ist eine Miturheberschaft bei zeitlich gestaffelten Beiträgen zwar nicht ausgeschlossen, sie setzt jedoch voraus, dass jeder Beteiligte seinen schöpferischen Beitrag dem Plan unterordnet.[117] So ist es möglich, dass jemand

113 *Ahlberg*, in: BeckOK-UrhG § 8 Rn. 8a mit Hinweis auf BGH GRUR 2011, 803 – Lernspiele.

114 Andernfalls, wenn die Urheber nur ihre Beiträge unabhängig aneinanderfügen, entsteht kein Miturheberrecht, dazu auch unten S. 44.

115 *Jaeger/Metzger*, OSS, Rn. 143; *Omsels*, in: FS Hertin, S. 141, 165 spricht gar von einem »heillose[n] Durcheinander« bei deren Erstellung.

116 Von der »Ideologie« von Wikipedia auf die Miturheberschaft zu schließen geht fehl. In die Richtung aber *Grobe-Einsler*, User-Generated Content, S. 199f.; ihm folgend *Völzmann-Stickelbrock*, in: Rechtsquelle Wikipedia?, S. 26, 30.

117 Sog. vertikale Zusammenarbeit, vgl. *Plett*, Wissenschaftliches Gemeinschaftswerk, S. 60, 102ff. BGHZ 123, 208, 212 – Buchhaltungsprogramm; BGH GRUR 2003, 231, 234 – Staatsbibliothek; BGH GRUR 2005, 860, 862f. – Fash 2000; *Schack*, in: FS Raue, S. 649, 657; *Omsels*, in: FS Hertin, S. 141, 166; *Siefert*, Werkeinheit und Werkmehrheit, S. 74f., 80; *Teupen*, Copyleft, S. 158; *S. Meyer*, Miturheberschaft, S. 27; *Loewenheim/Peifer*, in: Schricker/Loewenheim § 8 UrhG Rn. 9f.; *Thum*, in: Wandtke/Bullinger § 8 UrhG Rn. 44; *Schulze*, in: Dreier/Schulze § 8 UrhG Rn. 3; enger forderte *ders.*, in: FS Wandtke, S. 373, 374, dass zumindest zeitweise gemeinschaftlich zusammengearbeitet wird.

als Miturheber des Gesamtwerkes auch Miturheber von Werkteilen wird, die erschaffen wurden, bevor er selbst mitwirkte.[118]

Zu klären bleibt, wie lange die Schaffensphase dauert. Ab welchem Zeitpunkt liegt ein Gesamtwerk vor, an dem weitere Arbeiten nicht mehr zu Miturheberschaft führen, sondern zu einer Bearbeitung des Werkes? Eine rein subjektive Anknüpfung an die Gesamtidee, also das von den Miturhebern Gewollte,[119] vermag ohne objektive Einschränkung nicht zu überzeugen.[120] Bei einem sehr weitgehenden oder bloß vage umrissenen Plan führte eine bloß subjektive Anknüpfung zu einer endlosen Schöpfungsphase der Miturheberschaft. Nicht jeder, der einen schutzfähigen Absatz in einen Wikipedia-Artikel einfügt, wird Miturheber der gesamten Wikipedia-Enzyklopädie, nur weil der Plan besteht, eine umfassende Enzyklopädie zu schaffen.[121] Es bedarf also einer Begrenzung, ab der weitere – nicht gesondert verwertbare – Veränderungen an dem Werk (allenfalls und nur noch) dazu führen, dass ein Bearbeiterurheberrecht entsteht. Wird das Werk mit getrennt verwertbaren Teilen ergänzt, kann eine Werkverbindung iSv § 9 UrhG vorliegen.[122]

In einem nächsten Schritt ist zu bestimmen, wann die Zäsur erreicht ist, die bei einem weiten Plan der Miturheber dazu führt, dass die Schaffensphase der Miturheberschaft endet.

Teilweise wird diese Zäsur in der Werkvollendung gesehen.[123] Dafür muss bestimmt werden, wann das Werk vollendet ist. Richtet sich dies nach dem Plan, so wird mit dem Begriff Werkvollendung nur der des Gesamtplans bzw. dessen Erfüllung ersetzt. Es bleibt die Frage, ob die Werkvollendung rein subjektiv oder verobjektiviert zu bestimmen ist. Eine rein subjektive Anknüpfung würde die Grenze zwischen Miturheberschaft und Bearbeitung in das Belieben der Miturheber stellen.[124] *Ob* die Schaffenden Miturheber sind, steht nach allgemeiner

---

118 LG Düsseldorf ZUM 2007, 559, 562 – Transportsimulationsspiel; *Siefert*, Werkeinheit und Werkmehrheit, S. 81 f., insb. Fn. 371; ihm folgend *F. Schäfer*, Viraler Effekt, S. 29 f., insb. Fn. 124; *Teupen*, Copyleft, S. 159; *Lenhard*, Vertragstypologie von Softwareüberlassungsverträgen, S. 304 f.; *S. Meyer*, Miturheberschaft, S. 25 f.; *Schiffner*, Open Source Software, S. 119, 122; *Karger*, CR 2001, 357, 366; *Jaeger/Metzger*, OSS, Rn. 146.

119 Vgl. *Schack*, in: FS Raue, S. 649, 652, 657; *Sontag*, Miturheberrecht, S. 9; *Steffen*, Miturhebergemeinschaft, S. 11; *F. Schäfer*, Viraler Effekt, S. 29 f., insb. Fn. 124.

120 *Siefert*, Werkeinheit und Werkmehrheit, S. 67 knüpft an den »natürlichen Handlungswillen« an.

121 Vgl. *Metzger*, in: Wissen – Märkte – Geistiges Eigentum, S. 79, 86; *Wirtz*, in: Fromm/Nordemann § 8 UrhG Rn. 7; *Wiebe*, in: Spindler/Schuster § 8 UrhG Rn. 6; für eine Miturheberschaft zumindest bei den Artikeln aber *Grobe-Einsler*, User-Generated Content, S. 197 ff.; *Völzmann-Stickelbrock*, in: Rechtsquelle Wikipedia?, S. 26, 30.

122 Zur Werkverbindung bei Open Content s. unten S. 41 ff.

123 So *Plett*, Wissenschaftliches Gemeinschaftswerk, S. 39; *F. Schäfer*, Viraler Effekt, S. 29 f.

124 Dafür *Siefert*, Werkeinheit und Werkmehrheit, S. 85; *Grobe-Einsler*, User-Generated Content, S. 97, 140.

Ansicht jedoch nicht zur Disposition der Miturheber; das Miturheberrecht entsteht unabhängig von einem rechtsgeschäftlichen Willen mit dem Realakt der Schöpfung.[125] Um eine klare Abgrenzung von Werkeinheit und Werkmehrheit zu gewährleisten, kann die Grenze zwischen Miturheberschaft und Bearbeitung daher nicht allein im Belieben der Mitwirkenden stehen.[126]

S. Meyer differenziert danach, ob ein Werkteil veröffentlicht wird. Mit jeder Veröffentlichung soll ein neues Miturheberrecht entstehen.[127] Das scheint angesichts der regelmäßigen Veröffentlichung von Open Content auf den ersten Blick ein gangbarer Weg. Dagegen spricht jedoch, dass das Urheberrecht unabhängig von und vor einer Veröffentlichung entsteht.[128] Das folgt eindeutig aus §§ 7, 8 II, 12 UrhG. Auch wäre die Folge absurd, dass ein Projekteilnehmer Inhalte – vor der Veröffentlichung – allein verwerten könnte, ohne ein Urheberrecht zu verletzen, da es nach dieser Ansicht noch nicht entstanden sein soll.

Gleichwohl kann an diese Idee angeknüpft werden. Bei einem Computerprogramm etwa, entsteht Miturheberschaft, sobald eine erste lauffähige Version vorliegt.[129] Das Urheberrecht entsteht unabhängig davon, ob das Werk später veröffentlicht wird oder nicht. Weiterführende Arbeiten an dem Werk sind Bearbeitungen, die gegebenenfalls durch dieselben Miturheber vorgenommenen werden.[130] Dass im Streitfall zu Beweiszwecken auf die tatsächliche Veröffentlichung abgestellt wird, steht auf einem anderen Blatt; doch ist die Veröffentlichung für die Schutzentstehung unerheblich.

Ist ein Zwischenschritt wirtschaftlich selbstständig verwertbar und könnte dieser auch als Werk für sich alleine stehen, ist darin die Zäsur zu sehen.[131] Wann ein Zwischenschritt selbstständig wirtschaftlich verwertbar ist, kann nach

125 *Sontag*, Miturheberrecht, S. 10f.; *Siefert*, Werkeinheit und Werkmehrheit, S. 78; *Schack*, in: FS Raue, S. 649, 656; *Loewenheim/Peifer*, in: Schricker/Loewenheim § 8 UrhG Rn. 8; *Schulze*, in: Dreier/Schulze § 8 UrhG Rn. 2; *Ahlberg*, in: BeckOk-UrhG § 8 Rn. 15a; missverständlich *S. Meyer*, Miturheberschaft, S. 27.

126 *Stroh*, Werkeinheit und Werkmehrheit, S. 26, 92; gegen *Siefert*, Werkeinheit und Werkmehrheit, S. 85f., 162.

127 *S. Meyer*, Miturheberschaft, S. 26, 30, 32; *ders.*, CR 2011, 560, 562.

128 *Schack*, UrhR, Rn. 252; *Thum*, in: Wandtke/Bullinger § 7 UrhG Rn. 5; vgl. auch BGH GRUR 2014, 974 – Portraitkunst.

129 Vgl. *Teupen*, Copyleft, S. 160.

130 *S. Meyer*, Miturheberschaft, S. 33 geht davon aus, dass sogar diejenigen Miturheber der Bearbeitung sind, die nicht mehr aktiv mitarbeiten, sondern nur die Bearbeitung dulden. Das ist abzulehnen, weil ein Urheberrecht nur erlangt, wer selbst gestalterisch tätig wird. Sie sind dadurch hinreichend geschützt, dass sie die Verwertung der Bearbeitung gemäß § 23 UrhG verhindern können, vgl. unten S. 46ff.

131 *Omsels*, in: FS Hertin, S. 141, 166; *Wirtz*, in: Fromm/Nordemann § 8 UrhG Rn. 7; *Schack*, UrhR, Rn. 324; wohl auch *Schulze*, in: Dreier/Schulze § 8 UrhG Rn. 3; *Loewenheim/Peifer*, in: Schricker/Loewenheim § 8 UrhG Rn. 7; *Spindler*, in: Rechtsfragen OS, S. 28.

denselben objektiven Kriterien bestimmt werden, die über die Verwertbarkeit der Anteile eines Miturhebers entscheiden.[132]

Ein Hinzutreten weiterer Miturheber ist demnach so lange möglich, bis eine eigenständig verwertbare Zwischenstufe erreicht wird. Aber auch vor dieser Zäsur, können die Urheber gegen Rechtsverletzungen vorgehen, da auch Entwürfe urheberrechtlich geschützt sind, sobald die Schwelle zur einen persönlichen geistigen Schöpfung überschritten ist.[133]

Anhand dieser Kriterien kann auch beurteilt werden, ob jemand Miturheber an einem Werkteil werden kann, der geschaffen wurde, bevor ein gemeinsamer Plan *mehrerer Personen* bestand, eine einzelne Person also mit dem Schaffensprozess begonnen hat. Der Unterschied zu dem Fall, dass ein weiterer Miturheber später hinzutritt, liegt darin, dass der Plan noch nicht als gemeinsamer Plan *mehrerer* Personen bestand. Allerdings kann es keinen Unterschied machen, ob mehrere Personen einen Plan fassen und eine weitere Person später dazu kommt oder ob nur ein einzelner Urheber den Plan fasst und eine Person hinzukommt. Entscheidend ist lediglich, ob der Teil, den der einzelne Urheber geschaffen hat, nach den oben genannten Kriterien vollendet ist. Ist dies der Fall, scheidet eine Miturheberschaft aus; weitere Arbeiten an dem Werk sind Bearbeitungen, die ihrerseits in Miturheberschaft vorgenommen werden können. Ist der bereits geschaffene Teil noch nicht selbstständig verwertbar, kann der später Hinzutretende noch Miturheber auch dieses Teils werden; Voraussetzung dafür ist, dass er einen schöpferischen Beitrag an dem Werk leistet.[134]

bb) Verwertbarkeit

Als zweites Tatbestandsmerkmal der Miturheberschaft setzt § 8 UrhG voraus, dass sich die Anteile der Beteiligten nicht gesondert verwerten lassen. Damit unterscheidet sich die Miturheberschaft von einer Werkverbindung iSv § 9 UrhG, bei der die Anteile gesondert verwertbar sind und nur durch die Urheber[135] miteinander verbunden werden.[136] Wenn die Anteile nicht gesondert verwertet werden können, lässt das Gesetz nur eine gemeinsame Verwertung der

132 Dazu sogleich unter bb) Verwertbarkeit.

133 *Schack*, UrhR, Rn. 187, 197; für Computerprogramme ausdrücklich § 69a I UrhG.

134 Im Ergebnis ebenso *F. Schäfer*, Viraler Effekt, S. 29f.; *Siefert*, Werkeinheit und Werkmehrheit, S. 82; *Plett*, Wissenschaftliches Gemeinschaftswerk, S. 39; dagegen *S. Meyer*, Miturheberschaft, S. 23f., erkennt aber, dass der »Wille zum gemeinschaftlichen Handeln [...] auch sukzessive gefasst werden« kann.

135 Eine Verbindung durch einen Dritten bedarf der Zustimmung der Urheber, vgl. BGH GRUR 1977, 551, 554 – Textdichteranmeldung; *Schack*, UrhR, Rn. 328; *Oehler*, Komplexe Werke, S. 356.

136 *Siefert*, Werkeinheit und Werkmehrheit, S. 70; *Spindler*, in: FS Schricker, S. 539, 553; *S. Meyer*, Miturheberschaft, S. 16; a.A. *Steffen*, Miturhebergemeinschaft, S. 19f., der mithilfe des Werkbegriffs differenzieren will.

Miturheber zu. Solch eine Bindung ist nur gerechtfertigt, wenn die Teile tatsächlich nicht getrennt verwertbar sind; im Zweifel ist daher keine Miturheberschaft, sondern bloß eine Werkverbindung[137] anzunehmen.[138] Wenn sich Urheber dazu entschließen, ihre Werke zur gemeinsamen Verwertung zu verbinden, entsteht diese Bindung allein durch rechtsgeschäftliche Erklärungen und beruht damit auf dem Willen der Beteiligten.

(1) Anforderungen an die Verwertbarkeit

Eine getrennte Verwertbarkeit setzt denknotwendig voraus, dass die Beiträge der einzelnen Urheber unterscheidbar sind.[139] Dabei dürfen keine zu geringen Voraussetzungen an die getrennte Verwertbarkeit gestellt werden: Sie bereits dann anzunehmen, wenn ein Teil durch erhebliche Ergänzungen verwertbar ist, würde dazu führen, dass eine Miturheberschaft nahezu ausgeschlossen wäre, sobald die Beiträge der Beteiligten unterscheidbar sind.[140] Das widerspräche dem Willen des Gesetzgebers.[141] Die Unterscheidbarkeit ist somit eine notwendigen aber keine hinreichende Bedingung.[142]

Ein Werkteil ist nur dann gesondert verwertbar, wenn er selbstständig verkehrsfähig, also wirtschaftlich verwertbar ist.[143] Dies ist der Fall, wenn er sich aus dem Werk herauslösen lässt, ohne dadurch unvollständig oder stark ergänzungsbedürftig zu werden.[144] Auf die Verwertungsabsicht des Urhebers kommt es nicht an; die gesonderte Verwertbarkeit eines Werkteils wird objektiv bestimmt.[145]

(2) Computerprogramme

Einzelne Computerprogramme oder Teile davon sind häufig nicht selbstständig lauffähig,[146] und auch das restliche Programm funktioniert ohne den Teil nicht

137 Dazu unten S. 41ff.

138 *Schack*, UrhR, Rn. 322; *ders.*, UFITA 106 (1987), 280, 281; *ders.*, in: FS K. Schmidt, S. 315, 316 Fn. 12. Vgl. auch *Oehler*, Komplexe Werke, S. 349f.

139 Eine *Un*unterscheidbarkeit bei gemeinsamem Schaffen führt zur Miturheberschaft, *Schack*, in: FS Raue, S. 649, 656; *Plett*, Wissenschaftliches Gemeinschaftswerk, S. 31f.; *Loewenheim/Peifer*, in: Schricker/Loewenheim § 8 UrhG Rn. 6; *Szalai*, UFITA 2012/I, 5, 18.

140 Anschaulich *Plett*, Wissenschaftliches Gemeinschaftswerk, S. 32ff.; speziell für Computerprogramme *F. Schäfer*, Viraler Effekt, S. 139ff.

141 BT-Drs. IV/ 270, S. 41.

142 BGH GRUR 1959, 335, 336 – Wenn wir alle Engel wären; *Schack*, in: FS Raue, S. 649, 656.

143 BGH GRUR 2009, 1046 Tz. 39 – Kranhäuser; *Schack*, UrhR, Rn. 314.

144 BGH GRUR 2009, 1046 Tz. 39 – Kranhäuser; Schulze KGZ 55, 12 – Puppenfee; *von Becker*, ZUM 2002, 581, 582; *Thum*, in: Wandtke/Bullinger § 8 UrhG Rn. 25ff.; *Rieke*, Miturhebergemeinschaft, S. 46; kritisch *Oehler*, Komplexe Werke, S. 292f.

145 BGH GRUR 2009, 1046 Tz. 39 – Kranhäuser; *Wirtz*, in: Fromm/Nordemann § 8 UrhG Rn. 11; *Oehler*, Komplexe Werke, S. 300.

146 Vgl. *F. Schäfer*, Viraler Effekt, S. 140.

mehr.[147] Eine getrennte Verwertbarkeit ist gleichwohl anzunehmen, wenn der entfernte Teil ohne wesentliche Ergänzungen in andere Programme integriert werden kann.[148] Strengere Maßstäbe würden eine selbstständige Verwertbarkeit bei Teilen von Computerprogrammen ausschließen.[149] Das hat bei entsprechender Programmierung zur Folge, dass es sich aus der Sicht eines Anwenders um *ein* Programm handelt, welches allerdings eine Zusammenstellung mehrerer urheberrechtlicher Werke ist.[150] Zu klären ist aber noch, ob es nach der Computerprogramm-RL überhaupt auf die getrennte Verwertbarkeit ankommt.[151]

(3) Maßgeblicher Zeitpunkt

Für die Verwertbarkeit ist im Interesse der Rechtssicherheit auf den Zeitpunkt abzustellen, an dem die Schöpfung vollendet wird.[152] Eine spätere Verwertung einzelner herausgelöster Beiträge führt nicht dazu, dass aus einer Miturheberschaft eine Werkverbindung wird.[153] Vielmehr können die Miturheber gemeinsam über die Verwertung eines Teils entscheiden, auch wenn erkennbar ist, welcher Miturheber diesen Teil des Werkes geschaffen hat. Das ergibt sich aus der objektiven Betrachtung des Werkteils. Ein konkreter Satz eines Romans wird möglicherweise irgendwann selbstständig verwertet - etwa als Postkartenspruch. Gleichwohl ist ein alleinstehender Satz regelmäßig nicht selbstständig verwertbar. Eine objektive Verwertbarkeit liegt vielmehr nur vor, wenn es üblich ist, dass einzelne Teile aus dem Werk herausgelöst werden, um sie alleinstehend zu verwerten. Dies ist etwa bei Teilen von Computerprogrammen der Fall, die so programmiert sind, dass sie auch in anderen Programmen verwendet werden können.[154]

---

147 *Keppeler*, CR 2015, 9, 14.

148 Ausführlich *F. Schäfer*, Viraler Effekt, S. 145ff.; *Oehler*, Komplexe Werke, S. 293; *Koglin*, Opensourcerecht, S. 75; enger *Marly*, Softwarerecht, Rn. 140.

149 Vgl. *F. Schäfer*, Viraler Effekt, S. 140f.

150 *Omsels*, in: FS Hertin, S. 141, 160f. mit Beispielen. Sehr weitgehend *F. A. Koch*, CR 2000, 273, 278f.; dagegen *Jaeger/Metzger*, OSS, Rn. 144, Fn. 662; *Koglin*, Opensourcerecht, S. 75.

151 Dazu unten cc) Europäischer Einfluss (S. 37ff.).

152 *Schack*, in: FS Raue, S. 649, 657; *Siefert*, Werkeinheit und Werkmehrheit, S. 96f., 162; *Oehler*, Komplexe Werke, S. 300; *Szalai*, UFITA 2012/I, 5, 19; a.A. *Ahlberg*, in: BeckOK-UrhG § 8 Rn. 13.

153 *Schulze*, in: Dreier/Schulze § 8 UrhG Rn. 4; *Thum*, in: Wandtke/Bullinger § 8 UrhG Rn. 30; *Loewenheim/Peifer*, in: Schricker/Loewenheim § 8 UrhG Rn. 5; dagegen *Ahlberg*, in: BeckOK-UrhG § 8 Rn. 13f., der das Tatbestandsmerkmal für verfassungs- und europarechtswidrig hält.

154 Zu dieser modularen Softwareentwicklung *F. Schäfer*, Viraler Effekt, S. 122, 137; vgl. auch *Oehler*, Komplexe Werke, S. 293.

(4) *Maßgeblicher Teil*

Uneinheitlich beurteilt wird, ob *alle* Anteile einzeln verwertbar sein müssen oder ob bereits die Verwertbarkeit *eines* Anteils dazu führt, dass eine Miturheberschaft ausscheidet. Der Wortlaut von § 8 UrhG führt in diesen Fällen nicht weiter.[155] Für die erstgenannte Auslegung wird ins Feld geführt, dass die Urheber sich im Falle der Miturheberschaft bewusst zusammengeschlossen und gemeinsam auf das Endprodukt hingearbeitet haben.[156] Allerdings kommt es für die Abgrenzung zwischen Miturheberschaft und Werkverbindung nicht auf den Willen der Beteiligten an, sondern allein auf die Verwertbarkeit der Teile.[157] Ob ein Werkteil verwertbar ist, wird anhand objektiver Kriterien beurteilt.

Eine vermittelnde Ansicht nimmt sowohl Miturheber- als auch Alleinurheberschaft an.[158] Diese Ansicht vermag ebenfalls nicht zu überzeugen.[159] An einem Werk kann nur *ein* Urheberrecht bestehen.[160] Andernfalls könnte es zu Friktionen bei der Verwertung kommen, wenn einem Dritten ein Nutzungsrecht nur von dem Alleinurheber, nicht aber von der Miturhebergemeinschaft eingeräumt wird. Deshalb ist die Verwertbarkeit für jeden Anteil gesondert zu prüfen. Der Teil, der gesondert verwertbar ist, steht dem Schöpfer allein zu; an dem verbleibenden Anteil entsteht dann ein ggf. unverwertbares Allein- oder Miturheberrecht.[161] Die anderen Urheber sollen keinen Einfluss auf die Verwertung des eigenständigen Teils haben, diese steht allein seinem Schöpfer zu. Haben die Beteiligten sich bereits vor dem Schöpfungsprozess auf eine gemeinsame Verwertung verständigt, dann sind ihre Interessen durch ihre vertraglichen Ansprüche gewahrt.[162]

Wenn die Anteile der Urheber verschiedenen Werkgattungen angehören, liegt darin ein starkes Indiz für eine getrennte Verwertbarkeit.[163] Dies ist insbeson-

155 *Steffen*, Miturhebergemeinschaft, S. 18 sieht darin ein Argument für Miturheberschaft; *S. Meyer*, Miturheberschaft, S. 20 eines dagegen.

156 OLG Hamburg ZUM-RD 2007, 59, 64 – Kranhäuser Rheinauhafen; *Steffen*, Miturhebergemeinschaft, S. 18; ihm folgt *Szalai*, UFITA 2012/I, 5, 19.

157 Vgl. *S. Meyer*, Miturheberschaft, S. 20; *Oehler*, Komplexe Werke, S. 273.

158 *Schulze*, in: Dreier/Schulze § 8 UrhG Rn. 5.

159 So auch *Oehler*, Komplexe Werke, S. 45 ff., 272 f.

160 Vgl. *Rehbinder/Peukert*, UrhR, Rn. 286.

161 *Siefert*, Werkeinheit und Werkmehrheit, S. 121, 163; *S. Meyer*, Miturheberschaft, S. 20 f.; widersprüchlich *Oehler*, Komplexe Werke, S. 297 (gegen Miturheberschaft), S. 294 (für Miturheberschaft). Im Zweifel gegen eine Miturheberschaft auch *Schack*, UrhR, Rn. 322; *ders.*, UFITA 106 (1987), 280, 281.

162 *Siefert*, Werkeinheit und Werkmehrheit, S. 116 f.

163 *Schack*, UrhR, Rn. 316; *ders.*, KUR 2012, 155, 160. Nach der Gesetzesbegründung liegt dann »stets« eine Werkverbindung vor, BT-Drs. IV/270, S. 42; im Ergebnis auch *Siefert*, Werkeinheit und Werkmehrheit, S. 98 ff.; *Rieke*, Miturhebergemeinschaft, S. 47; *Oehler*, Komplexe Werke, S. 285 ff.

dere für Software von Bedeutung: Unter den weiten Softwarebegriff[164] fallen nicht nur das Computerprogramm als solches, sondern auch die Benutzeroberfläche und Begleitmaterial. Wurde das Computerprogramm und das Begleitmaterial von verschiedenen Personen verfasst, so scheidet eine Miturheberschaft auch bei einem gemeinsamen Plan aus. Das Computerprogramm und das Begleitmaterial lassen sich getrennt voneinander verwerten.[165] Gleiches gilt für die eigenständig schutzfähige Benutzeroberfläche eines Computerprogramms.[166] Die Gestaltung kann grundsätzlich auch mit einem anderen Programm funktionieren; ebenso kann es für ein Programm eine andere Benutzeroberfläche geben.

cc) Europäischer Einfluss

(1) Computerprogramm-RL

Der Schutz von Computerprogrammen beruht auf der Computerprogramm-RL.[167] Deren Art. 2 II sieht für Computerprogramme, die von einer Gruppe natürlicher Personen geschaffen wurden, eine eigene Vorschrift zur Inhaberschaft vor. Danach stehen die ausschließlichen Rechte an einem Computerprogramm dieser Gruppe gemeinsam zu. Dieser Aspekt ist in der deutschen Literatur bislang weitgehend unberücksichtigt geblieben.[168] Fraglich ist, ob (und wie) durch die Richtlinie die Tatbestandsvoraussetzungen der Miturheberschaft bei Computerprogrammen harmonisiert wurden.

Für Miturheber von Computerprogrammen enthält das UrhG keine gesonderten Vorschriften. Stattdessen verweist § 69a IV UrhG auf die allgemeinen Vorschriften für Sprachwerke und somit auf § 8 UrhG.[169] Der Unterschied zum deutschen Recht liegt auf Tatbestandsseite darin, dass die Richtlinie außer Acht lässt, ob sich Beiträge gesondert verwerten lassen. Wäre Art. 2 II Computerprogramm-RL vollharmonisierend, dann müssten die Voraussetzungen der

164 BGHZ 94, 276, 284 – Inkasso-Programm; oben Fn. 13.

165 Vgl. *Spindler*, in: Rechtsfragen OS, S. 29.

166 Zu deren Schutzfähigkeit (als Werke der angewandten Kunst) EUGH EU:C:2010:816 = GRUR 2011, 220 Tz. 28ff. – BSA; kritische Anm. *Hilty/Köklü*, in: FS Bornkamm, S. 797ff.; *Schack*, UrhR, Rn. 209.

167 Siehe oben Fn. 93.

168 Vgl. aber *Ahlberg*, in: BeckOK-UrhG § 8 Rn. 15 zum Datenbankwerk, der jedoch die Unterscheidung zwischen Schutz des Datenbankwerkes und den in ihr befindlichen Werken verkennt; *Oehler*, Komplexe Werke, berücksichtigt die einschlägigen Vorschriften nur in einer Tabelle, S. 516.

169 *Dreier*, GRUR 1993, 781, 783; *Czychowski*, in: Fromm/Nordemann § 69a UrhG Rn. 41; *Grützmacher*, in: Wandtke/Bullinger, § 69a UrhG Rn. 44; *Loewenheim/Spindler*, in: Schricker/Loewenheim § 69a UrhG Rn. 24.

Miturheberschaft bei Computerprogrammen richtlinienkonform ausgelegt werden.[170]

Für eine Vollharmonisierung spricht zum einen Erwägungsgrund 6 der Richtlinie. Danach bestimmt die Richtlinie, wer schutzberechtigt ist. Auch die systematische Auslegung führt zu einer Vollharmonisierung: In Art. 2 I Computerprogramm-RL ist bereits geregelt, dass Urheber auch eine Gruppe natürlicher Personen sein kann. Absatz 2 hätte nur eine eigenständige Bedeutung, wenn er festlegt, wann der Gruppe natürlicher Personen das Recht gemeinsam zustehen soll.

Gegen eine Harmonisierung der Miturheberschaft wird ins Feld geführt, dass diese in den Mitgliedstaaten sehr unterschiedlich ausgestaltet ist.[171] Wenn der Unionsgesetzgeber tatsächlich eine Harmonisierung der Miturheberschaft gewollt hätte, wäre dies deutlicher herausgestellt worden.[172] Zudem sei es nicht sinnvoll, die Miturheberschaft nur für bestimmte Werkarten (Computerprogramm, Datenbankwerke) zu harmonisieren, da sich solche Regelungen nur schwer in die verschiedenen nationalen Gesetze einfügen ließen.[173] Anderseits hat der Unionsgesetzgeber auch den Werkbegriff nicht vollständig, sondern nur für einige Werkarten harmonisiert.[174] Der deutsche Gesetzgeber ist bei der Umsetzung davon ausgegangen, dass Art. 2 II Computerprogramm-RL nur das Innenverhältnis der Miturheber betrifft, dieses aber durch die Mitgliedstaaten ausgestaltet werden könne.[175] Letztendlich muss der EUGH darüber zu entscheiden, ob die Richtlinie die Voraussetzungen der Miturheberschaft harmonisiert. Der EUGH geht in der Regel von einer sehr weitreichenden Harmonisierungswirkung der Richtlinien aus und konkretisiert die unbestimmten Rechtsbegriffe umfassend.[176]

---

170 Vgl. die Gesetzesbegründung von §§ 69a ff. UrhG BT-Drs. 12/4022, S. 8; *Grützmacher*, in: Wandtke/Bullinger vor §§ 69a ff. UrhG Rn. 7.

171 *Blocher/Walter*, in: Walter/von Lewinski, European Copyright Law, Rn. 5.2.20, 5.2.22. verweisen auf die unterschiedlichen Regelungen zur Miturheberschaft in der EU. Danach ist etwa in Frankreich und Belgien eine Miturheberschaft auch bei getrennter Verwertbarkeit möglich; vgl. auch *Schack*, UrhR, Rn. 315.

172 Gegen eine Harmonisierung daher *Walter*, in: Walter, Europäisches Urheberrecht, Art. 2 Software-RL Rn. 17ff.; *Blocher/Walter*, in: Walter/von Lewinski, European Copyright Law, Rn. 5.2.19ff.; *von Lewinski*, in: Walter/von Lewinski, European Copyright Law, Rn. 9.4.3; enger noch *dies.*, in: Walter, Europäisches Urheberrecht, Art. 4 Datenbank-RL Rn. 4, jeweils zum – in der englischen Fassung – wortgleichen Art. 4 III Datenbank-RL 96/9/EG.

173 *von Lewinski*, in: Walter/von Lewinski, European Copyright Law, Rn. 9.4.3.

174 Zumindest für Werke der angewandten Kunst fehlt es bislang an einer Harmonisierung. Dazu BGHZ 199, 52 Tz. 27ff. – Geburtstagszug I; *Jotzo*, ZGE 2017, 447, 456 mwN. Zur Harmonisierung des Werkbegriffs EUGH EU:C:2018:899 Tz. 34ff., 45 – Heksenkaas, mit insoweit kritischer Anm. *Schack*, GRUR 2019, 75. Ausführlich *Roder*, Methodik des EUGH, S. 8ff., 359ff., 420f. und *J. H. Schmidt*, Maximalschutz, S. 139ff.

175 BT-Drs. 12/4022, S. 10; vgl. auch *Dreier*, GRUR 1993, 781, 783.

176 Vgl. *J. H. Schmidt*, Maximalschutz, S. 117.

Die Systematik der Richtlinie spricht letztendlich dafür, dass die Voraussetzungen der Miturheberschaft harmonisiert sind.

(2) *Andere Werkarten*

Für andere Werkgattungen ergeben sich aus dem europäischen Recht keine Vorgaben für die Miturheberschaft. Für die Datenbank-RL[177] gelten dieselben Erwägungen wie für die Computerprogramm-RL. Selbst wenn diese beiden Richtlinien die Miturheberschaft für die jeweilige Werkart harmonisieren, kann daraus nicht auf eine werkartenübergreifende Harmonisierung geschlossen werden. Die Schutzdauer-RL[178] harmonisiert nur die Schutzdauer der Miturheberschaft, ohne deren Voraussetzungen festzulegen.[179] Gegen eine allgemeine Harmonisierung spricht letztlich auch, dass der Unionsgesetzgeber die Regelung zur einheitlichen Schutzdauer für »Musikkompositionen mit Text« später eingeführt hat.[180] Dies wäre bei einem werkartübergreifend harmonisierten Miturheberrecht nicht mehr erforderlich gewesen. Schließlich hat auch der 2011 neu eingefügte Art. 1 VII Schutzdauer-RL die Miturheberschaft weder für alle Werkarten noch für Musikwerke harmonisiert, wie sich ausdrücklich durch den Einschub (»unabhängig von den ausgewiesenen Miturhebern«) ergibt.[181] Damit obliegt es den nationalen Gesetzgebern, die Voraussetzungen der Miturheberschaft für andere Werkarten als Datenbankwerke und Computerprogramme auszugestalten.

dd) *Miturhebergemeinschaft*

Liegen die Voraussetzungen der Miturheberschaft vor, dann entsteht *ein* Urheberrecht.[182] Dieses steht den Miturhebern gemäß § 8 II 1 UrhG zur gesamten Hand zu. Die Einzelheiten zur Miturhebergemeinschaft und ihre Einordnung als

177 Art. 4 III Datenbank-RL ist – zumindest in der englischen Fassung – wortgleich zu Art. 2 II Computerprogramm-RL.

178 RL 2006/116/EG über die Schutzdauer des Urheberrechts und bestimmter verwandter Schutzrechte (kodifizierte Fassung).

179 Vgl. Erwägungsgrund 14 Schutzdauer-RL; *A. Dietz*, GRUR Int. 1995, 670, 672; *Schulze*, in: FS Wandtke, S. 373, 383; *Walter*, in: Walter/von Lewinski, European Copyright Law, Rn. 8.1.38f.; a. A. *Flechsig*, ZUM 2012, 227, 234.

180 Vgl. Art 1 VII Schutzdauer-RL, eingefügt durch RL 2011/77/EU zur Änderung der Richtlinie 2006/116/EG über die Schutzdauer des Urheberrechts und bestimmter verwandter Schutzrechte.

181 Noch deutlicher in der englischen Sprachfassung: »whether or not those persons are designated as co-authors«. Das verkennt *Flechsig*, ZUM 2012, 227, 234. Wie hier *Schulze*, in: FS Wandtke, S. 373, 383; *Blobel*, Miturhebergemeinschaft, S. 38f.; BT-Drs. 17/12013, S. 11 mit Hinweis auf den Gesetzgebungsprozess der Richtlinie.

182 *Schack*, UrhR, Rn. 319; *Sontag*, Miturheberrecht, S. 21f.; *Siefer*, Werkeinheit und Werkmehrheit, S. 14; *Blobel*, Miturhebergemeinschaft, S. 47; a. A. *Rosenkranz*, Open Contents, S. 46.

Gesamthandsgemeinschaft sind umstritten.[183] Für die hier relevante Lizenzierung der Werke ist entscheidend, dass alle Miturheber gemäß § 8 II 1 UrhG in eine Verwertung und Veröffentlichung einwilligen[184] müssen.[185]

Nach Ansicht des BGH entsteht *kraft Gesetzes* eine Gesellschaft bürgerlichen Rechts, wenn sich die Miturheber zur Werkverwertung entschließen.[186] Dem kann so nicht gefolgt werden.[187] Es ist durchaus möglich, dass die Miturheber - evtl. auch konkludent - einen Gesellschaftsvertrag schließen, zwingend ist dies jedoch nicht.[188] Das folgt schon daraus, dass der Abschluss eines Gesellschaftsvertrags - anders als die bloße Zusammenarbeit - entsprechende Willenserklärungen voraussetzt. Schließen die Miturheber einen Gesellschaftsvertrag, ist die rechtsfähige Miturheber*gesellschaft* im Verhältnis zur Miturheber*gemeinschaft* genauso Dritte wie jede andere Person.[189] Danach ist eine Nutzungsrechtseinräumung auch durch die in der Miturhebergemeinschaft verbundenen Urheber möglich.[190] Diese wird durch alle Miturheber gemeinsam vertreten.[191] Dritte können entweder einen Vertrag mit allen Miturhebern oder einzelne Verträge mit jedem Miturheber schließen.[192]

Bei Open Content Projekten, an den mehrere Personen beteiligt sind, müssen dementsprechend alle Miturheber der Open Content Lizenzierung zustimmen und entsprechende Willenserklärungen abgegeben. Wer sich an einem bestehenden Open Content Projekt beteiligt, stimmt zumindest konkludent einer Open Content Lizenzierung zu,[193] zumindest wenn ein bestehendes Werk, das unter einer Open Content Lizenz mit Copyleft-Klausel steht, gemeinsam bearbeitet wird. In diesem Fall wissen die Miturheber, dass die erschaffene Bear-

---

183 Vgl. *Steffen*, Miturhebergemeinschaft, S. 22ff.; *Spindler*, in: FS Schricker, S. 539ff.; *Schack*, in: FS K. Schmidt, S. 315ff.; *Szalai*, UFITA 2012/I, 5, 25ff.; *Oehler*, Komplexe Werke, S. 335ff.; *Blobel*, Miturhebergemeinschaft, S. 50ff.

184 ISv § 183 S. 1 BGB, vgl. BT- Drs. IV/270, S. 41; *Schack*, UrhR, Rn. 320; *Oehler*, Komplexe Werke, S. 346; a. A. *Blobel*, Miturhebergemeinschaft, S. 210ff.

185 BGHZ 193, 49 Tz. 18 – Kommunikationsdesigner; *Steffen*, Miturhebergemeinschaft, S. 45; *Omsels*, in: FS Hertin, S. 141, 167; *Spindler*, in: FS Schricker, S. 539, 542, 545.

186 BGHZ 193, 49 Tz. 25 – Kommunikationsdesigner.

187 *Blobel*, Miturhebergemeinschaft, S. 188; *Bergmann*, in: FS Bornkamm, S. 737, 744.

188 *Sontag*, Miturheberrecht, S. 11; *Siefert*, Werkeinheit und Werkmehrheit, S. 78; *Blobel*, Miturhebergemeinschaft, S. 157f., 188; *Schack*, UrhR, Rn. 323; *ders.*, in: FS K. Schmidt, S. 315; *Bergmann*, in: FS Bornkamm, S. 737, 744.

189 BGHZ 193, 49 Tz. 20 – Kommunikationsdesigner; *Jacobs*, GRUR 2012, 1025; vgl. auch *Blobel*, Miturhebergemeinschaft, S. 165f.; *Bergmann*, in: FS Bornkamm, S. 737, 740f.

190 OLG Frankfurt a.M. GRUR 2006, 578, 579 – Erstverwertungsrechte; *Siefert*, Werkeinheit und Werkmehrheit, S. 25; vgl. auch *Blobel*, Miturhebergemeinschaft, S. 158.

191 *Schack*, in: FS K. Schmidt, S. 315, 318.

192 *Sontag*, Miturheberrecht, S. 42; *Blobel*, Miturhebergemeinschaft, S. 206; *S. Meyer*, Miturheberschaft, S. 75; *ders.*, CR 2011, 560, 564.

193 *Teupen*, Copyleft, S. 160; vgl. auch *Omsels*, in: FS Hertin, S. 141, 167.

beitung wieder unter die Lizenz gestellt werden muss, da sonst das Recht entfällt, die Bearbeitung zu verwerten.[194]

Bei der Werkerstellung stehen verschiedene Lizenzen mit unterschiedlicher Reichweite zur Verfügung. Hier müssen sich die Miturheber auf eine bestimmte Lizenz und deren Reichweite einigen. Sollte einer der Miturheber seine Zustimmung zur Verwertung verweigern, können die anderen Miturheber nach § 8 II 2 UrhG die Abgabe einer entsprechenden Willenserklärung verlangen.[195]

b) Verbundene Werke

Wenn die Werke der Urheber getrennt verwertbar sind,[196] scheidet eine Miturheberschaft aus. Den Urhebern bleibt freilich die Möglichkeit, ihre Werke zur gemeinsamen Verwertung miteinander zu verbinden. Die Werke bleiben dabei weiterhin eigenständig.[197] Die Urheber schließen dann einen Gesellschaftsvertrag iSv § 705 BGB.[198] In die Gesellschaft können sie – je nach Vereinbarung – ihre Nutzungsrechte einbringen; zwingend ist dies nicht. Es wird zwar diskutiert, ob stets ein Gesellschaftsvertrag abgeschlossen wird[199] oder es sich um einen Vertrag eigener Art handelt. Dieser Streit ist letztendlich aber ohne praktische Auswirkung, denn der Vertragstyp macht keinen Unterschied. Haben sich die Urheber durch rechtsgeschäftliche Erklärung[200] zusammengeschlossen, sind sie in der Verwertung durch die in § 9 UrhG geregelten (dispositiven[201]) Treuepflichten gebunden. Die Bindung zwischen den Urhebern wirkt nur schuldrechtlich und führt zu keiner dinglichen Einschränkung. Verwertet ein Urheber sein Werk nach der Verbindung eigenständig, so kann der andere gegen

194 Zur Copyleft-Klausel unten S. 105ff.

195 *Schack*, UrhR, Rn. 320; *Schulze*, in: Dreier/Schulze § 8 UrhG Rn. 16.

196 Dazu oben S. 33ff.

197 Sie »verschmelzen« nicht zu einem Werk, so aber *Klingebiel*, in: Nutzergenerierte Inhalte als Gegenstand des Privatrechts, S. 43, 53.

198 BGH GRUR 1973, 328, 329 – Musikverleger II; nicht mehr so eindeutig BGH GRUR 2015, 1189 Tz. 25, 37ff. – Goldrapper; *Schlaak*, Urheber verbundener Werke, S. 50; *Siefert*, Werkeinheit und Werkmehrheit, S. 77, 119; *Schack*, UrhR, Rn. 329; *Ulmer*, UrhR, S. 197; *von Gamm*, § 9 UrhG Rn. 8; *Loewenheim/Peifer*, in: Schricker/Loewenheim § 9 UrhG Rn. 1, 3.

199 *Spindler*, in: FS Schricker, S. 539, 553f.; *Thum*, in: Wandtke/Bullinger § 9 UrhG Rn. 18ff.; *Oehler*, Komplexe Werke, S. 362ff.

200 Diese ist jedenfalls erforderlich; vgl. BGH GRUR 1982, 41, 42 – Musikverleger III; BGH GRUR 1998, 673, 675 – Popmusikproduzenten; OLG Hamburg ZUM 1994, 738, 739 – The Dea Song; OLG München GRUR-RR 2007, 139, 141 – Fernseherwerbespots; *Oehler*, Komplexe Werke, S. 357ff.; *Stroh*, Werkeinheit und Werkmehrheit, S. 152f.; *Rosenkranz*, Open Contents, S. 47; *Schack*, UrhR, Rn. 327; *Ulmer*, UrhR, S. 197; *Loewenheim/Peifer*, in: Schricker/Loewenheim § 9 UrhG Rn. 7; *Schulze*, in: Dreier/Schulze § 9 UrhG Rn. 6; *Wirtz*, in: Fromm/Nordemann § 9 UrhG Rn. 3, 8; *Thum*, in: Wandtke/Bullinger § 9 UrhG Rn. 9; a. A. *Ahlberg*, in: BeckOK-UrhG § 9 Rn. 14; dagegen überzeugend *Oehler* aaO; *Schlaak*, Urheber verbundener Werke, S. 34ff.

201 *Loewenheim/Peifer*, in: Schricker/Loewenheim § 9 UrhG Rn. 2.

ihn allenfalls aus dem Vertrag, aber nicht wegen einer Urheberrechtsverletzung vorgehen.[202] Jeder Urheber, der sein Werk mit dem eines anderen zu einer Werkverbindung iSv § 9 UrhG verbunden hat, bleibt selbst verfügungsbefugt, sofern er nicht ausschließliche Nutzungsrechte in eine Gesellschaft eingebracht hat. Es entsteht kein neues verbundenes Werk.[203]

Von der Werkverbindung iSv § 9 UrhG ist eine nur tatsächliche Verbindung zweier Werke zu unterscheiden.[204] Der Unterschied liegt darin, dass die Urheber der Werke in diesem Fall nicht an die Treuepflichten aus § 9 UrhG gebunden sind.[205] Diese rechtlich lose Verbindung ist möglich, wenn ein Urheber einem Dritten durch ein Nutzungsrecht gestattet, sein Werk mit einem anderen Werk zu verbinden.[206] Der Regelungsgehalt des § 9 UrhG bezieht sich auf die Rechtsfolge der Treuepflichten:[207] Daher ist Voraussetzung der Vorschrift nicht nur die Verbindung mehrerer Werke, sondern auch dass diese durch die jeweiligen Urheber vorgenommen wird.[208]

Eine Werkverbindung iSv § 9 UrhG kommt bei Open Content nur in Betracht, wenn die Urheber sich zur gemeinsamen Verwertung entschließen, bevor sie das Werk unter eine solche Lizenz stellen. Dies kann etwa der Fall sein, wenn ein Komponist und ein Texter ihre Werke zu einem Lied verbinden und dieses dann unter einer Open Content Lizenz anbieten. Hat dagegen jemand ein Werk geschaffen und dieses unter eine Open Content Lizenz gestellt, dann liegt in der Regel keine Werkverbindung iSv § 9 UrhG vor, wenn ein Dritter dieses mit seinem Werk verbindet.[209] Die Werke sind dann zwar tatsächlich verbunden und dem Dritten kann es durch die Lizenz durchaus erlaubt sein, diese Verbindung herzustellen.[210] Gleichwohl liegen die Voraussetzungen des § 9 UrhG nicht vor, da nicht *die* Urheber ihre Werke zur gemeinsamen Verwertung miteinander

202 BGH GRUR 2016, 1189 Tz. 22f. – Goldrapper; *Dietrich*, ZUM 2015, 1006; *Loewenheim/Peifer*, in: Schricker/Loewenheim § 9 UrhG Rn. 16; vgl. zur Rechtsdurchsetzung unten 3. Teil, S. 133ff.

203 *von Becker*, ZUM 2002, 581. Damit unterscheidet sich die Werkverbindung vom Sammelwerk. Bei Sammelwerken besteht die schöpferische Leistung in der *Zusammenstellung* verschiedener Werke, § 4 UrhG.

204 *Waldenberger*, Miturheberschaft im Rechtsvergleich, S. 24.

205 *Thum*, in: Wandtke/Bullinger § 9 UrhG Rn. 9; *Schulze*, in: Dreier/Schulze § 9 UrhG Rn. 6.

206 *Schulze*, in: Dreier/Schulze § 9 UrhG Rn. 6, § 31 UrhG Rn. 39; *Loewenheim/Peifer*, in: Schricker/Loewenheim § 9 UrhG Rn. 6; *Elkemann-Reusch*, ZGE 2010, 413, 431.

207 *Thum*, in: Wandtke/Bullinger § 9 UrhG Rn. 1; *Loewenheim/Peifer*, in: Schricker/Loewenheim § 9 UrhG Rn. 2.

208 Undeutlich *Spindler*, in: Information im 21. Jahrhundert, S. 115, 119.

209 Möglich bleibt eine Werkverbindung durch Stellvertretung. Dazu *Klingebiel*, in: Nutzergenerierte Inhalte als Gegenstand des Privatrechts, S. 43, 54f. Allerdings haben die Parteien in der Regel kein Interesse, sich der Bindung des § 9 UrhG zu unterwerfen.

210 In Ausnahmefällen kann darin eine Bearbeitung liegen, s. dazu unten S. 54f.

verbunden haben.[211] Daraus folgt für die Urheber, dass sie ihre Werke weiterhin völlig frei, ohne Rücksicht auf etwaige Treuepflichten, verwerten können.[212]

Es ist zudem möglich, dass ein Dritter zwei Werke miteinander verbindet, die unter einer Open Content Lizenz angeboten werden. Auch in diesem Fall liegt keine Werkverbindung iSv § 9 UrhG vor.[213] In Betracht kommt ein Schutz als Sammelwerk nach § 4 UrhG,[214] wenn die Zusammenstellung selbst eine persönliche geistige Schöpfung ist.[215]

Es lässt sich demnach ohne Kenntnis der vertraglichen Beziehungen zwischen den Beteiligten nicht feststellen, ob eine Werkverbindung iSv § 9 UrhG vorliegt oder die Werke bloß tatsächliche miteinander verbunden wurden. Das ist für den Werkverwerter jedoch unerheblich, da er ohnehin Nutzungsrechte für alle Werke braucht, ungeachtet der Vertragsbeziehungen zwischen den Urhebern. Für die Urheber ist die Unterscheidung durchaus von Belang, da daraus folgt, ob ihnen Treuepflichten auferlegt werden.

c) Auftraggeber, Anreger und Gehilfen

Neben den (Mit-)Urhebern können auch weitere Personen Einfluss auf die Werkentstehung genommen haben. Aber nicht jeder, der an der Werkentstehung mitwirkt, wird schon deshalb zu einem (Mit-)Urheber. Hierfür ist ein Beitrag erforderlich, der die Schöpfungshöhe des § 2 II UrhG erreicht.

Gerade Anreger, Ideengeber und Gehilfen sind häufig ursächlich dafür, dass ein Werk geschaffen wird. Auch wenn die Werkentstehung ohne sie nicht möglich wäre, ist die Schöpfungshöhe ihres Beitrags gesondert zu prüfen und in aller Regel abzulehnen.[216] Ein kausaler Beitrag zur Werkentstehung allein genügt nicht.[217]

Bei Auftraggebern ist zu untersuchen, inwieweit ihre Vorgaben konkreten Einfluss auf die Werkgestaltung gehabt haben, ob also auch ihre Persönlichkeit in dem Werk Ausdruck gefunden hat. Miturheberschaft eines Auftragsgebers ist also durchaus möglich.[218]

211 Vgl. *De Nicolò*, Open Source Software, S. 30; *Lenhard*, Vertragstypologie von Softwareüberlassungsverträgen, S. 304; *Allmann*, Open Source Compliance, S. 73f.

212 *Rosenkranz*, Open Contents, S. 47; im Ergebnis auch *Oehler*, Komplexe Werke, S. 372f.

213 A. A. *Grobe-Einsler*, User-Generated Content, S. 136.

214 Vgl. *Thum*, in: Wandtke/Bullinger § 9 UrhG Rn. 27.

215 BGHZ 116, 136, 142 – Leitsätze; *Schack*, UrhR, Rn. 289.

216 *Schack*, Kunst und Recht, Rn. 240ff.

217 *Waldenberger*, Miturheberschaft im Rechtsvergleich, S. 31f.; verfehlt *Plett*, Wissenschaftliches Gemeinschaftswerke, S. 210f.

218 *Oehler*, Komplexe Werke, S. 310ff.; *Schack*, KUR 2012, 155, 160; zur agilen Softwareentwicklung *Fuchs/Meierhöfer/Morsbach/Pahlow*, MMR 2012, 427, 431.

d) Das nicht schutzfähige »Werk«?

Sind mehrere Personen schöpferisch an einem Gesamtwerk beteiligt, so steht ihnen das Urheberrecht an diesem zu – entweder als Miturheber, verbunden in einer Miturhebergemeinschaft, oder als einzelne Urheber, vertraglich gebunden durch § 9 UrhG. Dafür müssen die Beteiligten schöpferisch mitgewirkt haben, ihr Beitrag muss die Schwelle der persönlichen geistigen Schöpfung überschritten haben.[219] Kann aber ein Beitrag, etwa ein Artikel in Wikipedia, ein nicht schutzfähiges »Werk« sein? Gemeint ist etwa ein ausführlicher Text, der, wenn er von *einer* Person stammen würde, als Schriftwerk nach § 2 I Nr. 1 UrhG geschützt wäre. Derselbe Text könnte entstehen, indem ein kurzer Artikel durch Ergänzungen verschiedener Personen immer weiter wächst, ohne dass einer der Beteiligten die Schwelle zur persönlichen geistigen Schöpfung überschreitet. Derselbe Text wäre also einmal geschützt, das andere Mal nicht. Dieses Ergebnis ist nur auf den ersten Blick paradox. Zweck des Urheberrechts ist nicht, die Leistung als solche zu schützen; vielmehr geht es um den Schutz des geistigen Bandes zwischen dem Urheber und seinem Werk.[220] Fehlt es an einem schöpferischen Beitrag, bedarf es folglich auch keines Urheberrechtsschutzes.[221] Die Schutzfähigkeit eines »Werkes« kann folglich wie beim »Affen-Selfie«[222] oder KI-Schöpfungen[223] nicht ohne Kenntnis über den Erstellungsprozess beurteilt werden.

3. Zwischenergebnis

Bei Open Source Software wie bei anderen Open Content Projekten arbeiten regelmäßig viele verschiedene Personen zusammen. Dies ist für das Urheberrecht aber kein neues Phänomen. Bei der Bestimmung, welche Form der Urheberschaft vorliegt, ist die Werkentstehung nach den genannten Kriterien zu untersuchen. Daraus folgt, welche Abhängigkeiten bei der Werkverwertung bestehen. Haben mehrere ein Werk gemeinsam geschaffen, ohne dass sich ihre Anteile gesondert verwerten lassen, liegt Miturheberschaft (§ 8 UrhG) vor. Da sich auch bei einer Bearbeitung die Anteile nicht gesondert verwerten lassen, ist die Abgrenzung zur Miturheberschaft anhand des Tatbestandmerkmals »gemeinsamer Plan« vorzunehmen. Eine Zäsur ist erreicht, sobald das Werk eigenständig verwertbar ist. Spätere Arbeiten an dem Werk – mögen sie auch auf einem vage umrissenen Plan beruhen – fallen als Bearbeitungen des Werkes unter § 23 UrhG.

---

219 Vgl. oben S. 28ff.
220 § 11 S. 1 UrhG; *Schack*, UrhR, Rn. 339.
221 Vgl. *Rieke*, Miturhebergemeinschaft, S. 45.
222 Dazu *König/Beck*, ZUM 2016, 34ff.
223 Zu ihnen *Ory/Sorge*, NJW 2019, 710, 711f.

Ist der Anteil eines Urhebers getrennt verwertbar, scheidet eine Miturheberschaft nach § 8 UrhG aus. Vom EUGH noch nicht geklärt ist, ob dieses Ergebnis auch für Computerprogramme gilt, da Art. 2 II Computerprogramm-RL nicht nach der Verwertbarkeit abgrenzt, sondern nur auf das gemeinsame Schaffen abstellt. Die Systematik der Richtlinie spricht dafür, dass die Voraussetzungen der Miturheberschaft harmonisiert sind. Der EUGH geht regelmäßig von einer weitreichenden Harmonisierung durch die Urheberrecht-Richtlinien aus. Die Frage müsste gemäß Art. 267 AEUV dem EUGH zur Vorabentscheidung vorgelegt werden. Dasselbe gilt für Datenbankwerke; für alle anderen Werkarten jedoch fehlt es bislang an einer Harmonisierung der Miturheberschaft.

Wenn die Miturheberschaft aufgrund der getrennten Verwertbarkeit ausscheidet, kann eine Werkverbindung nach § 9 UrhG vorliegen. Dies wird bei Open Content Projekten regelmäßig nicht der Fall sein, da nicht *die* Urheber ihre Werke miteinander verbunden haben, sondern diese nur von einem Urheber oder von einem Dritten miteinander verbunden wurden. Der Unterschied liegt darin, dass keine Treuepflicht bestehen, der Verwertung zuzustimmen, da die Urheber keinen entsprechenden Vertrag geschlossen haben.

Für die Lizenzierung eines Werkes und damit für Open Content ist entscheidend, dass alle Urheber der Verwertung zustimmen. Das gilt unabhängig davon, ob die Beteiligten als Miturheber gemeinsam über die Verwertung ihres Werkes bestimmen oder ob die Werkverbindung durch die Zustimmung der jeweiligen Urheber verwertet wird. Nach §§ 8 II 2, 9 UrhG kann ein Urheber die Verwertung – im Verhältnis zu den anderen Urhebern – nur dann verweigern, wenn sie ihm nicht zumutbar ist. Denn ein Urheber, der sich mit anderen durch tatsächliches Handeln (§ 8 UrhG) oder vertraglich (§ 9 UrhG) verbunden hat, soll den anderen Beteiligten nicht die Früchte ihrer Arbeit verwehren.

II. Werkveränderungen

Viele Open Content Projekte leben davon, dass sie kontinuierlich weiterentwickelt werden. Ein großer Vorteil von Wikipedia gegenüber klassischen Enzyklopädien ist, dass sie fortlaufend aktualisiert[224] und erweitert wird. Ebenso wird Open Source Software regelmäßig verändert, um sie zu verbessern und neuen Erfordernissen anzupassen.

224 Bereits Sekunden nach dem Abpfiff des Finales war auf Wikipedia zu lesen, dass Deutschland die Fußball-Weltmeisterschaft 2014 gewonnen hat (nachzuverfolgen in der Versionsgeschichte des Artikels zur Fußball Weltmeisterschaft 2014). Die Aktualisierung läuft indes nicht bei allen Artikeln so schnell. Hier zeigt sich, dass Wikipedia von freiwilligen Aktualisierungen ihrer Nutzer lebt. Dazu sehr kritisch *Bernau*, Die Wikipedia stößt an ihre Grenzen, FAS 17. 2. 2019, S. 17.

Diese Änderungen bestehender Werke können in die Rechte des Urhebers am Ausgangswerk eingreifen. Dazu zählen das Bearbeitungsrecht (§ 23 UrhG) und das Entstellungsverbot (§ 14 UrhG). Das generelle Änderungsverbot[225] folgt neben den genannten Vorschriften aus §§ 39, 62 UrhG. Neben dem Recht, sein Werk in der ursprünglichen Form zu verwerten, kann der Urheber die Veränderung des Werkes, jedenfalls aber deren Verwertung unterbinden. Wer ein Werk verändern und verwerten will, braucht grundsätzlich die Zustimmung des Urhebers.

Nach § 23 S. 1 UrhG ist es erlaubt, ein bestehendes Werk zu bearbeiten oder sonst umzugestalten.[226] Die Bearbeitung zu veröffentlichen und zu verwerten, ist dagegen nur mit Zustimmung des Urhebers zulässig. Daneben kann derjenige, der ein bestehendes Werk verändert, nach § 3 UrhG ein »abgeleitetes«[227] *Bearbeiter*urheberrecht erlangen. Dabei sind das Urheberrecht am Ausgangswerk und das Urheberrecht des Bearbeiters zu unterscheiden.[228] Das Recht eines Urhebers, die Bearbeitung seines Werkes zu kontrollieren (§ 23 UrhG), wird Bearbeitungsrecht genannt; das Werk des Bearbeiters an der »bearbeiterischen Zutat«[229] begründet das Bearbeiterurheberrecht (§ 3 UrhG).

1. Rechte des Urhebers am Ausgangswerk

a) Bearbeitungsrecht, § 23 UrhG

Im deutschen Recht war ein Bearbeitungsrecht erstmals in § 12 LUG von 1901 vorgesehen,[230] ein solches enthielt auch § 15 KUG von 1907. Ausschlaggebend war die Berner Übereinkunft von 1886, welche die Verbandsstaaten dazu verpflichtete, neben der identischen Übernahme auch einen Schutz vor »indirekter Aneignung« vorzusehen.[231] Seit 1966 ist das Bearbeitungsrecht in § 23 UrhG normiert.

Das Bearbeitungsrecht dient vor allem den materiellen Interessen des Urhebers.[232] Der Urheber des Ausgangswerkes soll Einfluss darauf nehmen können, ob und wie ein abgeleitetes Werk, das persönliche Züge von ihm enthält, ver-

225 *Grohmann*, Recht des Urhebers, Entstellungen und Änderungen zu verhindern, S. 10; *Schulze*, in: Dreier/Schulze § 23 UrhG Rn. 1, § 14 UrhG Rn. 2. Vgl. zudem unten Fn. 308.

226 Vgl. aber § 23 S. 2 und § 69c Nr. 2 UrhG. Zum Einfluss der InfoSoc-RL s. unten S. 48ff.

227 Diese Terminologie verwendet der Regierungsentwurf BT-Drs. IV/270, S. 38.

228 BGHZ 151, 15, 19 – Stadtbahnfahrzeug; *Schack*, UrhR, Rn. 267; *Bullinger*, in: Wandtke/Bullinger § 3 UrhG Rn. 2.

229 *Siefert*, Werkeinheit und Werkmehrheit, S. 23.

230 Davor waren nur einzelne Übersetzungsrechte geregelt, vgl. *Chakraborty*, Freie Benutzung, S. 35f.; *Plassmann*, Bearbeitungen, S. 89f.

231 Vgl. *Plassmann*, Bearbeitungen, S. 29ff.; *Chakraborty*, Freie Benutzung, S. 19f. Zum Bearbeitungsrecht der RBÜ *von Lewinski*, International Copyright Law, Rn. 5.125ff.

232 *Hörnig*, UFITA 99 (1985), 13, 17f.

öffentlicht und verwertet wird.[233] Das materielle Interesse tritt besonders zum Vorschein, wenn das bearbeitete Werk mit dem Ursprungswerk am Markt konkurriert und dem Urheber somit Umsatzeinbußen drohen.[234] Da bereits die Veröffentlichung des bearbeiteten Werkes die Interessen des Ausgangsurhebers gefährden kann, ist seine Einwilligung auch dann erforderlich, wenn das Ausgangswerk bereits veröffentlicht ist.[235] Darüber hinaus hat der Urheber ein legitimes Interesse daran, dass sein Werk durch eine Bearbeitung nicht in einen veränderten, entstellenden Zusammenhang gesetzt wird. Dieses Interesse wird zwar vor allem durch § 14 UrhG geschützt, der Urheber kann daneben aber auch aus § 23 S. 1 UrhG gegen entstellende Veränderungen vorgehen. § 23 UrhG schützt daher mittelbar auch die urheberpersönlichkeitsrechtlichen Interessen des Urhebers.[236]

aa) Unterschied zwischen Bearbeitung und Umgestaltung

§ 23 S. 1 UrhG unterscheidet zwischen Bearbeitungen und sonstigen Umgestaltungen. Danach ist die Bearbeitung ein Unterfall der Umgestaltung. Weitere Anhaltspunkte zur Abgrenzung lassen sich § 23 UrhG nicht entnehmen.[237] Im Wesentlichen werden zwei Ansichten zur Abgrenzung vertreten:

Eine Ansicht stützt sich auf die Gesetzesbegründung[238] und sieht Bearbeitungen als solche Werkveränderungen an, die dem Ursprungswerk dienen sollen und sich bewusst daran anlehnen; sonstige Umgestaltungen seien dagegen gescheiterte freie Benutzungen, die keinen hinreichenden Abstand zum Ausgangswerk wahren.[239]

Andere verstehen sonstige Umgestaltungen als Werkveränderungen, die keinen eigenen urheberschutzfähigen Beitrag (§ 2 II UrhG) enthalten; dagegen

---

233 Vgl. *Plassmann*, Bearbeitungen, S. 42.

234 *Schack*, UrhR, Rn. 469.

235 BGH GRUR 2011, 134 Tz. 46ff. – Perlentaucher; *Hörnig*, UFITA 99 (1985), 13, 69f.; *Leistner*, ZUM 2011, 468, 482; *Schack*, UrhR, Rn. 469; *Schulze*, in: Dreier/Schulze § 23 UrhG Rn. 17; *A. Nordemann*, in: Fromm/Nordemann § 24 UrhG Rn. 24; a. A. *Ulmer*, UrhR, S. 266; *Dreyer*, in: Dreyer/Kotthoff/Meckel/Hentsch § 23 UrhG Rn. 15; *Plassmann*, Bearbeitungen, S. 262ff.

236 *Plassmann*, Bearbeitungen, S. 43ff., 49. Eine eigenständige Bedeutung hat der urheberpersönlichkeitsrechtliche Schutz des § 23 neben § 14 UrhG nicht; vgl. dazu auch unten S. 54f.

237 *Wehler*, Freie Benutzung im digitalen Zeitalter, S. 48.

238 BT-Drs. IV/270, S. 51.

239 *Plassmann*, Bearbeitungen, S. 182f.; *Chakraborty*, Freie Benutzung, S. 33f.; *Loewenheim*, in: Schricker/Loewenheim § 23 UrhG Rn. 4f.; *Schulze*, in: Dreier/Schulze § 23 UrhG Rn. 6f.; *Ahlberg*, in: BeckOK-UrhG § 23 Rn. 5f.; ausführlich *Krusemarck*, Abhängige Schöpfung, S. 65ff.

sei der Beitrag bei einer Bearbeitung selbst schutzfähig.[240] Begründet wird dies damit, dass Bearbeitungen gemäß § 3 UrhG stets schutzfähig seien.[241]

Für die Lizenzierung von Open Content ist die Unterscheidung irrelevant, da das Gesetz an beide Tatbestandsmerkmale dieselbe Rechtsfolge knüpft:[242] Nach § 23 S. 1 UrhG bedürfen sowohl die Veröffentlichung als auch die Verwertung einer Umgestaltung der Zustimmung des Urhebers; für einige Werkarten[243] knüpft Satz 2 bereits die Herstellung an seine Zustimmung.

bb) Bearbeitung als Vervielfältigung, Einfluss von Art. 2 InfoSoc-RL

Entscheidend ist vielmehr, wie sich § 23 UrhG zu den übrigen Verwertungsrechten verhält. Einerseits ist denkbar, dass es eine klare Grenze zwischen der Verwertung und der Umgestaltung des Werkes gibt.[244] Andererseits könnte in jeder Umgestaltung zugleich eine Verwertung des Werkes – etwa eine Vervielfältigung – liegen.[245] Hier muss insbesondere die InfoSoc-Richtlinie[246] berücksichtigt werden, welche die meisten Verwertungsrechte vollständig harmonisiert[247].

Die Abgrenzung ist relevant für den Inhaber des ausschließlichen Nutzungsrechts zur Vervielfältigung. Es ist fraglich, ob dieser auch gegen umgestaltende Vervielfältigungen aus §§ 97, 16 UrhG vorgehen kann. Darüber hinaus

240 LG Köln GRUR 1973, 88 – Kinder in Not; *Schack*, UrhR, Rn. 468, 268; *Hörnig*, UFITA 99 (1985), 13, 60f.; *Stieper*, AfP 2015, 301; *Bullinger*, in: Wandtke/Bullinger § 23 UrhG Rn. 3f.; *Hoeren*, in: Loewenheim § 9 Rn. 209; vgl. auch BGH GRUR 1981, 520, 521 – Fragensammlung.

241 *Schack*, Kunst und Recht, Rn. 269; vgl. auch oben Fn. 240.

242 *Plassmann*, Bearbeitungen, S. 162; *Loschelder*, GRUR 2015, 1078, 1080f.; a. A. *Chakraborty*, Freie Benutzung, S. 34 geht von Unterschieden im Verletzungsprozess aus. Die Relevanz bei §§ 37 I, 55a UrhG erläutert *Krusemarck*, Abhängige Schöpfung, S. 74ff.

243 Verfilmung des Werkes, Ausführung von Plänen und Entwürfen eines Werkes der bildenden Künste, Nachbau eines Werkes der Baukunst, Bearbeitung oder Umgestaltung eines Datenbankwerkes.

244 Dafür *Plassmann*, Bearbeitungen, S.62f., 118; *Schrader/Rautenstrauch*, UFITA 2007/III, 761, 768; *A. Nordemann*, in: Fromm/Nordemann § 24 UrhG Rn. 10; *Kroitzsch/Götting*, in: BeckOK-UrhG § 16 Rn. 10; vgl. zum LUG BGHZ 8, 88, 91 – Magnettonband.

245 Dafür BGHZ 185, 291 Tz. 17 – Vorschaubilder; GRUR 1988, 533, 535 – Vorentwurf II; ausdrücklich GRUR 2014, 65 Tz. 36 – Beuys-Aktion; BGHZ 211, 309 Tz. 17 – auf fett getrimmt (für die öffentliche Wiedergabe); *Schack*, UrhR, Rn. 469; *ders.*, MMR 2008, 414, 415; *Loschelder*, GRUR 2011, 1078, 1082f.; *J. B. Nordemann*, in: FS Schwarz, S. 97, 102; *Loewenheim*, in: Schricker/Loewenheim § 23 UrhG Rn. 3; *Schulze*, in: Dreier/Schulze, § 16 UrhG Rn. 10, § 23 Rn. 4. Eine Umgestaltung kann nach dem BGH sogar dann vorliegen, wenn das Werk als solches unverändert wiedergegeben wird BGHZ 150, 32, 40 – Unikatrahmen; dazu unten S. 54f.

246 Richtlinie 2001/29/EG zur Harmonisierung bestimmter Aspekte des Urheberrechts und der verwandten Schutzrechte in der Informationsgesellschaft.

247 Vgl. nur EUGH EU:C:2009:465 = GRUR 2009, 1041 Tz. 27f. – Infopaq; *Grünberger*, ZUM 2015, 273, 274.

differenziert § 23 UrhG in Satz 1 und 2 zwischen verschiedenen Werkarten. Nur für die in Satz 2 genannten Werkarten ist es untersagt, das Werk umzugestalten.[248] Gleiches gilt für Computerprogramme, für die § 69c Nr. 2 UrhG Veränderungen ebenfalls verbietet. Schließlich besteht ein Unterschied darin, dass bei einer bloßen Vervielfältigung das Veröffentlichungsrecht erschöpft werden kann, während der Urheber der Veröffentlichung einer Umgestaltung erneut zustimmen muss.[249]

Die wohl überwiegende Auffassung hält eine Umgestaltung zugleich für eine Vervielfältigung.[250] Die meisten Vertreter dieser Ansicht gehen davon aus, dass sich die Zulässigkeit der umgestaltenden Vervielfältigung allein nach § 23 UrhG bestimmt.[251] Sie verstehen § 23 S. 1 UrhG damit als eine Schranke des Vervielfältigungsrechts. Andere verlangen dagegen, dass für die mit einer Umgestaltung einhergehende Vervielfältigungshandlung zugleich die Voraussetzungen einer Schranke erfüllt sein müssen, um den Eingriff zu rechtfertigen.[252]

Das Verhältnis zwischen Vervielfältigungs- und Bearbeitungsrecht muss unter Berücksichtigung des Unionsrechts untersucht werden, da die InfoSoc-RL das Vervielfältigungsrecht harmonisiert.[253] Ein Bearbeitungsrecht sieht die InfoSoc-RL nicht ausdrücklich vor.[254] Ein systematischer Vergleich mit den älteren Richtlinien zum Schutz von Datenbanken[255] und Computerprogrammen[256], die beide ein Bearbeitungsrecht enthalten, lässt aber den Schluss zu, dass das Bearbeitungsrecht bewusst aus der InfoSoc-RL ausgeklammert wurde.[257] Darüber hinaus hat das Bearbeitungsrecht im Vergleich zu den anderen Ver-

248 *Schack*, UrhR, Rn. 469f.; *Stieper*, AfP 2015, 301, 302; *Loewenheim*, in: Schricker/Loewenheim § 23 UrhG Rn. 18; *Schulze*, in: Dreier/Schulze § 23 UrhG Rn. 16.

249 *Leistner*, ZUM 2011, 468, 473; *Loschelder*, GRUR 2011, 1078, 1079; *Schulze*, NJW 2013, 3793; vgl. auch oben Fn. 235.

250 Siehe oben Fn. 245.

251 BGH GRUR 2014, 258 Tz. 37 – Pippi-Langstrumpf-Kostüm; *Wegmann*, Rechtsgedanke der freien Benutzung, S. 164; *T. Koch*, in: FS Bornkamm, S. 835, 838; *Loschelder*, GRUR 2011, 1078, 1083; *Stieper*, AfP 2015, 301, 302; *Bullinger*, in: Wandtke/Bullinger § 23 UrhG Rn. 25; *Loewenheim*, in: Schricker/Loewenheim § 16 UrhG Rn. 8; nicht ganz eindeutig *Schulze*, in: Dreier/Schulze § 16 UrhG Rn. 10, § 23 UrhG Rn. 16.

252 *Schack*, UrhR, Rn. 469; *Schrader/Weber*, UFITA 2011/II, 494, 506.

253 Dazu auch *Gabler*, Urheberrechtliche Drittnutzung, S. 60ff.

254 EUGH EU:C:2015:27 = GRUR 2015, 256 Tz. 26 – Allposters/Pictoright; *Grünberger*, ZUM 2015, 273, 275; *Leistner*, ZGE 2013, 4, 28.

255 Art. 5 lit. b Datenbank-RL: Der Urheber hat das Recht »die Übersetzung, die Bearbeitung, die Anordnung und jede andere Umgestaltung« vorzunehmen oder zu erlauben.

256 Art. 4 lit. b Computerprogramm-RL (1991): Der Urheber hat das Recht, die »Übersetzung, die Bearbeitung, das Arrangement und andere Umarbeitungen eines Computerprogramms sowie die Vervielfältigung der erzielten Ergebnisse, unbeschadet der Rechte der Person, die das Programm umarbeitet« vorzunehmen oder zu gestatten.

257 Vgl. *van Eechoud*, in: Work of Authorship, S. 145, 154; *Rosati*, GRUR Int. 2014, 419, 427; *Roder*, Methodik des EUGH, S. 425.

wertungsrechten einen stärkeren persönlichkeitsrechtlichen Bezug, was gegen einen Harmonisierungswillen des Unionsgesetzgebers sprechen könnte.[258]

Gleichwohl stellt sich die Frage, ob die normierten Verwertungsrechte neben der *identischen* Vervielfältigung, Verbreitung und öffentlichen Wiedergabe auch die Verwertung in veränderter Form erfassen, wie etwa in den Niederlanden, Belgien und Schweden.[259] Diese Rechtsordnungen kennen kein gesondertes Bearbeitungsrecht; dort fällt auch die Werkverwertung in veränderter Form unter das jeweilige Verwertungsrecht.[260]

Spätestens seit der EUGH-Entscheidung *Painer/Standard*[261] wird diskutiert, inwieweit die InfoSoc-RL auch die Werkverwertung in veränderter Form erfasst.[262] In dem Verfahren ging es um ein Phantombild, das durch Veränderung eines Lichtbildwerkes erstellt worden war. Der Urheber des Lichtbildwerkes klagte wegen angeblicher Verletzung seines Vervielfältigungsrechts. Der EUGH ging – ohne nähere Begründung[263] – von einer Vervielfältigung aus und prüfte nur die Voraussetzungen der Schranken (Art. 5 II lit. d, e InfoSoc-RL). Auch im Fall *Deckmyn* prüfte der EUGH trotz veränderter Werkübernahme nur die Voraussetzungen der Parodieschranke,[264] die eine Vervielfältigung voraussetzt, nicht jedoch, ob überhaupt eine Vervielfältigung vorlag.

Der EUGH legt die InfoSoc-RL in beiden Fällen so aus, dass nicht nur identische, sondern auch umgestaltende Vervielfältigungen in den Anwendungsbereich des Vervielfältigungsrechts von Art. 2 fallen.[265] Er kann sich dabei auf den sehr weiten Wortlaut von Art. 2 InfoSoc-RL und deren Erwägungsgrund 21 stützen, wonach der Vervielfältigungsbegriff weit zu verstehen ist.[266] Außerdem soll durch

---

258 Vgl. *van Eechoud/Hugenholtz/van Gompel/Guibault/Helberger*, Harmonizing European Copyright Law, S. 84. Das Urheber*persönlichkeits*recht ist durch die Richtlinie nicht harmonisiert, vgl. Erwgr. 19 InfoSoc-RL; Kommission, COM (2004) 995, S. 16; ausführlich *Metzger*, in: FS Schricker, S. 455, 456ff.; *Schack*, UrhR, Rn. 143; *ders.*, in: FS 50 Jahre UrhG, S. 277, 282; *von Ungern-Sternberg*, in: FS Bornkamm, S. 1007, 1018; *Leistner*, EuZW 2016, 166; a. A. *Ubertazzi*, GRUR Int. 2018, 110ff.

259 *van Eechoud*, in: Work of Authorship, S. 145, 155; *Rosati*, GRUR Int. 2014, 419, 427.

260 *van Eechoud/Hugenholtz/van Gompel/Guibault/Helberger*, Harmonizing European Copyright Law, S. 84.

261 EUGH EU:C:2011:798 = GRUR 2012, 166 – Painer/Standard.

262 *Roder*, Methodik des EUGH, S. 426ff.; *van Eechoud*, JIPITEC 2012, 60 Rn. 51ff.; *dies.*, in: Work of Authorship, S. 145, 154, 166f.; *Leistner*, ZGE 2013, 4, 28; *ders.*, GRUR 2014, 1145, 1148f.; *von Ungern-Sternberg*, in: FS Bornkamm, S. 1007, 1018; *ders.*, GRUR 2015, 533ff.; *Stieper*, AfP 2015, 301, 302; *Ohly*, GRUR 2017, 964, 967; dazu bereits *ders.*, DJT-Gutachten 2014, S. F88; *Leenen*, in: Wandtke/Bullinger Art. 1 InfoSoc Rn. 2, Art. 2 InfoSoc Rn. 7.

263 Generalanwältin *Trstenjak* ging dagegen auf den Umfang des Vervielfältigungsrechts ein, EU:C:2011:239, Tz. 127ff.

264 EUGH EU:C:2014:2132 = GRUR 2014, 972 Tz. 21 – Deckmyn.

265 Dafür auch *Grünberger*, ZUM 2015, 273, 275.

266 *von Ungern-Sternberg*, in: FS Bornkamm, S. 1007, 1018; *J. B. Nordemann*, in: FS Schwarz, S. 97, 105.

die InfoSoc-RL ein hohes urheberrechtliches Schutzniveau erreicht werden.[267] Das kann nur mit einem weiten Tatbestand der Verwertungsrechte gelingen. Weiter sprechen auch Schranken wie Art. 5 III lit. k InfoSoc-RL (Parodie/Karikatur) für ein weites Verständnis. Da zumindest Parodien zwingend eine (teilweise) Veränderung des Werkes vorsehen, folgt daraus, dass der Unionsgesetzgeber auch umgestaltende Vervielfältigungen erfassen wollte.[268] Endlich liegt auch den internationalen Konventionen ein weiter Vervielfältigungsbegriff zugrunde:[269] Die EU ist als Vertragsstaat an den WCT gebunden.[270] Dieser verweist in Art. 1 IV auf die Rechte der RBÜ, die wiederum ein Recht des Urhebers an Übersetzungen (Art. 8) und sonstigen Bearbeitungen (Art. 12) vorsieht.[271]

Alles in allem überwiegen die Argumente für eine weite Auslegung der Verwertungsrechte in der InfoSoc-RL, sodass auch die Verwertung in veränderter Form von ihr erfasst ist. Der Vervielfältigungsbegriff in den Urheberrechtsrichtlinien erfasst somit nicht nur identische Übernahmen, sondern auch Umgestaltungen.[272] Da die InfoSoc-RL die erfassten Verwertungsrechte vollständig harmonisiert,[273] sind ihre Vorgaben eins zu eins in das deutsche Recht umzusetzen.[274] Nach der Rechtsprechung des BGH stellt jede Bearbeitung zugleich eine Vervielfältigung dar.[275] Damit scheint das deutsche Recht die Vorgaben der Richtlinie bereits umzusetzen. Allerdings geht der BGH weiter davon aus, dass sich die Zulässigkeit einer umgestaltenden Vervielfältigung nach § 23 S. 1 UrhG richtet.[276] § 23 S. 1 UrhG legitimiert danach die Vervielfältigung, die durch die Umgestaltung entsteht, und stellt funktionell eine Schranke des Vervielfälti-

267 Erwgr. 4, 9; EUGH EU:C:2014:110 = GRUR 2014, 473 Tz. 23 – OSA/Léčebné lázně; *von Ungern-Sternberg*, GRUR 2015, 533.

268 *Haberstumpf*, ZGE 2015, 425, 435 f.; *von Ungern-Sternberg*, GRUR 2015, 533, 534; vgl. auch *Jongsma*, IIC 2017, 668, 669.

269 *Haberstumpf*, ZGE 2015, 425, 436; *Jongsma*, IIC 2017, 652, 670.

270 Vgl. EUGH EU:C:2008:232 = GRUR 2008, 604 – Peek & Cloppenburg. Allerdings mit fehlerhafter Schlussfolgerung. Dazu ausführlich *J. H. Schmidt*, Maximalschutz, S. 187 ff. mwN.

271 Vgl. zur RBÜ *von Lewinski*, International Copyright Law, Rn. 5.125; *Gabler*, Urheberrechtliche Drittnutzung, S. 63.

272 Vgl. auch EUGH EU:C:2015:27 = GRUR 2015, 256 Tz. 43 – Allposters/Pictoright. Dazu *von Ungern-Sternberg*, GRUR 2015, 205, 207; *Dreyer*, in: Dreyer/Kotthoff/Meckel/Hentsch, § 3 Rn. 10.

273 EUGH EU:C:2009:465 = GRUR 2009, 1041 Tz. 27 f. – Infopaq I; *Grünberger*, ZUM 2015, 273, 274; *J. B. Nordemann*, in: FS Schwarz, S. 97, 102.

274 BGH GRUR 2016, 171 Tz. 17 – Die Realität II; BGHZ 211, 309 Tz. 24 – auf fett getrimmt; *von Ungern-Sternberg*, in: FS Bornkamm, S. 1007, 1011; *Riehm*, in: Gsell/Herresthal, Vollharmonisierung im Privatrecht, S. 83, 84 f.

275 BGHZ 185, 291 Tz. 17 – Vorschaubilder I; BGH GRUR 2014, 65 Tz. 36 – Beuys-Aktion; BGHZ 211, 309 Tz. 17 – auf fett getrimmt.

276 BGH GRUR 2014, 258 Tz. 37 – Pippi-Langstrumpf-Kostüm; so auch die hM, vgl. die Nachweise in Fn. 251.

gungsrechts dar.[277] Diese ist in der InfoSoc-RL jedoch nicht angelegt.[278] Das deutsche Urheberrecht schränkt in dieser Auslegung das unionsrechtlich vorgegebene Vervielfältigungsrecht in unzulässiger Weise ein. Fälle, in denen nicht zusätzlich eine der übrigen gesetzlichen Schranken[279] einschlägig ist, mögen zwar selten sein – denkbar bleiben sie gleichwohl, zB wenn ein Unternehmen eine urheberrechtlich geschützte Betriebsanleitung für einen ausländischen Kunden übersetzen möchte.

Eine Vervielfältigung ohne Erlaubnis vorzunehmen, ist aufgrund der Anforderungen des Unionsrechts damit nur zulässig, wenn der Tatbestand einer Schrankenregelung erfüllt ist. Die möglichen Schranken sind in der InfoSoc-RL abschließend geregelt,[280] weshalb eine Umgestaltung entgegen § 23 S. 1 UrhG nur zulässig ist, wenn die Vervielfältigung durch eine in §§ 44a ff. UrhG umgesetzte Schranke aus Art. 5 InfoSoc-RL erlaubt ist.[281]

Dieses Ergebnis hat auch für Computerprogramme Relevanz. Denn die Begriffe des Unionsrechts sind über mehrere Rechtsakte hinweg einheitlich auszulegen, es sei denn, der Gesetzgeber hat einen gegenteiligen Willen zum Ausdruck gebracht.[282] Den Begriff der Vervielfältigung verwenden auch die Computerprogramm- und Datenbank-RL. Anhaltspunkte, dass sie anders als die InfoSoc-RL auszulegen sind, finden sich nicht. Daher gilt für sämtliche Richtlinien, dass auch umgestaltende Vervielfältigungen unter deren Vervielfältigungsbegriff fallen.[283] So entfällt – ähnlich wie derzeit im deutschen Recht[284] – eine scharfe Abgrenzung zwischen Vervielfältigung und Bearbeitung in der Datenbank- und der Computerprogramm-RL.

Für Computerprogramme normiert § 69c Nr. Nr. 2 UrhG das Bearbeitungsrecht in Umsetzung von Art. 4 I lit. b Computerprogramm-RL. Bis auf die Fälle, in denen der Tatbestand einer Schranke der §§ 69d, 69e UrhG erfüllt ist, muss der Urheber bereits zustimmen, wenn ein Programm umgestaltet werden soll (§ 69c Nr. 2 UrhG).[285] Damit unterscheidet sich die Rechtslage in Bezug auf

277 Vgl. *Wegmann*, Rechtsgedanke der freien Benutzung, S. 164f.

278 Vgl. *von Ungern-Sternberg*, in: FS Bornkamm, S. 1007, 1019.

279 Etwa § 53 UrhG für den privaten Gebrauch.

280 Erwgr. 32 InfoSoc-RL; *Stieper*, Schranken, S. 9; *J. H. Schmidt*, Maximalschutz, S. 212.

281 Vgl. *Stieper*, AfP 2015, 301, 302 Fn. 20; *Gabler*, Urheberrechtliche Drittnutzung, S. 100f., 230f.; im Ergebnis auch *Schack*, UrhR, Rn. 469.

282 EUGH EU:C:2011:631 = GRUR 2012, 156 Tz. 188 – Football Association Premier League/Murphy; EU:C:2012:407 = GRUR 2012, 904 Tz. 60 – UsedSoft/Oracle; *von Ungern-Sternberg*, in: FS Bornkamm, S. 1007, 1008f.

283 Vgl. *Hilty/Köklü*, in: FS Bornkamm, S. 797, 806.

284 Vgl. oben S. 48f.

285 *Czychowski*, in: Fromm/Nordemann § 69c UrhG Rn. 20; *Grützmacher*, in: Wandtke/Bullinger § 69c UrhG Rn. 18. Zur Frage, ob die übrigen Schranken des UrhG anwendbar sind *Grützmacher*, in: Wandtke/Bullinger § 69a UrhG Rn. 84; *Dreier*, GRUR 1993, 781, 784. Eine Privatkopie ist für Computerprogramme nicht vorgesehen, BT-Drs. 12/4022, S. 8f. Dazu

Bearbeitungen nach der hier vertretenen Ansicht nicht von der bei den übrigen Werkarten.

cc) Verwertungsrecht

Das Bearbeitungsrecht ist ein Verwertungsrecht.[286] Das ergibt sich aus der Stellung des § 23 UrhG im 3. Unterabschnitt »Verwertungsrechte« und hat zur Folge, dass der Urheber jeder Umgestaltung zustimmen muss, indem er etwa ein Nutzungsrecht einräumt.[287] Dem steht insbesondere nicht entgegen, dass § 23 UrhG selbst voraussetzt, dass Umgestaltungen nur mit Einwilligung des Urhebers verwertet werden dürfen.[288] Das UrhG setzt voraus, dass der Ausgangsurheber grundsätzlich[289] auch in Umgestaltungen einer Umgestaltung einwilligen muss.[290] Die Zustimmung geschieht wie bei den übrigen Verwertungsrechten in den Formen des § 29 II UrhG.[291] Hat der Urheber einem Dritten das ausschließliche Recht zur Umgestaltung eingeräumt, bedarf auch eine Werkänderung durch den Urheber selbst der Zustimmung des Dritten.[292]

Da das Urhebervertragsrecht bislang nur punktuell vom Unionsgesetzgeber harmonisiert wurde,[293] kommt es für die Rechtseinräumung auf das deutsche Recht an. Daher hat das Bearbeitungsrecht (§§ 23, 69c Nr. 2 UrhG) trotz der unionsrechtlichen Vorgaben weiterhin eine eigenständige Bedeutung: Um eine umgestaltende Vervielfältigung vorzunehmen, braucht der Nutzer nicht nur die Zustimmung zur Vervielfältigung, sondern auch zur Umgestaltung. Wer ein Vervielfältigungsrecht eingeräumt bekommen hat, ist damit nicht zugleich befugt, das Werk auch in veränderter Form zu verwerten.[294] Änderungen des

---

auch *van Eechoud/Hugenholtz/van Gompel/Guibault/Helberger*, Harmonizing European Copyright Law, S. 117.

286 *Hörnig*, UFITA 99 (1985), 13, 73ff.; *Haberstumpf*, in: FS Schricker, S. 312f.; *Schack*, UrhR, Rn. 468, *A. Nordemann*, in: Fromm/Nordemann § 24 UrhG Rn. 2, 25; *Schulze*, in: Dreier/Schulze § 23 UrhG Rn. 9, *Wegmann*, Rechtsgedanke der freien Benutzung, S. 163; a. A. *Krusemarck*, Abhängige Schöpfung, S. 196f.; *Loewenheim*, in: Schricker/Loewenheim § 23 UrhG Rn. 1; *Loschelder*, GRUR 2011, 1078, 1082; *T. Koch*, in: FS Bornkamm, S. 835 838; *Ahlberg*, in: BeckOK-UrhG § 23 Rn. 7a; wohl auch *Bullinger*, in: Wandtke/Bullinger § 23 UrhG Rn. 1.

287 *Loewenheim*, in: Schricker/Loewenheim § 23 UrhG Rn. 24; *Schulze*, in: Dreier/Schulze § 23 UrhG Rn. 10.

288 So aber *Krusemarck*, Abhängige Schöpfung, S. 196.

289 Das gilt nur, soweit wesentliche Züge des Ausgangswerks in der Umgestaltung der Umgestaltung noch zu erkennen sind. Zur freien Benutzung in Bearbeitungsketten, s. unten S. 63f.

290 *A. Nordemann*, in: Fromm/Nordemann § 24 UrhG Rn. 25.

291 Es handelt sich hier nicht um eine Einwilligung iSv § 183 BGB, vgl. *Hörnig*, UFITA 99 (1985), 13, 74.

292 *Dreyer*, in: Dreyer/Kotthoff/Meckel/Hentsch § 3 Rn. 15.

293 *Ohly*, in: Schricker/Loewenheim vor §§ 31ff. UrhG Rn. 16. Vgl. etwa Art. 18 der DSM-RL zur angemessenen Vergütung, dazu *Reber*, GRUR 2019, 891ff.

294 Wie etwa im Fall BGHZ 150, 32 – Unikatrahmen; vgl. *Schulze*, in: Dreier/Schulze § 23 UrhG Rn. 10.

Werkes sind ohne Zustimmung des Urhebers nur in den engen Grenzen des § 39 II UrhG erlaubt.[295]

Für Open Content Lizenzen folgt daraus, dass Veränderungen nur dann zulässig sind, wenn dem Lizenznehmer auch das Recht zur Umgestaltung eingeräumt worden ist. Erlaubt die Lizenz nur die Vervielfältigung, sind über § 39 II UrhG hinausgehende Werkveränderungen nicht gestattet.[296] Deshalb räumen die Open Source Software Lizenzen stets Bearbeitungsrechte ein.[297] Bei großen Open Content Projekten, die von der ständigen Veränderung leben, wird daher eine Lizenz genutzt, die Bearbeitungen erlaubt.[298] Für manchen Open Content – etwa Open Access Publikationen – ist die Bearbeitung nicht zwingend, sodass diese häufig nicht erlaubt wird.

dd) Bearbeitung bei unveränderter Übernahme

Einem Lizenznehmer, dem nur das Recht zur Vervielfältigung eingeräumt wurde, kann unter bestimmten Umständen sogar eine unveränderte Übernahme nach § 23 UrhG verboten sein. Ein Beispiel hierfür ist der Fall *Unikatrahmen* des BGH.[299] Der beklagte Lizenznehmer hatte das Recht, Vervielfältigungsstücke herzustellen und zu verbreiten. Er vertrieb Werke von *Hundertwasser* in Rahmen, die das Bild fortsetzten. Obwohl der Beklagte das Werk selbst unverändert übernommen hatte, gab der BGH dem Kläger Recht. Der Beklagte habe durch die Gestaltung des Rahmens nicht nur in das Urheberpersönlichkeitsrecht des Klägers eingegriffen (§ 14 UrhG), sondern zugleich eine Umgestaltung iSv § 23 UrhG vorgenommen.[300] Eine solche könne auch bei einer unveränderten Übernahme vorliegen, »wenn ein geschütztes Werk in ein neues ›Gesamtkunstwerk‹ derart integriert wird, dass es als dessen Teil erscheint.«[301] Das gleiche Problem tritt auf, wenn jemand ein geschütztes Musikwerk benutzt, um ein Video damit zu unterlegen.[302]

Der Beklagte hat im Fall *Hundertwasser* mit dem Vertrieb der besonders gestalteten Rahmen in dessen Urheber*persönlichkeits*recht eingegriffen. Denn

---

295 Dazu *Schulze*, in: Dreier/Schulze § 39 UrhG Rn. 14ff.

296 Vgl. *Jaeger/Metzger*, MMR 2003, 431, 433; *Wagner*, MMR 2017, 216, 218; *Rosenkranz*, Open Contents, S. 90.

297 Nach der Definition der Open Source Foundation liegt ohne Erlaubnis zur Bearbeitung gar keine Open Source Software vor; dazu oben S. 19f.

298 Die Autoren von Wikipedia können keine CC Lizenz wählen, die eine Bearbeitung verbietet.

299 BGHZ 150, 32 – Unikatrahmen.

300 BGHZ 150, 32, 40f. – Unikatrahmen.

301 BGHZ 150, 32, 41 – Unikatrahmen; zustimmend *Schricker*, JZ 1993, 719, 720; *Schulze*, in: Dreier/Schulze § 23 UrhG Rn. 8; zu Recht kritisch *A. Nordemann*, in: Fromm/Nordemann[11] §§ 23/24 UrhG Rn. 8 (nicht mehr in der 12. Aufl.).

302 Gegen eine Bearbeitung bei unveränderter Übernahme in diesem Fall *Vianello*, MMR 2009, 90, 91; *Bauer*, User Generated Content, S. 151; BGH GRUR 2006, 319 Tz. 29ff., differenzierend Tz. 31 – Alpensinfonie.

durch die konkrete Gestaltung entsteht der (falsche) Eindruck, dass das gerahmte Werk als Ganzes vom Ausgangsurheber stammt. So wird dessen Interesse verletzt, »sich und seinem Werk nicht fremde Gestaltungen zurechnen lassen zu müssen.«[303] Eine Umgestaltung iSv § 23 UrhG verlangt dagegen grundsätzlich eine unmittelbare Einwirkung auf das Werk; eine unveränderte Übernahme stellt keinen Eingriff in § 23 UrhG dar.[304] Der vom BGH vorgenommenen weiten Auslegung des § 23 UrhG ist daher nicht zu folgen. Ein Schutz des Urhebers vor einer »Einbettung« seines Werkes in ein anderes ist ein Fall von § 14 UrhG.

Die Reichweite des § 23 UrhG ist für die Open Content Lizenzen in zweifacher Hinsicht relevant: Zum einen für einen Lizenznehmer, dem das Bearbeitungsrecht nicht eingeräumt worden ist; zum anderen für die Reichweite der Copyleft-Klausel.[305] So stellt sich bei modular aufgebauter Software die Frage, ob das Zusammenfügen unveränderter Module nur eine Vervielfältigung oder zugleich eine Bearbeitung ist. Nach hier vertretener Auffassung liegt eine Bearbeitung nur vor, wenn das kopierte Softwaremodul durch die Zusammenstellung zugleich entstellt wird. Das wird regelmäßig nicht der Fall sein.

ee) Zwischenergebnis

Ein Werk zu bearbeiten oder umzugestalten ist grundsätzlich nur zulässig, wenn der Urheber zustimmt. Eine Umgestaltung setzt voraus, dass das Werk verändert wird. Ausnahmsweise kann bei schweren urheberpersönlichkeitsrechtlichen Verstößen auch die unveränderte Übernahme eine Umgestaltung darstellen. § 23 UrhG unterscheidet zwischen verschiedenen Werkarten und gestattet vorbehaltlich Satz 2 die Herstellung von Umgestaltungen. Allerdings ist die Herstellung aufgrund unionsrechtlicher Vorgaben nur dann zulässig, wenn die gleichzeitig verwirklichte Vervielfältigung durch eine Schrankenregelung erlaubt ist. § 23 S. 1 UrhG selbst ist keine Schranke des Vervielfältigungsrechts. Eine solche Auslegung verstieße gegen den abschließenden Schrankenkatalog der InfoSoc-RL. Trotz der unionsrechtlichen Überlagerung behält § 23 UrhG einen eigenen Anwendungsbereich im Urhebervertragsrecht.

303 BGHZ 150, 32, 42 – Unikatrahmen. Dass dem Urheber fremde Schöpfungen nicht zugerechnet werden dürfen, folgt aus dem *droit de non-paternité* als Teil des allgemeinen Persönlichkeitsrechts; dazu *Schack*, Kunst und Recht, Rn. 246. Wird aber eine fremde Schöpfung einem konkretem Werk zugeordnet, kann auch § 14 UrhG betroffen sein. Zum Verhältnis von *droit de non-paternité* und Entstellungsverbot *Gantz*, Das droit de non-paternité, S. 47ff.

304 *Schricker*, JZ 2002, 719; *Plassmann*, Bearbeitungen, S. 223f., 226; *Loewenheim*, in: Schricker/Loewenheim § 23 UrhG Rn. 12. Für einen weiteren Anwendungsbereich des § 23 UrhG *Schulze*, in: Dreier/Schulze § 23 UrhG Rn. 21; *Loschelder*, GRUR 2011,1078, 1083. Vgl. auch *Bauer*, User Generated Content, S. 154f.

305 Dazu unten S. 105ff.

b) *Urheberpersönlichkeitsrecht*

Die Veränderung eines geschützten Werkes berührt nicht nur das Bearbeitungsrecht aus § 23 UrhG, sondern kann daneben in § 14 UrhG eingreifen.[306] Dieser dient in erster Linie dem Schutz urheberpersönlichkeitsrechtlicher Interessen.[307] Nach § 14 UrhG muss der Urheber Änderungen nicht dulden, wenn sie sein Werk entstellen oder anderes beeinträchtigen und geeignet sind, seine berechtigten geistigen oder persönlichen Interessen am Werk zu gefährden. Aus dieser Vorschrift wird im Zusammenwirken mit §§ 23, 39, 62 UrhG ein generelles Änderungsverbot abgeleitet. Der Urheber kann grundsätzlich jede Veränderung seines Werkes verbieten;[308] denn er soll selbst bestimmen können, wie sein Werk an die Öffentlichkeit gelangt und wahrgenommen wird.[309] Da § 14 UrhG nur die *berechtigten* Interessen des Urhebers schützt, sind diese stets mit denen des Werknutzers abzuwägen.[310] Dabei sind die Urheberinteressen objektiv zu bestimmen;[311] auf persönliche Befindlichkeiten kommt es nicht an. Bei der Abwägung ist auch zu berücksichtigen, in welchem Umfang die Persönlichkeit des Urhebers Ausdruck in dem Werk gefunden hat. Werke der kleinen Münze spiegeln die Persönlichkeit des Urhebers gar nicht oder nur in einem sehr geringen Umfang wider.[312] Daher reicht der urheberpersönlichkeitsrechtliche Schutz hier weniger weit.

§ 39 UrhG konkretisiert das Änderungsverbot im Verhältnis zum Nutzungsberechtigten:[313] Werkänderungen sind unzulässig, wenn nichts anderes vereinbart ist oder der Urheber sie nach Treu und Glauben nicht versagen kann.[314] So wird zum einen klargestellt, dass der Urheber Werkänderungen grundsätzlich gestatten kann;[315] zum anderen wird verhindert, dass der Urheber

306 *Schack*, KUR 2014, 3, 4; *A. Dietz/Peukert*, in: Schricker/Loewenheim § 14 UrhG Rn. 9; *Loewenheim*, in: Schricker/Loewenheim § 23 UrhG Rn. 1.

307 *C. Dietz*, Werkintegritätsschutz, S. 39.

308 BGHZ 62, 331, 332f. – Schulerweiterung; ausführlich auch zur Herleitung *C. Dietz*, Werkintegritätsschutz, S. 30ff.; *Grohmann*, Recht des Urhebers, Entstellungen und Änderungen zu verhindern, S. 10; *Schack*, UrhR, Rn. 396; *A. Dietz/Peukert*, in: Schricker/Loewenheim § 39 UrhG Rn. 1; *Schulze*, in: Dreier/Schulze § 39 UrhG Rn. 4.

309 So bereits RGZ 79, 397, 399 – Felseneiland mit Sirenen; BGHZ 55, 1, 2 – Maske in Blau; 62, 331, 333 – Schulerweiterung. Vgl. auch *C. Dietz*, Werkintegritätsschutz, S. 30.

310 BGHZ 62, 331, 334f. – Schulerweiterung; GRUR 1999, 230, 231 – Treppenhausgestaltung; ausführlich zur Abwägung *C. Dietz*, Werkintegritätsschutz, S. 81ff.; *Schack*, UrhR, Rn. 389ff.; *Erdmann*, in: FS Loewenheim, S. 81, 84; *Castendyk*, ZUM 2005, 9, 17ff.

311 *C. Dietz*, Werkintegritätsschutz, S. 80.

312 Vgl. *Metzger*, in: FS Schricker, S. 455, 458.

313 *A. Dietz/Peukert*, in: Schricker/Loewenheim § 39 UrhG Rn. 1.

314 *Schack*, UrhR, Rn. 389.

315 *Schricker*, in: FS Hubmann, S. 409, 411; *Erdmann*, in: FS Loewenheim, S. 81, 84f.

trotz Einräumung eines Nutzungsrechts gegen den Berechtigten aus dem Urheberpersönlichkeitsrecht vorgehen kann.[316]

Der Urheber kann weder auf sein Urheberpersönlichkeitsrecht verzichten,[317] noch ist § 14 UrhG vollständig abdingbar. Dem Urheber bleibt dieser Anspruch selbst dann, wenn er anderen gestattet hat, sein Werk zu nutzen.[318] Hat der Urheber einem Dritten ein Recht zur Bearbeitung eingeräumt, so sind seine Ansprüche aus § 14 UrhG beschränkt auf Verletzungen des urheberpersönlichkeitsrechtlichen Kerns.[319]

Die besondere Bedeutung, die der Gesetzgeber dem Urheberpersönlichkeitsrecht beigemessen hat, zeigt sich in § 121 VI UrhG.[320] Danach werden Werke ohne Rücksicht auf Gegenseitigkeit und die Staatsangehörigkeit des Schöpfers vor Entstellung geschützt.

Für Open Content Lizenzen ist der Umfang der Rechtseinräumung entscheidend: Hat der Urheber kein Bearbeitungsrecht eingeräumt, so kann er gegen Änderungen des Werkes aus § 23 UrhG und grundsätzlich auch aus § 14 UrhG vorgehen. Räumt er dagegen ein Bearbeitungsrecht ein, muss bei der Interessenabwägung berücksichtigt werden, dass sich sein Lizenzangebot an jedermann richtet.[321] Damit gibt der Urheber zu erkennen, dass der Vertragspartner und die konkrete Nutzung für ihn unerheblich sind. Die Interessen des Urhebers müssen dann regelmäßig zurücktreten;[322] seine Ansprüche beschränken sich auf schwerwiegende Verletzungen des Urheberpersönlichkeitsrechts.

Da für Computerprogramme keine gesonderte Regelung des Urheberpersönlichkeitsrechts getroffen wurde, sind nach § 69a IV UrhG die allgemeinen Vorschriften (§§ 12–14 UrhG) anzuwenden.[323] Dabei hat das Entstellungsverbot

---

316 Vgl. *Grohmann*, Recht des Urhebers, Entstellungen und Änderungen zu verhindern, S. 144f.

317 *Schricker*, in: FS Hubmann, S. 409, 413; *Schack*, UrhR, Rn. 349; *Grohmann*, Recht des Urhebers, Entstellungen und Änderungen zu verhindern, S. 100, 158.

318 Ausführlich *Metzger*, Rechtsgeschäfte über das Droit Moral, S. 20ff.; *Wandtke/Grunert*, in: Wandtke/Bullinger § 39 UrhG Rn. 9; a. A. *Krusemarck*, Abhängige Schöpfung, S. 198.

319 *Schack*, Kunst und Recht, Rn. 259; *Schulze*, in: Dreier/Schulze § 39 UrhG Rn. 3; *Schricker*, in: FS Hubmann, S. 409, 411ff., 417; ausführlich und kritisch *C. Dietz*, Werkintegritätsschutz, S. 99ff.

320 *Schack*, UrhR, Rn. 927; *Schulze*, in: Dreier/Schulze § 14 UrhG Rn. 4.

321 Vgl. *Erdmann*, in: FS Loewenheim, S. 81, 93f.

322 *Metzger/Jaeger*, GRUR Int. 1999, 839, 844; *Rosenkranz*, Open Contents, S. 51; *Metzger*, in: Kollision von UrhR und Nutzerverhalten, S. 115, 120.

323 *Dreier*, GRUR 1993, 781, 783; *Karl*, Urheberrechtlicher Schutzbereich von Computerprogrammen, S. 114; *Czychowski*, in: Fromm/Nordemann § 69a UrhG Rn. 41; *Dreier*, in: Dreier/Schulze § 69a UrhG Rn. 34; kritisch *Grützmacher*, in: Wandtke/Bullinger vor §§ 69a ff. UrhG Rn. 6, § 69a Rn. 53ff.; vgl. auch OLG Hamm CR 2008, 280, 281 – Namensnennungsrecht von Programmierern. In Großbritannien steht Programmieren kein Urheberpersönlichkeitsrecht zu, *Klass*, ZUM 2015, 290, 302.

aus § 14 UrhG eine eher geringe Bedeutung. Zum einen ist bei Computerprogrammen die persönliche Beziehung des Urhebers zu seinem Werk schwächer ausgeprägt als bei anderen Werkarten.[324] Zum anderen müssen Computerprogramme fortentwickelt und verändert werden, damit sie lauffähig bleiben.[325] Bei der Abwägung überwiegen daher in aller Regel die Interessen des Verwenders gegenüber denjenigen des Urhebers.

Im Bereich der Open Source Software nutzen viele die Möglichkeit, sich mit ihrem Beitrag einen guten Ruf als Programmierer zu erarbeiten.[326] Eine Interessengefährdung käme daher in Betracht, wenn dem Urheber eine negative Veränderung zugeschrieben wird. Da der Programmierer jedoch durch die Lizenzen Veränderungen regelmäßig gestattet, nimmt er auch negative Veränderungen in Kauf – das ist in der Interessenabwägung zu berücksichtigen. Größere Bedeutung kommt daher dem Namensnennungsrecht aus § 13 UrhG zu.[327] Der Programmierer kann beanspruchen, dass er als Urheber nur des Ausgangswerkes bezeichnet wird und Veränderungen ihm nicht zugeschrieben werden.[328] Gegen falsche Zuschreibungen kann er sich kraft seines allgemeinen Persönlichkeitsrecht (droit de non-paternité) wehren.[329]

Bei Open Source Software Lizenzen, in denen eine Pflicht zur Namensnennung[330] besteht und Veränderungen als solche kenntlich gemacht werden müssen,[331] wird der Urheber zusätzlich durch die Lizenzbedingungen geschützt. Im Übrigen lässt sich heute durch Versionsverwaltungssysteme wie GitHub[332] einfach nachvollziehen, wer ein Programm wann auf welche Art und Weise verändert hat.[333] In Ausnahmefällen bleibt eine Entstellung eines Computerprogramms gleichwohl denkbar.[334]

---

324 *Lehmann*, in: FG Schricker, S. 543, 563; *Metzger*, in: FS Schricker, S. 455, 458.

325 *Loewenheim/Spindler*, in: Schricker/Loewenheim § 69a UrhG Rn. 24; *Dreier*, GRUR 1993, 781, 783.

326 *Riehle*, Computer 2015, 51 ff.; *Jaeger/Metzger*, OSS, Rn. 129; *Metzger*, in: Wissen – Märkte – Geistiges Eigentum, S. 79, 91.

327 *Dreier*, GRUR 1993, 781, 783; *Spindler*, K&R 2008, 565, 566; *Karl*, Urheberrechtlicher Schutzbereich von Computerprogrammen, S. 115. Ausführlich zu § 13 UrhG *von Ungern-Sternberg*, GRUR 2017, 760 ff.

328 Zum *droit de non-paternité* als Ausfluss des allgemeinen Persönlichkeitsrechts *Neumann-Duesberg*, UFITA 50 (1967), 464, 467; *Schack*, GRUR 1985, 352, 353.

329 Dazu *Gantz*, Das droit de non-paternité, S. 59 ff.

330 Zum Konflikt der *Pflicht* zur Namensnennung im Verhältnis zum Recht, keinen Namen nennen zu müssen, *Jaeger/Metzger*, OSS, Rn. 130.

331 Etwa § 5 GNU GPL v3; § 2 a GNU GPL v2. Dazu *Jaeger/Metzger*, OSS, Rn. 129; *Marly*, Softwarerecht, Rn. 953.

332 Ein Versionsverwaltungssystem ermöglicht, gemeinsam an einem Projekt zu arbeiten und den Quellcode online zur Verfügung zu stellen. Sämtliche Veränderungen lassen sich dabei nachvollziehen und einem Nutzer zuordnen.

333 Für Wikipedia gilt dasselbe; *Rosenkranz*, Open Contents, S. 51 f.

Aus europäischer Sicht bestehen keine Bedenken gegen die Anwendbarkeit der urheberpersönlichkeitsrechtlichen Änderungsverbote, da das Urheberpersönlichkeitsrecht nicht harmonisiert wurde.[335] Zwar ist das (auch urheberpersönlichkeitsrechtlich relevante) Bearbeitungsrecht durch die InfoSoc-RL mittelbar und für Computerprogramme unmittelbar harmonisiert, das führt jedoch zu keiner anderen Bewertung: Die Überschneidung mit dem Urheberpersönlichkeitsrecht ist nichts weiter als ein Reflex der Harmonisierung des Bearbeitungsrechts.[336]

2. Freie Benutzung, § 24 UrhG

Ihre Grenze finden die Ansprüche des Originalurhebers in der freien Benutzung. Gemäß § 24 UrhG bedarf es keiner Zustimmung des Urhebers, wenn ein selbstständiges Werk in freier Benutzung des Ausgangswerkes geschaffen wird. § 24 UrhG begrenzt die Reichweite des Urheberrechts; in diesem Fall liegt weder ein Eingriff in die Verwertungsrechte noch in das Urheberpersönlichkeitsrecht vor.[337]

§ 24 UrhG zieht die Grenze zwischen abhängiger Werk*verwertung* und freier Werk*verwendung*.[338] Dabei ist die freie Benutzung nicht nur eine Schranke[339] des Bearbeitungsrechts, sondern sämtlicher in § 15 UrhG genannten Verwertungsrechte.[340] Das zeigt sich besonders deutlich, wenn Teile eines Werkes unverändert übernommen, also vervielfältigt, werden.[341]

334 *Jaeger/Metzger*, OSS, Rn. 129; *Loewenheim/Spindler*, in: Schricker/Loewenheim § 69a UrhG Rn. 24; *Grützmacher*, in: Wandtke/Bullinger § 69a UrhG Rn. 57; *Lehmann*, in: FG Schricker, S. 543, 563.

335 *von Ungern-Sternberg*, GRUR 2015, 533, 539; vgl. auch Fn. 258.

336 Vgl. *Wandtke/Hauck*, NJW 2017, 3422, 3423.

337 *Schack*, KUR 2014, 3, 4f.; BT-Drs. IV/270, S. 51.

338 *von Ungern-Sternberg*, GRUR 2014, 209, 212; vgl. auch BGH GRUR 2017, 895 Tz. 22 – Metall auf Metall III.

339 Funktional handelt es sich bei § 24 UrhG um eine Schranke. BGHZ 211, 309 Tz. 24 – auf fett getrimmt; GRUR 2009, 403 Tz. 21 – Metall auf Metall I; *Stieper*, Schranken, S. 53f.; *ders.*, AfP 2015, 301, 304; *Schack*, UrhR, Rn. 512; *ders.*, MMR 2008, 414, 415; a.A. BGH GRUR 2017, 895 Tz. 22 – Metall auf Metall III; *Chakraborty*, Freie Benutzung, S. 25f.; *Wehler*, Freie Benutzung im digitalen Zeitalter, S. 24f.; *Krusemarck*, Abhängige Schöpfung, S. 200f.; *von Ungern-Sternberg*, in: FS Bornkamm, S. 1007, 1019 Fn. 94. Letztlich kann diese Unterscheidung dahinstehen, da jede Schranke eine Begrenzung des Schutzumfangs ist. Dazu BVerfGE 49, 382, 393; ausführlich *Stieper*, Schranken, S. 129ff.; *Schack*, UrhR, Rn. 512. Zu den unionsrechtlichen Vorgaben sogleich.

340 *Stieper*, Schranken, S. 53 Fn. 313; *Wegmann*, Rechtsgedanke der freien Benutzung, S. 164f.

341 Vgl. etwa BGH GRUR 2000, 703 – Mattscheibe; GRUR 2009, 403 – Metall auf Metall I; GRUR 2011, 134 – Perlentaucher; GRUR 2015, 1189 – Goldrapper; GRUR 2014, 65 – Beuys-Aktion.

a) Unionsrechtliche Vorgaben

Eine freie Benutzung liegt nach der Rechtsprechung des BGH vor, wenn die gestalterischen Elemente des Ausgangswerkes in dem neuen Werk verblassen.[342] Beide Werke sind miteinander zu vergleichen. Hat das neue Werk einen eigenen Kern, so liegt eine freie Benutzung vor.[343] § 24 UrhG setzt voraus, dass es sich um ein *Werk* handelt, das in freier Benutzung geschaffen wurde. Jedoch könnte die Voraussetzung der eigenen Urheberschutzfähigkeit der freien Benutzung nicht mit Unionsrecht vereinbar sein. Ausgangspunkt sind die unionsrechtlichen Vorgaben zur Parodie und zur Reichweite der Verwertungsrechte in der InfoSoc-RL.

Im Schrankenkatalog des deutschen UrhG fehlt eine Schranke für Satire, Karikatur und Parodie. Daher werden diese Schaffensformen über § 24 UrhG privilegiert. Sie können aber nur funktionieren, wenn sie sich erkennbar an das Original anlehnen, d.h. es nicht verblassen lassen. Daher verlangte der BGH bisher einen großen *inneren* Abstand zum Ausgangswerk.[344] Allerdings ist es nicht mehr erforderlich, dass die Parodie oder Satire selbst urheberschutzfähig ist.[345] Anlass für die Rechtsprechungsänderung war die Deckmyn-Entscheidung des EUGH. Dieser legt Art. 5 III lit. k InfoSoc-RL so aus, dass eine Parodie nicht unbedingt Werkcharakter haben muss.[346] Da diese Schrankenbestimmung in Deutschland mittelbar über § 24 UrhG umgesetzt wird, musste der BGH seine Rechtsprechung anpassen. Allerdings bezog er seine Rechtsprechungsänderung ausdrücklich nur auf die Parodie.[347] Für andere Formen der freien Benutzung ist weiterhin erforderlich, dass das abgeleitete Werk selbst die Schöpfungshöhe erreicht.[348] Fehlt den hinzugefügten Elementen die schöpferische Eigenart, so

342 BGHZ 122, 53, 60 – Alcolix; 154, 260, 267 – Gies-Adler; 211, 309 Tz. 19 – auf fett getrimmt; BGH GRUR 1959, 379, 381 – Gasparone (zum alten LUG); *Ulmer*, UrhR, S. 275; *Schack*, Kunst und Recht, Rn. 340; *Schulze*, in: Dreier/Schulze § 24 UrhG Rn. 8; *J. B. Nordemann*, in: FS Schwarz, S. 97, 100.

343 *Schack*, KUR 2014, 3, 4.

344 BGHZ 211, 309 Tz. 22 – auf fett getrimmt; 141, 267, 280f. – Laras Tochter, jeweils mwN.

345 BGHZ 211, 309 Tz. 28 – auf fett getrimmt; anders noch BGHZ 175, 135 Tz. 27, 29 mwN – TV-Total. Siehe auch *Peifer*, ZUM 2016, 805, 807; *Hilty*, in: FS Schulze, S. 127, 131.

346 EUGH EU:C:2014:2132 = GRUR 2014, 972 Tz. 21 – Deckmyn; kritisch *Schack*, UrhR, Rn. 280a ff.

347 BGHZ 211, 309 Tz. 28 – auf fett getrimmt; *Loewenheim*, in: Schricker/Loewenheim § 24 UrhG Rn. 9, 28. Setzt eine Norm nur in Teilen eine Richtlinie um oder zugleich zwei Richtlinien, so kann eine gespaltene Auslegung geboten sein,; vgl. BGHZ 195, 135 Tz. 20ff. (überschießende Umsetzung im Kaufrecht); *J. H. Schmidt*, Maximalschutz, S. 201 (zu § 17 UrhG).

348 Gegen *Wegmann*, Rechtsgedanke der freien Benutzung, S. 170; *von Ungern-Sternberg*, GRUR 2015, 533, 537.

können die übernommenen Elemente nicht dahinter zurücktreten und verblassen.[349]

Fraglich ist, ob sich aus der InfoSoc-RL auch in Bezug auf die Abgrenzung zwischen freier Benutzung und abhängiger Verwertung des Werkes etwas anderes ergibt.[350] Die InfoSoc-RL regelt die freie Benutzung nicht ausdrücklich. Allerdings ist der Schutzumfang der Verwertungsrechte auch nach europäischem Verständnis nicht grenzenlos.[351] Die InfoSoc-RL verfolgt jedoch einen anderen Regelungsansatz als das deutsche UrhG. Während letzteres mit § 24 eine ausdrückliche Regelung bereithält, sieht die Richtlinie eine Abgrenzung innerhalb der Schutzbereiche der Verwertungsrechte[352] als tatbestandsimmanente Schranke vor.[353] Der EUGH geht von einer nahezu umfassenden Harmonisierung durch die InfoSoc-RL aus. Daher ist zu erwarten, dass der EUGH die Abgrenzung zwischen zustimmungsbedürftiger und freier Benutzung als von der Richtlinie vorgegeben ansieht.[354] Die Erwägungen, die auf europäischer Ebene zum Schutzbereich vorzunehmen sind, können national im Rahmen des § 24 UrhG diskutiert werden. Die Richtlinie verpflichtet die Mitgliedstaaten nur zur Umsetzung; wie sie dies tun, bleibt ihnen überlassen.[355] Harmonisierung bedeutet nicht, dass sämtliche deutschen Auslegungsgrundsätze hinfällig wären. Es muss allerdings berücksichtigt werden, dass bei allen Entscheidungen im harmonisierten Bereich des UrhG europäische Grundrechte anzuwenden und Vorlagen gemäß Art. 267 AEUV an den EUGH geboten sind.[356] Abzuwarten bleibt, welche Voraussetzungen der EUGH aufstellen wird, damit eine nicht mehr zustimmungsbedürftige Handlung vorliegt. Um das von der Richtlinie vorgesehene hohe Schutzniveau zu erreichen, wird auch nach europäischem Verständnis ein erheblicher Abstand zum Ausgangswerk einzuhalten sein. Ob dafür erforderlich ist, dass es sich bei dem Nachgeschaffenen um ein eigenständiges Werk handelt, lässt sich der Richtlinie nicht entnehmen.

Mit Blick auf die Grundrechtecharta erscheint zum einen denkbar, dass der EUGH zum Schutz der Kunst- und Meinungsfreiheit auch solche Anlehnungen

---

349 Vgl. *Wegmann*, Rechtsgedanke der freien Benutzung, S. 42, 52.

350 Offene Vorlagefrage BGH GRUR 2017, 895 Frage 3, Tz. 27 – Metall auf Metall III.

351 *von Ungern-Sternberg*, GRUR 2015, 533, 535; *Ohly*, GRUR 2017, 964, 968; vgl. EUGH EU:C:2019:624 = GRUR 2019, 929 Tz. 31 – Pelham/Hütter u. a.

352 Zum Schutzbereich des Vervielfältigungs- und Verbreitungsrechts vgl. EUGH EU:C:2015:27 = GRUR 2015, 256 Tz. 42 ff. – Allposters/Pictoright.

353 *Gabler*, Urheberrechtliche Drittnutzung, S. 175; *Leistner*, ZGE 2013, 4, 29 f.; *ders.*, GRUR 2014, 1145, 1149. Daher berücksichtigt der EUGH die abzuwägenden Grundrechte innerhalb des Tatbestands der Vervielfältigung (Art. 2 InfoSoc-RL), EUGH EU:C:2019:624 = GRUR 2019, 929 Tz. 30 ff. – Pelham/Hütter u. a.

354 Von einer Harmonisierung ausgehend *J. B. Nordemann*, in: FS Schwarz, S. 97, 107; *Jotzo*, ZGE 2017, 447, 467. Vgl. auch *Roder*, Methodik des EUGH, S. 426.

355 Art. 288 III AEUV.

356 Vgl. EUGH EU:C:2019:624 = GRUR 2019, 929 Tz. 75 ff. – Pelham/Hütter u. a.

als zulässig erachtet, die selbst nicht schutzfähig sind.[357] Andererseits ist es möglich, dass er den erforderlichen Abstand zum Ausgangswerk grundsätzlich nur dann als gegeben sieht, wenn ein neues Werk geschaffen wird.[358] Dies ließe sich mit dem angestrebten hohen Schutzniveau für den Urheber begründen. In Anlehnung an das deutsche Verständnis wäre demnach ein Abstand nur dadurch erreichbar, dass schöpferische Veränderungen oder Ergänzungen vorgenommen werden.[359] Letzteres ist überzeugender.[360] Zum einen wird so ein hohes Schutzniveau für die Urheber gewährleistet. Zum anderen bieten die Schrankenbestimmungen in Art. 5 InfoSoc-RL hinreichende Möglichkeiten, sich zu kreativen oder informativen Zwecken – ohne selbst schöpferisch tätig zu werden – mit fremden Werken auseinanderzusetzen. Damit steht auch die vom BGH vorgenommene gespaltene Auslegung des § 24 UrhG in Einklang. Freie Benutzungen, die keine Parodien oder Satiren sind, müssen auch weiterhin selbstständig urheberschutzfähig sein.[361]

b) Bearbeitungsverbot und freie Benutzung

Die Computerprogramm-RL enthält wie die InfoSoc-RL keine § 24 UrhG entsprechende Vorschrift zur freien Benutzung. Daher ist die Reichweite der Verwertungsrechte innerhalb der Tatbestands zu diskutieren. Gleichwohl kann die Richtlinie in Deutschland so umgesetzt werden, dass § 24 UrhG den Schutzbereich der Verwertungsrechte begrenzt.[362] Friktionen drohen bei der freien Benutzung von Computerprogrammen, weil § 69c Nr. 2 UrhG bereits die Herstellung jedweder Umgestaltung untersagt.

Fraglich ist, ob ein Computerprogramm, das im Ergebnis eine freie Benutzung eines anderen darstellt, in zulässiger Weise hergestellt wurde. Dies ist klar der Fall, wenn das bestehende Computerprogramm nur als Anregung genutzt und ein neues Programm selbstständig geschaffen wurde. Problematischer ist es, wenn ein Computerprogramm sukzessive immer weiter umgestaltet wird, bis das Ergebnis eine freie Benutzung darstellt. In diesem Fall wird das Computerprogramm verändert, sodass grundsätzlich eine nach § 69c Nr. 2 UrhG unzulässige Umgestaltung des Computerprogramms vorliegt. Eine auf diese Weise

357 So zumindest für die Parodiefreiheit EUGH EU:C:2014:2132 = GRUR 2014, 972 Tz. 21 – Deckmyn.

358 Der EUGH EU:C:2019:624 = GRUR 2019, 929 Tz. 31, 35 – Pelham/Hütter u. a. verlangt ein »neues Werk«.

359 Vgl. *Haberstumpf*, ZGE 2015, 425, 455.

360 Im Ergebnis auch *Stieper*, AfP 2015, 301, 305; *Haberstumpf*, ZGE 2015, 425, 458.

361 BGHZ 211, 309 Tz. 28 – auf fett getrimmt.

362 Für eine Anwendbarkeit von § 24 UrhG *Dreier*, in: Dreier/Schulze § 69a UrhG Rn. 34; *Czychowski*, in: Fromm/Nordemann § 69a UrhG Rn. 40, § 69c Rn. 22; *Loewenheim/Spindler*, in: Schricker/Loewenheim § 69a UrhG Rn. 24.

hergestellte freie Benutzung ist daher unzulässig.[363] Ob das geschaffene Computerprogramm ein Fall der freien Benutzung ist, hängt somit von der Art der Entwicklung ab. Diese Ungleichbehandlung im Ergebnis identischer Computerprogramme ist zu vermeiden. Auch wenn der Ausgangsurheber nicht gegen die Verwertung des neuen Werkes vorgehen kann,[364] bleibt ihm doch die Möglichkeit, Schadensersatz für die unzulässige Herstellung zu verlangen. Dies entspricht der Wertung des Art. 4 I lit. b Computerprogramm-RL[365] und lässt sich damit begründen, dass die selbstständige Entwicklung eines Computerprogramms eine größere Leistung ist, als ein bestehendes Werk sukzessive zu verändern. Würde dem Ausgangsurheber der Schadensersatzanspruch verwehrt, dann liefe sein Recht, die Umgestaltung zu verbieten, im Ergebnis leer. Dieser Schadensersatz umfasst jedoch nicht den Schaden, der dadurch entsteht, dass das fertige Computerprogramm verwertet wird. Andernfalls würde der Schutzumfang des Urheberrechts erweitert. Es ist also der Schaden zu bestimmen, der entstanden ist, weil das Computerprogramm verändert wurde – ohne dabei auf das Endergebnis der Veränderung einzugehen. Ob hier tatsächlich ein nachweisbarer Schaden vorliegt, ist zweifelhaft. Damit beschränkt sich der Anspruch des Urhebers in der Regel auf das Unterlassen der Bearbeitung. Allerdings wird er in der Regel nicht wissen, wer sein Programm gerade wie bearbeitet, sodass der Anspruch schon aus praktischen Gründen kaum geltend gemacht werden kann.

Dasselbe gilt nach hier vertretener Auffassung für alle Werkarten. Immer wenn die umgestaltende Vervielfältigung nicht durch eine Schranke erlaubt ist, bewirkt auch die sukzessive Veränderung des Werkes hin zur freien Benutzung einen Eingriff in das Bearbeitungsrecht. Da das Ergebnis nach § 24 UrhG frei verwertet werden darf, kann der Urheber nicht gegen das Ergebnis der Veränderung, wohl aber gegen die Umgestaltung als solche vorgehen.

c) Freie Benutzung durch Bearbeitungsketten

Gerade im Rahmen von Open Content Projekten ist es üblich, Werke ständig weiter zu bearbeiten. Daher stellt sich die Frage, ob es zu einer freien Benutzung durch Bearbeitungsketten kommen kann: Können mehrere Bearbeitungen kumulativ dazu führen, dass das Ausgangswerk verblasst und der Urheber dementsprechend keinen Einfluss mehr auf die Verwertung der Umgestaltung neh-

363 So *Geiger*, Umarbeitungsrecht des Softwareanwenders, S. 88f.; *Suchomski*, Patentrecht beim Einsatz von OSS, S. 38; im Ergebnis auch *Karl*, Urheberrechtlicher Schutzbereich von Computerprogrammen, S. 107f.; a. A. *Harte-Bavendamm/Wiebe*, in: Kilian/Heussen Teil 5 Urheberrecht Rn. 72.

364 So auch *Karl*, urheberrechtlicher Schutzbereich von Computerprogrammen, S. 107f.

365 Kritisch zu dieser Regelung *Marly*, Softwarerecht, Rn. 169ff.

men kann?[366] Nach §§ 23, 24 UrhG ist das angegriffene Werk mit dem Ausgangswerk zu vergleichen, um festzustellen, ob eine abhängige Bearbeitung oder eine freie Benutzung vorliegt.[367] Da nur das Ergebnis eines Schöpfungsprozesses mit dem Ausgangswerk verglichen wird, kann eine freie Benutzung auch durch eine sukzessive Werkentwicklung erreicht werden, selbst wenn das Werk des letzten Bearbeiterurhebers keine freie Benutzung sämtlicher vorheriger Bearbeitungen ist, sondern von vorherigen Bearbeitungen abhängig ist. Dieses Ergebnis fügt sich in den Zweck des § 24 UrhG ein, der es Dritten ermöglichen soll, Bestehendes als Anregung zu benutzen, da kein Werk ohne Einfluss von Vorbestehendem geschaffen wird.[368] Treten die schöpferischen Elemente des Ausgangswerks deutlich hinter denjenigen des neu geschaffenen Werkes zurück, dann soll der Originalurheber keinen Einfluss mehr auf die Verwertung des neuen eigenständigen Werkes nehmen dürfen. Dabei ist unerheblich, auf welche Weise der Abstand zum Ausgangswerk erreicht wird – durch einen Urheber, der ein neues Werk schafft, oder aber durch sukzessive Weiterentwicklungen des Werkes, die sich immer weiter von dem Original entfernen.

Dieses Ergebnis ist auch für einen Verletzungsprozess von Bedeutung. Ein Urheber, der geltend macht, sein Werk sei rechtswidrig verwertet worden, etwa weil die Bedingungen der Open Content Lizenz nicht eingehalten wurden,[369] muss nicht nur beweisen, dass er irgendwann schöpferisch an dem Werk mitgearbeitet hat. Er muss darüber hinaus darlegen, dass das übernommene Werk eigenpersönliche Züge von ihm enthält.[370] Es bleibt folglich nicht jeder auch Urheber der aktuellen Fassung eines Werkes, nur weil er an einer vorherigen Version schöpferisch mitgewirkt hat.

3. Bearbeiterurheberrecht, § 3 UrhG

Von dem Recht des Ausgangsurhebers, Werkveränderungen zu verbieten, ist das Recht desjenigen zu unterscheiden, der eine Bearbeitung herstellt. Schöpferische Bearbeitungen werden nach § 3 UrhG selbstständig geschützt.[371] Das Urheberrecht an der Bearbeitung entsteht unabhängig davon, ob der Originalurheber eingewilligt hat, diese herzustellen oder zu verwerten.[372] Das Bearbeiterurheberrecht steht allein dem Bearbeiter zu und erlaubt ihm auch gegen den

366 Dafür *van Eechoud*, in: The Work of Authorship, S. 145, 148.
367 BGH GRUR 1980, 853, 854 – Architektenwechsel; BGHZ 122, 53, 59 – Alcolix.
368 *Chakraborty*, Freie Benutzung, S. 13; vgl. *Schack*, Kunst und Recht, Rn. 341 mit zahlreichen Beispielen.
369 Zum Rechtefortfall unten S. 100ff.
370 Vgl. LG Hamburg MMR 2016, 740 Tz. 96 – VMware.
371 Das verkennt *Pießkalla*, ZUM 2015, 858, 859 bei Fn. 11.
372 *Schack*, UrhR, Rn. 267.

Urheber des Ausgangswerkes vorzugehen.[373] Das Werk des Bearbeiters ist zwar eigenständig, in seiner Verwertung jedoch vom Ausgangswerk abhängig; letzteres bleibt unabhängig von der Bearbeitung bestehen.[374] Bearbeiten mehrere Personen ein Werk gemeinschaftlich, so werden sie Miturheber der Bearbeitung.[375] Dies geschieht insbesondere bei der Softwareentwicklung.[376]

Im Bereich von Open Content ist das Bearbeiterurheberrecht relevant, weil auch der Bearbeiter einer Verwertung des Werkes zustimmen muss. Ausgehend vom klassischen Fall der Bearbeitung – der Übersetzung – führt dies dazu, dass sowohl der Ausgangsurheber als auch der Übersetzer einer Verwertung des übersetzten Textes zustimmen müssen. Da bei Open Contents Bearbeitungsketten üblich sind,[377] müssen die Nutzungsrechte grundsätzlich von dem Originalurheber und von jedem weiteren Bearbeiter erworben werden.

Nach § 3 UrhG ist die Bearbeitung schutzfähig, wenn es sich um persönliche geistige Schöpfungen handelt. Dies deckt sich mit der Formulierung in § 2 II UrhG. Danach scheinen dieselben Kriterien für die Schöpfungshöhe einer Bearbeitung zu gelten wie bei eigenständigen Werken.[378] Allerdings geht die wohl herrschende Meinung von einer Wechselwirkung zwischen der Schöpfungshöhe des Ausgangswerkes und derjenigen der Bearbeitung aus.[379] Je eigenartiger das Ausgangswerk, desto höher müsse die Schöpfungshöhe sein, um ein Bearbeiterurheberrecht zu erwerben. Das überzeugt nicht, weil das UrhG dafür keinen Anhaltspunkt bereithält.[380] Die identische Formulierung zeigt vielmehr, dass dieselben Kriterien heranzuziehen sind. Ein Wechselspiel zwischen der jeweiligen Schöpfungshöhe ist aber dafür relevant, ob eine freie Benutzung vorliegt: je individueller das Ausgangswerk, desto weiter sein Schutzbereich und entsprechend größer muss der Abstand für eine freie Benutzung sein.[381] Höhere An-

---

373 Wie im Fall BGH GRUR 1981, 522 – Fragensammlung; GRUR 1972, 143 – Biografie: Ein Spiel (ohne Erfolg); *Schack*, UrhR, Rn. 270; *Knopp*, GRUR 2010, 28, 31 f.; *Hörnig*, UFITA 99 (1985), 13, 21, 99.

374 *Plassmann*, Bearbeitung, S. 211 ff.; *Teupen*, Copyleft, S. 153; *Schulze*, in: FS Wandtke, S. 373, 374.

375 Vgl. BGH GRUR 2009, 1046 Tz. 24 – Kranhäuser.

376 Dazu *Koglin*, Opensourcerecht, S. 74; vgl. LG Hamburg CR 2017, 364 Tz. 80 – VMware.

377 Man denke nur an die permanenten Veränderungen bei Wikipedia. Bei einfachen Korrekturen der Artikel entsteht freilich kein eigenes Bearbeiterurheberrecht; *Rosenkranz*, Open Contents, S. 46.

378 *Hörnig*, UFITA 99 (1985), 13, 50.

379 BGH GRUR 1972, 143, 144 f. – Biografie: Ein Spiel; *Dreyer*, in: Dreyer/Kotthoff/Meckel/Hentsch § 3 Rn. 27; *Loewenheim*, in: Schricker/Loewenheim § 3 UrhG Rn. 14; *Schulze*, in: Dreier/Schulze § 3 UrhG Rn. 11; *Oehler*, Komplexe Werke, S. 73 f.; *Siefert*, Werkeinheit und Werkmehrheit, S. 61.

380 So auch *Bullinger*, in: Wandtke/Bullinger § 3 UrhG Rn. 18; vgl. auch BGH GRUR 1981, 520, 521 – Fragensammlung.

381 *Ahlberg*, in: BeckOK-UrhG § 3 Rn. 10; vgl. zum Schutzumfang auch BGHZ 199, 52 Tz. 41 – Geburtstagszug I.

forderungen an das Werkschaffen des Bearbeiters würden diesen unnötig benachteiligen. Der Urheber des Ausgangswerkes hat schließlich – unabhängig von der Schöpfungshöhe – das Recht, die Verwertung der Bearbeitung zu verbieten.

Ein wesentlicher Unterschied der Bearbeitung zur Miturheberschaft (§ 8 UrhG) und zu verbundenen Werken iSv § 9 UrhG liegt darin, dass es zwischen Originalurheber und Bearbeiter keine – durch Treu und Glauben begrenzte – Pflicht zur Zustimmung zur Verwertung gibt.[382] In den beiden anderen Fällen haben sich die Urheber zum Werkschaffen bzw. zur Werkverwertung zusammengeschlossen, während bei der Bearbeitung nur eine einseitige Abhängigkeit bei deren Verwertung besteht.

4. Zwischenergebnis

Das in § 23 UrhG normierte Bearbeitungsrecht erlaubt es dem Urheber, über die Verwertung seines Werkes in umgestalteter Form zu entscheiden. Werkveränderungen bedürfen grundsätzlich der Zustimmung des Urhebers. Nach unionsrechtskonformer Auslegung muss er nicht nur der Verwertung und Veröffentlichung, sondern auch der Herstellung einer Umgestaltung zustimmen, wenn nicht eine Schranke die mit der Umgestaltung einhergehende Vervielfältigung gestattet. § 23 S. 1 UrhG kann insoweit nicht als eine Schranke des Vervielfältigungsrechts verstanden werden. Eine solche Auslegung verstieße gegen den abschließenden Schrankenkatalog der InfoSoc-RL. Sie erfasst mit den Verwertungsrechten nicht nur die Verwertung in der ursprünglichen Form. Vielmehr wird auch die Verwertung in umgestalteter Form erfasst. Daher ist die Vornahme einer Umgestaltung nur gestattet, wenn entweder der Urheber zustimmt oder eine Schranke die Verwertung erlaubt. Als Verbietungsrecht hat § 23 UrhG daher keinen eigenständigen Anwendungsbereich neben den Verwertungsrechten. Gleichwohl ist § 23 UrhG nicht obsolet, da auf urheber*vertrags*rechtlicher Ebene durchaus zwischen der Einräumung eines Vervielfältigungsrechts und der darüber hinausgehenden Zustimmung zur Umgestaltung unterschieden werden muss.

Das Recht des Urhebers, Umgestaltungen zu verbieten, wird zusätzlich durch das urheberpersönlichkeitsrechtliche Entstellungsverbot gesichert. Nach § 14 UrhG kann der Urheber Entstellungen verbieten, die seine berechtigten Interessen verletzen. Auf dieses Recht kann der Urheber nicht verzichten. Es steht ihm auch dann noch zu, wenn er anderen gestattet hat, das Werk zu verändern. Allerdings sind seine Ansprüche in diesem Fall auf schwerwiegende Entstellungen begrenzt; vgl. § 39 I UrhG.

382 *Siefert*, Werkeinheit und Werkmehrheit, S. 30.

Wird ein Werk nur als Anregung benutzt, sodass dessen wesentlichen Züge in dem späteren Werk verblassen, so kann der Urheber keinen Einfluss auf die Verwertung des späteren Werkes nehmen. Dieses in freier Benutzung geschaffene Werke kann nach § 24 UrhG frei verwertet werden. Die Grenze zwischen abhängiger Bearbeitung und freier Benutzung muss unter Berücksichtigung des Unionsrechts gefunden werden. Zwar kennt die InfoSoc-RL keine der freien Benutzung vergleichbare Vorschrift. Doch sind auch nach dem Verständnis der Richtlinie die Verwertungsrechte nicht grenzenlos: Ab einem bestimmten Abstand liegt keine Verwertung des Ausgangswerkes mehr vor. Die Abgrenzung zwischen Bearbeitung und freier Benutzung wird also durch die Reichweite der harmonisierten Verwertungsrechte vorgegeben.

Vom Recht des Originalurhebers, Veränderungen des Werkes zu verbieten, ist das Urheberrecht des Bearbeiters aus § 3 UrhG zu unterscheiden. Dieser kann über sein Bearbeiterurheberrecht verfügen, etwa indem er Nutzungsrechte einräumt. Allerdings muss auch der Urheber des Ausgangswerkes einer Verwertung der Bearbeitung zustimmen, da auch sein Werk durch die Bearbeitung verwertet wird (§ 23 S. 1 UrhG).

Für Open Content sind die gefundenen Ergebnisse in mehrerer Hinsicht relevant. Zunächst ist die Lizenz darauf zu untersuchen, ob überhaupt eine Werkveränderung vorgenommen werden darf oder nur eine unveränderte Vervielfältigung des lizenzierten Werkes gestattet ist. Obwohl nach Unionsrecht auch die veränderte Übernahme eine Vervielfältigung darstellt, genügt die Erlaubnis zur Vervielfältigung nicht, um auch Werkveränderungen vorzunehmen. Hat der Lizenznehmer das Werk umgestaltet, so muss er prüfen, ob weitere Bedingungen an die Verwertung gestellt werden, etwa im Rahmen einer Copyleft-Klausel.

Das urheberpersönlichkeitsrechtliche Entstellungsverbot ist bei Open Content Lizenzen dagegen kaum relevant. Wenn der Urheber jedermann uneingeschränkt die Veränderung gestattet, wird die nach § 14 UrhG vorzunehmende Interessenabwägung in aller Regel zu Gunsten des Lizenznehmers ausfallen.

Besonders relevant ist das Bearbeiterurheberrecht bei großen Open Content Projekten, die von ständigen Weiterbearbeitungen leben. Denn auch der Bearbeiterurheber muss der weiteren Verwertung des Werkes zustimmen. Verweigert er seine Zustimmung, dann können Dritte das Werk in der veränderten Form nicht nutzen. Um das zu verhindern, werden Copyleft-Klauseln eingesetzt, um den Bearbeiter zu einer Lizenzierung seiner Bearbeitung zu veranlassen.

2. Teil: Lizenzierung von Open Content

Wer ein urheberrechtlich geschütztes Werk verwerten möchte, braucht die Zustimmung des bzw. der Urheber. Nachdem untersucht wurde, wann jemand (Mit-)Urheber oder Bearbeiter eines Werkes ist, soll nun die Open Content Lizenzierung mit besonderem Blick auf die Bearbeitungsketten betrachtet werden. Weil die Bearbeitungen von dem Ausgangswerk abhängig sind, tritt in diesem Fall die Bedeutung eines lückenlosen Rechtserwerbs besonders deutlich zutage (dazu B. Nutzungsrechte). Darüber hinaus stellt sich aus der Perspektive eines Bearbeiters u.a. die Frage, ob er sein Werk wiederum unter einer Open Content Lizenz freigeben muss (dazu C. Lizenzvertrag). Vorab sind die Rechtsverhältnisse zwischen den Beteiligten zu untersuchen.

A. Vertragsschlüsse

Nach dem Trennungsprinzip, das unstreitig auch im Urheberrecht gilt, ist die Nutzungsrechtseinräumung von ihrer schuldrechtlichen Grundlage zu unterscheiden.[383] In diesem Zusammenhang wird häufig von *Lizenz* gesprochen. Dabei wird der Begriff nicht einheitlich für eines oder beide Geschäfte verwendet.[384] Bei Open Content Lizenzen sind regelmäßig sowohl die Rechtseinräumung als auch die schuldrechtliche Causa gemeint. Nur bei einer wirksamen Nutzungsrechtseinräumung ist der Lizenznehmer befugt, das Werk zu verwerten. Ist allein der schuldrechtliche Vertrag wirksam, dann ist der Lizenznehmer auf vertragliche Ansprüche gegen den Lizenzgeber beschränkt. Bei einer Open Content Lizenzierung räumt der Urheber jedem Interessenten ein einfaches

383 *Schack*, UrhR, Rn. 589f.; *Ohly*, in: Schricker/Loewenheim vor §§ 31ff. UrhG Rn. 24, § 31 Rn. 13; *Schulze*, in: Dreier/Schulze § 31 UrhG Rn. 15; *Wandtke/Grunert*, in: Wandtke/Bullinger vor §§ 31ff. UrhG Rn. 6; *Soppe*, in: BeckOK-UrhG § 31 Rn. 78; vgl. auch *McGuire*, Lizenz, S. 289ff.

384 Vgl. *McGuire*, Lizenz, S. 24.

Nutzungsrecht (§ 31 II UrhG) ein.[385] Davon ist auch der Gesetzgeber ausgegangen, als er die sogenannten Linux-Klauseln in §§ 31a I 2, 32 III 3, 32c III 2 UrhG eingeführt hat.[386] Um ein einfaches Nutzungsrecht einzuräumen, muss der Urheber sich mit dem Lizenznehmer vertraglich einigen;[387] eine Rechtseinräumung durch einseitiges Rechtsgeschäft scheidet aus[388].

Erst der Lizenzvertrag macht ein Werk zu Open Content - der Lizenzvertrag ist somit das Charakteristikum aller Formen von Open Content. In ihm werden die Bedingungen festgelegt, unter denen der Lizenznehmer das Werk verwenden darf. Der Lizenzgeber kann sie nicht einseitig diktieren.[389] Vielmehr ist eine Willensübereinstimmung mit dem Lizenznehmer erforderlich,[390] d. h. die Parteien müssen einen Lizenz*vertrag* schließen.[391] Richtigerweise ist dieser als Schenkung einzuordnen,[392] da auch eine *bedingte* Nutzungsrechtseinräumung nicht zu einer konditionalen Verknüpfung von Leistung und Gegenleistung führt.[393] Bei einer konditionalen Verknüpfung steht *der Anspruch* des Beschenkten unter einer Bedingung. Bei Open Contents ist demgegenüber das dingliche Geschäft bedingt.[394]

385 OLG Hamm, MMR 2017, 767 Tz. 148 - GPL; OLG Köln GRUR 2015, 167, 172 - Creative-Commons-Lizenz; LG München I GRUR-RR 2004, 350 - GPL-Verstoß; *Metzger/Jaeger*, GRUR Int. 1999, 839, 842; *dies.*, OSS, Rn. 126; *Omsels*, in: FS Hertin, S. 141, 155; *Plaß*, GRUR 2002, 670, 674; *Schiffner*, Open Source Software, S. 154ff.; *Koglin*, Opensourcerecht, S. 82; *Teupen*, Copyleft, S. 171; *F. Schäfer*, Viraler Effekt, S. 42; *Rosenkranz*, Open Contents, S. 55; *König*, Einfaches, unentgeltliche Nutzungsrecht, S. 41; *Schack*, UrhR, Rn. 611.

386 Vgl. BT-Drs. 14/8085, S. 19; 14/6433, S. 15 und *Peukert*, Gemeinfreiheit, S. 208f. Dagegen meint *Völzmann-Stickelbrock*, in: Geistiges Eigentum im Internet, S. 47, 72, der Gesetzgeber sei davon ausgegangen, der Lizenzgeber räume »jedermann« ein Nutzungsrecht ein. Das ist nicht möglich, *Rauer/Ettig*, WPR 2015, 153, 154.

387 *Zurth*, Nutzungsrechte, S. 186; *Schwarz*, Beendigung urheberrechtlicher Nutzungsrechte, S. 55; *Schack*, UrhR, Rn. 600; *Ohly*, in: Schricker/Loewenheim § 31 UrhG Rn. 11; *Wandtke/Grunert*, in: Wandtke/Bullinger vor §§ 31ff. UrhG Rn. 22; *Soppe*, in: BeckOK-UrhG § 31 Rn. 79; *Metzger*, in: Interessenausgleich im UrhR, S. 253, 254.

388 Dafür aber *Heussen*, in: FS Kilian, S. 323, 334ff.; *Grützmacher*, in: Wandtke/Bullinger § 69c UrhG Rn. 110.

389 So aber *Heussen*, MMR 2004, 445, 448f.; *ders.*, in: FS Kilian, S. 323, 334ff.; *Grützmacher*, in: Wandtke/Bullinger § 69c UrhG Rn. 110.

390 Vgl. zur bedingten Nutzungsrechtseinräumung unten S. 80f. und ausführlich *Teupen*, Copyleft, S. 207ff. Wie beim Eigentumsvorbehalt setzt die Wirksamkeit der Bedingung eine Willensübereinkunft voraus. Dazu *H. P. Westermann*, in: MüKo-BGB § 449 Rn. 13.

391 *Koglin*, Opensourcerecht, S. 32ff.; *Rosenkranz*, Open Contents, S. 59ff.

392 *Metzger/Jaeger*, GRUR Int. 1999, 839, 847; zurückhaltender *dies.*, OSS, Rn. 210ff.; *Spindler*, in: Rechtsfragen OS, S. 152ff.; *ders.*, in: Schricker/Loewenheim vor §§ 69a ff. UrhG Rn. 54; *F. Schäfer*, Viraler Effekt, S. 57ff.; *Oberhem*, Vertrags- und Haftungsfragen, S. 118ff.; *Rosenkranz*, Open Contents, S. 92ff. Gegen eine Schenkung *Sester*, CR 2000, 797ff.; *Teupen*, Copyleft, S. 236ff., 256; *Koglin*, Opensourcerecht, S. 62, 176f.; *Hoeren*, in: FS Kollhosser, S. 229, 236ff.; *König*, Einfaches, unentgeltliches Nutzungsrecht, S. 59ff., 71.

393 Dazu *Chiusi*, in: Staudinger § 516 Rn. 46.

394 So auch *Lenhard*, Softwareüberlassungsverträge, S. 286; *Rosenkranz*, Open Contents, S. 94.

I. Angebot und Annahme

Ein Angebot auf Abschluss eines Open Content Lizenzvertrags ist an jedermann gerichtet.[395] Wer sein Werk unter einer Open Content Lizenz anbietet, gibt zwei Angebote ad incertas personas ab: eines zum Abschluss eines schuldrechtlichen Lizenzvertrages, der Rechtsgrund für die Nutzungsrechtseinräumung ist, und ein zweites auf Einräumung eines einfachen Nutzungsrechts.[396] Jeder kann diese Angebote annehmen und das Werk gemäß den Lizenzbedingungen nutzen. Dabei stellt jede Verwertung, die nicht durch eine Schrankenregelung gedeckt ist und somit der Zustimmung des Berechtigten bedarf, eine konkludente Annahmeerklärung dar.[397] Allerdings ist für die Willenserklärung neben dem objektiven Erklärungszeichen (Verwertungshandlung) auch das Bewusstsein nötig, eine Willenserklärung abzugeben. Dieses kann nur vorliegen, wenn der Verwendende weiß, dass das Werk unter der Open Content Lizenz steht. Fehlt diese Kenntnis, liegt keine konkludente Willenserklärung vor. Die Verwertung stellt dann einen Verstoß gegen das Urheberrecht dar. Ohne die Kenntnis - oder nach der Rechtsprechung des BGH das Kennenmüssen[398] - würde die Willenserklärung fingiert. Im Ergebnis macht es indes keinen Unterschied, da ein Verwerter sich ohne Kenntnis der Lizenz kaum an deren Bedingungen halten wird, sodass seine Rechte nach der Rechtefortfallklausel[399] ohnehin wieder entfielen.

Ein Zugang der Annahmeerklärung ist nach der Verkehrssitte nicht zu erwarten und daher nach § 151 S. 1 Alt. 1 BGB entbehrlich.[400] Der Vertragsschluss ist mit dem an einem Warenautomaten vergleichbar.[401] Der Unterschied besteht lediglich darin, dass das Angebot bei einem Lizenzvertrag nicht mengenmäßig

---

395 *Omsels*, in: FS Hertin, S. 141, 154, 159; *Rosenkranz*, Open Contents, S. 63.

396 Vgl. *Wielsch*, Zugangsregeln, S. 217.

397 *Omsels*, in: FS Hertin, S. 141, 154; *Koglin*, Opensourcerecht, S. 158; *Deike*, CR 2003, 9, 16; *Jaeger/Metzger*, OSS, Rn. 177; *Rosenkranz*, Open Contents, S. 64; *König*, Einfaches, unentgeltliches Nutzungsrecht, S. 196. Einen vorherigen Vertragsschluss nehmen dagegen an *Teupen*, Copyleft, S. 175f.; *Sester*, CR 2000, 797, 804; *Deike*, CR 2003, 9, 13; wohl auch *Marly*, Softwarerecht, Rn. 948, 949. Ein vorheriger Vertragsschluss ist möglich. Mangels ausdrücklicher Erklärung fehlt allerdings bei zulässigen Nutzungen innerhalb der Schranken in der Regel ein tatsächlicher Anknüpfungspunkt für eine konkludente Willenserklärung. Auf den Wortlaut der Lizenz kommt es insoweit nicht an, da ein urheberrechtlich zulässiges Verhalten einen Vertragsschluss nicht voraussetzt.

398 Zur Willenserklärung trotz fehlenden Erklärungsbewusstseins BGHZ 91, 324. Kritisch *Schack*, BGB AT, Rn. 204ff.

399 Zu ihr s. unten S. 100ff.

400 *Metzger/Jaeger*, GRUR Int. 1999, 839, 843; *dies.*, OSS, Rn. 177; *Koglin*, Opensourcerecht, S. 158; *Rosenkranz*, Open Contents, S. 65; *Spindler/Wiebe*, CR 2003, 873, 874; *König*, Einfaches, unentgeltliches Nutzungsrecht, S. 196; vgl. auch *Schack*, UrhR, Rn. 348.

401 *Omsels*, in: FS Hertin, S. 141, 154, 159; *Jaeger/Metzger*, OSS, Rn. 177; *Rosenkranz*, Open Contents, S. 63.

begrenzt ist; der Urheber kann beliebig viele einfache Nutzungsrechte einräumen.

II. Vertragsparteien

Da die meisten Open Content Projekte durch die Arbeit mehrerer Personen entstehen, ist, wer ein solches Werk verwerten will, darauf angewiesen, dass er von allen Rechteinhabern die nötige Zustimmung erhält.

1. Viele Urheber, viele Verträge

Viele Open Content Lizenzen schließen eine Unterlizenzierung ausdrücklich aus.[402] Daher müssen mit allen Rechteinhabern Verträge abgeschlossen werden.[403] Das hat zur Folge, dass nicht *eine* Lizenz, sondern ein Bündel von Lizenzen erworben wird.[404] Gerade im Fall der sukzessiven Werkentwicklung mit vielen Bearbeitern kann es zu einem umfangreichen Lizenzbündel kommen.[405]

Schiffner[406] und *Lenhard*[407] gehen demgegenüber davon aus, dass im Fall von Bearbeitungsketten nur der letzte, aktuelle Bearbeiter einen Vertrag mit dem späteren Nutzer schließt. Alle vorherigen Urheber hätten in die Verwertung nach § 23 UrhG eingewilligt und damit sämtlichen weiteren Verwertungshandlungen, also auch (weiteren) Bearbeitungen und deren Verwertung, zugestimmt. Nur für den Fall, dass sich der Bearbeiter nicht an die Lizenzbedingungen halte, solle ein Vertragsschluss mit dem früheren (Bearbeiter-)Urheber zustande kommen. Diese Ansicht vermag nicht zu überzeugen. Erstens berechtigt das ihm vom Urheber eingeräumte Nutzungsrecht den Bearbeiter nicht dazu, Dritten ein Nutzungsrecht zur Bearbeitung des Ausgangswerkes einzuräumen.[408] Zweitens ist nicht ersichtlich, wie im Fall eines Lizenzverstoßes durch den ersten Bearbeiter später ein Vertrag mit dem Ausgangsurheber geschlossen werden sollte. Schließlich spricht speziell für Computerprogramme auch § 69c Nr. 2 UrhG gegen diese Lösung. Danach steht dem Urheber das ausschließliche Recht zur

402 Vgl. nur Abschnitt 2 a) 1. der Creative Commons Lizenzen v4; § 2 GNU GPL v3; § 4 GNU GPL v2. Ob eine Unterlizenzierung nach dt. Recht überhaupt zulässig, ist umstritten, dazu unten S. 84ff.

403 So ausdrücklich § 6 GNU GPL v2.

404 Anschaulich die Darstellung mit Abbildungen bei *Koglin*, Opensourcerecht, S. 32ff.; *Omsels*, in: FS Hertin, S. 141, 162.

405 *Rosenkranz*, Open Contents, S. 71. Auch der Ausgangsurheber muss der »Bearbeitung der Bearbeitung« zustimmen, *A. Nordemann*, in: Fromm/Nordemann § 24 UrhG Rn. 25.

406 *Schiffner*, Open Source Software, S. 169, 182.

407 *Lenhard*, Vertragstypologie von Softwareüberlassungsverträgen, S. 310.

408 Zur Möglichkeit der Unterlizenzierung s. unten S. 84ff.

Bearbeitung zu. Anders als § 23 kennt § 69c UrhG keine Einwilligung in die Verwertung.

2. Botenschaft

Der Verwerter tritt regelmäßig nicht selbst mit allen Rechteinhabern unmittelbar in Kontakt. Die für den Vertragsschluss erforderlichen Willenserklärungen der Rechteinhaber werden oft durch einen Boten übermittelt. Das kann entweder eine Person sein, die Werke vertreibt, die unter einer Open Content Lizenz stehen, oder ein Bearbeiter des Werkes, der die bearbeitete Fassung anbietet. Eine Stellvertretung scheidet nicht etwa wegen der von den Parteien ungewollten Rechtsfolgen (Haftung als falsus procurator, § 179 BGB) aus.[409] Sie scheitert vielmehr daran, dass derjenige, der das Werk anbietet, keine Willenserklärung abgibt, sondern die – durch die Lizenz vorformulierte – Willenserklärung der vorherigen Urheber übermittelt.[410] Der entscheidende Unterschied zur Stellvertretung liegt darin, dass der Urheber seine Willenserklärungen bereits (ad incertras personas) abgegeben hat. Im Fall von Open Content kommt die Handlung des Boten damit einem Hinweis auf das bereits abgegebene Angebot an jedermann gleich. Eine Haftung des Boten ohne Botenmacht analog § 179 BGB[411] droht dem Verwerter auch dann nicht, wenn der Ausgangsurheber keine weiteren Angebote abgeben will. In diesem Fall hat der Urheber des Ausgangswerkes mit der Abgabe seines Angebotes zugleich den Annehmenden als Boten eingesetzt. Diese Erklärung ist bis zum Widerruf wirksam. Denn der Bote bleibt – dem Rechtsgedanken der §§ 167, 168 BGB entsprechend – solange Bote, bis ihm etwas anderes mitgeteilt wird. Eine Haftung als Bote ohne Botenmacht kommt also nur in Betracht, wenn jemand sich eigenmächtig als Bote ausgibt;[412] das ist hier jedoch nicht der Fall.

III. Lizenzwechsel

Häufig stammen die Lizenzbedingungen von Organisationen, die nicht selbst Vertragspartei sind.[413] Diese entwickeln die Lizenzbedingungen fort und passen sie an neue Gegebenheiten an. Damit die Lizenzbedingungen nicht nur für neue Werke gelten, sehen einige Lizenzen die Möglichkeit eines Lizenzwechsels zur neueren Version vor. Dieser Wechsel erfolgt nicht durch den Lizenz*geber*, was

409 So aber *Koglin*, Opensourcerecht, S. 140; *Rosenkranz*, Open Contents, S. 71.
410 A. A. *Deike*, CR 2003, 9, 13.
411 Dazu *Medicus/Petersen*, BGB AT, Rn. 747, 997.
412 *Medicus/Petersen*, BTB AT, Rn. 747; *Schubert*, in: MüKo-BGB § 179 Rn. 22.
413 Ausnahmen können bei treuhänderischen Lizenzverträge vorkommen, dazu unten S. 91ff.

durch Abgabe eines neuen Angebots möglich wäre, sondern durch den Lizenz*nehmer*. Dieser soll je nach Lizenz entscheiden können, ob die alten oder die aktuellen Bedingungen im Verhältnis zwischen Lizenzgeber und Lizenznehmer gelten.[414] Andere Lizenzen ermöglichen im Rahmen der Copyleft-Klausel einen Lizenzwechsel bei der Lizenzierung der Bearbeitung.[415]

Fraglich ist, welche Bedingungen ein Dritter einzuhalten hat, wenn der Bearbeiter seine Bearbeitung unter einer späteren Lizenzversion anbietet. Das Ausgangswerk steht schließlich noch immer unter der älteren Lizenzversion.[416] Da der Dritte mit beiden – dem Ausgangsurheber und dem Bearbeiter – einen Lizenzvertrag schließt, steht er vor der Frage, ob er die Bedingungen beider Lizenzen[417] oder nur die Bedingungen der neueren Lizenz einhalten muss. Sofern die aktuelle Lizenz nicht verlangt, dass auch auf die Ausgangslizenz hingewiesen wird, wird der Lizenznehmer gar nicht wissen, welche Lizenzen alle zur Anwendung kommen. Dies herauszufinden kann unter Umständen unmöglich sein. Der Lizenznehmer wäre also am besten geschützt, wenn er nur die ihm vorgelegte Lizenz einhalten müsste. Das heißt, dass im Verhältnis zum Ausgangsurheber eine andere Lizenz gilt, als von diesem ursprünglich gewählt.

Davon geht die Creative Commons Lizenz in der Version 4 aus. Danach gilt für einen Dritten in Bezug auf das Werk in der bearbeiteten Version die Lizenz, die der Bearbeiter ausgewählt hat.[418] Die GNU GPL geht darüber noch hinaus. Ein Lizenz*nehmer* kann – sofern der Zusatz »any later version« in der Lizenz verwendet wird – selbst aussuchen, an welche Lizenzversion er sich halten will.[419]

---

414 In der GNU GPL v2, v3 kann der Ausgangsurheber entscheiden, ob er den Zusatz »any later version« in die Lizenzbedingungen mit aufnimmt, § 9 Abs. 2 GNU GPL v2; § 14 Abs. 2 GNU GPL v3. Von dieser Möglichkeit haben die Entwickler des Linux-Kernels abgesehen.

415 So Abschnitt 3 lit. b Nr. 1 CC v4. Die CC v4 sehen eine Wahl der Lizenz durch den Lizenznehmer nur bei der Abwandlungslizenz vor.

416 Vorausgesetzt, der oder die Urheber haben das Werk nicht zwischenzeitlich durch Abgabe eines neuen Angebots unter die neue Lizenz gestellt. Bei einer Miturheberschaft müssten alle Miturheber einer Lizenzierung unter anderen Bedingungen zustimmen. Daher scheidet ein Lizenzwechsel bei großen Projekten faktisch aus; vgl. *Wielsch*, JIPITEC 2010, 96 Rn. 36.

417 Das kann ggf. unmöglich sein, wenn die Versionen einander widersprechen. Gleichwohl halten *Funk/Zeifang*, CR 2007, 617, 618 es für möglich, dass sich ein Lizenznehmer gegenüber mehreren Lizenzgebern (bei Bearbeitungsketten) für unterschiedliche Lizenzversionen entscheiden kann. Dies wäre freilich sehr ungewöhnlich.

418 Abschnitt 2 lit. a 5 B CC v4: »Jeder, der abgewandeltes Material von Ihnen erhält, erhält automatisch vom Lizenzgeber ein Angebot, die lizenzierten Rechte am abgewandelten Material unter den Bedingungen der durch Sie vergebenen Abwandlungslizenz auszuüben.«

419 § 9 GNU GPL v2; § 14 GNU GPL v3. Ein »Lizenzwechsel« durch den Lizenzgeber ist weder für bestehende noch für künftig abzuschließende Verträge vorgesehen. Das übersieht *Czychowski*, in: Fromm/Nordemann GPL Rn. 9. Da die Klausel den Lizenzwechsel in das Belieben des Lizenz*nehmers* stellt, liegt keine AGB-rechtswidrige Benachteiligung des Lizenznehmers vor; auf § 308 Nr. 4 BGB kommt es ebenfalls nicht an. Dazu *Marly*, Softwarerecht, Rn. 945; *Koglin*, Opensourcerecht, S. 221; *Jaeger/Metzger*, OSS, Rn. 190.

Der Lizenzwechsel vollzieht sich für die Creative Commons Lizenz wie folgt: Mit der Möglichkeit der Lizenzwahl wird dem ersten Bearbeiter (Lizenznehmer erster Stufe) ein Leistungsbestimmungsrecht im Sinne des § 317 BGB eingeräumt.[420] Er kann als Dritter die zwischen dem folgenden Lizenznehmer (zweiter Stufe, also des bearbeiteten Werkes) und dem Ausgangsurheber (als Lizenzgeber) anzuwendenden Lizenzbedingungen wählen. Dieselben Lizenzbedingungen gelten im Verhältnis zwischen dem Lizenznehmer erster Stufe und dem zweiter Stufe.[421]

Für die GNU GPL verhält es sich genauso, wenn der Bearbeiter die neue Lizenzversion verwendet und die »any later version«-Klausel in der gewählten Lizenz nicht übernimmt.[422] Ist dagegen die »any later version«-Klausel Bestandteil der Lizenz, so kann stets der Lizenznehmer auswählen, ob die verwendete Version der Lizenz oder eine neuere zwischen ihm und den Urhebern des Werkes gelten soll.[423] Damit hat der Lizenznehmer die Möglichkeit, den Inhalt der Leistung zu bestimmen, vgl. § 315 BGB.

Rosenkranz hält eine solche Wahlklausel für unzulässig, da die essentialia negotii nicht feststünden und der Lizenzgeber nicht wisse, welche Leistungspflichten auf ihn zukämen.[424] Schlimmstenfalls könnten sogar wesentliche Teile der Vertragsbedingungen verändert werden. Letzterem steht jedoch entgegen, dass die GNU GPL ausdrücklich erwähnt, dass die neu entwickelten Lizenzen »similar in spirit« zur aktuellen Version sein werden. Sollte eine neue GPL deutlich davon abweichen, so entspräche die Wahl der neueren Version nicht dem billigen Ermessen, das § 315 wie § 317 BGB voraussetzen.[425] Entsprechend kann auch die Creative Commons Lizenz ausgelegt werden: Die Wahl einer neueren oder korrespondierenden Lizenz, die wesentlich veränderte Bedingungen aufstellt, wäre unbillig und daher nach § 319 I 1 BGB nicht verbindlich.

Eine Leistungsbestimmung nach §§ 315, 317 BGB scheidet allerdings für die dingliche Ebene aus: Die Einräumung eines einfachen Nutzungsrechts ist eine Verfügung, die dem Bestimmtheitsgrundsatz unterliegt.[426] Eine nachträgliche

---

420 Gegen ein Leistungsbestimmungsrecht *Koglin*, Opensourcerecht, S. 222f.

421 Wie oben dargelegt, wird mit allen Beteiligten ein Vertrag geschlossen. Eine Unterlizenzierung sehen die Lizenzen nicht vor. Alternativ besteht die Möglichkeit das gewollte Ergebnis über die Stellvertretung zu erreichen. Dazu sogleich für die dingliche Ebene.

422 Der Lizenznehmer kann entscheiden, ob er als Lizenz*geber* der Bearbeitung für die Lizenzierung der Bearbeitung die »any later version«-Klausel übernimmt, dazu *Koglin*, CR 2008, 137, 139.

423 Das übersieht *F. A. Koch*, ITRB 2007, 285, 287; wie hier *Jaeger/Metzger*, OSS, Rn. 26; *Kreutzer*, in: ifrOSS-GPL § 9 Rn. 16.

424 *Rosenkranz*, Open Contents, S. 101; kritisch auch *Marly*, Softwarerecht, Rn. 946; a. A. *Kreutzer*, in: ifrOSS-GPL § 9 Rn. 22f.

425 Vgl. *Wielsch*, JIPITEC 2010, 96 Rn. 64; *Koglin*, CR 2008, 137, 139; *Peukert/König*, in: German National Reports 2014, S. 519, 530.

426 *Jänich*, Geistiges Eigentum, S. 210; *Schack*, UrhR, Rn 631.

Bestimmung des Inhalts der Verfügung ist nicht möglich. Wenn ein Angebot auf Einräumung eines einfachen Nutzungsrechts abgegeben wird, muss feststehen, welchen Inhalt das Nutzungsrecht hat. Die Bedingungen sind jedoch im schuldrechtlichen Lizenzvertrag festgelegt. Demnach verändern sich die Bedingungen je nach gewählter Lizenz. Das heißt, das Angebot auf Einräumung eines einfachen Nutzungsrechts hängt weiter an den Bedingungen der ursprünglich ausgewählten Lizenz.

Fraglich ist, ob gleichwohl eine »Erneuerung« der dinglichen Lizenz im Fall einer »any later version«-Klausel erfolgen kann. Da der ursprüngliche Urheber typischerweise nicht mit den späteren Lizenznehmern in Kontakt tritt, scheidet eine eigene Willenserklärung zur Einräumung des Nutzungsrechts unter geänderten Bedingungen aus. Solch eine Erklärung müsste fingiert werden. Allerdings könnte der Bearbeiter, wenn er eine neue Lizenz wählt, als Stellvertreter des Ausgangsurhebers die entsprechende Willenserklärung abgegeben. Die Bevollmächtigung zu einer solchen Handlung müsste dann in der Verwendung der »any later version«-Klausel gesehen werden. Entscheidet sich der Bearbeiter dafür, dass zwischen ihm und dem Ausgangsurheber ebenfalls die »neuen« Bedingungen gelten sollen, so müsste er sich das Nutzungsrecht selbst als Vertreter des Urhebers einräumen, vgl. § 181 BGB. *Rosenkranz* sieht dafür keine Anhaltspunkte in der Lizenz und lehnt diese Lösung ab.[427] Das zeigt, dass sich das von der »any later version«-Klausel gewollte Ergebnis nur schwer mit den Mitteln des deutschen Zivilrechts abbilden lässt.[428] Bislang größter Anwendungsfall dieses Phänomens ist die zusätzliche Lizenzierung der Wikipedia-Inhalte unter der Creative Commons Lizenz. Nachdem die große Mehrheit der 17.462 registrierten Benutzer, aber lange nicht alle Autoren, für einen Lizenzwechsel stimmten, wurden die Inhalte auch unter der Creative Commons Lizenz angeboten.[429] Da nicht alle Autoren der parallelen Lizenzierung unter der Creative Commons Lizenz v3 zugestimmt haben, steht die neue Lizenzierung auf sehr wackeligen Füßen.[430] Die Wikimedia Foundation hat im September 2016 eine Diskussion darüber angestoßen, ob die Inhalte unter die neuere Creative Commons Lizenz v4 gestellt werden sollen.[431] Gegen einem solchen Lizenzwechsel spricht neben den von *Wielsch*[432] und *Rosenkranz*[433] vorgetragenen

427 *Rosenkranz*, Open Contents, S. 102.

428 Vgl. auch *Wielsch*, Zugangsregeln, S. 214: »Es werden die Grenzen bekannter dogmatischer Strukturen erreicht.« (allgemein zu OSS).

429 *Metzger*, in: Die Kollision von Urheberrecht und Nutzerverhalten, S. 115, 127.

430 Dazu kritisch *Wielsch*, JIPITEC 2010, 96 Rn. 36ff.; *Rosenkranz*, Open Contents, S. 105ff. (»juristisch kaum auflösbares Dilemma«); *Klingebiel*, in: Nutzergenerierte Inhalte als Gegenstand des Privatrechts, S. 43, 69; *ders.*, Web 2.0, S. 350.

431 https://t1p.de/wiki-cc4.

432 *Wielsch*, JIPITEC 2010, 96.

433 *Rosenkranz*, Open Contents, S. 100ff.

Bedenken auch, dass die Creative Commons Lizenz v3, einen Lizenzwechsel nicht gestattet. Nur Veränderungen dürfen nach Abschnitt 4 lit. b unter die neuere Version gestellt werden.

IV. Widerruf des Angebots

Gemäß § 130 I BGB kann eine Willenserklärung bis zu ihrem Zugang widerrufen werden. Der Urheber könnte also seine Angebote widerrufen, auch nachdem er sein Werk unter eine Open Content Lizenz gestellt hat. Denn ein Zugang ist nicht schon darin zu erblicken, dass das Werk potentiell von jedermann abgerufen werden kann.[434] Vielmehr liegt Zugang erst dann vor, wenn die Willenserklärung in der Sphäre des Empfängers gelangt ist.[435] Mit einem Widerruf könnte ein Urheber (bzw. dessen Erben[436]) verhindern, dass weitere Lizenzverträge zustande kommen. In der Folge wäre die Verwertung des Werkes nicht nur in seiner Ausgangsform, sondern auch alle späteren darauf aufbauenden Bearbeitungen ausgeschlossen.

Koglin bietet zwei Lösungsansätze: Zum einen habe der Erklärende auf den Widerruf verzichtet.[437] Zum anderen liege in dem ersten Lizenzvertrag zugleich ein Vertrag zugunsten Dritter iSv § 328 BGB.[438] Der Lizenzgeber habe sich gegenüber dem ersten Lizenznehmer verpflichtet, sein Angebot ad incertas personas aufrecht zu erhalten und somit weitere Lizenzverträge abzuschließen. *König* gelangt zu demselben Ergebnis: Nach seiner Ansicht sind die Erklärungen der Rechteinhaber nach §§ 133, 157 BGB so auszulegen, dass diese auf einen Widerruf verzichten.[439]

Zunächst ist festzuhalten, dass auf die Widerrufsmöglichkeit, zumindest für den Fall eines Angebotes, einseitig verzichtet werden kann.[440] Aus dem Grundsatz der Privatautonomie folgt, dass der Antragende die Möglichkeit hat, über die Bindungswirkung des Angebots zu entscheiden, indem er sie ganz ausschließt oder etwa eine längere Annahmefrist setzt als vom Gesetz vorgesehen, § 148 BGB. Demensprechend muss auch er auch über die Bindungswirkung vor dem Zugang entscheiden können. Ein Verzicht auf den Widerruf des § 130 I 2

434 A. A. *Wielsch*, Zugangsregeln, S. 215f. Fn. 91.
435 Ausführlich dazu *König*, Einfaches, unentgeltliches Nutzungsrecht, S. 196ff. mwN.
436 Die Möglichkeit des Widerrufs steht den Erben zu, *Einsele*, in: MüKo-BGB § 130 Rn. 42.
437 *Koglin*, Opensourcerecht, S. 141.
438 *Koglin*, Opensourcerecht, S. 143f.
439 *König*, Einfaches, unentgeltliches Nutzungsrecht, S. 212ff., 217.
440 *Einsele*, in: MüKo-BGB § 130 Rn. 40; *Ellenberger*, in: Palandt § 130 BGB Rn. 11; *Wendtland*, in: BeckOK-BGB § 130 Rn. 32; a. A. OLG Celle WM 1993, 591, 592.

BGB ist eine einseitige nicht empfangsbedürftige Willenserklärung.[441] Damit scheidet eine Auslegung wie bei empfangsbedürftigen Willenserklärungen aus Sicht eines objektiven Empfängers nach §§ 133, 157 BGB grundsätzlich aus.[442] Allerdings muss sich die Auslegung einer nicht empfangsbedürftigen Willenserklärung, die sich an die Allgemeinheit richtet, am durchschnittlichen Verständnis der Beteiligten und Angehörigen des angesprochenen Personenkreises orientieren.[443] Denn auch eine nicht empfangsbedürftige Willenserklärung richtet sich an den Rechtsverkehr und muss zu dessen Schutz objektiviert ausgelegt werden. Die Verzichtserklärung ist dementsprechend nicht rein subjektiv, sondern vielmehr anhand des Verständnisses der Verkehrskreise auszulegen.

Es kommt somit darauf an, wie die Adressaten eines Lizenzangebots dieses verstehen können. Die teilweise vorzufindende Klausel,[444] dass der Open Content Lizenzvertrag nicht widerrufen werden kann, bezieht sich nur auf bereits abgeschlossene Verträge.[445] Das folgt aus den Lizenztexten, die einen abgeschlossenen Vertrag voraussetzen. Zudem könnten die Bedingungen auch keine Bindungswirkung entfalten, bevor sie angenommen worden sind. Die Klausel meint vielmehr, dass dem Lizenzgeber nach Vertragsschluss kein Widerrufsrecht zusteht – zumindest nach deutschem Verständnis ist die Klausel rein deklaratorisch. Ist die Unwiderruflichkeit *des Angebots* nicht ausdrücklich in den Lizenzbedingungen festgelegt, könnte sie gleichwohl aus dem Zweck einer Open Content Veröffentlichung folgen. Das gilt jedenfalls für die Lizenzen, mit denen der Urheber ein Bearbeitungsrecht einräumt. Denn der Urheber, der die Bearbeitung seines Werkes gestattet, bringt zum Ausdruck, dass er sein Werk für die Allgemeinheit nach den Regeln des Open Content freigibt. Sämtliche spätere Bearbeitungen sind vom Ausgangswerk abhängig, sodass der Urheber die Verwertung der späteren Bearbeitungen verhindern könnte, wenn er sein Angebot widerrufen könnte.[446] Das widerstrebt dem Gedanken des Open Content, weshalb die Erklärung in diesem Fall so auszulegen ist, dass ein Widerruf ausscheidet. Die Abhängigkeit tritt noch deutlicher hervor, wenn der Urheber eine Copyleft-Lizenz verwendet. Dann muss der Bearbeiter sein Werk wiederum unter einer Open Content Lizenz anbieten, um es verwerten zu können. Im Falle

441 *Kümpel*, WM 1993, 825, 826.

442 Zur Auslegung nicht empfangsbedürftiger Willenserklärungen *Medicus/Petersen*, BGB AT, Rn. 322; *Bork*, BGB AT, Rn. 513ff.

443 Anschaulich *Bork*, BGB AT, Rn. 514ff.; *Kornblum*, JuS 1981, 801, 803; *Wolf/Neuner*, BGB AT, § 35 Rn. 32; *Busche*, in: MüKo-BGB § 133 Rn. 28; *Ellenberger*, in: Palandt § 133 BGB Rn. 12. Vgl. auch BGHZ 53, 304, 307; für die Satzung einer GmbH RGZ 101, 246, 247; für Auslobungen OLG Karlsruhe, Die JUSTIZ 1980, 436f.

444 Etwa Abschnitt 2 a) der Creative Commons Lizenzen v4; § 2 S. 1 GNU GPL v3.

445 *Völzmann-Stickelbrock*, in: Geistiges Eigentum im Internet, S. 47, 70; *König*, Einfaches, unentgeltliches Nutzungsrecht, S. 203.

446 Vgl. auch *König*, Einfaches, unentgeltliches Nutzungsrecht, S. 218.

eines Widerrufs des Ausgangsurhebers wäre der Bearbeiter zwar gezwungen, seine Bearbeitung unter der Open Content Lizenz anzubieten. Dritte würden indes nur die Erlaubnis zur Bearbeitung der »bearbeiterischen Zutat«, nicht aber diejenige zur Bearbeitung des Ausgangswerkes erhalten, womit eine Bearbeitung des Gesamtwerkes ausscheidet.

Ein Widerruf muss dem Urheber allerdings für den Fall bleiben, dass er die Nutzungsrechte zurückrufen kann.[447] Denn wenn er sogar bereits eingeräumte Nutzungsrechte zurückrufen kann, muss er erst recht die Angebote zu deren Einräumung widerrufen können.

Räumt der Urheber im Lizenzvertrag kein Bearbeitungsrecht ein, dann sind die Lizenznehmer für ihre Verwertung nicht darauf angewiesen, dass der Rechteinhaber weitere Lizenzen erteilt. Dementsprechend erwartet der angesprochene Personenkreis vom Rechteinhaber nicht, dass er unbeschränkt weitere Nutzungsrechte einräumt. Gestattet der Rechteinhaber die Bearbeitung nicht, so kann er, auch nachdem ein erster Lizenzvertrag geschlossen wurde, sein Angebot widerrufen. Für einen Widerruf muss er dafür sorgen, dass seine vorherige Willenserklärung nicht mehr zugeht oder mit dem Zugang gleichzeitig der Widerruf zugeht, vgl. § 130 I 2 BGB.[448] Die Rechtsstellung der Nutzer, denen bereits ein Nutzungsrecht eingeräumt wurde, bleibt vom Widerruf unberührt. Da die Lizenzverträge die Verwertung unter die Bedingung stellen, dass der Lizenznehmer auf die Lizenzbedingungen hinweist, und da der Lizenznehmer insofern als Bote auftritt, sind die Anforderungen an einen Widerruf entsprechend höher. Der Lizenzgeber muss dafür sorgen, dass die Boten die Willenserklärungen nicht mehr überbringen. Andernfalls ist dem Lizenzgeber das Verhalten der Boten noch zuzurechnen, sodass die Willenserklärung wirksam bei einem Dritten zugehen kann. Online wie offline ist ein Widerruf nur schwer realisierbar. Wenn etwa ein Bild in einem Buch mit einem Hinweis auf die Lizenzbedingungen abgedruckt ist und so verbreitet wird, müsste der Urheber dafür sorgen, dass jedem Empfänger gleichzeitig mit dem Buch (und der darin verkörperten Angebotserklärung) ein Widerruf zugeht. Daher ist *Völzmann-Stickelbrock* darin zuzustimmen, dass ein Widerruf in der Regel praktisch unmöglich ist.[449]

Möglicherweise muss der Rechteinhaber sein Angebot gar nicht widerrufen, weil es nach § 125 BGB nichtig ist. Bei Open Content Lizenzverträgen handelt es sich um Schenkungen.[450] Wird ein Lizenzvertrag abgeschlossen und zugleich das

447 Vgl. etwa § 42 UrhG. Diese Fälle dürften freilich sehr selten auftreten, *Jaeger/Metzger*, OSS, Rn. 130. Ein Verzicht auf die urheberrechtlichen Rückrufrechte ist nicht möglich, *Schack*, UrhR, Rn. 633.

448 *Einsele*, in: MüKo-BGB § 130 Rn. 40.

449 *Völzmann-Stickelbrock*, in: Geistiges Eigentum im Internet, S. 47, 71.

450 Siehe oben Fn. 392.

Nutzungsrecht eingeräumt, ist die Schenkung nach § 518 II BGB wegen der Bewirkung der versprochenen Leistung formwirksam. Bevor der Vertrag geschlossen und das Nutzungsrecht eingeräumt wird, ist das Angebot gemäß §§ 125, 518 I 1 BGB nichtig. Allerdings ist das nichtige Angebot mit Abgabe »in der Welt« und kann von jedermann angenommen werden. Wenn gleichzeitig das Angebot auf Einräumung eines Nutzungsrechts angenommen wird, wird der Formmangel des Schenkungsvertrags geheilt. Problematisch ist nur der noch zu behandelnde Fall, dass der Urheber nicht mehr verfügungsbefugt ist und somit kein Nutzungsrecht einräumen kann. Die Verfügung geht dann »ins Leere« und der Formmangel wird nicht geheilt.[451]

B. Nutzungsrechte

Einem Lizenznehmer ist die Verwertung des Werkes nur gestattet, wenn jeder (Mit-)Urheber und im Fall von Bearbeitungsketten zusätzlich jeder Bearbeiter zugestimmt hat.[452] Dabei werden je nach Lizenzbedingungen unterschiedlich weit reichende Rechte eingeräumt. Üblicherweise gestatten die Lizenzbedingungen die Vervielfältigung, Verbreitung und öffentliche Wiedergabe des Werkes,[453] einige Lizenzen beschränkt nur auf nicht-kommerzielle Zwecke. Letzteres führt dazu, dass inhaltlich auf die private Nutzung beschränkte Nutzungsrechte eingeräumt werden.[454] Verstößt ein Verwerter dagegen, so ist dies nicht nur ein Verstoß gegen vertragliche Pflichten, sondern wegen des fehlenden Nutzungsrechts auch eine Urheberrechtsverletzung.

Will der Lizenznehmer das Werk verändern, so benötigt er auch das Bearbeitungsrecht. Obwohl es sich hierbei aus Sicht der Verwertungsrechte auch um eine Vervielfältigung handelt,[455] bedarf die Bearbeitung der gesonderten Zustimmung des Urhebers. Das folgt aus § 23 UrhG und beruht darauf, dass die umgestaltende Vervielfältigung einen noch weitergehenden Eingriff darstellt als eine schlichte Vervielfältigung. Hier zeigt sich, dass die deutsche Unterscheidung zwischen Vervielfältigung und Umgestaltung weiterhin eine eigenständige Bedeutung auf der Ebene des Urhebervertragsrechts hat.

Die Bestimmungen in den Open Content Lizenzverträgen, dass der Lizenznehmer sich bei der weiteren Verwertung an bestimmte Regeln halten muss,

---

451 Zum erweiterten Sukzessionsschutz unten S. 82ff.

452 *Koglin*, Opensourcerecht, S. 75; vgl. auch oben S. 72f.

453 Zur GNU GPL 2 vgl. *Völzmann-Stickelbrock*, in: Geistiges Eigentum im Internet, S. 47, 61.

454 *Rosenkranz*, Open Contents, S. 121ff. Zur privaten Nutzung als eigenständige Nutzungsart BGH GRUR 2017, 266 Tz. 46 – World of Warcraft I; dagegen *Stieper*, ZGE 2017, 539, 550ff.; kritisch auch *Ohly*, in: Schricker/Loewenheim § 31 UrhG Rn. 45.

455 Siehe oben S. 48ff.

etwa den Lizenztext beifügen, den Namen des Urhebers nennen und ggf. sein Werk selbst unter dieselbe Lizenz stellen muss, führen nicht zu einer inhaltlichen Beschränkung des Nutzungsrechts.[456] Vielmehr werden die Rechte regelmäßig unter der auflösenden Bedingung (§ 158 II BGB) eingeräumt, dass der Lizenznehmer die Vorgaben der Lizenz erfüllt.[457] Hält der Lizenznehmer sich nicht an die Lizenzbedingungen, so entfällt sein Nutzungsrecht. Durch diese Konstruktion wird eine dingliche Absicherung der Lizenzbedingungen erreicht.[458] Bei einem Lizenzverstoß kann der Rechteinhaber Ansprüche aus § 97 UrhG geltend machen.[459]

I. Sukzessionsschutz

Hat der Lizenznehmer nicht von allen Berechtigten die nötigen Nutzungsrechte erworben, so ist die Verwertung unzulässig. Da ein Widerruf des Angebots lediglich eingeschränkt möglich ist,[460] wird der Lizenznehmer selten durch einen Widerruf in diese Situation kommen. Es ist dagegen möglich, dass der Lizenznehmer kein Nutzungsrecht erhält, weil ein Urheber seine Verfügungsbefugnis verliert, zB indem er einem Dritten ein ausschließliches Nutzungsrecht einräumt oder insolvent wird.[461] Weiter ist denkbar, dass der Urheber nicht voll geschäftsfähig ist und daher keine wirksamen Willenserklärungen abgegeben kann.

---

456 LG München I GRUR-RR 2004, 350f. – GPL-Verstoß; LG Frankfurt a.M. CR 2006, 729, 731f. – Anwendbarkeit der GPL; ausführlich *Teupen*, Copyleft, S. 196ff.; *Schulz*, Dezentrale Softwareentwicklung, Rn. 628ff.; *Rosenkranz*, Open Contents, S. 109ff.; *Wielsch*, Zugangsregeln, S. 218ff.; *Metzger/Jaeger*, IIC 2001, 52, 61ff.; a.A. *Koglin*, Opensourcerecht, S. 108ff.; *Böcker*, Computerprogramme, S. 192f.; *F. A. Koch*, CR 2000, 333f.; *Heussen*, in: FS Kilian, S. 323, 328.

457 OLG Köln GRUR 2015, 167, 172 – Creative-Commons-Lizenz; OLG Hamm, MMR 2017, 767 Tz. 148 – GPL; *Lenhard*, Vertragstypologie von Softwareüberlassungsverträgen, S. 329ff.; *Teupen*, Copyleft, S. 207ff.; *Rosenkranz*, Open Contents, 108f.; *Widmer*, Open Source Software, S. 161f.; *S. Meyer*, Miturheberschaft, S. 99; *Rautenstrauch*, Open Source Computersoftware, S. 110; *Metzger/Jaeger* GRUR Int. 1999, 839, 843f.; *dies.*, OSS, Rn. 152ff.; *Spindler*, in: Rechtsfragen OS, S. 50ff.; *Schack*, UrhR, Rn. 612; *von Welser*, ZGE 2017, 570, 571; a.A. *Schiffner*, Open Source Software, S. 170; kritisch *Czychowski*, GRUR RR-2018, 1, 4. Grundsätzlich zur Möglichkeit der Bedingung *Zurth*, Nutzungsrechte, S. 205ff.; *Schwarz*, Beendigung urheberrechtlicher Nutzungsrecht, S. 138f. Siehe auch Fn. 456.

458 *Völzmann-Stickelbrock*, in: Geistiges Eigentum im Internet, S. 47, 65.

459 LG Berlin MMR 2011, 763 – Wirksamkeit der Creative-Commons-Lizenzen; *Mantz*, MMR 2011, 763.

460 Dazu oben S. 77ff.

461 *König*, Einfaches, unentgeltliches Nutzungsrecht, S. 225ff.; s. auch *Tochtermann*, Sukzessionsschutz, S. 70ff.

Wer bereits ein Nutzungsrecht vom Berechtigten erworben hat, wird durch § 33 UrhG geschützt.[462] Der in § 33 UrhG niedergelegte Sukzessionsschutz[463] sorgt in der vom BGH vorgenommenen Auslegung für einen nahezu umfassenden Bestandsschutz erworbener dinglicher Nutzungsrechte.[464]

Wer hingegen noch kein Nutzungsrecht erworben hat, wird nicht durch § 33 UrhG geschützt. Auch ein gutgläubiger Erwerb von Nutzungsrechten scheitert am fehlenden Rechtsscheinsträger.[465] Geschützt ist der vermeintliche Erwerber aber gegen ein Vorgehen des Urhebers. Zwar kann grundsätzlich auch der Urheber gegen Rechtsverletzungen aus § 97 UrhG vorgehen, wenn er einem Dritten ein ausschließliches Nutzungsrecht eingeräumt hat.[466] Der Urheber verhält sich allerdings widersprüchlich, wenn er sich zunächst verpflichten wollte,[467] ein einfaches Nutzungsrecht einzuräumen, diese Nutzungsrechtseinräumung an seiner fehlenden Verfügungsbefugnis scheitert und er anschließend klagt, weil mangels Nutzungsrechts eine Urheberrechtsverletzung vorliegt. Solch eine missbräuchliche Rechtsausübung verstößt gegen Treu und Glauben und ist dem Urheber daher nach § 242 BGB verwehrt.

II. Erweiterter Sukzessionsschutz

Fraglich ist, ob und wie Lizenznehmer davor geschützt werden können, dass ein Lizenzgeber ihnen kein Nutzungsrecht einräumt. Sie haben ein Interesse, das Werk den Lizenzbedingungen entsprechend umfassend zu verwerten. Das ist allerdings nur möglich, wenn alle Urheber der Verwertung wirksam zugestimmt haben. Da die Vertragspartner bei Open Content häufig anonym bleiben, ist es grundsätzlich nicht möglich, zu prüfen, wer verfügt und ob er verfügungsbefugt ist. Zugleich haben auch Bearbeiter des Werkes ein Interesse, dass auch die

462 *König*, Einfaches, unentgeltliches Nutzungsrecht, S. 261; *Völzmann-Stickelbrock*, in: Geistiges Eigentum im Internet, S. 47, 71; *Mantz*, MMR 2006, 784, 785f.; *Jotzo*, JZ 2013, 797, 800; *Schack*, UrhR, Rn. 629; *Wandtke/Grunert*, in: Wandtke/Bullinger § 33 UrhG Rn. 3; *Wiebe*, in: Spindler/Schuster, § 33 UrhG Rn. 8; *Schulze*, in: Dreier/Schulze § 33 UrhG Rn. 12.

463 Allgemein zum Begriff *Lieder*, Rechtsgeschäftliche Sukzession, S. 619f.; *Tochtermann*, Sukzessionsschutz, S. 1f.

464 BGHZ 180, 344 – Reifen Progressiv; 194, 136 – M2Trade, BGH GRUR 2012, 914 – Take five; *Jotzo*, JZ 2013, 797, 799; *Tochtermann*, Sukzessionsschutz, S. 60.

465 A.M. BGHZ 5, 116, 119 – Parkstraße 13; BGH GRUR 1959, 200, 203 – Der Heiligenhof; BGHZ 180, 344 Tz. 19 – Reifen Progressiv; *Jänich*, Geistiges Eigentum, S. 278; *Zurth*, Nutzungsrechte, S. 219; *Ulmer*, UrhR, S. 360; *Schack*, UrhR, Rn. 601; *ders.*, in: FS Schulze, S. 307, 309; *Schulze*, in: Dreier/Schulze § 31 UrhG Rn. 24; *Ohly*, in: Schricker/Loewenheim § 31 UrhG Rn. 25.

466 BGHZ 118, 384, 399f. – ALF; *Schack*, UrhR, Rn. 595, 758; *Specht*, in: Dreier/Schulze § 97 UrhG Rn. 19; ausführlich *Berger*, in: FS Schulze, S. 353ff.

467 Der Schenkungsvertrag ist in diesem Fall nach §§ 125 I, 518 I 1 BGB formnichtig.

früheren Bearbeiter und Originalurheber weiterhin Nutzungsrechte einräumen, da Dritte sonst das Werk in der aktuellen Version nicht weiter verwerten könnten. Für eine rechtssichere Verwertung von Open Content ist daher ein erweiterter Sukzessionsschutz nötig, der über den des § 33 UrhG hinausgeht. Nur so könnte sich ein späterer Lizenznehmer im Prozess gegen den Erwerber eines ausschließlichen Nutzungsrechts wehren.

1. Analoge Anwendung von § 33 UrhG?

Mantz hat das Problem der fehlenden Verfügungsbefugnis erkannt, eine analoge Anwendung von § 33 UrhG diskutiert und im Ergebnis verworfen.[468] Ansatzpunkt seiner Überlegung ist folgender: Es könne im Ergebnis keinen Unterschied machen, ob dem Erwerber das einfache Nutzungsrecht unmittelbar vor oder nach Verlust der Verfügungsbefugnis eingeräumt wird, da bei Open Content Lizenzen auf den Zugang verzichtet werde und der Inhaber des ausschließlichen Nutzungsrechts ohnehin nicht wisse, wem bereits ein Nutzungsrecht eingeräumt wurde.[469]

Zwar befürworten einige die analoge Anwendung von § 33 UrhG.[470] Dennoch überzeugt diese Lösung aus mehreren Gründen nicht. Es liegt schon keine planwidrige Regelungslücke vor: Zum einen müsste man dem Gesetzgeber unterstellen, dass er bei Einführung der Linux-Klauseln das Problem der entfallenden Verfügungsbefugnis übersehen hat.[471] Zum anderen käme die analoge Anwendung von § 33 UrhG einem gutgläubigen Erwerb von Nutzungsrechten gleich, den das deutsche Urheberrecht nicht kennt.[472] Darüber hinaus fehlt es an einer vergleichbaren Interessenlage. § 33 UrhG soll den Erwerber eines einfachen Nutzungsrechts davor schützen, dass er aufgrund einer späteren Verfügung über das Recht seine Rechtsposition verliert.[473] § 33 UrhG schützt also das bereits Erworbene.[474] Hier indes geht es darum, einen *künftigen* Erwerber zu schützen. Damit sind die beiden Sachverhalte nicht vergleichbar. Die scheinbar

468 *Mantz*, MMR 2006, 784ff.

469 Vgl. *Mantz*, MMR 2006, 784, 785; *Jaeger/Metzger*, OSS, Rn. 126d.

470 *Völzmann-Stickelbrock*, in: Geistiges Eigentum im Internet, S. 47, 73; zumindest nicht ablehnend *Metzger*, ITRB 2013, 239, 242; *Jaeger/Metzger*, OSS, Rn. 126d.

471 So *Mantz*, MMR 2006, 784, 787; *Jaeger/Metzger*, OSS, Rn. 126d; *Völzmann-Stickelbrock*, in: Geistiges Eigentum im Internet, S. 47, 72.

472 Allgemeine Meinung, s. oben Fn. 465.

473 *Tochtermann*, Sukzessionsschutz, S. 48f.; *Schulze*, in: Dreier/Schulze § 33 UrhG Rn. 1.

474 *Jotzo*, JZ 2013, 797, 800; *Wandtke/Grunert*, in: Wandtke/Bullinger § 33 UrhG Rn. 3; vgl. Nachweise oben Fn. 462.

elegante Lösung einer analogen Anwendung von § 33 UrhG scheidet daher aus.[475]

2. Unterlizenzierung

König schlägt eine Lösung durch Lizenzketten vor, die durch Unterlizenzierungen erreicht werden sollen.[476] Wer ein einfaches unentgeltliches Nutzungsrecht erworben hat, soll Dritten selbst einfache Nutzungsrechte einräumen können. Damit könnten weitere Nutzungsrechte eingeräumt werden, auch nachdem der Urheber (willentlich) seine Rechtszuständigkeit verloren hat oder ein Insolvenzverfahren über sein Vermögen eröffnet wurde.[477] Dabei stellt sich zunächst die Frage, ob ein einfaches Nutzungsrecht überhaupt unterlizenziert werden kann.[478] Unterlizenziert meint in diesem Zusammenhang, dass ein weiteres einfaches Nutzungsrecht iSv § 31 II UrhG eingeräumt wird.

a) Gesetzliche Ausgangslage

Nach § 31 II UrhG ist es dem Inhaber eines einfachen Nutzungsrechts erlaubt, das Werk zu nutzen, ohne dass er die Nutzung durch andere ausschließen kann. Schon begrifflich ist dem Inhaber damit nur die eigene Nutzung gestattet.[479] Dem Inhaber eines ausschließlichen Nutzungsrechts ist es dagegen nach § 31 III UrhG – neben der ausschließlichen Nutzung – möglich, weitere Nutzungsrechte einzuräumen, wenn der Urheber zugestimmt hat. Aus der Systematik von § 31 II, III UrhG lässt sich somit schließen, dass nur das ausschließliche, nicht aber einfache Nutzungsrechte unterlizenzierbar sind.[480] Dieses Ergebnis wird durch einen Umkehrschluss aus § 35 UrhG gestützt.[481] Danach ist die Zustimmung des Urhebers erforderlich, wenn der Inhaber eines *ausschließlichen* Nutzungsrechts eine Unterlizenz einräumen will. Wenn die Zustimmung nur für die Unterlizenzierung eines ausschließlichen Nutzungsrechts geregelt ist, folgt daraus im Umkehrschluss, dass ein einfaches Nutzungsrecht nicht unterlizenziert werden

475 Im Ergebnis auch *Krujatz*, Open Access, S. 149; *König*, Einfaches, unentgeltliches Nutzungsrecht, S. 272; *Metzger/Barudi*, CR 2009, 557, 559; *Mantz*, MMR 2006, 784, 788.

476 *König*, Einfaches, unentgeltliches Nutzungsrecht, S. 277ff.

477 *König*, Einfaches, unentgeltliches Nutzungsrecht, S. 292ff.

478 Dazu (im Ergebnis ablehnend) *Schack*, in: FS Schulze, S. 307ff.

479 *McGuire*, Lizenz, S. 738; *Berger*, in: Berger/Wündisch § 1 Rn. 51.

480 *McGuire*, Lizenz, S. 738; *S. Meyer*, Miturheberschaft, S. 71f.; *Zurth*, Nutzungsrechte, S. 12f.; *Mantz*, MMR 2006, 784, 785; *Ohly*, in: Schricker/Loewenheim § 31 UrhG Rn. 46, § 35 Rn. 7; *Haberstumpf*, in: Büscher/Dittmer/Schiwy § 35 UrhG Rn. 1; *Loewenheim/J. B. Nordemann*, in: Loewenheim § 25 Rn. 9.

481 *Schack*, UrhR, Rn. 629; *ders.*, in: FS Schulze, S. 307, 312; *Schwarz*, Beendigung urheberrechtlicher Nutzungsrechte, S. 62.

kann. Die gesetzlichen Vorschriften sehen also nur die Unterlizenzierung ausschließlicher Nutzungsrechte vor.

b) Literaturansicht

Trotz der eindeutigen Gesetzeslage sehen manche auch das einfache Nutzungsrecht als unterlizenzierbar an.[482] Diese Autoren sind sich darin einig, dass auch die Unterlizenzierung des einfachen Nutzungsrechts entsprechend § 35 UrhG nur mit der Zustimmung des Urhebers erfolgen kann.[483] Einigkeit herrscht auch, dass der Inhaber eines einfachen Nutzungsrechts nicht mehr Rechte einräumen kann, als er selber innehat.[484] Etwa könne nur derjenige ein Recht zur Bearbeitung einräumen, dem diese gestattet wurde.

Die Möglichkeit der Unterlizenzierung wird unterschiedlich begründet. Teilweise wird auf einen Erst-recht-Schluss zurückgegriffen: Wenn der Inhaber des einfachen Nutzungsrechts dieses translativ übertragen kann, müsse er auch weitere Nutzungsrechte einräumen können.[485] Dagegen spricht, dass bei der translativen Übertragung die Anzahl der Nutzungsberechtigten gleichbleibt. Die Einräumung eines weiteren einfachen Nutzungsrechts hingegen führt dazu, dass sich die Anzahl der Nutzungsberechtigten erhöht und sich damit der Nutzungsumfang vergrößert.[486] Auch die Tatsache, dass sich das Werk – zumindest im digitalen Umfeld – nicht abnutzt und damit eine Unterlizenzierung nicht zu einer Abnutzung des Werkes führt, vermag die Unterlizenzierbarkeit nicht zu rechtfertigen.[487] Zum einen kann von dem besonderen Fall der digitalen Werknutzung nicht auf eine allgemeine Regel geschlossen werden. Zum anderen besteht auch im digitalen Umfeld das Problem, dass sich der Nutzungsumfang durch zusätzliche einfache Nutzungsrechte vergrößert.

Auch die Tatsache, dass das einfache Nutzungsrecht nach heute herrschender Ansicht als dingliches Recht angesehen wird,[488] führt nicht zu dessen Unterliz-

482 *Grimm*, Lizenzketten im UrhR, S. 34; *König*, Einfaches, unentgeltliches Nutzungsrecht, S. 292; *Scholz*, GRUR 2009, 1107, 1112; *Golla/Lück*, ZUM 2015, 550, 551; *J. B. Nordemann*, in: FS Bornkamm, S. 907, 913 f.; *ders.*, in: Fromm/Nordemann § 35 UrhG Rn. 5; *Schulze*, in: Dreier/Schulze § 31 UrhG Rn. 55; *Jaeger/Metzger*, OSS, Rn. 126c Fn. 535; vgl. auch *Pahlow*, Lizenz und Lizenzvertrag, S. 453, der jedoch von einer »relativen Lizenz« ausgeht.

483 *Pahlow*, Lizenz und Lizenzvertrag, S. 454; *Schulze*, in: Dreier/Schulze § 35 UrhG Rn. 5.

484 *Pahlow*, Lizenz und Lizenzvertrag, S. 453; *König*, Einfaches, unentgeltliches Nutzungsrecht, S. 296.

485 *Pahlow*, Lizenz und Lizenzvertrag, S. 454; *Grimm*, Lizenzketten im UrhR, S. 34.

486 *McGuire*, Lizenz, S. 738; *Schack*, in: FS Schulze, S. 307, 310; vgl. auch *Haberer*, Lizenzketten, S. 157; *Soppe*, in: BeckOK-UrhG § 35 Rn. 4.

487 So aber *König*, Einfaches, unentgeltliches Nutzungsrecht, S. 289 f.

488 BGHZ 180, 344, 353 Tz. 20 – Reifen Progressiv; *Schack*, UrhR, Rn. 604 mwN; *Forkel*, Gebundene Rechtsübertragungen, S. 104 ff., 222 ff., 230; a. A. *Pahlow*, Lizenz und Lizenzvertrag, S. 272 ff.

enzierbarkeit.[489] Denn mit dem Begriff »dingliches Recht« ist nichts gewonnen, da sich aus ihm allein noch keine Rechtsfolgen ergeben.[490]

Als weiteres Argument wird die Privatautonomie des Rechtsinhabers angeführt; der Urheber könne selbst entscheiden, ob das einfache Nutzungsrecht unterlizenzierbar sei.[491] Dem könnte allerdings der Typenzwang entgegenstehen und eine privatautonome Ausgestaltung der Nutzungsrechte – ähnlich wie im Sachenrecht – ausschließen.[492] Aufgrund der diversen, gesetzlich vorgesehenen Möglichkeiten, ein Nutzungsrecht auszugestalten, etwa es räumlich, zeitlich oder inhaltlich zu beschränken, wird ein Typenzwang für Nutzungsrechte regelmäßig pauschal verneint.[493] § 31 I 2 UrhG lässt allerdings auch eine andere Argumentation zu: Wenn das Gesetz nur die räumliche, zeitliche und inhaltliche Ausgestaltungsfreiheit vorsieht, besteht im Übrigen keine Gestaltungsfreiheit; es herrscht also ein beschränkter Typenzwang.[494] Zudem sieht § 31 I 2 UrhG nur das einfache und ausschließliche Nutzungsrecht in den Formen vor, wie sie in den Abs. 2 und 3 legaldefiniert werden.[495] Beides spricht für einen beschränkten Typenzwang, der die Ausgestaltung der Nutzungsrechte nicht vollständig zur Disposition der Parteien stellt.

Dieser Eingriff in die grundrechtlich geschützte Privatautonomie[496] ist durch den Verkehrsschutz gerechtfertigt. Geschützt werden damit sowohl Erwerber eines ausschließlichen Nutzungsrechts als auch potentielle Erwerber eines einfachen »Unter«nutzungsrechts. Gegenüber dem Inhaber eines ausschließlichen Nutzungsrechts ist ein früher eingeräumtes einfaches Nutzungsrecht wegen § 33 UrhG wirksam. Problematisch ist indes die Wirksamkeit eines einfachen *Unter*nutzungsrechts, das der Inhaber des einfachen Nutzungsrechts einräumt, nachdem ein Dritter das ausschließliche Nutzungsrecht eingeräumt worden ist. Hier hilft § 33 UrhG nicht weiter; dieser schützt nur vorher eingeräumte Nut-

---

489 So aber *J. B. Nordemann*, in: Fromm/Nordemann § 35 UrhG Rn. 5; *Golla/Lück* ZUM 2015, 550, 551, Fn. 17.

490 *Hauck*, AcP 211 (2011), 626, 627, 635 mwN; *Jotzo*, JZ 2013, 797, 798. *König*, Einfaches, unentgeltliches Nutzungsrecht, S. 280, 285 hält die Dinglichkeit für eine notwendige, aber nicht hinreichende Bedingung der Unterlizenzierbarkeit.

491 *König*, Einfaches, unentgeltliches Nutzungsrecht, S. 291; enger *Herbst*, Lizenz, S. 230f.

492 *Radke*, Bedingungsrecht und Typenzwang, S. 48, 53; vgl. auch *McGuire*, Lizenz, S. 282ff.

493 *Ohly*, in: FS Schricker, S. 105, 107, 117; *Grimm*, Lizenzketten im UrhR, S. 31; *Schack*, UrhR, Rn. 605.

494 *Stieper*, Schranken, S. 197f.; ähnlich *Oehler*, Komplexe Werke, S. 56f.; vgl. auch *McGuire*, Lizenz, S. 285f.

495 Vgl. *Schulze*, in: Dreier/Schulze § 31 UrhG Rn. 10; *Schack*, UrhR, Rn. 603; s. auch den Regierungsentwurf zum UrhG vom 23.3.1962, BT-Drs. IV/270, S. 56.

496 BVerfGE 89, 214, 231 – Sittenwidrigkeit eines Bürgschaftsvertrages; *Di Fabio*, in: Maunz/Dürig Art. 2 GG Rn. 101.

zungsrechte.[497] Der Inhaber des einfachen Nutzungsrechts würde den Nutzerkreis erweitern und gleichzeitig den Nutzungsumfang des ausschließlichen Nutzungsrechts schmälern. Damit läge eine unzulässige Verfügung zu Lasten eines Dritten[498] (des Inhabers der ausschließlichen Lizenz) vor. Es zeigt sich, dass eine Unterlizenzierbarkeit des einfachen Nutzungsrechts spätestens mit der Einräumung eines ausschließlichen Nutzungsrechts hinfällig wäre, wollte man nicht eine Verfügung zu Lasten Dritter zulassen. Für eine Unterlizenzierbarkeit des einfachen Nutzungsrechts kann auch nicht angeführt werden, dass der Erwerber des ausschließlichen Nutzungsrechts »belastet« erwirbt. Anders als bei einer Nutzungsrechtseinräumung vor Rechtsverlust handelt es sich hier nicht um eine bereits bestehende Belastung,[499] sondern um eine (möglicherweise mehrfache) Erweiterung der Belastung, deren Umfang nicht absehbar ist.[500]

Eine Unterlizenzierbarkeit des einfachen Nutzungsrechts lässt sich folglich nicht mit der Privatautonomie der Rechteinhaber begründen. Auch eine – angesichts der eindeutigen Gesetzeslage sehr gewagte – Analogie[501] von § 35 UrhG scheitert an der vergleichbaren Interessenlage.[502] Die Gründe, die gegen eine privatautonome Ausgestaltung sprechen, schließen eine Analogie gleichermaßen aus.

Die Interessen des Rechtsverkehrs an der Unterlizenz[503] sind gleichwohl sichergestellt: Der Inhaber des einfachen Nutzungsrechts kann Dritten entweder als Stellvertreter des Urhebers oder im eigenen Namen mit dessen Zustimmung (§ 185 BGB) weitere einfache Nutzungsrechte einräumen.[504] Der Unterschied zur »echten« Unterlizenz liegt darin, dass die Einräumung nur dann wirksam ist, wenn der Urheber weiterhin verfügungsbefugt ist. Sobald er seine Verfügungsbefugnis verliert, gehen spätere Nutzungsrechtseinräumungen ins Leere.

---

497 Siehe Fn. 462; *Schulze*, in: Dreier/Schulze § 33 UrhG Rn. 12 mit Lösungsvorschlag für Open Content, dazu unten, S. 88f.; zur analogen Anwendung des § 33 UrhG oben, S. 83f.

498 *Gottwald*, in: MüKo § 328 BGB Rn. 282; eine Genehmigung der Verfügung nach § 185 BGB bleibt zwar möglich, setzt freilich die Zustimmung des Inhabers des ausschließlichen Nutzungsrecht voraus.

499 Vgl. BGHZ 180, 344 Tz. 24 – Reifen Progressiv; BGH GRUR 2012, 914 Tz. 19 – Take Five, in denen der BGH jeweils davon ausgeht, dass das ausschließliche Nutzungsrecht belastet ist, dazu *Jotzo*, JZ 2013, 797, 799.

500 Vgl. auch *Haberer*, Lizenzketten, S. 158.

501 Kritsch daher *Haberer*, Lizenzketten, S. 156f.

502 *Schack*, in: FS Schulze, S. 307, 311f.

503 Vgl. *Scholz*, GRUR 2009, 1107, 1112: »Kautelarpraxis ohnehin längst beherrschende Sicht«; *Golla/Lück*, ZUM 2015, 550, 551: »tatsächliche Übung im Rechtsverkehr«.

504 *Zurth*, Nutzungsrechte, S. 13; *Schack*, in: FS Schulze, S. 307, 310; *Schwarz*, Beendigung urheberrechtlicher Nutzungsrechte, S. 64.

c) *Zwischenergebnis und Bewertung*

Die fehlende Verfügungsbefugnis des Urhebers kann nicht durch Unterlizenzen überwunden werden, da einfache Nutzungsrechte nicht unterlizenzierbar sind. Die von *König* bevorzugte Lösung vermag auch aus anderen Gründen nicht zu überzeugen. Selbst wenn man das einfache Nutzungsrecht für unterlizenzierbar hielte, könnte damit nicht das Problem der fehlenden Berechtigung des Urhebers überwunden werden. Selbst wenn spätere Verfügungen (bzw. die Möglichkeit der Vornahme späterer Verfügungen) genau wie die vorherigen Verfügungen als zulässige Belastung[505] des Urheberrechts angesehen würden, könnte der Inhaber des ausschließlichen Nutzungsrechts die nach § 35 UrhG erforderliche Zustimmung[506] zur Unterlizenzierbarkeit widerrufen.

Schließlich muss festgestellt werden, dass die von *König* bevorzugte Lösung allenfalls für Open Content Lizenzen greifen könnte, die eine Unterlizenzierbarkeit ausdrücklich vorsehen.[507] Eine Rückwirkung auf bestehende Lizenzverträge ist nicht nur wegen des ausdrücklich entgegenstehenden Wortlauts der Lizenzen ausgeschlossen.[508] Auch die Übertragungszweckregel des § 31 V UrhG spricht gegen eine so weitgehende Auslegung der Lizenz, da die Unterlizenzierbarkeit zum Erreichen des Vertragszwecks nicht erforderlich ist.[509]

Eine Lösung des Problems durch Lizenzketten scheidet damit sowohl für bestehende als auch für künftige Open Content Lizenzen aus.

3. Dingliche Verfügungsbeschränkung

Schulze hält es für »denkbar«, dass derjenige, der sein Werk unter eine Open Content Lizenz stellt, gleichzeitig mit *dinglicher* Wirkung darauf verzichtet, ein ausschließliches Nutzungsrecht einzuräumen.[510] Da der Urheber somit kein ausschließliches Nutzungsrecht einräumen könne, behalte er die Befugnis, *einfache* Nutzungsrechte einzuräumen. Dies solle zumindest so lange gelten, bis das Angebot auf Abschluss widerrufen wird.[511]

---

505 Für vorherige Verfügungen BGHZ 180, 344 Tz. 24 – Reifen Progressiv. Zur analogen Anwendung von § 33 UrhG in diesem Fall *Mantz*, MMR 2006, 784ff. und oben S. 83f.

506 Als Inhaber des ausschließlichen Nutzungsrechts liegt es entsprechend § 35 UrhG in seiner Hand, über die Unterlizenzierbarkeit der von ihm eingeräumten Nutzungsrechte zu entscheiden, vgl. BGH GRUR 2012, 914 Tz. 19, 23 – Take Five.

507 Etwa Nr. 2 (»unterlizenzierbare Lizenz«) der Open-Source-Lizenz für die Europäische Union v1.2, Durchführungsbeschluss (EU) C/2017/863.

508 Vgl. *Rosenkranz*, Open Contents, S. 57f.; *Krujatz*, Open Access, S. 117; *Teupen*, Copyleft, S. 173.

509 Das sieht auch *König*, Einfaches, unentgeltliches Nutzungsrecht, S. 288f.

510 *Schulze*, in: Dreier/Schulze § 33 UrhG Rn. 12; ähnlich *Teupen*, Copyleft, S. 237.

511 Zur Möglichkeit des Widerrufs oben S. 77ff.

Ein solches dinglich wirkendes *Verfügungsverbot* ist indes weder einseitig noch zweiseitig möglich.[512] Zwar finden auf die Einräumung des Nutzungsrechts über § 413 BGB die §§ 398ff. und somit auch § 399 BGB Anwendung.[513] Allerdings ist § 399 BGB ohnehin durch die Vorgaben des § 34 I UrhG modifiziert. Darüber hinaus kann ein dinglich wirkendes Abtretungsverbot nach § 399 Alt. 2 BGB nur mit dem *Schuldner* vereinbart werden. Für Vereinbarungen mit Dritten gilt § 137 BGB Anwendung.[514] Der Urheber könnte also allenfalls mit einem Erwerber eines ausschließlichen Nutzungsrechts vereinbaren, dass dieses nicht weiter übertragbar ist: § 34 I UrhG gibt sogar vor, dass das der Regelfall ist und der Urheber einer Übertragung zustimmen muss. Eine Vereinbarung mit demjenigen, dem ein einfaches Nutzungsrecht eingeräumt wird, hat indes keinen Einfluss auf die Einräumung eines ausschließlichen Nutzungsrechts. Solch eine Vereinbarung hätte nur schuldrechtliche und keine dingliche Wirkung.[515] Im Übrigen enthalten die üblichen Open Content Lizenzen auch keine solche Vereinbarung. Eine stillschweigende Verfügungsbeschränkung ist abzulehnen, auch wenn ihr wegen § 137 BGB nur schuldrechtliche Wirkung zukäme.

4. Missbräuchliche Rechtsausübung, § 242 BGB

Der erweiterte Sukzessionsschutz soll den Lizenznehmer, der kein Nutzungsrecht vom Urheber erwerben konnte, davor schützen, dass der Inhaber des ausschließlichen Nutzungsrechts gegen ihn vorgeht. Möglicherweise kann der Lizenznehmer, dem kein Nutzungsrecht eingeräumt wurde, dem Inhaber des ausschließlichen Nutzungsrechts aber den Missbrauchseinwand entgegenhalten.

Ginge der *Urheber* in dieser Situation gegen den Lizenznehmer aus § 97 UrhG vor, so handelte er widersprüchlich: Er kann sich nicht dazu verpflichten, ein Nutzungsrecht einzuräumen, und dann gegen den Lizenznehmer klagen, wenn die Nutzungsrechtseinräumung daran scheitert, dass der Urheber nicht mehr verfügen kann.

Diesen Einwand des Rechtsmissbrauchs kann der Lizenznehmer einem Inhaber ausschließlicher Nutzungsrechte aber nicht entgegensetzen. Missbrauchseinwände aus § 242 BGB gehören zwar grundsätzlich zu den Einwendungen, die sich der Erwerber eines Nutzungsrechts nach §§ 404, 413 BGB

512 Davon zu unterscheiden ist der vom BGH für möglich gehaltene Verzicht auf Verwertungsrechte, BGHZ 129, 66, 72 – Mauer-Bilder. Weitere Nachweise auch zur Gegenansicht Fn. 81.

513 *Schack* Rn. 600; *Wandtke/Grunert*, in: Wandtke/Bullinger vor §§ 31ff. UrhG Rn. 22; *Schulze*, in: Dreier/Schulze § 31 UrhG Rn. 15.

514 *Busche*, in: Staudinger § 399 BGB Rn. 51.

515 Im Ergebnis auch *Sosnitza*, in: FS Schricker, S. 183, 193.

entgegenhalten lassen muss.[516] Allerdings müssen die Einwendungen zum Zeitpunkt der Abtretung bereits bestehen. Die Einwendung eines Lizenznehmers gegen den Urheber entsteht aber erst bei Vertragsschluss, wenn der Urheber kein Nutzungsrecht mehr einräumen kann. Somit besteht die Einwendung im Zeitpunkt der Einräumung des ausschließlichen Nutzungsrechts noch nicht.

Ein Missbrauchseinwand gegenüber dem Inhaber des ausschließlichen Nutzungsrechts kommt in Betracht, wenn er mit dem Urheber bewusst zusammenwirkt, um die Einräumung weiterer Nutzungsrechte zu verhindern. Auch kann der Inhaber eines ausschließlichen Nutzungsrechts seine Ansprüche eigenständig verwirken.[517] Dabei sind die Voraussetzungen gegen jeden Anspruchsgegner eigenständig zu prüfen; die Verwirkung wirkt nur inter partes und entfaltet keine Drittwirkung:[518] Dass der Inhaber des ausschließlichen Nutzungsrechts sein Recht gegenüber einer Partei verwirkt hat, besagt nichts im Verhältnis zu anderen Personen. Zudem dürfen an die Verwirkung keine zu geringen Anforderungen gestellt werden. Allein die Kenntnis davon, dass der Urheber das Werk unter einer Open Content Lizenz anbietet, vermag ein missbräuchliches Handeln des Erwerbers nicht zu begründen.

Ein über die Verwirkung hinausgehender Schutz, der einem gutgläubigen Erwerb eines Nutzungsrechts gleichkäme – im Ergebnis also eine *Er*wirkung eines Nutzungsrechts[519] – lässt sich weder über § 242 BGB noch über eine analoge Anwendung von §§ 407ff. BGB erreichen.[520]

5. Bewertung und Zwischenergebnis

Es zeigt sich, dass Lizenznehmer nicht per se davor geschützt sind, dass Inhaber ausschließlicher Nutzungsrechte gegen sie vorgehen. Obwohl ein gutgläubiger Erwerb nach allgemeiner Meinung im Urheberrecht nicht möglich ist und nur Wenige ihn für rechtspolitisch sinnvoll halten[521], wird die Situation für Open Content abweichend beurteilt: Hier halten Einige zumindest einen erweiterten Sukzessionsschutz für erstrebenswert. Für Nutzer, die ihr Schaffen auf Open Content aufbauen, ist solch ein weitreichender Schutz unabdingbar. So sind etwa Unternehmen, die Teile von Linux verwenden, darauf angewiesen, dass sie die

516 Vgl. BGH NJW 1962, 1388, 1390; *Roth/Kieninger*, in: MüKo-BGB § 404 Rn. 10; *Rohe*, in: BeckOK-BGB § 404 Rn. 5.

517 Vgl. zur Verwirkung im UrhR *Schack*, UrhR, Rn. 776f.; *Gamerith*, WRP 2004, 75, 79f.

518 *Gamerith*, WRP 2004, 75, 80.

519 Zur Erwirkung *Looschelders/Olzen*, in: Staudinger § 242 Rn. 191ff.

520 Dafür in Ausnahmefällen *Jänich*, Geistiges Eigentum, S. 279; *Picot*, Abstraktion, S. 104 mit Hinweis auf *Ulmer*, UrhR, S. 360 (Letzterer allerdings deutlich enger). Grundsätzlich gegen eine Erwirkung *Looschelders/Olsen*, in: Staudinger § 242 BGB Rn. 196.

521 Vgl. aber *Jänich*, Geistiges Eigentum, S. 280.

Nutzungsrechte daran erwerben. Gleichwohl ist dieser Schutz nach deutschem Recht de lege lata nicht gewährleistet. Selbst die Vertreter einer analogen Anwendung von § 33 UrhG stoßen an Grenzen, wenn es an einer wirksamen Willenserklärung des Rechteinhabers fehlt, etwa weil dieser minderjährig oder geschäftsunfähig ist,[522] oder wenn der Lizenzgeber nicht Rechteinhaber ist, etwa wenn jemand ein fremdes Foto auf Wikipedia hochlädt.

Geht der Inhaber eines ausschließlichen Nutzungsrechts gegen den Lizenznehmer vor, dem der Urheber kein Nutzungsrecht einräumen konnte, weil er vorher das ausschließliche Nutzungsrecht eingeräumt hat, dann bleibt nur die Möglichkeit, beim Urheber Regress zu nehmen.[523] Dies scheint zunächst aufgrund der Anonymität des Internets ausgeschlossen, weiß der Lizenznehmer doch nicht, wer sein Vertragspartner ist. Allerdings muss der Inhaber eines ausschließlichen Nutzungsrechts im Prozess nachweisen, wer ihm das Recht eingeräumt hat, sodass der beklagte Nutzer die erforderlichen Informationen erhält, um beim seinem Vertragspartner Regress zu nehmen. Der Regressanspruch folgt aus § 280 BGB, ist aber zugegebenermaßen ein stumpfes Schwert, da er nichts daran ändert, dass die Verwertung des Ausgangswerkes nicht erlaubt ist und weil der Schadensersatzanspruch gesondert durchgesetzt werden müsste.

III. Treuhänderische Lizenzverträge

Handelt es sich nicht um alleinstehende einzelne Werke, unter einer Open Content Lizenz, sondern um Teile eines größeren Projekts, dann besteht ein Interesse, die Rechte zentral zu verwalten.[524] Einige Organisationen versuchen mit solch einer zentralen Rechtsverwaltung u. a. das Problem der verlorenen Verfügungsbefugnis zu entschärfen.[525] Zu diesem Zweck räumt der Urheber das ausschließliche Nutzungsrecht einer Organisation ein, die anschließend das Angebot an jedermann abgibt und das einfache Nutzungsrecht einräumt. Die

522 2002 hat Apple einen minderjährigen Entwickler von einem Open Source Projekt ausgeschlossen, obwohl dieser bereits Code zu dem Projekt beigetragen hatte, weil er dem »Non-Disclosure Agreement« nicht wirksam zustimmen könne. Vgl. https://t1p.de/teenager. Der Fall zeigt, dass minderjährige Programmierer auch in der Praxis vorkommen.

523 *Mantz*, GRUR Int. 2008, 20, 22.

524 *Engelhardt*, SCRIPTed 2013, 149, 153f.

525 Zu treuhänderischen Lizenzvereinbarungen *Wielsch*, JIPITEC 2010, 96 Rn. 30ff.; *Poo-Caamaño/German*, in: Open Source Systems, S. 157ff.; *Maracke*, SCRIPTed 2013, 140ff.; *Engelhardt*, SCRIPTed 2013, 149ff.; *Jakob*, JIPITEC 2014, 105ff.; *Czychowski*, in: Fromm/Nordemann GPL Rn. 38f.; mit Blick auf das IPR *Metzger*, SCRIPTed 2013, 178ff.; die formellen Voraussetzungen untersuchen rechtsvergleichend *Guadamuz/Rensk*, SCRIPTed 2013, 208ff.

genaue Ausgestaltung hängt dabei von der jeweiligen Lizenzvereinbarung ab.[526] Unterschiede bestehen insofern, als einige Vereinbarungen eine Übertragung des Urheberrechts vorsehen, während andere lediglich eine ausschließliche Lizenz einräumen.[527] Anders als im deutschen Recht ist eine translative Übertragung des Urheberrechts im anglo-amerikanischen Recht möglich.[528] Diese treuhänderische Rechteverwaltung ist vergleichbar mit einer Verwertungsgesellschaft, der ebenfalls die ausschließlichen Nutzungsrechte zur Verwertung übertragen werden.[529] Ein Beispiel ist das *Fiduciary Licence Agreement*, das von der Free Software Foundation Europe veröffentlicht wurde.[530]

Durch diese treuhänderische Rechtsübertragung ist gesichert, dass weitere einfache Nutzungsrechte eingeräumt werden können, ohne dass der Urheber Einfluss darauf nehmen kann.[531] Die Rechtseinräumung durch den Treuhänder ist damit unabhängig von der späteren Verfügungsbefugnis des Urhebers. Voraussetzung ist allerdings, dass dem Treuhänder die Rechte wirksam eingeräumt wurden, der Urheber also im Zeitpunkt der Einräumung des ausschließlichen Nutzungsrechts verfügungsbefugt war. Darüber hinaus kann die Organisation gegen Rechtsverletzungen im eigenen Namen vorgehen und so das Prozessrisiko von den Schultern der Softwareentwickler nehmen.[532] Schließlich ist die Verwaltung flexibler, wenn die Rechte bei einer Person liegen.[533] So kann eine Organisation, das Werk unabhängig vom Willen der Urheber lizenzieren und ggf. die Lizenz wechseln.[534] Die Free Software Foundation verlangt mit dieser Begründung für die von ihr verwalteten Softwareprojekte eine Übertragung des Copyright bzw. eine Einräumung ausschließlicher Nutzungsrechte.[535] Andere Projekte – etwa die Programmierer des Linux-Kernels und Wikipedia – verzichten auf solche Lizenzierungsmodelle.[536] Ohne Einfluss auf die Lizenzie-

526 Vgl. *Jakob*, JIPITEC 2014, 105 Rn. 3, 49, 68ff.

527 Zu den Unterschieden zwischen Copyright Assignment Agreement (CAA) und Copyright License Agreement (CLA) *Jakob*, JIPITEC 2014, 104ff.; *Maracke*, SCRIPTed 2013, 140, 143.

528 *Schack*, UrhR, Rn. 25ff., 301, 346.

529 Vgl. *Schack*, UrhR, Rn. 588.

530 Abrufbar unter https://fsfe.org/activities/ftf/FLA.en.pdf.

531 S. *Meyer*, Miturheberschaft, S. 133.

532 Vgl. zur Rechtsdurchsetzung in den USA *Rosen*, Open Source Software, S. 34, 269ff. und *Engelhardt*, SCRIPTed 2013, 149, 164ff., 168ff. Zur Rechtsdurchsetzung in Deutschland s. unten 3. Teil, S. 133ff.

533 *Poo-Caamaño/German*, in: Open Source Systems, S. 157, 160.

534 *Rosen*, Open Source Software, S. 34; *Jaeger/Metzger*, OSS, Rn. 150. Zum Lizenzwechsel zu neueren Lizenzversionen s. oben S. 73ff.

535 https://www.gnu.org/licenses/why-assign.de.html; *Wielsch*, JIPITEC 2010, 96 Rn. 32f.; *Jakob*, JIPITEC 2014, 105 Rn. 32ff.; *Teufel*, Mitt. 2007, 341, 342.

536 Ausführlich zu verschiedenen FOSS-Projekten und deren Begründung für die jeweilige Art der Lizenzierung *Jakob*, JIPITEC 2014, 105 Rn. 8ff.

rung ist auch der Tod des Urhebers, wenn er bereits zu Lebzeiten einer Organisation ein ausschließliches Nutzungsrecht eingeräumt hat.[537]

Das Fiduciary Licence Agreement der FSF sieht vor, dass der Urheber als Lizenzgeber der FSF ein ausschließliches Nutzungsrecht einräumt und gleichzeitig von dieser als Lizenznehmer eine unbegrenzte Anzahl einfacher, übertragbarer Nutzungsrechte zurückübertragen bekommt. Fraglich ist, ob diese Konstruktion nach deutschem Recht möglich ist.

Das einfache Nutzungsrecht ist nicht unterlizenzierbar.[538] Das Interesse des Rechtsverkehrs an den Unterlizenzen kann erreicht werden, indem der Urheber den Inhaber eines einfachen Nutzungsrecht gemäß § 185 BGB ermächtigt, Nutzungsrechte im eigenen Namen einzuräumen. Damit bleibt die Nutzungsrechtseinräumung davon abhängig, dass der Urheber verfügungsbefugt ist. Verliert er seine Verfügungsbefugnis, erlischt damit die Ermächtigung des Dritten, im eigenen Namen über (fremde) Rechte verfügen. Hat der Urheber ein Nutzungsrecht eingeräumt, bevor er seine Verfügungsbefugnis verliert, genießt der Erwerber nach § 33 UrhG Sukzessionsschutz.[539] Dann hat es keine Auswirkungen auf die Rechtsstellung des Lizenznehmers, wenn der Urheber seine Verfügungsbefugnis verliert. Er kann das Recht weiter ausüben und sogar übertragen, wenn der Urheber zugestimmt hat, vgl. § 34 I UrhG. Auch der Erwerber des translativ übertragenen Nutzungsrechts genießt nach § 33 UrhG Sukzessionsschutz. Umstritten ist, inwieweit der Erwerber eines translativ übertragenen Nutzungsrechts von der Fortwirkung[540] des schuldrechtlichen Vertrages zwischen Lizenzgeber und ursprünglichen Lizenznehmer abhängig ist.[541]

Fraglich ist, ob der Urheber derselben Person auch mehrere oder gar beliebig viele *identische* einfache Nutzungsrechte einräumen kann. Dies mag zunächst unnötig erscheinen, berechtigt doch das eine Nutzungsrecht schon zur Verwertung des Werkes. Allerdings könnte der Inhaber der Nutzungsrechte auf die Weise eigene Rechte im eigenen Namen an Dritte übertragen, ohne dass diese

537 *Maracke*, SCRIPTed 2013, 140, 144; *Schack*, JZ 2019, 864f.

538 Dazu oben S. 84ff.

539 Zur umstrittenen Insolvenzfestigkeit des einfachen Nutzungsrechts *Hauck*, AcP 211 (2011), 626, 648ff. (nicht insolvenzfest) und *Zurth*, Nutzungsrechte, S. 55f., 70 (insolvenzfest) jeweils mwN.

540 Bestand von Anfang an kein schuldrechtlicher Vertrag, so scheitert – das Kausalitätsprinzip vorausgesetzt – bereits die Übertragung des Nutzungsrechts daran, dass der Lizenznehmer nicht Inhaber ist. Dazu *Ohly*, in: Schricker/Loewenheim § 31 UrhG Rn. 22; *Nolden*, Abstraktionsprinzip im UrhR, S. 79.

541 Für eine Abhängigkeit *Haberstumpf*, in: FS Hubmann, S. 127, 137f.; *Picot*, Abstraktion, S. 139; *Ohly*, in: Schricker/Loewenheim § 34 UrhG Rn. 34; *Schulze*, in: Dreier/Schulze § 34 UrhG Rn. 24; differenzierend *Stier*, Unterbrechung urheberrechtlicher Lizenzketten, S. 105ff.; dagegen *Nolden*, Abstraktionsprinzip im UrhR, S. 39, 79; *Kotthoff*, in: Dreyer/Kotthoff/Meckel/Hentsch § 34 Rn. 7. Vgl. auch *Schack*, UrhR, Rn. 580ff., 629.

Verfügungen von der Verfügungsbefugnis des Urhebers abhängig wären; alle bereits eingeräumten Nutzungsrechte genössen nach § 33 UrhG Sukzessionsschutz. Im Rahmen der fiduziarischen Lizenz könnte der Urheber das Werk weiterhin - unabhängig von der Organisation - beliebig lizenzieren.

Dass der Urheber mehrere identische einfache Nutzungsrechte an verschiedene Personen einräumen kann, folgt aus § 31 UrhG. Dies geschieht etwa bei Open Content Lizenzen durch die Rechtseinräumung an jedermann. Wenn der Urheber zugestimmt hat, sind die Nutzungsrechte frei übertragbar und damit verkehrsfähig. Folglich kann auch der Inhaber eines einfachen Nutzungsrechts ein weiteres identischen Nutzungsrecht von einem anderen erwerben, etwa um damit zu handeln.[542] Wenn aber der Inhaber eines einfachen Nutzungsrechts ein weiteres (inhaltlich identisches) Nutzungsrecht von einem anderen erwerben kann, muss auch der Urheber einer Person *mehrere* einfache Nutzungsrechte einräumen können.

Zu klären bleibt, ob der Urheber einer Person auch eine unbestimmte Anzahl einfacher Nutzungsrechte einräumen kann.[543] Der Unterschied zu einer *bestimmten* Anzahl von Nutzungsrechten liegt darin, dass die maximale Anzahl von Nutzungsbefugten nicht festgelegt ist. Da Einräumung und Übertagung von Nutzungsrechten Verfügungen sind, müssen diese dem Bestimmtheitsgrundsatz genügen. Schutzbedürftig ist insbesondere der potentielle Erwerber eines ausschließlichen Nutzungsrechts, der das Recht zwar »belastet« erwerben kann, für den aber gleichwohl erkennbar sein muss, wie viele einfache Nutzungsrechte bereits eingeräumt wurden. Die Einräumung von *beliebig* vielen einfachen Nutzungsrechten genügt den Anforderungen an die Bestimmtheit nicht und ist daher nicht möglich.[544] Die Vereinbarung zwischen Urheber und Treuhänder ist daher so auszulegen, dass der Urheber als Minus den Inhaber des einfachen Nutzungsrechts gemäß § 185 BGB ermächtigt, einfache Nutzungsrechte im eigenen Namen einzuräumen.[545] Das hat freilich die oben geschilderte Konsequenz, dass die Wirksamkeit der Nutzungsrechtseinräumung an der Verfü-

542 Wie das Geschäftsmodell von Usedsoft. Allerdings war in dem Fall die Weiterübertragung der Rechte nicht gestattet; vgl. BGH GRUR 2011, 418 – Usedsoft, mit Anm. *Scholz*, S. 421–423.

543 Dafür LG Frankfurt a.M. CR 2006, 729, 731 – Anwendbarkeit der GPL; *Jaeger/Metzger*, OSS, Rn. 150; *Engelhardt*, SCRIPTed 2013, 149, 155.

544 Die Einräumung von einer sehr großen bestimmten Anzahl von einfachen Nutzungsrechten ist dagegen möglich. Freilich mit der Folge, dass der Preis für das ausschließliche Nutzungsrecht sinkt. Erforderlich ist weiter, dass die Nutzungsrechte genau bestimmbar (etwa fortlaufend nummeriert) sind, um eine Doppelvergabe zu vermeiden und eine eindeutige Zuordnung zu erreichen.

545 *Engelhardt*, SCRIPTed 2013, 149, 155 will dagegen die Erlaubnis zur Unterlizenzierung als eine Einräumung von beliebig vielen Nutzungsrechten auslegen. Da dies nicht möglich ist, muss eine solche Vereinbarung ebenfalls als Ermächtigung nach § 185 BGB ausgelegt werden.

gungsbefugnis des Urhebers hängt. Bei den treuhänderischen Lizenzvereinbarungen stellt sich das Problem indes nicht in der Schärfe, da der Treuhänder seine Verfügungsbefugnis nicht verlieren sollte und seine Einwilligung gegenüber dem Urheber damit nicht unterzugehen droht.

C. Lizenzvertrag

Nach vielen Open Content Lizenzverträgen entfällt das Nutzungsrecht, wenn der Nutzer sich nicht an die Lizenzvereinbarungen hält. Darüber hinaus wird in Copyleft-Lizenzen festgelegt, dass abgeleitete Werke wieder unter derselben Lizenz anzubieten sind. Die in Open Content Lizenzverträgen festgelegten Bedingungen sind AGB (§ 305 I 1 BGB),[546] sodass sich die Frage nach der Wirksamkeit der Klauseln stellt. Dass die Lizenzbedingungen von einer dritten Partei vorformuliert (nicht gestellt) wurden, steht ihrer Eigenschaft als AGB nicht entgegen.[547] Gestellt werden die Lizenzbedingungen vom Lizenzgeber.[548] Dagegen spricht auch nicht, dass dieser, wenn er Bearbeiter ist, aufgrund der Copyleft-Klausel gezwungen ist, seine Bearbeitung unter einer bestimmten Lizenz zu verwerten.[549] Andernfalls fehlte es an einem Steller, die Bedingungen wären danach nicht als AGB zu qualifizieren und der mit den §§ 305ff. BGB bezweckte Schutz des am ersten Lizenzvertrag nicht beteiligten Lizenznehmers der Bearbeitung liefe leer. Wenn etwa ein Franchisegeber den Franchisenehmer zwingt, gegenüber dem Kunden bestimmte Bedingungen zu verwenden, ist letzterer der Steller der AGB im Verhältnis zum Kunden.

Eine Inhaltskontrolle der Open Content Lizenzverträge kann nicht deshalb unterbleiben, weil der Gesetzgeber die Linux-Klauseln[550] in das Gesetz eingeführt hat. Damit hat er zwar zum Ausdruck gebracht, dass es grundsätzlich möglich ist, einfache, unentgeltliche Nutzungsrechte an jedermann einzuräumen. Daraus kann jedoch nicht gefolgert werden, dass sämtliche Klauseln von Open Content Lizenzverträgen einer Inhaltskontrolle standhalten.[551] Es gibt

546 OLG Köln GRUR 2015, 167, 170 – Creative Commons Lizenz; LG München I GRUR-RR 2004, 350 – GPL-Verstoß; *Koglin*, Opensourcerecht, S. 161f.; *Rosenkranz*, Open Contents, S. 65; *Metzger/Jaeger*, GRUR Int.1999, 839,846; *Omsels*, in: FS Hertin, S. 141, 147; *Stickelbrock*, ZGS 2003, 368, 370; *Deike*, CR 2003, 9, 13; *Strobel*, MMR 2003, 778, 780; *Spindler*, in: Rechtsfragen OS, S. 58.

547 BGH NJW 2000, 2988, 2989.

548 Das übersieht *Koglin*, CR 2008, 137, 138.

549 Zweifelnd *Jaeger/Metzger*, OSS, Rn. 183.

550 §§ 31a I 2, 32 III 3, 32c III 2 UrhG. Dazu auch oben Fn. 60.

551 In diese Richtung aber LG München I GRUR-RR 2004, 350, 351 – GPL-Verstoß; kritisch *Spindler*, K&R 2004, 528, 533; unsachlich *Hoeren*, CR 2004, 776, 777; vgl. auch *Metzger*, in: Geistiges Eigentum und Innovationen, S. 187, 200.

diverse Lizenzverträge mit ganz unterschiedlichen Bedingungen, sodass von einer generellen Wirksamkeit sämtlicher Klauseln nicht ausgegangen werden kann. Vielmehr ist jede Klausel in jedem Lizenzvertrag gesondert auf ihre Wirksamkeit hin zu untersuchen.

I. Einbeziehung

Als Allgemeine Geschäftsbedingungen müssen die Lizenzbedingungen wirksam in den Vertrag einbezogen werden. Probleme könnten sich daraus ergeben, dass die offizielle Version vieler Open Content Lizenzen nur in englischer Sprache vorliegt. Hierbei sind allerdings die Besonderheiten beim Vertragsschluss zu berücksichtigen. Der Open Content Lizenzvertrag wird vom Urheber mit einem Lizenznehmer geschlossen. Nur in diesem Verhältnis, in dem auch das Nutzungsrecht eingeräumt wird, besteht ein Lizenzvertrag. Die Open Content Lizenzbedingungen werden somit nur in diesem Verhältnis in den Vertrag einbezogen. Vertreibt jemand ein Werkexemplar, das unter einer Open Content Lizenz steht, so muss er mit dem Urheber einen Vertrag schließen, denn er benötigt das Verbreitungsrecht.[552] Kauft ein Dritter das Exemplar, werden in diesem Verhältnis die Open Content Lizenzbedingungen nicht einbezogen. Erst wenn der Dritte das Werk seinerseits verwertet, schließt er einen Open Content Lizenzvertrag mit dem Urheber, nicht mit dem Verkäufer. Selbst wenn der spätere Lizenznehmer ein Werkexemplar von jemand anderem als dem Urheber erwirbt, liegt der Lizenzvertrag zwischen dem Urheber und dem Lizenznehmer ausschließlich in englischer Sprache vor.[553] Die Verhandlungssprache in diesem Verhältnis ist somit Englisch. Im unternehmerischen Verkehr im Bereich von Software ist Englisch ohnehin weit verbreitet, sodass ein englischer Lizenztext weder ungewöhnlich noch per se unwirksam ist.[554] Anders ist dies in Verbraucherverträgen.[555] Viele Verbraucher mögen zwar »Alltagsenglisch« sprechen, dies genügt jedoch regelmäßig nicht, um komplexe englischsprachige Lizenztexte zu verstehen.[556] Allerdings muss berücksichtigt werden, dass durch die

552 Vorbehaltlich der Erschöpfung. Zum scheinbaren Konflikt des Erschöpfungsgrundsatz mit Open Content Lizenzen, unten S. 129ff.

553 *Jaeger/Metzger*, OSS, Rn. 181; *Rosenkranz*, Open Contents, S. 69. Das übersieht *Spindler*, in: Rechtsfragen OS, S. 68f.

554 LG München I GRUR-RR 2004, 350 – GPL-Verstoß; *Marly*, Softwarerecht, Rn. 935, 938; zu weitgehend *Sester*, CR 2000, 797, 805; *Schiffner*, Open Source Software, S. 185; *Oberhem*, Vertrags- und Haftungsfragen, S. 135. Zur Sprachenfrage allgemein *Harry Schmidt*, in: Ulmer/Brandner/Hensen Anh. § 305 BGB Rn. 13ff. Für Nutzungsrechtseinräumungen *Zurth*, Nutzungsrechte, S. 190f.

555 *Marly*, Softwarerecht, Rn. 936.

556 KG Berlin MMR 2016, 601 Tz. 18 – WhatsApp; *Marly*, Softwarerecht, Rn. 936.

Verwertung eines Werkes in die Rechte des Urhebers eingegriffen wird. Der Lizenznehmer - egal ob Verbraucher und oder Unternehmer - ist also darauf angewiesen, dass ihm ein Nutzungsrecht eingeräumt wird. Dementsprechend wäre es für Lizenznehmer ungünstig, wollte man die Einbeziehung des Lizenzbedingungen vollständig ablehnen.[557] Verständnishürden können flexibel - je nachdem ob der Vertragspartner Verbraucher oder Unternehmer ist - bei der Inhaltskontrolle im Rahmen von § 307 BGB berücksichtigt werden.

II. Inhalt

Der Inhalt des Lizenzvertrages ergibt sich durch Auslegung. Da es sich bei den Lizenzverträgen um Allgemeine Geschäftsbedingungen handelt, sind die damit verbundenen Besonderheiten bei der Auslegung zu berücksichtigen (unten 1.). Dabei handelt sich um einen Vertrag, der nur den Lizenzgeber verpflichtet (unten 2.). Mit Blick auf die Bearbeitung von Open Content sind zwei Klauseln von besonderer Bedeutung und sollen hier näher untersucht werden: die Klausel, dass das Nutzungsrecht bei einem Verstoß gegen die Lizenzbedingungen entfällt (unten 3.) und die Copyleft-Klausel, die bestimmt, wann ein Werk wieder unter derselben Lizenz angeboten werden muss (unten 4.). Für die Untersuchung werden exemplarisch die Klausel der Creative Commons Lizenz und der GNU General Public License in ihrer zweiten und dritten Version untersucht.

1. Auslegungsgrundsatz für AGB

Die Auslegung von AGB erfolgt objektiv aus der Sicht des typischen Vertragspartners. Anders als Individualverträge werden sie nicht aus Sicht des konkreten, sondern des typischen Erklärungsempfängers ausgelegt.[558] Lässt eine Klausel zwei oder mehr Deutungen zu, so gilt die kundenfeindlichste Auslegung. Hält die so ausgelegte Klausel einer Inhaltskontrolle stand, dann ist sie im Anschluss kundenfreundlich auszulegen.[559] Ist eine Klausel unwirksam, bleibt der Vertrag im Übrigen grundsätzlich bestehen; eine Unwirksamkeit des gesamten Vertrages kommt nach § 306 III BGB nur in Ausnahmefällen in Betracht.[560] Eine

557 Vgl. *Schulz*, Dezentrale Softwareentwicklung, Rn. 723; *Rosenkranz*, Open Contents, S. 70; *Jaeger/Metzger*, OSS, Rn. 182. A.A. *Omsels*, in: FS Hertin, S. 141, 149; *Spindler*, in: Rechtsfragen OS, S. 68f. (dementsprechend keine Nutzungsrechtseinräumung).

558 *Hellwege*, AGB, S. 517f.

559 BGHZ 176, 244 Tz. 19; *Ulmer/C. Schäfer*, in: Ulmer/Brandner/Hensen § 305c BGB Rn. 64; *Schack*, BGB AT, Rn. 352.

560 Vgl. dazu unten S. 105ff. für die Copyleft-Klausel sowie *Jaeger/Metzger*, OSS, Rn. 186, 188; *Rosenkranz*, Open Contents, S. 80.

Gesamtabwägung in die Richtung, dass die Rechte des Lizenznehmers erweitert werden, der Vertrag insgesamt vorteilhaft und deshalb eine Inhaltskontrolle nur eingeschränkt möglich sei, ginge zu weit.[561] Nur weil ein Vertrag für den Kunden vorteilhaft ist, kann das eine AGB-Kontrolle noch nicht ausschließen. Andernfalls wären etwa AGB in Schenkungs- und Leihverträgen der Kontrolle entzogen.[562] Auch der Gesetzgeber hat die Kontrollfähigkeit nicht davon abhängig gemacht, ob ein Vertrag die Rechte des Kunden erweitert, wie die in § 310 IV BGB festgelegten Ausnahmen zeigen. Lediglich bei der Prüfung der Unwirksamkeit nach § 307 I BGB ist eine Interessenabwägung vorzunehmen, die den gesamten Vertrag berücksichtigt.[563]

2. »Pflichten« der Vertragsparteien

a) Pflichten des Lizenzgebers

Der Lizenzvertrag verpflichtet den Lizenzgeber, dem Lizenznehmer ein bedingtes einfaches Nutzungsrecht einzuräumen. In der Regel wird das Nutzungsrecht in einem Akt mit Abschluss des Lizenzvertrages eingeräumt. Gleichwohl liegen aufgrund des Trennungsprinzips zwei gesonderte Verträge vor.

b) »Pflichten« des Lizenznehmers

Der Lizenznehmer hat dementsprechend einen Anspruch auf Einräumung des Nutzungsrechts. Fraglich ist, ob er seinerseits bestimmte Pflichten zu erfüllen hat. Gerade im Rahmen der Copyleft-Klausel wird regelmäßig von der *Pflicht*[564] zur Lizenzierung der Bearbeitung und – bei Open Source Software – zur Offenlegung des veränderten Quellcodes gesprochen.[565] Die untersuchten Lizenztexte verpflichten den Lizenznehmer allerdings nicht, den Quellcode offenzulegen oder Bearbeitungen zu lizenzieren. Wenn der Lizenznehmer die Bear-

561 In die Richtung aber *Rosenkranz*, Open Contents, S. 72f.; *Schiffner*, Open Source Software, S. 187.

562 Treffend *Ernst*, in: Ulmer/Brandner/Hensen Teil 2 (44) Rn. 51.

563 BGHZ 82, 238, 240f.; BGH NJW 2018, 383 Tz. 38. Für die GPL *Oberhem*, Vertrags- und Haftungsfragen, S. 140f.

564 Vgl. nur *Spindler*, in: Rechtsfragen OS, S. 90; *Schulz*, Dezentrale Softwareentwicklung, Rn. 598; *Allmann*, Open Source Compliance, S. 31ff.; *Deike*, CR 2003, 9, 12; *Strobel*, MMR 2003, 778, 780; *Jaeger/Metzger*, MMR 2003, 431, 434; *Metzger*, in: Geistiges Eigentum und Innovationen, S. 187, 190; *S. Meyer*, CR 2011, 560, 563; *F. A. Koch*, ITRB 2007, 261; *Dreier/R. Vogel*, Software- und Computerrecht, S. 213f.

565 Zur Auslegung und Wirksamkeit der Copyleft-Klauseln in den Creative Commons Lizenz sowie der GNU GPL v2 und v3 siehe unten S. 108ff., 110ff., 124ff.

beitung verwertet,[566] muss er nur die Lizenzbedingungen einhalten, sonst entfallen die ihm eingeräumten Nutzungsrechte.[567] Die Lizenzen enthalten somit keine *Rechtspflicht*, eine Bearbeitung unter derselben Lizenz anzubieten, sondern sie lassen die Verwertung lediglich unter dieser Bedingung zu.[568] Damit handelt es sich um eine bloße Obliegenheit.[569] Das folgt für die GNU GPL v3 aus § 8 Abs. 1, wonach die Rechte im Fall eines Lizenzverstoßes entfallen. Zwar heißt es in § 5 lit. c GNU GPL v3 »You *must* license the entire work…«. Dies bezieht sich aber auf den vorangegangenen Satz, der die Bedingungen festlegt, die bei der Weitergabe der Software in veränderter Form erfüllt werden müssen, damit das Werk lizenzkonform verwertet wird. Entsprechendes gilt für die Auslegung der GNU GPL v2[570] und Creative Commons Lizenz v4[571].

Ebenso verhält es sich bei anderen Lizenzbedingungen, wie etwa Namensnennung,[572] Hinweis auf die Lizenz,[573] Zurverfügungstellen des Lizenztextes[574] und Änderungsvermerke.

Damit wird ein Verstoß gegen die Lizenzbedingungen zwar (durch Fortfall des Nutzungsrechts) sanktioniert, es besteht jedoch keine Pflicht, die Bedingungen einzuhalten.[575] Die Obliegenheit darf auch nicht durch die Hintertür zur Pflicht gemacht werden, indem man dem Lizenznehmer bei einem Verstoß gegen die Copyleft-Klausel widersprüchliches Verhalten vorwirft, wenn er seine Bearbeitungen nicht unter der Lizenz anbietet, seine Rechte aber trotzdem durchsetzt.[576] Der Bearbeiter verstößt gegen die Lizenz, wenn er die Bearbeitung

566 Die *Erstellung* einer Bearbeitung ist ohne Beschränkung möglich. *Spindler*, in: Information im 21. Jahrhundert, S. 114, 121f.; *Koglin*, CR 2008, 137, 141.

567 Zur Rechtefortfallklausel in der GNU GPL und Creative Commons Lizenz, vgl. unten S. 100ff.

568 *Jaeger/Metzger*, OSS, Rn. 46, 216; *Wuermeling/Deike*, CR 2003, 87; *Mantz*, in: Open Source JB 2007, S. 413, 415; *Spindler*, in: Rechtsfragen OS, S. 159; *Lenhard*, Vertragstypologie von Softwareüberlassungsverträgen, S. 388; *König*, Einfaches, unentgeltliches Nutzungsrecht, S. 61; *F. Schäfer*, Viraler Effekt, S. 63 Fn. 271. Vgl. aber *ders.*, K&R 2010, 298, 299f.

569 Zum Begriff der Obliegenheit *Looschelders*, Schuldrecht AT, § 1 Rn. 26; *Ernst*, in: MüKo-BGB Buch 2 Einl. Rn. 14.

570 § 2 iVm § 4 S. 2.

571 Abschnitt 3 lit. b iVm Abschnitt 6 lit. a S. 2

572 Zur Namensnennung bei reiner Bild-URL LG Köln K&R 2014, 211 – pixelio; kritisch *Stadler*, K&R 2014, 213f.; *Rauer/Ettig*, WRP 2015, 153, 155f. Nicht ausreichend ist eine bloße Namensnennung durch Mouse Over-Funktion: LG München I MMR 2015, 467, 468.

573 Gelungen bei *Kreutzer*, Open Content 2015, S. 2 mit Titel, Namensnennung, abgedruckten Link auf Quelle und Lizenz, sowie (wenn erforderlich) Vermerk einer Bearbeitung mit Namen des Bearbeiters. Die Anforderungen erfüllt *ders.*, Open Content 2011, S. 2 nicht, da u. a. ein Link zur Lizenz fehlt und nur die Version angegeben ist, vgl. zu den Anforderungen aaO, S. 40. Ein bloßer Hinweis auf die Lizenz genügte nicht dem LG München I CR 2008, 57, 59.

574 Nicht ausreichend ist eine bloße Verweisung bei GNU GPL v2 LG München I CR 2008, 57, 59.

575 A.A *Schulz*, Dezentrale Softwareentwicklung, Rn. 871ff., 887ff.

576 So aber *Kreutzer*, CR 2012, 146, 151f.; ihm folgend *Marly*, Softwarerecht, Rn. 947.

verwertet, ohne diese unter derselben Lizenz anzubieten. Dies berechtigt einen Dritten allerdings nicht, die Bearbeitung zu verwerten. Denn dafür bedarf es einer wirksamen Nutzungsrechtseinräumung, also einer Willenserklärung des Bearbeiters.[577] Zwar könnte der Dritte die Bearbeitung verwerten, wenn der Bearbeiter die Lizenzbedingungen eingehalten und eine solche Willenserklärung abgegeben hätte. Wegen des fehlenden Angebots auf Einräumung eines Nutzungsrechts muss eine Verwertung jedoch ausscheiden. Der Bearbeiter handelt nicht rechtsmissbräuchlich, wenn er seine Rechte als Bearbeiterurheber geltend macht, da es seine freie Entscheidung ist, ob er sein Werk lizenzieren möchte. Nur gegenüber dem Ausgangsurheber hat der Lizenznehmer die Wahl zwischen einer Verwertung nach den Lizenzbedingungen oder keiner Verwertung, ist also im »Wie« der Verwertung eingeschränkt. Das führt nicht zu einer Lizenzierungspflicht gegenüber Dritten. Im Ergebnis käme es so zu einer Erwirkung von Nutzungsrechten durch den Dritten, nur weil der Bearbeiter eine vertragliche Abrede gegenüber dem Ausgangsurheber verletzt hat. Aus den Lizenzbedingungen folgt jedoch, dass nicht einmal der Lizenzgeber den Bearbeiter dazu zwingen kann, seine Bearbeitung unter der Lizenz anzubieten. Er kann vom Bearbeiter lediglich Unterlassung und ggf. Schadensersatz[578] verlangen, sofern dieser sich nicht an die Lizenzbedingungen hält.

Der Dritte kann aus der Vertragsverletzung des Bearbeiters folglich weder Rechte ableiten, noch beschränkt die Vertragsverletzung den Bearbeiter in seiner Rechtsdurchsetzung gegenüber Dritten.

3. Rechtefortfallklausel

Eine gängige Klausel in den Lizenzverträgen bestimmt, dass bei einem Verstoß gegen den Lizenzvertrag die Nutzungsrechte entfallen.

a) Creative Commons Lizenz

In der aktuellen Version der Creative Commons Lizenz Version 4 heißt es in Abschnitt 6 lit. a Satz 2 in der offiziellen deutschen Übersetzung:

> »Gleichwohl erlöschen Ihre Rechte aus dieser Public License automatisch, wenn Sie die Bestimmungen dieser Public License nicht einhalten.«

Die Klausel differenziert nicht danach, gegen welche Bedingung der Lizenz verstoßen wird: Jeder Verstoß führt zum Fortfall der Rechte.

577 Die Bearbeitung wird nicht automatisch Open Source Software; *Jaeger*, in: ifrOSS-GPL § 2 Rn. 14. So aber *Hoppen/Thalhofer*, CR 2010, 275, abgeleitete Werke iSd Lizenz werden auch nicht »gemeinfrei«, insoweit falsch *Spindler*, in: Rechtsfragen OSS, S. 123.

578 Zum Unterlassungs- und Schadensersatzanspruch s. unten S. 137 ff.

b) *General Public License Version 2 und 3*

In der General Public License Version 2 heißt es in § 4:[579]

> »You may not copy, modify, sublicense, or distribute the Program except as expressly provided under this License. Any attempt otherwise to copy, modify, sublicense or distribute the Program is void, and will automatically terminate your rights under this License. However, parties who have received copies, or rights, from you under this License will not have their licenses terminated so long as such parties remain in full compliance.«

In der General Public License Version 3 heißt es in § 8 I:[580]

> »You may not propagate or modify a covered work except as expressly provided under this License. Any attempt otherwise to propagate or modify it is void, and will automatically terminate your rights under this License (including any patent licenses granted under the third paragraph of section 11).«

Auch diese Klausel differenziert nicht nach der Art des Verstoßes. Im Unterschied zur Creative Commons Lizenz wird ausdrücklich Bezug darauf genommen, dass die Verwertungshandlungen (»propagate«, »modify«) nur so vorgenommen werden dürfen, wie es die Lizenz vorgibt.

c) *Auslegung*

Die Creative Commons Lizenz wie die General Public License nehmen Bezug auf die übrigen Bedingungen in der jeweiligen Lizenz. Die Rechtefortfallklausel selbst ist damit eindeutig: *Jeder* Verstoß gegen eine der Lizenzbedingungen führt aufgrund des Bedingungseintritts dazu, dass das Nutzungsrecht entfällt.[581] Die Klausel könnte zwar so ausgelegt werden, dass nicht nur das Nutzungsrecht, sondern auch der schuldrechtliche Lizenzvertrag erlischt. Für den Lizenznehmer ist es hingegen vorteilhafter, wenn der Lizenzvertrag im Übrigen bestehen bleibt und er nur das Nutzungsrecht verliert. Die Klausel ist daher nach § 305c II BGB so auszulegen, dass nur das dingliche Nutzungsrecht, nicht aber der schuldrechtliche Vertrag entfällt. Dabei kommt es nicht darauf an, ob der Lizenznehmer diese Klausel so versteht; es genügt, dass der Rechtsverlust als solcher verständlich ist.

579 Eine inoffizielle Übersetzung ist abrufbar unter: http://www.gnu.de/documents/gpl-2.0.de.html.

580 Eine inoffizielle Übersetzung ist abrufbar unter: http://www.gnu.de/documents/gpl.de.html.

581 *Spindler*, in: Rechtsfragen OS, S. 53; *Oberhem*, Vertrags- und Haftungsfragen, S. 145; *Widmer*, Open Source Software, S. 162; *Schulz*, Dezentrale Softwareentwicklung, Rn. 659 ff.; *Metzger*, CR 2004 778, 779; *Funk/Zeifang*, CR 2007, 617, 623; a. A. *Hoeren*, CR 2004, 776, 777 (ohne Alternativvorschlag).

Es gibt auch Lizenzen ohne Rechtefortfallklausel. Ist eine solche Klausel nicht ausdrücklich vorgesehen, kann nicht stillschweigend von einer bedingten Rechtseinräumung ausgegangen werden.[582]

d) *Wirksamkeit*

Das AG Berlin-Charlottenburg hält eine Rechtefortfallklausel für überraschend, sodass sie nach § 305c BGB nicht Bestandteil des Vertrages wird:

> »Vergleichbar überraschend wäre es beispielsweise, wenn die Nutzungsbedingungen eines Schwimmbades in den ›Nutzungsbedingungen‹ das Verbot des ›Rennens am Beckenrand‹ gem. § 158 BGB mit dem Recht zum Einlass verknüpfen wollten, so dass ein Schwimmbadnutzer nach Rennen am Beckenrand automatisch (rückwirkend) einen Hausfriedensbruch begangen hätte.«[583]

Das kann so nicht überzeugen. Zunächst entfallen die Rechte gemäß § 158 II BGB ex nunc und nicht ex tunc.[584] Zudem ist die Klausel nicht überraschend iSv § 305c I BGB. Eine Klausel ist überraschend, wenn sie von den Erwartungen redlicher Vertragspartner deutlich abweicht.[585] Es kommt dabei nicht auf den Kenntnisstand des konkreten Vertragspartners, sondern auf die Erkenntnismöglichkeiten und Erwartungen der typischerweise an den Rechtsgeschäften dieser Art beteiligten Personen an.[586] In einem Lizenzvertrag, der einer Nutzungsrechtseinräumung zugrunde liegt, erwartet ein Vertragspartner eine Klausel, welche Sanktionen eine Vertragsverletzung nach sich ziehen soll. Die Klausel einer auflösenden Bedingung wird seit Jahren bei Open Source Software verwendet und ist auch bei anderem Open Content seit jeher gängig. Der durchschnittliche Empfänger einer solchen Lizenz geht dementsprechend nicht nur von einer Sanktion aus, sondern er muss zumindest auch mit einem Rechtefortfall rechnen.[587] Mithin ist die Klausel nicht überraschend iSv § 305c BGB.

Weiter ist fraglich, ob die Rechtefortfallklausel daneben einer über das Transparenzgebot hinausgehenden Inhaltskontrolle unterzogen werden kann.

---

582 *Schulz*, Dezentrale Softwareentwicklung, Rn. 667ff. mit Beispielen.

583 AG Berlin-Charlottenburg, Urt. v. 24.7.2012–216 C 513/11 = BeckRS 2013, 02772 – Pixelio. Zustimmend *M. Schneider*, CR 2016, 37, 38, 42; in diese Richtung auch *Grützmacher*, in: Wandtke/Bullinger § 69c UrhG Rn. 115.

584 *Jaeger/Metzger*, OSS, Rn. 154. Eine Rückbeziehung nach § 159 BGB ist nicht vereinbart. In diese Richtung aber *S. Meyer*, CR 2011, 560, 565, ohne auf § 159 BGB abzustellen.

585 BGHZ 130, 19, 25; 202, 309 Tz. 14; *Ulmer/C. Schäfer*, in: Ulmer/Brandner/Hensen § 305c BGB Rn. 12; *Roos*, AGB-Verbandsklage im Urhebervertragsrecht, S. 94f.

586 BGHZ 202, 309 Tz. 14; NJW-RR 2017, 501 Tz. 10; *Basedow*, in: MüKo-BGB § 305c Rn. 6ff.; *Hubert Schmidt*, in: BeckOK-BGB § 305c Rn. 14.

587 Dass nicht alle Klauseln einen Rechtefortfall vorsehen, steht dem nicht entgegen. Zur Auslegung dieser Klauseln *Schulz*, Dezentrale Softwareentwicklung, Rn. 667ff.; vgl. auch KG Berlin ZUM 2016, 657 – Pixelio.de.

Aus § 307 III BGB folgt, dass vertragliche Hauptleistungspflichten keiner Inhaltskontrolle unterliegen.[588] Nicht kontrollfähige Leistungsbeschreibungen sind allerdings nur solche Bestimmungen, die Art, Umfang und Güte der geschuldeten Leistung festlegen.[589] Inhaltlich zu kontrollieren sind Klauseln, die das Hauptleistungsversprechen einschränken, verändern, ausgestalten oder modifizieren. Der Inhaltskontrolle entzogen sind somit nur solchen Bezeichnungen der Leistung, ohne die »mangels Bestimmtheit oder Bestimmbarkeit des wesentlichen Vertragsinhalts ein wirksamer Vertrag nicht mehr angenommen werden kann.«[590] Daher ist für die Nutzungsrechtseinräumung als solche die Inhaltskontrolle nicht eröffnet.[591] Die Rechtefortfallklausel legt fest, dass das Nutzungsrecht auflösend bedingt eingeräumt wird. Damit wird die Hauptleistungspflicht ausgestaltet: Geschuldet ist nicht die unbedingte, sondern nur die bedingte Einräumung eines einfachen Nutzungsrechts. Eine Inhaltskontrolle ist dennoch vorzunehmen, weil die Rechtefortfallklausel lediglich diese Pflicht modifiziert. Aus dem gleichen Grund unterliegt auch die Vereinbarung eines Eigentumsvorbehalts der Inhaltskontrolle.[592]

Einige Autoren nehmen an, dass die Rechtefortfallklausel nach § 307 II Nr. 1 iVm § 314 BGB unwirksam ist.[593] Bei der Auslegung sei zudem § 309 Nr. 4 BGB zu berücksichtigen. Die Klausel habe zur Folge, dass sich der Lizenzgeber schon bei kleinsten und unverschuldeten Verstößen ohne Abmahnung vom Vertrag lösen könne. Dies widerspreche dem Grundsatz von § 314 BGB, der eine Kündigung nur bei schwerwiegenden Verstößen und nach einer Abmahnung zulasse. Darüber hinaus sei ein Rückruf von Nutzungsrechten gemäß § 41 III 1 UrhG nur nach vorheriger Androhung durch den Urheber möglich.[594] Diese Einwände überzeugen nicht: Zunächst ist die Nutzungsrechtseinräumung aufgrund des Trennungsprinzips vom schuldrechtlichen Lizenzvertrag zu unterscheiden.[595] Der Urheber schließt mit dem Nutzer neben der Nutzungsrechtseinräumung einen schuldrechtlichen Lizenzvertrag ab. Allenfalls dieser kann ein

588 Deshalb gegen eine Inhaltskontrolle der Rechtefortfallklausel *Grützmacher*, CR 2006, 733, 734; indes hält *ders.*, in: Wandtke/Bullinger, § 69c UrhG Rn. 115 einen Verstoß der Klausel gegen § 307 BGB für möglich.

589 Ständige Rspr., BGHZ 127, 35, 41; 148, 74, 78; 200, 293 Tz. 27; 200, 362 Tz. 43.

590 BGHZ 127, 35, 41; 148, 74; 200, 293 Tz. 27; 200, 362 Tz. 44.

591 BGHZ 193, 268 Tz. 18 – Honorarbedingungen freie Journalisten; *Schack*, UrhR, Rn. 1087; kritisch *Zurth*, Nutzungsrechte, S. 261ff.; *Roos*, AGB-Verbandsklage im Urhebervertragsrecht, S. 237ff.

592 BGHZ 78, 305, 307; *Coester*, in: Staudinger § 307 BGB Rn. 85, 301; *Schulte-Nölke*, in: Schulze § 307 BGB Rn. 8.

593 *Koglin*, Opensourcerecht, S. 216; *Maaßen*, GRUR-Prax 2013, 127, 128; *Czychowski*, GRUR-RR 2018, 1, 4; vgl. auch *Galetzka/Hackel*, MMR 2019, 455, 458.

594 *Czychowski*, GRUR-RR 2018, 1, 4; *ders.*, in: Fromm/Nordemann GPL Rn. 18a; *Maaßen*, GRUR-Prax 2013, 127, 128.

595 Vgl. oben Fn. 383.

Dauerschuldverhältnis iSv § 314 BGB sein .[596] Die Einräumung des Nutzungsrechts ist dagegen ein einmaliger Akt (eine Verfügung), der nicht als Schuldverhältnis fortdauert.[597] Daher ist § 314 BGB auf die Einräumung von Nutzungsrechten nicht anwendbar. Auch die Übereignung einer Sache wird nicht dadurch zum Dauerschuldverhältnis, dass die Parteien daneben einen mehrjährigen Garantievertrag vereinbaren. Da der schuldrechtliche Lizenzvertrag durch die Klausel nicht aufgelöst wird, liegt auch insofern kein Verstoß gegen § 314 BGB vor. Im Übrigen ist zwischen einem Kündigungsrecht, das als Gestaltungsrecht dem Lizenzgeber zusteht, und dem Rechtefortfall durch Bedingungseintritt, den allein der Lizenznehmer in der Hand hat, zu unterscheiden. Der Fortfall des Nutzungsrechts hängt nicht von einem Willensmoment des Lizenzgebers ab, sodass für den Lizenznehmer keine Rechtsunsicherheit droht.

Freilich könnte die Unwirksamkeit der Klausel mit einer ähnlichen Begründung unmittelbar aus § 307 I 1 BGB folgen. Dafür müsste die Rechtefortfallklausel den Lizenznehmer unangemessen benachteiligen. Ob eine unangemessene Benachteiligung vorliegt, ist durch eine Interessenabwägung unter Berücksichtigung des gesamten Vertragsinhalts festzustellen.[598] Eine solche Benachteiligung könnte sich daraus ergeben, dass jeder – auch unverschuldete – Lizenzverstoß zum Fortfall des Nutzungsrechts führt. Dem entgegen stehen die Interessen des Urhebers, dass die Lizenzbedingungen eingehalten werden und er bei einem Verstoß effektive Rechtsschutzmöglichkeiten hat. Der Fortfall des Nutzungsrechts bringt dem Urheber den Vorteil, dass er unmittelbar einen urheberrechtlichen Unterlassungsanspruch geltend machen kann. Andernfalls wäre er auf vertragliche Ansprüche beschränkt.

Das berechtigte Interesse des Nutzers liegt darin, bei Lizenzverstößen keiner unverhältnismäßigen Haftung ausgesetzt zu sein. Hierbei ist aber zu berücksichtigen, dass jeder Lizenznehmer es selbst in der Hand hat, die Bedingungen einzuhalten. Zwar führen auch vermeintlich kleine Lizenzverstöße – etwa ein unzureichender Hinweis auf den Lizenztext – zum Fortfall des Nutzungsrechts. Doch kann der Nutzer den Verstoß abstellen und das Werk anschließend bedingungskonform nutzen. Die Creative Commons Lizenz v4[599] und die GNU GPL v3[600] sehen diese Möglichkeit ausdrücklich vor. Auch schließt die GNU GPL v2 nicht aus, das Angebot auf Einräumung eines Nutzungsrechts später erneut

596 Dagegen *F. Schäfer*, Viraler Effekt, S. 58.

597 *Zurth*, Nutzungsrechte, S. 69.

598 *Wurmnest*, in: MüKo-BGB § 307 Rn. 33f.; *Grüneberg*, in: Palandt § 307 BGB Rn. 12f.

599 Abschnitt 6 lit. b.

600 § 8 Abs. 2, 3. Vgl. auch *Jaeger/Metzger*, GRUR 2008, 130, 136; *Funk/Zeifang*, CR 2006, 617, 623.

anzunehmen.[601] Der Lizenznehmer haftet dann zwar für den Zeitraum, in dem er gegen die Lizenzbedingungen verstoßen hat.[602] Allerdings ist der Haftungsumfang bei Verletzung von Open Content begrenzt.[603] Eine Haftung auf Schadensersatz nach § 97 II UrhG kommt - auch wenn das Nutzungsrecht verschuldensunabhängig entfällt - nur bei Verschulden des Lizenznehmers in Betracht. Da der Lizenznehmer auch nach einem Verstoß nicht endgültig auf eine Verwertung des Werkes verzichten muss, sondern es unter Einhaltung der Lizenzbedingungen weiterhin nutzen darf, liegt im Ergebnis keine unangemessene Benachteiligung vor.

Die Klausel ist auch nicht unbestimmt iSv § 307 I 2 BGB, da sie so zu verstehen ist, dass *jeder* Verstoß zum Fortfall des Nutzungsrechts führt.[604] Damit ist hinreichend bestimmt, welche Verstöße das Nutzungsrecht entfallen lassen. Schließlich droht auch kein Konflikt mit dem Erschöpfungsgrundsatz, da die Rechte auflösend bedingt eingeräumt werden und es sich um keine Beschränkung des Nutzungsrechts handelt.[605]

4. Copyleft-Klausel

Die Copyleft-Klausel stellt sicher, dass die Allgemeinheit an Werkveränderungen teilhaben kann. Dieses Ziel soll erreicht werden, indem der Lizenznehmer das veränderte Werk wiederum unter derselben Lizenz anbietet. Er selbst bleibt Bearbeiterurheber, sein geistiges Eigentum wird nicht infrage gestellt.[606] Die Copyleft-Klausel greift nur, wenn das Werk verändert wurde. Damit fragt sich, was eine Veränderung im Sinne der Lizenz ist und ob die Klausel wirksamer Bestandteil der AGB sein kann.

a) Generelle Zulässigkeit einer Copyleft-Klausel

Die Wirksamkeit einer Copyleft-Klausel ist zunächst abstrakt zu untersuchen, da der Copyleft-Effekt lizenzunabhängig ist: Eine Bearbeitung[607] darf nur dann

601 LG München I GRUR-RR 2004, 350, 351 - GPL-Verstoß; *Omsels*, in: FS Hertin, S. 141, 157; *Deike*, CR 2003, 9, 17; *Spindler*, in: Rechtsfragen OS, S. 51f.; *ders./Wiebe*, CR 2003, 873, 876; *Jaeger/Metzger*, GRUR 2008, 130, 136; *F. Schäfer*, K&R 2010, 298, 300.

602 So ausdrücklich Abschnitt 6 lit. b Satz 2 CC v4.

603 Zu den Ansprüchen bei einem Lizenzverstoß unten S. 137ff.

604 A. A. *Koglin*, Opensourcerecht, S. 112, 216.

605 *Widmer*, Open Source Software, S. 164; zur Erschöpfung des Verbreitungsrecht s. unten S. 129ff.

606 So aber *Wuermeling/Deike*, CR 2003, 87, 88: »Das geistige Eigentum ... wäre damit nicht mehr geschützt«.

607 Einige Lizenzen definieren, was als Bearbeitung im Sinne der Lizenz zu verstehen ist. So die CC v4. Dazu sogleich S. 108f.

verwertet werden, wenn auch sie unter einer festgelegten Open Content Lizenz vertrieben wird.

Liegt eine Bearbeitung im Sinne des § 23 UrhG vor, so muss der Bearbeiter, wenn er seine Umgestaltung verwerten will, einen Lizenzvertrag mit dem Urheber abschließen. Der Lizenznehmer wird dann nicht unangemessen behandelt, wenn der Urheber seine Zustimmung unter die Bedingung stellt, dass die Bearbeitung vom Bearbeiter als Open Content lizenziert wird.[608]

Fraglich ist allerdings, ob das auch dann gilt, wenn keine Bearbeitung im Sinne des Urheberrechts, wohl aber im Sinne des Lizenzvertrags vorliegt. Denkbar ist ein solcher Fall etwa, wenn das Urheberrecht von zwei getrennten Werken ausgeht, wenn zB ein Musikwerk zur Unterlegung eines Filmwerkes verwendet wird.[609] Der Lizenznehmer greift in diesem Fall nur in das Vervielfältigungsrecht des Musikurhebers ein, wird aber zugleich durch die Copyleft-Klausel angehalten, sein eigenes Filmwerk, unter einer bestimmten Lizenz anzubieten. Allerdings darf der Lizenznehmer sein Werk nicht ohne die Zustimmung des Rechteinhabers des Musikwerkes verwerten. Letzter kann frei entscheiden, ob er ein Nutzungsrecht einräumt, und dabei festlegen, dass bestimmte Lizenzbedingungen einzuhalten sind, wenn eine gemeinsame Verwertung erfolgt. Dem steht nicht entgegen, dass der Lizenznehmer selbst Urheber seines Filmwerkes ist. Seine positive Benutzungsbefugnis wird nicht eingeschränkt, wenn der Lizenzgeber ihm Bedingungen vorgibt, unter denen er dessen Werk verwenden kann.[610] Dem Lizenznehmer steht es schließlich weiterhin frei, sein Werk alleinstehend (oder mit einem anderen Musikwerk) zu verwerten. Dann greift – mangels Verwertung des Ausgangswerkes – die Copyleft-Klausel nicht. Auch droht dem Urheber nicht der Verlust seines negativen Verbotsrechts.[611] Denn er kann weiterhin gegen jegliche Eingriffe in sein Ausschließlichkeitsrecht vorgehen.

Zudem weicht die Copyleft-Klausel nicht von wesentlichen Grundgedanken des Bearbeitungsrechts ab, was eine Unwirksamkeit der AGB gemäß § 307 II Nr. 1 BGB nach sich ziehen würde.[612] § 23 UrhG sieht nur dann eine Abhängigkeit bei der Verwertung vor, wenn eine »Bearbeitung oder andere Umgestaltung« vorliegt. Schöpft der Lizenznehmer ein selbstständiges Werk, ist er als

608 *Rosenkranz*, Open Contents, S. 92.

609 Wird die Musik nicht verändert, liegt in der Regel keine Bearbeitung im Sinne des § 23 UrhG vor. Dazu oben S. 54f. Vgl. aber die Definition des abgewandelten Materials in Abschnitt 1 lit. a S. 2 CC–Lizenz.

610 Gegen *Funk/Zeifang*, CR 2007 617, 619 (für die GNU GPL v2).

611 So aber *Funk/Zeifang*, CR 2007, 617, 619: Durch die Kombination eines Dritten würde der Urheber sein Ausschließlichkeitsrecht verlieren. Der Dritte ist jedoch nur befugt, die (proprietäre) Software des Urhebers mit GPL-Software zu kombinieren, wenn der Urheber dem zugestimmt hat.

612 So aber *Spindler*, in: Rechtsfragen OS, S. 124; *Determann*, GRUR Int, 2006, 645, 653.

Urheber in dessen Verwertung frei.[613] Bezeichnet eine Lizenz die gemeinsame Verwertung des lizenzierten Werkes mit dem eigenständigen Werk als »Bearbeitung«, so weicht diese Bezeichnung zwar von der Terminologie des Urheberrechts ab. Gleichwohl handelt es sich nicht um eine Abweichung von dem Grundgedanken der §§ 3, 23 UrhG. Denn der Urheber des eigenständigen Werkes ist weiter frei, sein Werk nach Belieben zu verwerten. Nur wenn er es gemeinsam mit dem anderen lizenzierten Werk verwertet, ist er durch die Lizenzbedingungen eingeschränkt.

Elkemann-Reusch hält eine Copyleft-Klausel[614] für unwirksam, da sie gegen das Schriftformgebot des § 40 UrhG verstoße.[615] Dieser Ansicht liegt die Fehlvorstellung zugrunde, dass der Lizenznehmer sich durch die GNU GPL verpflichtet, den Quelltext der Bearbeitung offen zu legen und das Werk unter derselben Lizenz anzubieten.[616] Eine unmittelbare Anwendung von § 40 I UrhG scheidet aus diesem Grund aus. Für eine analoge Anwendung von § 40 UrhG fehlt es an der vergleichbaren Interessenlage. § 40 UrhG dient dem Schutz des Urhebers.[617] Da die wirtschaftlichen Folgen von Verträgen über noch nicht fertiggestellte Werke schwer absehbar sind, soll der Urheber durch das Schriftformerfordernis gewarnt werden.[618] Die Obliegenheit bedeutet aber keine Pflicht des Urhebers, sein Werk zu verwerten, weshalb er es weiterhin in der Hand hat, über die Verwertung des Werkes zu entscheiden. Zwar drohen ihm eventuell wirtschaftliche Nachteile, wenn er nicht bereit ist, die Obliegenheit zu erfüllen – er kann dann seine Bearbeitung nicht verwerten. Gleichwohl ist der Eingriff bei einer Obliegenheit wesentlich geringer.

Teilweise werden in der Literatur Zweifel geäußert, ob eine Copyleft-Klausel mit dem Kartellrecht vereinbar ist. Für Open Source Software wird vertreten, dass die »Pflicht« zur kostenlosen Weitergabe der Software eine Preisfestsetzung auf Null sei und die Copyleft-Klausel daher wegen eines Kartellrechtsverstoßes nach Art. 101 II AEUV bzw. nach §§ 134, 139 BGB iVm § 1 GWB nichtig sei.[619] Dass dieser Einwand nicht überzeugt, hat zuletzt *Nordmeyer* ausführlich dargelegt.[620] Die von Art. 101 III AEUV vorgesehene Abwägung fällt zugunsten der

613 Zur freien Benutzung, § 24 UrhG, s. oben S. 59ff.

614 Konkret die der GNU GPL v3.

615 *Elkemann-Reusch*, ZGE 2010, 413, 434ff., 436.

616 *Elkemann-Reusch*, »Die *erzwungene* Gegengabe« (Hervorhebung von mir), ZGE 2010, 413, 435. Dazu bereits oben S. 98ff.

617 BT-Drs. IV/270, S. 59; *Schack*, UrhR, Rn. 1109.

618 *Brauneck/Brauner*, ZUM 2006, 513, 521; *J. B. Nordemann*, in: Fromm/Nordemann § 40 UrhG Rn. 1 sieht beide Vertragsparteien aus diesem Grund als schutzwürdig an.

619 *Czychowski*, in: Fromm/Nordemann GPL Rn. 21ff.; *Marly*, Softwarerecht, Rn. 950.

620 *Nordmeyer*, Kartellrecht der Softwareverträge, S. 299ff.; *ders.*, JIPITEC 2010, 19ff. Vgl. auch *F. A. Koch*, CR 2000, 333, 343f.; *Välimäki*, ECLR 2006, 130ff.; *Timm*, Kartellrecht der

Copyleft-Klausel aus,[621] sodass, selbst wenn die Voraussetzungen nach Art. 101 I AEUV[622] vorliegen, kein Kartellrechtsverstoß gegeben ist.

Damit ist festzuhalten, dass die Copyleft-Klausel im Grundsatz wirksam ist.[623]

b) *Copyleft-Klausel der Creative Commons Lizenz*

aa) *Auslegung*

Abschnitt 3 lit. b der CC v4 legt fest, unter welchen Bedingungen der Lizenznehmer »abgewandeltes Material« verwerten darf.[624] Bei der Auslegung ist die Definition des »abgewandelten Materials« in Abschnitt 1 der Lizenz zu berücksichtigen.[625] Nach Satz 1 liegt abgewandeltes Material vor, wenn die Veränderung selbst schutzfähig ist. Obwohl auch unwesentliche Veränderungen nach teilweise vertretener Ansicht[626] der Zustimmung des Urhebers nach § 23 UrhG bedürfen, greift der Copyleft-Effekt nicht ein. Er muss es auch nicht, denn die nicht urheberschutzfähige Veränderung kann ohne die Zustimmung des Verändernden weiterverwendet werden. Weiter setzt die Definition voraus, dass das Material vom lizenzierten Material abgeleitet ist oder auf ihm aufbaut. Das entspricht der Voraussetzung von § 23 UrhG, dass die Umgestaltung wesentliche Züge des Ausgangswerkes enthalten muss.[627] Der letzte Teil der Definition erläutert, wie das Ausgangswerk im abgeleiteten Werk enthalten sein kann. An dieser Stelle nimmt die Definition ausdrücklich Bezug auf das Urheberrecht. Satz 2 der Definition legt fest, in welchen Fällen stets abgewandeltes Material vorliegt.

Liegt abgewandeltes Material im Sinne der Lizenz vor, sind die drei genannten Bedingungen einzuhalten. Die erste besagt, unter welcher Lizenz das abgewandelte Material angeboten werden muss. Es darf entweder dieselbe Lizenz, eine CC-Lizenz einer späteren Version mit denselben Elementen oder eine kompatible Lizenz verwendet werden.[628] Die Definition in Abschnitt 1 lit. c sagt, was »kompatible Lizenzen« sind; diese sind auf der Website der Creative Commons aufgelistet.

Softwareverträge, S. 284ff.; *Rautenstrauch*, Open Source und Kartellrecht, S. 272ff. Zum GWB *Peukert/König*, in: German National Reports 2014, S. 519, 542.

621 *Nordmeyer*, Kartellrecht der Softwareverträge, S. 341ff.; *ders.*, JIPITEC 2010, 19 Rn. 41f.: *Rautenstrauch*, Open Source und Kartellrecht, S. 272ff.

622 Dazu *Nordmeyer*, S. 305ff., 327; *ders.*, JIPITEC 2010, 19 Rn. 30ff.

623 *F. Schäfer*, Viraler Effekt, S. 41; *Oberhem*, Vertrags- und Haftungsfragen, S. 144; *Jaeger/Metzger*, OSS, Rn. 184ff.

624 Darüber hinaus wird in Abschnitt 4 lit. b definiert, wann eine Datenbank »abgewandeltes Material« ist.

625 S. unten Anhang 1.

626 S. oben S. 47f.

627 S. oben S. 46ff.

628 Zum Lizenzwechsel s. oben S. 73ff.

Als zweites verlangt die Lizenz, dass auf den Lizenztext der Abwandlungslizenz hingewiesen wird. Unter den Bedingungen der Abwandlungslizenz können Dritte das Werk in der veränderten Form nutzen.[629] Der Hinweis kann auf drei Arten erfolgen: Abdruck des Lizenztextes, Hyperlink auf den Lizenztext oder die Verwendung einer URI[630]. Nach Satz 2 kann die Bedingung in »jeder angemessenen Form« erfüllt werden. Problematisch hieran ist, dass die Lizenz nicht festlegt, was angemessen ist. Auf der Webseite der Creative Commons Foundation wird unter »frequently asked questions« auf Lizenzierungsbeispiele verwiesen, die auf ein sehr großzügiges Verständnis der Angemessenheit schließen lassen.[631] Fraglich ist allerdings, inwieweit es bei der Auslegung der AGB Klausel auf den Willen bzw. die Hinweise der Creative Commons Foundation als Lizenzersteller ankommt. Das OLG Köln hat angenommen, eine von der Creative Commons Foundation herausgegebene Informationsbroschüre könne berücksichtigt werden.[632] Bei der Auslegung von AGB kommt es indes auf das Verständnis der Durchschnittskunden an.[633] Es ist also ausschlaggebend, ob der Durchschnittskunde dasselbe Verständnis wie die Creative Commons Foundation hat. Mit Blick auf Satz 1, wonach auf die Lizenz verwiesen werden »muss«, ist Satz 2 als Klarstellung zu verstehen: Der Lizenznehmer kann entscheiden, welche der drei genannten Arten des Hinweises er wählt. Diese Auslegung ist für den Lizenznehmer die günstigste und daher anderen Auslegungsergebnissen nach § 305c II BGB vorzuziehen.

Mit der dritten Bedingung wird festgelegt, dass der Lizenznehmer den Copyleft-Effekt nicht durch andere Bedingungen oder technische Schutzmaßen umgehen darf. Er muss eine der unter Nr. 1 genannten Lizenzen unverändert übernehmen und darf die Rechteeinräumung an Dritte nicht unterlaufen, indem er technische Schutzmaßnahmen[634] einsetzt.

bb) Wirksamkeit

Gegen die Wirksamkeit der Copyleft-Klausel in der Creative Commons Lizenz bestehen keine Bedenken. Die Klausel ist hinreichend klar formuliert, sodass auch keine unangemessen Benachteiligung iSv § 307 I 2 BGB vorliegt.

629 Abschnitt 2 lit. a 5 B CC v4, vgl. oben bei Fn. 418.

630 Uniform Resource Identifier. Typischerweise zu erfüllen durch den Abdruck der URL (Internetadresse, etwa: https://creativecommons.org/licenses/by-sa/4.0/legalcode). Zum Begriff der URI vgl. den Standard RFC 3986.

631 https://creativecommons.org/faq: »How do I properly attribute material offered under a Creative Commons license?«; sowie die dort verlinkten Dokumente zur »best practice«.

632 OLG Köln GRUR 2015, 167, 170 – Creative-Commons-Lizenz (für die Auslegung der »kommerziellen Nutzung«).

633 *Jaeger/Metzger*, OSS, Fn. 213; s. oben S. 97f.

634 Zum Begriff vgl. *Specht*, Diktat der Technik, S. 175ff.; *dies.*, in: Dreier/Schulze § 95a UrhG Rn. 14.

c) GNU GPL v2

aa) Auslegung

Anders als die Creative Commons Lizenz regelt die GNU GPL v2 sowohl die Erlaubnis zur Bearbeitung als auch deren Folgen in einem Abschnitt (§ 2 GPL v2). Die Lizenz gestattet dem Lizenznehmer das Programm zu verändern und so ein »work based on the program« herzustellen. Geknüpft wird die Erlaubnis an die unter a) bis c) aufgezählten Bedingungen: Der Lizenznehmer muss a) die Änderungen kennzeichnen und b) das abgeleitete Werk kostenlos unter derselben Lizenz anbieten.[635] Falls die Software nicht als Quelltext vertrieben wird, müssen zusätzlich die Bedingungen des § 3 eingehalten werden. Dieser verpflichtet den Lizenznehmer, den vollständigen korrespondierenden Quellcode zugänglich zu machen.[636] Der Zugriff auf den Quelltext ermöglicht Änderungen an dem Programm, auch wenn es in kompilierter Fassung vertrieben wird. Die entscheidende Frage für einen Lizenznehmer ist auch hier, welche Veränderungen die Lizenz gestattet (unten (1)) und in welchen Fällen die genannten Bedingungen zu erfüllen sind, wann also ein Programm so verändert ist, dass der Copyleft-Effekt eingreift (unten (2)).

(1) Erlaubnistatbestand

§ 2 Abs. 1 GPL v2 erlaubt, das Programm sowie Kopien und Teile davon zu verändern und so ein »work based on the program« herzustellen. Dieses veränderte Werk darf wiederum kopiert und vertrieben[637] werden. Nach der Definition in § 0 GPL v2 eines »work based on the program« erfüllen die Voraussetzungen sowohl das Programm selbst (»*the program*«) als auch ein abgeleitetes Werk im Sinne des Urheberrechts (»*any derivative work under copyright law*«).[638]

Wenn auf den Lizenzvertrag deutsches Recht anzuwenden ist,[639] bleibt zu klären, wie der Bezug auf »copyright law« und andere rechtlich vorgeprägte Begriffe zu verstehen sind. Die Lizenz lässt offen, auf welches materielle Urheberrecht sie sich bezieht.[640] Die Umstände (US-amerikanische Stiftung, engli-

635 Die Voraussetzung c) bezieht sich auf Programme, die interaktive Kommandos einlesen. Darauf wird hier nicht näher eingegangen.; dazu *Jaeger*, in: ifrOSS-GPL § 2 Rn. 11 ff.

636 Dazu *Jaeger/Metzger*, OSS, Rn. 36; LG Hamburg CR 2013, 498, 499; *Mantz*, CR 2013, 640, 641; *Siebers*, in: DSRITB 2016, 355, 363 ff.

637 Zur Auslegung des Begriffs »distribute« sogleich.

638 *Wuermeling/Deike*, CR 2003, 87, 89 f. Das wird vielfach verkannt. *F. Schäfer*, Viraler Effekt, S. 118 und *Keppeler*, CR 2015, 9, 11, etwa gehen davon aus, dass »work based on the program« als »derivative work« definiert wird. Das entspricht jedoch nicht der Definition.

639 Zum auf den Vertrag anwendbaren Recht siehe unten S. 181 ff.

640 *Determann*, GRUR Int. 2006, 645, 649.

sche Sprache, Orientierung an den US-amerikanischen Rechtsbegriffen[641]) lassen darauf schließen, dass die Ersteller der Lizenz sich am US-amerikanischen Urheberrecht orientiert haben.[642] Einige Autoren meinen deshalb, hier müsste – unabhängig vom auf den Vertrag anwendbaren Recht – das US-amerikanische Verständnis bei der Auslegung zugrunde gelegt werden.[643] Das überzeugt nicht:[644] Die Auslegung unterfällt gemäß Art. 12 I lit. a Rom I-VO dem Vertragsstatut.[645] Kommt danach deutsches materielles Recht zur Anwendung, dann sind die deutschen Auslegungsregeln, namentlich §§ 133, 157 BGB, anzuwenden. Es ist also eine Frage deutscher Auslegungsgrundsätze, inwieweit eine Orientierung am US-amerikanischen Rechts erfolgt.[646] Bei der Auslegung sind auch die Sprache und die äußeren Umstände zu berücksichtigen.[647] Auf den Willen und das Verständnis der Organisation,[648] die die Lizenzen veröffentlicht hat, kommt es grundsätzlich nur insoweit an, wie sich deren Verständnis im Vertragstext wiederfindet.[649] Darüber hinaus ist dieses nur zu berücksichtigen, wenn ein objektiver Empfänger das Verständnis der Organisation kennt und dann einbezöge.[650] Daneben muss bedacht werden, dass es sich bei der GPL um AGB handelt, die auch im Verkehr zwischen Unternehmen das Transparenzgebot des § 307 I 2 BGB erfüllen müssen[651]. Es wäre indes nicht transparent, die Bedingungen allein nach den Maßstäben eines fremden Rechts auszulegen, insbesondere wenn dieses auf den konkreten Vertrag nicht anwendbar ist. Bei einem Rückgriff auf US-amerikanische Rechtsbegriffe ist somit größte Zurückhaltung geboten. Da die Lizenz ausdrücklich Bezug auf das Urheberrecht

641 *Determann*, GRUR Int. 2006, 645, 647f.; *F. Schäfer*, Viraler Effekt, S. 119.

642 *Determann*, GRUR Int. 2006, 645, 649.

643 *F. Schäfer*, Viraler Effekt, S. 119f., der jedoch davon ausgeht, dass sich der deutsche Begriff (Bearbeitung) mit US-amerikanische (derivative work) deckt. Dagegen *Marly*, Softwarerecht, Rn. 956. Einschränkend *Jaeger/Metzger*, OSS, Rn. 366, 29. *Determann*, GRUR Int. 2006, 645 geht gar so weit, dass man die GPL »nicht verwenden und auslegen [könne], ohne ihre Wurzeln im amerikanischen Urheberrecht zu (er)kennen und zu verstehen.«.

644 Zur Kritik an der sog. Zwei-Stufen-Theorie *Kegel/Schurig*, IPR, S. 59; *von Hein*, in: MüKo-BGB IPR I, Einleitung zum IPR Rn. 273ff.

645 Zum Internationales Privatrecht, unten 4. Teil, S. 153. Das hat zur Folge, dass die Vertragsbedingungen unterschiedlich ausgelegt werden; *Determann*, Berkeley Technology Law Journal 2006, 1421, 1489.

646 Das anwendbare Recht ist unabhängig davon vorher zu bestimmen. *von Hein*, in: MüKo-BGB IPR I, Einleitung zum IPR Rn. 280.

647 *Teufel*, Mitt. 2007, 341, 344.

648 Dieser kann sich etwa aus Begleitveröffentlichungen wie »frequently asked questions« ergeben.

649 Sehr weitgehend *Teufel*, Mitt. 2007, 341, 345, der zu sehr auf den Willen der FSF abstellt und einen systematischen Vergleich zwischen der GPL und der LGPL vornimmt. Genauso *Hilber/Reintzsch*, CR 2014, 697, 700f. Open Content Lizenzen gesetzesähnlich auszulegen, schlagen vor *Jaeger/Mantz*, MMR 2014, 480, 482.

650 *J. Schäfer*, Transparenzgebot im Recht der AGB, S. 114f.; *Jaeger/Metzger*, OSS, Rn. 183.

651 BGH NJW 2016, 401 Tz. 22.

nimmt, sind die Begriffe – soweit wie möglich – anhand des deutschen Urheberrechts auszulegen.[652] Denn aus Sicht eines objektiven Empfängers bezieht sich der Lizenztext trotz der englischen Sprache auf das deutsche Recht. Andernfalls wäre bei der Auslegung eine weitere Rechtsordnung mit eigenen Rechtsbegriffen anzuwenden, was zu erheblicher Intransparenz führen würde.

Die Passage »any derivative work under copyright law« – also abgeleitetes Werk im Sinne des Urheberrechts – ist daher eine Umgestaltung iSv § 69c Nr. 2 UrhG. Der nachfolgende Satz konkretisiert die Lizenz: Die Voraussetzungen sind erfüllt, bei einem »work containing the Program or a portion of it, either verbatim or with modifications and/or translated into another language«. Die Definition des »work based on the program« ist folglich weiter als die in Bezug genommene urheberrechtliche Umgestaltung,[653] die nur einen Teil der Definition ausmacht; auch Zusammenstellungen verschiedener auch unveränderter Werke oder Werkteile versteht die Lizenz als »work based on the program«.[654]

Damit der Tatbestand erfüllt ist, muss das Programm allerdings verändert worden sein. Der Begriff »modify« ist sehr weit zu verstehen: Eine Veränderung liegt vor, wenn der Quelltext des Ausgangswerkes in irgendeiner Form verändert wird. Es kann dadurch passieren, dass Teile des Codes ausgetauscht, ergänzt oder entfernt werden. Dabei muss es sich nicht zwingend um eine Umgestaltung iSv § 69c Nr. 2 UrhG handeln; urheberrechtlich kann es auch eine Vervielfältigung eines Teils iSv § 69c Nr. 1 UrhG sein.[655] Das folgt aus § 1 GPL v2, der nur die identische Übernahme des Programms ohne die Copyleft-Bedingungen gestattet. Eine Kopie von Teilen des Programms fällt unter § 2 GPL v2 und ist nur unter den dort genannten Voraussetzungen zulässig.

Der Lizenznehmer darf das so erstellte Programm vervielfältigen und »distributieren«[656]. Der Begriff »distribute« darf nicht als »verbreiten« iSv §§ 69c Nr. 3, 17 UrhG verstanden werden.[657] Zwar ist der Begriff als »verbreiten« zu übersetzen; eine Auslegung als Verbreitung im urheberrechtlichen Sinne greift aber zu kurz. Der Zweck der GNU GPL v2 liegt ausweislich der Präambel[658] darin, dem Lizenznehmer eine möglichst weitgehende Verwertung zu ermöglichen. Nach dem Übertragungszweckgedanken des § 31 V UrhG werden die Nutzungsrechte im Zweifel entsprechend dem Vertragszweck eingeräumt. Zweck

652 Vgl. *Widmer*, Open Source Software, S. 142f.; a. A. *Koglin*, CR 2008, 137, 138.

653 A. A. *Determann*, GRUR Int. 2006, 645, 649; *F. Schäfer*, K&R 2012, 127, 128f.; *Czychowski*, in: Fromm/Nordemann GPL Rn. 11.

654 *Wuermeling/Deike*, CR 2003, 87, 89.

655 Die Vervielfältigung eines Programmteils ist in der Regel keine Bearbeitung. Das folgt aus § 69c Nr. 1, 2 UrhG.

656 Mit dieser »Übersetzung« wird die Frage der Auslegung des Begriffs umgangen, so *Keppeler*, CR 2015, 9, 11.

657 *Koglin*, in: ifross-GPL § 1 Rn. 22f.

658 »freedom to share and change free software«.

des Vertrages ist hier die möglichst weite Verbreitung der Software.[659] Diese Auslegung wird durch einen Rückgriff auf das US-amerikanische Recht gestützt, dort erfasst der Begriff »distribute« auch die unkörperliche Verwertung erfasst.[660] Dieser Rückgriff ist hier zulässig, um das Verständnis der Lizenz zu ermitteln und bei der Auslegung (nach deutschen Auslegungsgrundsätzen) zu berücksichtigen. Ein Blick auf andere Übersetzungsmöglichkeiten (etwa *vertreiben*, *verteilen*, *austeilen*) stützt ebenfalls eine weite Auslegung, sodass dem Lizenznehmer auch die unkörperliche Verwertung, insbesondere die öffentliche Zugänglichmachung, gestattet ist.[661] Diese Auslegung ist auch AGB-rechtlich zulässig, da diese kundenfreundlich auszulegen sind und die weite Auslegung den Lizenznehmer begünstigt.

Dem Lizenznehmer wird folglich das Recht eingeräumt, das Programm zu verändern und es sowohl körperlich als auch unkörperlich zu verwerten. Wenn der Lizenznehmer die Bearbeitung verwertet, muss er die folgenden Bedingungen einhalten, da sonst sein Nutzungsrecht gemäß § 4 GPL v2 entfällt.

(2) Eingreifen des Copyleft-Effekts

Die einzuhaltenden Bedingungen sind in § 2 Abs. 1 lit. a – c GPL v2 festgelegt. Für den Copyleft-Effekt sind Abs. 1 lit. b sowie die Absätze 2 bis 4 relevant. Daneben ist die Definition des »work based on the program« in § 0 GPL v2 zu berücksichtigen.

Abs. 1 lit. b ist sehr weit gefasst: Jedes Werk »that in whole or in part contains or is derived from the Program or any part thereof« muss bei Veröffentlichung und Verwertung als Ganzes kostenfrei unter den Bedingungen derselben Lizenz angeboten werden. Damit sind jedenfalls Umgestaltungen iSv § 69c Nr. 2 UrhG erfasst, bei denen der bestehende Code verändert wird.[662] Allerdings ist die Definition weiter, da das Werk nicht verändert worden sein muss.[663] Auch bei unveränderter Übernahme muss das ganze Programm lizenziert werden. Freilich kann auch eine unveränderte Übernahme eine Bearbeitung seien, wenn nur Teile des Werkes übernommen und mit eigenem Quellcode ergänzt werden.[664]

---

659 Vgl. OLG Köln GRUR 2015, 167, 171 – Creative Commons Lizenz; *Jaeger/Mantz*, MMR 2014, 480, 482; *Haug*, K&R 2016, 126, 128 zur Übertragungszwecklehre bei Open Content.

660 *Jaeger/Metzger*, OSS, Rn. 29 mwN.

661 *Jaeger/Metzger*, OSS, Rn. 29; *Marly*, Softwarerecht, Rn. 959; *Dreier/R. Vogel*, Software- und Computerrecht, S. 213.

662 *Jaeger/Metzger*, OSS, Rn. 48; *Wuermeling/Deike*, CR 2003, 87, 88; *Lejeune*, ITRB 2003, 10, 11; *Funk/Zeifang*, CR 2007, 617, 618f.; *Keppeler*, CR 2015, 9, 10f.; *Grützmacher*, in: 30 Jahre DGRI, S. 87, 98; *F. Schäfer*, Viraler Effekt, S. 123f.

663 Vgl. *Jaeger/Metzger*, OSS, Rn. 50; *Teufel*, Mitt. 2007, 341, 345; a.A. *Determann*, GRUR Int. 2006, 645, 650.

664 *F. Schäfer*, Viraler Effekt, S. 123f.

Nach Absatz 2 S. 1 greifen die Voraussetzungen für das veränderte Werk als Ganzes. Dieser Satz hat gegenüber Abs. 1 lit. b keine eigenständige Bedeutung, da bereits aus dem ersten Absatz folgt, dass das gesamte veränderte Werk unter die Lizenz zu stellen ist. Was unter »gesamtes Werk« zu verstehen ist, bestimmt die Lizenz nicht näher.

Absatz 2 S. 2 legt fest, dass Teile der Software (»sections of that work«), die nicht vom Ausgangswerk abgeleitet sind und begründbar eigenständig verwertet werden können, nicht unter der Lizenz angeboten werden müssen, wenn sie eigenständig verwertet werden.[665] Die Lizenz stellt nicht auf die urheberrechtliche Abhängigkeit,[666] sondern auf die Vertriebsform ab.[667] Ob der Copyleft-Effekt eingreift, entscheidet also nicht allein die *Verwertbarkeit*, sondern die tatsächliche *Verwertung*.[668] Die Lizenz könnte ohnehin keinen Einfluss auf die *gesonderte* Verwertung nehmen, da der Lizenzgeber an dem Teil keine Rechte hat.[669] Dazu, wann eigenständige Werke vorliegen, die getrennt verwertet werden können, macht die Lizenz keine Angaben. Daher ist auf die urheberrechtlichen Kriterien für die Abgrenzung zwischen Werkverbindung und Miturheberschaft zurückzugreifen.[670] Diesem Absatz kann weiter entnommen werden, dass die Lizenz auch dann von einer Veränderung des Ausgangswerkes ausgeht, wenn es mit einem eigenständig verwertbaren Teil verbunden wird. Andernfalls wäre Satz 2 nicht erforderlich.

Absatz 2 S. 3 legt fest, dass der Copyleft-Effekt eingreift, wenn dieses (eigenständig verwertbare) Werk als Teil eines Ganzen, das ein »work based on the

---

665 Im Umkehrschluss folgt daraus, dass die getrennte Verwertbarkeit nicht allein darüber entscheidet, ob der Copyleft-Effekt eingreift. *F. Schäfer*, Viraler Effekt, S. 116; *Jaeger/ Metzger*, OSS, Rn. 50.

666 Die Reichweite des Copyleft-Effekts geht über Umgestaltungen iSd § 69c Nr. 2 UrhG hinaus. So auch *Jaeger*, in: Vernetztes Rechnen – Softwarepatente – Web 2.0, S. 61, 77.

667 *Lejeune*, ITRB 2003, 10, 11; *Jaeger/Metzger*, OSS, Rn. 50.

668 Das hat zur Folge, dass für den separat verwertbaren Teil je nach Art der Verwertung die Copyleft-Klausel eingreift oder nicht. Die getrennte Verwertung als »Umgehung« der Lizenz anzusehen, geht fehl. Die Lizenz hat den Fall der getrennten Verwertung gerade nicht erfasst, sodass eine entsprechende Verwertung keine Umgehung darstellt. Wer auch bei getrennter Verwertung ein Eingreifen des Copyleft-Effekts für wünschenswert hält, muss die Lizenz kritisieren und kann nicht von den Gerichten eine erweiterte Auslegung der Lizenz verlangen; gegen *Jaeger*, in: ifross-GPL § 2 Rn. 18; vgl. auch *F. Schäfer*, Viraler Effekt, S. 113. Bei getrennter Verwertung eines *eigenständigen* Werkes fehlt m. E. ein Grund, die Copyleft-Klausel so weit zu ziehen. Eine dingliche Absicherung ist hier ohnehin nicht möglich, da der Fortfall eines Nutzungsrechts keinen Einfluss auf die Verwertung des selbstständigen Werkes hat. Sofern es sich bei dem getrennt vertrieben Werk um eine Umgestaltung (§ 69c Nr. 2 UrhG) handelt, greift der Copyleft-Effekt ohnehin – unabhängig von der Form der Verwertung – ein.

669 Vgl. *Jaeger*, ifrOSS-GPL § 2 Rn. 18.

670 *F. Schäfer*, Viraler Effekt, S. 137, 162. Zur Auslegung von Rechtsbegriffen in AGB vgl. *Dreher*, AcP 189 (1989), 342, 371f. Zur getrennten Verwertbarkeit vgl. *F. Schäfer*, Viraler Effekt, S. 146ff. und oben S. 33ff.

program« ist, verwertet wird. Einige Autoren meinen, dass die Lizenz an dieser Stelle widersprüchlich sei. Einerseits verlange sie, dass eigenständige Werke nicht unter die Lizenz gestellt werden müssen, wenn sie gesondert verwertet werden, anderseits aber lizenziert werden müssen, wenn sie als Teil eines Ganzen verwertet werden. Unklar sei, »wie ein Softwarebestandteil auf der einen Seite ein eigenständiges Werk, auf der anderen Seite aber zugleich Teil eines Ganzen sein kann.«[671] Da die Lizenz verlangt, dass das »Ganze« ein »work based on the program« ist, müssen also zumindest Teile der Ausgangssoftware (verändert oder unverändert) enthalten sein.[672] Ein weiterer Teil kann der eigenständig verwertbare Teil des Lizenznehmers sein. Zusammen liegt ein »Ganzes« im Sinne der Lizenz vor. Der Satz 3 bringt keinen Mehrwert, da bereits aus Satz 2 folgt, dass das getrennt verwertbare Werk nur dann nicht unter die Lizenz zu stellen ist, wenn es gesondert verwertet wird. Für alle Fälle, in denen er gemeinsam mit der Ausgangssoftware verwertet wird, greift demnach die Copyleft-Klausel. Eine inhaltliche Funktion könnte dem Satz allenfalls dann zukommen, wenn der Relativsatz (»which is a work based on the program«) eine weitere Voraussetzung im Sinne einer Verknüpfung zwischen den Teilen begründen sollte.[673] Dagegen spricht die Definition des »work based on the program«, deren Voraussetzungen bereits erfüllt sind, wenn das Ausgangswerk im Ganzen enthalten ist. Das heißt, immer wenn eine Verbindung verschiedener Werke verwertet wird, von denen ein Teil das lizenzierte Werk ist, handelt es sich bei dem Ganzen um ein »work based on the program«. Die Lizenz liefert somit keinen Anhaltspunkt dafür, dass mit dem Relativsatz ein weiteres Kriterium eingeführt werden sollte. Satz 3 enthält allenfalls eine Klarstellung, dass der eigene Teil auch dann nicht unter die Lizenz zu stellen ist, wenn er gemeinsam mit einem anderen Teil eines Dritten, aber ebenfalls ohne GPL-Software verwertet wird.[674] Ob der Copyleft-Effekt bei getrennt verwertbaren Teilen eingreift, entscheidet sich somit danach, ob der Teil getrennt vom Ausgangswerk oder als »Ganzes« zusammen mit dem Ausgangswerk verwertet wird. Wie sich aus Absatz 4 ergibt, hat eine Verwertung auf einem gemeinsamen Datenträger[675] nicht

---

671 *Jaeger/Metzger*, OSS, Rn. 50. Dem folgend *F. Schäfer*, Viraler Effekt, S. 165f.

672 Letzteres folgt wiederum aus der Definition in § 0. Im Ergebnis auch *Funk/Zeifang*, CR 2007, 617, 619. Das verkennt *Keppeler*, CR 2015, 9, 11 der übersieht, dass ein »derivative work« auch bei unveränderter Codeübernahme vorliegen kann. Undeutlich auch *Jaeger*, in: ifrOSS-GPL § 2 Rn. 23.

673 Vgl. *Funk/Zeifang*, CR 2007, 617, 619.

674 *Determann*, GRUR Int. 2006, 645, 649 weist darauf hin, dass die GPL von Programmierern für Programmierer geschrieben sei und daher bewusst Erläuterungen enthalte. Seine Folgerung, dass die Abs. 2–4 des § 2 nur beschreibend sind und bei der Auslegung unberücksichtigt bleiben können, kann nicht überzeugen. Dafür fehlt ein entsprechender Hinweis in der Lizenz.

675 »on a volume of a storage or distribution medium«.

zwingend zur Folge, dass der Copyleft-Effekt für alle auf dem Datenträger enthaltenen Werke eingreift, also ein Ganzes vorliegt. Das Trägermedium allein bestimmt somit nicht über die Eigenständigkeit der Verwertung. Die Verwertung auf *einem* Datenträger führt also nicht dazu, dass der Copyleft-Effekt für alle Werke auf dem Datenträger eingreift. Im Gegensatz hierzu liegt keine gemeinsame Verwertung vor, wenn die Programme auf unterschiedlichen Wegen vertrieben werden.[676]

Die entscheidende Abgrenzungsfrage bei gemeinsamer Verwertung ist, ob das eigenständig verwertbare Werk ein Teil des Ganzen oder ein anderes Werk ist.[677] Hierfür liefert die Lizenz nur wenig Hinweise. Das »Ganze« muss vom Ausgangswerk abgeleitet sein, also Teile davon enthalten. Weitere Anhaltspunkte – insbesondere ein Verständnis dessen, was ein »Ganzes« sein soll – liefert die Lizenz nicht.[678] Es muss somit für die Auslegung auf das Verständnis des durchschnittlichen Lizenznehmers zurückgegriffen werden. Da sich die Lizenz an Empfänger richtet, die das Programm verändern wollen, ist für die maßgebliche Verkehrsanschauung auf das Verständnis eines Durchschnittsprogrammierers abzustellen.[679] Einige Autoren orientieren sich bei der Auslegung vor allem am vermeintlichen Zweck der Regelung: Sie wolle vermeiden, dass GPL-Software mit anderen selbstständigen Modulen so verbunden wird, dass die Nutzer die Module nicht mehr unterscheiden können.[680] Dieser Zweck ist der Lizenz allerdings nicht zu entnehmen. § 2 Abs. 3 GPL v2 enthält eine Zweckbestimmung (»intent«). Danach sollen mit der GNU GPL keine Rechte an Werken geltend gemacht werden, die der Lizenznehmer selbst erstellt hat. Die Absicht der Lizenz ist die Ausübung des Rechts »to control the distribution of derivative or collective works based on the Program.« An dieser Stelle erschwert die Bezugnahme auf das »work based on the Program« das Verständnis. Dieses ist nach § 0 GPL v2 das Programm selbst wie auch ein »derivative work«. Unklar bleibt, was ein »derivative work based on the Program« sein soll. Zudem ist

676 A. A. *Jaeger*, in: Vernetztes Rechnen – Softwarepatente – Web 2.0 S. 61, 78; *Widmer*, Open Source Software, S. 149; *Determannn*, Berkeley Technology Law Journal 2006, 1421, 1485 Fn. 242. Nach Ansicht von *F. Schäfer*, Viraler Effekt, S. 168 führt auch eine Kombination im Installationsprozess (etwa durch automatisches Hinzuladen einer Datei aus dem Internet) zum Eingreifen der Copyleft-Klausel. Ein Hinzuladen der Software, ohne dass dies für den Nutzer erkennbar wird, ist jedoch ein Verstoß gegen § 1 GPL v2 in Bezug auf den hinzugelangten Teil. Auch der Zweck der Regelung (dazu sogleich) zwingt hier nicht zu einer Offenlegung, da die verschiedenen Teile bei GPL-konformem Vertrieb des hinzugeladenen Teils erkennbar sind.

677 *Allmann*, Open Source-Compliance, S. 167; *Jaeger/Metzger*, OSS, Rn. 52. Vgl. LG Hamburg CR 2017, 364 Tz. 95 – VMware.

678 *Jaeger/Metzger*, OSS, Rn. 50; *Galetzka*, in: DSRITB 2015, 647, 654.

679 *Jaeger/Metzger*, OSS, Rn. 52; *Teufel*, Mitt. 2007, 341, 345.

680 *Jaeger*, in: ifross-GPL § 2 Rn. 24; *ders./Metzger*, OSS, Rn. 52; dem folgend *F. Schäfer*, Viraler Effekt, S. 166; *Kreutzer*, CR 2012, 146, 150.

schwer einzuordnen, wann die »collective works based on the Program« vom Copyleft-Effekt erfasst werden. Ist das Sammelwerk[681] stets unter der GPL anzubieten?[682] Dafür spricht der gerade untersuchte Absatz 3, dagegen wiederum Absatz 4, wonach die gemeinsame Verwertung mehrerer Werke auf einem Datenträger, bei denen es sich um ein Sammelwerk handeln kann, nicht dazu führt, dass auch andere Werke unter der GPL anzubieten sind. Dieser Absatz lässt mehr Fragen offen als er beantwortet. Jedenfalls kann daraus nicht geschlossen werden, dass die Abgrenzung danach erfolgen soll, ob für die Nutzer erkennbar ist, welcher Bestandteile der überlassenen Software GPL lizenziert ist. *F. Schäfer* kommt zwar mit der Auslegung anhand des vermeintlichen Zwecks zu einer klaren Abgrenzung. Der Copyleft-Effekt greife nicht ein, wenn alle Werkteile unterscheidbar auf einem Datenträger vorliegen. Sind die eigenständigen Werke hingegen nicht unterscheidbar, so greife der Copyleft-Effekt für das ganze Programm.[683] Allerdings findet diese Abgrenzung keine direkte Stütze in der Lizenz. Das von *F. Schäfer* erzielte Ergebnis kann nur dann Bestand haben, wenn ein objektive Empfänger die Abgrenzung in dieser Weise vornimmt. Auch die anderen in der Literatur – teils freischwebend weder anhand der Lizenz noch des UrhG – entwickelten Lösungsvorschläge[684] müssen sich daran messen lassen, ob ein durchschnittlicher Lizenznehmer die Abgrenzung entsprechend vornimmt.

Die vorstehenden Ausführungen zusammengefasst heißt das:

1. Wenn eine Umgestaltung im Sinne des Urheberrechts vorliegt, greift der Copyleft-Effekt ein. Diese Umgestaltung kann auch dadurch entstehen, dass der Lizenznehmer das Ausgangswerk mit eigenem Material kombiniert, welches nicht selbstständig verwertbar ist.
2. Hat der Lizenznehmer ein eigenständig verwertbares Werk geschaffen, so ist zu untersuchen, ob eine eigenständige Verwertung des Werkes vorliegt.
3. Bei eigenständiger Verwertung greift die Copyleft-Klausel nicht ein. Wird das lizenzierte Material hingegen zusammen mit dem eigenen Werk verwertet, greift die Copyleft-Klausel ein, wenn die Zusammensetzung ein Ganzes er-

681 »collective work« muss man als Sammelwerk auslegen. So auch *Jaeger/Metzger*, OSS, Rn. 62a.

682 Dafür LG Berlin GRUR-RR 2012, 107, 109 – Surfsitter; *Schreibauer/Mantz* GRUR-RR 2012, 111, 112; *Widmer*, Open Source Software, S. 146, aber auch S. 151; kritisch *F. Schäfer*, K&R 2012, 127, 128; *Kreutzer*, CR 2012, 146, 150; *Spindler*, in: Schricker/Loewenheim vor §§ 69a ff. UrhG Rn. 47; *Allmann*, Open Source-Compliance, S. 173. Vgl. auch *Nimmer*, CRi 2006, 129, 131ff.

683 *F. Schäfer*, Viraler Effekt, S. 168. Wohl auch *Jaeger*, in: ifross-GPL § 2 Nr. 27.

684 Vgl. *Spindler*, in: Schricker/Loewenheim vor §§ 69a ff. UrhG Rn. 48; *ders.*, in: Spindler, Rechtsfragen OS, S. 113ff.; *Funk/Zeifang*, CR 2007, 617, 619f.; *Dreier/R. Vogel*, Software- und Computerrecht, S. 215f.; *Czychowski*, in: Fromm/Nordemann GPL Rn. 14; *Grützmacher*, in: 30 Jahre DGRI, S. 87, 98f.; *J. Schneider*, EDV-Recht, G. Rn. 536.

gibt. Dabei kommt es nicht darauf an, ob das lizenzierte Material ganz oder in Teilen, verändert oder unverändert übernommen wurde.

4. Andere Werke fallen auch dann nicht unter die Copyleft-Klausel, wenn sie gemeinsam auf einem Datenträger mit dem Ausgangswerk verwertet werden.
5. Ob es sich bei einem Programm, das aus verschiedenen, getrennt verwertbaren Teilen besteht, um ein »Ganzes« handelt oder ob die einzelnen Bestandteile im Verhältnis zum Ausgangswerk andere Werke sind, bestimmt sich aus der Sicht eines durchschnittlichen Programmierers.

bb) Wirksamkeit

Die Auslegung der Lizenz hat ergeben, dass es für das Eingreifen des Copyleft-Effekts darauf ankommt, ob ein »Ganzes« vorliegt. Was ein »Ganzes« ist, bestimmt die Lizenz nicht näher, sodass auf das Verständnis eines durchschnittlichen Programmierers abzustellen ist. Fraglich ist, ob die Lizenz damit den Anforderungen genügt, die an AGB gestellt werden.[685] Insbesondere im Hinblick auf das Transparenzgebot in § 307 I 2 BGB bestehen hier erhebliche Bedenken. Danach muss der Verwender den Regelungsgehalt der AGB möglichst klar und überschaubar darstellen.[686] Es muss deutlich erkennbar sein, unter welchen Voraussetzungen welche Rechtsfolge eintritt.[687] Die Copyleft-Klausel ist in § 2 der GNU GPL mit Ausnahme (Abs. 2 S. 2) und Begrenzung (Abs. 4) niedergelegt. Schwer zu verstehen ist zunächst, dass gleiche Sachverhalte mit verschiedenen Begriffen umschrieben werden (modified work, derivative work, work based on the program). Unnötig erschwert wird das Verständnis darüber hinaus durch die Definition in § 0 GPL v2, wonach auch »das Programm« ein »auf dem Programm basierendes Werk« ist. Zuletzt führt die Zweckbestimmung in § 2 Abs. 3 zu Unklarheit, insbesondere mit Blick auf Sammelwerke.

Die Regelung des Copyleft-Effekts in der GNU GPL v2 ist schwer überschaubar, lässt jedoch ein Auslegungsergebnis zu. Die Klausel muss überdies dem Bestimmtheitsgebot genügen. Danach muss die Klausel wirtschaftliche Nachteile und Belastungen soweit erkennen lassen, wie dies nach den Umständen gefordert werden kann.[688] Die Voraussetzungen und Rechtsfolgen müssen nach dem BGH so beschrieben sein, dass für den Verwender keine unnötigen

---

685 Keine Bedenken bezüglich der Wirksamkeit haben *Marly*, Softwarerecht, Rn. 955 (»keine Bedenken«), vgl. aber Rn. 977 (»AGB-rechtlich unwirksam«) und *F. Schäfer*, Viraler Effekt, S. 41.

686 BGHZ 106, 42, 49; 199, 355 Tz. 23; NJW 2016, 401 Tz. 22; *Pfeiffer*, in: Wolf/Lindacher/Pfeiffer § 307 BGB Rn. 234.

687 BGHZ 199, 355 Tz. 23; *Fuchs*, in: Ulmer/Brandner/Hensen § 307 BGB Rn. 335a.

688 BGHZ 187, 360 Tz. 20, 24; *Fuchs*, in: Ulmer/Brandner/Hensen § 307 BGB Rn. 340; *Pfeiffer*, in: Wolf/Lindacher/Pfeiffer § 307 BGB Rn. 236.

Beurteilungsspielräume entstehen.[689] Ob eine Klausel transparent ist, bestimmt sich nach den Erwartungen und Erkenntnismöglichkeiten des durchschnittlichen Vertragspartners.[690] Zweifelhaft ist, ob die GNU GPL v2 diesen Anforderungen gerecht wird. Die Lizenz lehnt sich zwar an die gesetzlichen Begriffe an, orientiert sich aber beim Copyleft-Effekt nicht ausschließlich an diesen. So werden eigene Kriterien eingeführt, die nicht genauer definiert werden und somit auslegungsbedürftig sind.

Für den *einzelnen* Lizenznehmer ist nicht erkennbar, was ein durchschnittlicher Programmierer unter einem »Ganzen« im Sinne der Lizenz versteht.[691] Hier sind mehrere Ansätze denkbar.[692] *F. Schäfer* etwa fragt, ob die verschiedenen Dateien unterscheidbar sind.[693] Alternativ könnte man, auf den Installationsprozess abstellen. Danach würde alles zum Ganzen gehören, was im Rahmen der Installation zusammengefasst wird. Eine dritte Möglichkeit wäre, dass das Ganze alle Module umfasst, die für die Lauffähigkeit eines Programmes erforderlich sind.

Die Klausel lässt nicht eindeutig erkennen, wann ein Werk unter die GNU GPL zu stellen ist. Zwar kann vom AGB-Verwender keine allumfassende Aufklärung erwartet werden. Vielmehr muss ein angemessener Ausgleich zwischen Verständnismöglichkeit und Umfang der AGB gefunden werden.[694] Dabei muss auch die Bedeutung der Klausel für die Vertragsparteien berücksichtigt werden.[695] Bei der Copyleft-Klausel geht es immer um eine gemeinsame Verwertung mit dem Ausgangswerk. Ein Verstoß gegen die Copyleft-Klausel hat für den Lizenznehmer die gravierende Folge, dass er sein Nutzungsrecht verliert und eine Urheberrechtsverletzung begeht. Auf der anderen Seite kann das umgestaltete Programm von anderen Personen als dem Ersteller nur dann genutzt werden, wenn

689 BGH NJW 2016, 401 Tz. 22; *Fuchs*, in: Ulmer/Brandner/Hensen § 307 BGB Rn. 340.

690 BGHZ 165, 12, 22; 183, 299 Tz. 22.

691 Vgl. *Jaeger*, in: Vernetztes Rechnen – Softwarepatente – Web 2.0, S. 61, 74f.: »die Beurteilung, was ›ein Programm‹ ausmacht, [ist] eine Wertung ohne nachvollziehbare Kriterien«; *ders.*, in: ifross-GPL § 2 Rn. 15: Es gebe »keine scharfe Trennlinie [...], sondern eine Reihe von mehr oder weniger klaren Fallgruppen, bei denen der Copyleft-Effekt eingreift oder nicht, sowie einen Graubereich, in dem Wertungen getroffen werden müssen, die von Einzelfall zu Einzelfall unterschiedlich sein können«; *Nordmeyer*, in: Lehmann/Meents Kapitel Rn. 4 Rn. 724 »fehlende Trennschärfe«; *Allmann*, Open Source-Compliance, S. 174: »wesentlicher Unsicherheitsfaktor«.

692 Vgl. *Wiebe*, in: Spindler/Schuster § 69c Rn. 55; *Keppeler*, CR 2015, 9, 10ff.; *Determann*, Berkeley Technology Law Journal 2006, 1421, 1486; *Allmann*, Open Source-Compliance, S. 168ff.

693 Siehe oben bei Fn. 683.

694 *Coester*, in: Staudinger § 307 BGB Rn. 195; *Fuchs*, in: Ulmer/Brandner/Hensen § 307 BGB Rn. 341.

695 *Coester*, in: Staudinger § 307 BGB Rn. 194, *Fuchs*, in: Ulmer/Brandner/Hensen § 307 BGB Rn. 349, 351.

dieser den Quelltext veröffentlicht und die Bearbeitung unter der offenen Lizenz anbietet. Die Reichweite der Copyleft-Klausel hat deshalb erhebliche Bedeutung für die Parteien. Daher sind entsprechend hohe Anforderungen an die Transparenz und Bestimmtheit der Lizenz zu stellen, die hier nicht erfüllt werden. Die Klausel ist deshalb wegen Intransparenz gemäß § 307 I 2 BGB unwirksam.[696]

cc) Folge der Unwirksamkeit

Kann eine Klausel in mehrere Bestandteile zerlegt werden, die eine eigenständige Bedeutung haben, so besteht die Möglichkeit, dass nur ein Teil dieser Klausel unwirksam ist.[697] Allerdings lässt sich die Copyleft-Klausel nicht sinnvoll zerlegen. Schon § 2 Abs. 1 lit. b nimmt Bezug auf das Ganze, sodass sich bereits hier die Frage stellt, wann ein Ganzes im Sinne der Lizenz vorliegt.

Dementsprechend ist die Copyleft-Klausel der GNU GPL v2 wegen Intransparenz unwirksam. Gemäß § 306 I BGB bleibt der Vertrag im Übrigen grundsätzlich wirksam; die unwirksame Klausel ist nicht Bestandteil des Vertrages, § 306 II BGB. Allerdings könnte ein Fall von § 306 III BGB[698] vorliegen, sodass der gesamte Vertrag unwirksam wäre.[699] Die Copyleft-Klausel ist wesentlicher Bestandteil der GNU GPL – ihr »Herzstück«.[700] Die Lizenz enthält in § 7 eine Klausel, wonach im Fall, dass ein Teil unwirksam ist, auf die Verwertung des Programms verzichtet werden muss.[701] Die Rechtsfolge des § 306 III BGB kann zwar nicht in AGB angeordnet werden. Doch zeigt sich in dieser Klausel, dass jede Bedingung der Lizenz für den AGB-Verwender eine erhebliche Bedeutung hat. Ist der Lizenzvertrag unwirksam, so erfolgt die Nutzungsrechtseinräumung – die Geltung des Abstraktionsprinzips[702] vorausgesetzt – ohne Rechtsgrund.

---

696 Im Ergebnis auch *Spindler*, in: Rechtsfragen OS, S. 120f.; *ders.*, K&R 2004, 528, 533; *Determann*, GRUR Int. 2006, 645, 652; vgl. auch *Hilber/Reintzsch*, CR 2014, 697; *Koglin*, Opensourcerecht, S. 209.

697 BGHZ 107, 185, 190f.; *Basedow*, in: MüKo-BGB § 306 Rn. 22; *Lindacher/Hau*, in: Wolf/Lindacher/Pfeiffer § 306 BGB Rn. 40 (sog. blue-pencil-Test).

698 § 306 III BGB ist nicht mit Art. 6 I RL 93/13/EWG vom 5. April 1993 über mißbräuchliche Klauseln in Verbraucherverträgen (Klause-RL) vereinbar. Dazu *Harry Schmidt*, in: Ulmer/Brandner/Hensen § 306 BGB Rn. 4e; *Hubert Schmidt*, in: BeckOK-BGB § 306 Rn. 4, *Stoffels*, AGB-Recht, Rn. 632; a. A. *Schlosser*, in: Staudinger § 306 BGB Rn. 29. Der zu weit geratende Wortlaut ist entgegen der vorgebrachten Bedenken durch richtlinienkonforme Auslegung/Rechtsfortbildung im Anwendungsbereich der Richtlinie entsprechend anzupassen. So auch *Pfeiffer*, in: Grabitz/Hilf/Nettesheim, RL 93/13/EWG Art. 6 Rn. 16.

699 Dafür *Jaeger/Metzger*, OSS, Rn. 188; *Rosenkranz*, Open Contents, S. 80; vgl. auch LG München I GRUR-RR 2004, 350, 351 – GPL-Verstoß.

700 Vgl. *Determann*, GRUR Int. 2006, 645, 653; *Jaeger/Metzger*, OSS, Rn. 68.

701 Ausweislich des Klammerzusatzes bezieht sich die Klausel auf sämtliche (Teil-)Unwirksamkeiten des Vertrages.

702 Gegen dessen Geltung im Urheberrecht BGHZ 194, 136 Tz. 17ff. – M2Trade; *Schwarz*, Beendigung urheberrechtlicher Nutzungsrechte, S. 78ff., 131; dafür *Schack*, UrhR, Rn. 589ff. jeweils mwN.

Demensprechend wäre der Lizenznehmer einem Anspruch aus § 812 I 1 BGB ausgesetzt.[703] Dadurch stünde der Lizenznehmer schlechter, als wenn der Vertrag einschließlich der unwirksamen Klausel wirksam wäre. Daher nehmen einige an, der Vertrag sei einschließlich der untersuchten Klausel doch wirksam.[704] Dieses Argument vermag indes nicht zu überzeugen. Denn in diesem Fall wäre die intransparente Regelung weiterhin Vertragsbestandteil, was zu einer erheblichen Unsicherheit für die Parteien über die Reichweite der Lizenzbedingungen führte.

Abhilfe kann auch nicht durch eine geltungserhaltende Reduktion der Lizenzbedingungen geschaffen werden. Eine geltungserhaltende Reduktion Allgemeiner Geschäftsbedingungen ist unzulässig.[705]

Dagegen soll es zulässig sein, die entstandene Lücke durch eine ergänzende Vertragsauslegung zu füllen.[706] Der BGH begründet dies damit, dass auch §§ 157, 133 BGB zu den gesetzlichen Vorschriften iSv § 306 II BGB gehören.[707] Daher sei eine ergänzende Vertragsauslegung auch bei Unwirksamkeit einer AGB-Klausel möglich. Der Unterschied liege darin, dass bei der geltungserhaltenden Reduktion nach der Grenze des »gerade noch Zulässigen« gesucht werde; die ergänzende Vertragsauslegung erstrebe dagegen ein für beide Seiten angemessenes Ergebnis.[708] Insbesondere wenn der Vertrag ohne die unwirksame Klausel insgesamt nach § 306 III BGB unwirksam wäre, sei eine ergänzende Vertragsauslegung geboten.[709] So könne die vom Gesetz als absolute Ausnahme vorgesehene Unwirksamkeit des Gesamtvertrages vermieden werden.[710]

---

703 A. A. *Jaeger/Metzger*, OSS Rn. 186, die davon ausgehen, dass auch die Nutzungsrechtseinräumung unwirksam ist. Undeutlich *Rosenkranz*, Open Contents, S. 81.

704 *Jaeger/Metzger*, OSS, Rn. 188.

705 BGHZ 84, 109, 114ff.; 96, 18, 25; 146, 377, 385; 170, 31 Tz. 21; BGH NJW 2014, 854 Tz. 18.

706 BGHZ 90, 69, 75f.; 164, 297, 318; 192, 372 Tz. 20f. *Harry Schmidt*, in: Ulmer/Brandner/Hensen § 306 BGB Rn. 34ff.; ausführlich *ders.*, Vertragsfolgen bei Nichteinbeziehung, S. 178ff.; *Stoffels*, AGB-Recht, Rn. 613; *Lindacher/Hau*, in: Wolf/Lindacher/Pfeiffer § 306 BGB Rn. 15ff.; *Kollmann*, in: NK-BGB § 306 Rn. 28f. *Canaris*, in: FS Steindorff, S. 519, 549f. führt die unterschiedliche Behandlung von ergänzender Vertragsauslegung und geltungserhaltender Reduktion auf ein Fehlverständnis letzterer zurück.

707 BGHZ 90, 69, 75f.; 92, 363, 370; 186, 180 Tz. 50; 204, 346 Tz. 46; *Stoffels*, AGB-Recht, Rn. 613; kritisch gegenüber der Begründung, im Ergebnis aber zustimmend *Lindacher/Hau*, in: Wolf/Lindacher/Pfeiffer § 306 BGB Rn. 15.

708 BGHZ 90, 69, 81f. NJW 2013, 991 Tz. 26. Zur Unterscheidung auch *Stoffels*, AGB-Recht, Rn. 596; kritisch *Uffmann*, Verbot der geltungserhaltenden Reduktion, S. 175ff., 194ff., 207f., 287f. Im Ergebnis zustimmend *Canaris*, in: FS Steindorff, S. 519, 551; *Uffmann*, Verbot der geltungserhaltenden Reduktion, S. 287f.

709 *Canaris*, in: FS Steindorff, S. 519, 556; vgl. auch BGHZ 211, 51 Tz. 47.

710 *Stoffels*, AGB-Recht, Rn. 633 geht sogar so weit, dass sich »der Verdacht aufdrängt«, dass nicht ordnungsgemäß ausgelegt wurde, wenn der Vertrag trotz ergänzender Auslegung nach § 306 III BGB unwirksam ist.

Allerdings müsste die ergänzende Vertragsauslegung bei unwirksamen AGB-Klauseln mit Unionsrecht vereinbar sein.[711] Spätestens seit der EUGH-Entscheidung vom 21.12.2016 zur Klausel-RL[712] bestehen daran erhebliche Zweifel.[713] Nach diesem Urteil müsste § 306 II BGB richtlinienkonform so ausgelegt werden, dass eine ergänzende Vertragsauslegung unzulässig ist. Allerdings harmonisiert die Klausel-RL[714] das Recht der Allgemeinen Geschäftsbedingungen nur für Verbraucherverträge. Außerhalb des Anwendungsbereichs[715] wäre eine ergänzende Vertragsauslegung nach wie vor unionsrechtlich zulässig. Eine gespaltene Auslegung des nationalen Rechts bei überschießender Umsetzung ist zulässig und dann geboten, wenn der nationale Gesetzgeber von einem anderen Verständnis der Richtlinie ausgegangen ist.[716] Der deutsche Gesetzgeber nahm bei der Einführung von § 6 AGBG[717] an, dass eine entstandene Lücke (mangels dispositiven Gesetzesrechts) durch ergänzende Vertragsauslegung gefüllt werden könne.[718] Folglich bleibt die ergänzende Vertragsauslegung außerhalb von Verbraucherverträgen auch dann zulässig, wenn sie innerhalb des Anwendungsbereichs der Klausel-RL unzulässig sein sollte.

Bei der ergänzenden Vertragsauslegung ist danach zu fragen, wie die Vertragspartner den Vertrag gestaltet hätten, wenn ihnen die Unwirksamkeit bewusst gewesen wäre.[719] Es ist auf die berechtigten Interessen beider Seiten abzustellen; keine Vertragspartei darf bevorzugt werden.[720] Der Lizenznehmer hat ein Interesse an der kostenlosen Nutzung des Werkes, der Urheber will diese nur unter der Bedingung gestatten, dass der Lizenznehmer seinerseits Umgestaltungen entsprechend lizenziert.

Hätten die Parteien gewusst, dass die Copyleft-Klausel der GNU GPL v2 wegen Intransparenz unwirksam ist, hätten sie eine andere Copyleft-Regelung

711 Dafür BGHZ 164, 297, 318 und NJW 2013, 991 Tz. 25ff.; BGHZ 209, 337 Tz. 25ff. jeweils unter Berücksichtigung von EUGH EU:C:2012:349 = NJW 2012, 2257 Tz. 71 – Banco Español; *Stoffels*, AGB-Recht, 614a f.; *Lindacher/Hau*, in: Wolf/Lindacher/Pfeiffer § 306 BGB Rn. 17a; *Harry Schmidt*, in: Ulmer/Brandner/Hensen § 306 BGB Rn. 4d. Dagegen *Markert*, EnZW 2016, 362 (s. auch Fn. 713); *Hubert Schmidt*, in: BeckOK-BGB § 306 Rn. 5.

712 EUGH EU:C:2016:980 = EuZW 2017, 148 – Gutiérrez Naranjo ua.

713 *Markert*, EnWZ 2017, 173f.; *ders.*, ZMR 2017, 213, 216 (jeweils bezogen auf die Zulässigkeit der sog. »Dreijahreslösung« des BGH, zuletzt BGHZ 209, 337); *Pfeiffer*, NJW 2017, 913, 914; *Hubert Schmidt*, in: BeckOK-BGB § 306 Rn. 3, 5, 16.

714 RL 93/13/EWG vom 5.4.1993 über mißbräuchliche Klauseln in Verbraucherverträgen.

715 Zum Anwendungsbereich von Art. 1 I Klausel-RL *Basedow*, in: MüKo-BGB vor §§ 305ff. Rn. 23.

716 BGHZ 195, 135 Tz. 20ff. Dazu *Harry Schmidt*, Vertragsfolgen der Nichteinbeziehung, S. 182.

717 Die wortgleiche Vorgängervorschrift von § 306 BGB.

718 Rechtsausschuss BT-Drs. 7/5422, S. 5; *Huber Schmidt*, in: BeckOK-BGB § 306 Rn. 15; *Basedow*, in: MüKo-BGB § 306 Rn. 31.

719 BGHZ 107, 273, 277; vgl. auch BGHZ 90, 69, 78ff.; *Harry Schmidt*, in: Ulmer/Brandner/Hensen § 306 BGB Rn. 32; *Basedow*, in: MüKo-BGB § 305c Rn. 64.

720 *Harry Schmidt*, in: Ulmer/Brandner/Hensen § 306 BGB Rn. 32.

getroffen. Es ist nicht davon auszugehen, dass auf eine solche Regelung ganz verzichtet worden wäre. Die Copyleft-Klausel ist so wesentlich für den Vertragsschluss, dass der Vertrag ohne die Klausel nach § 306 III BGB unwirksam wäre. Für Lizenznehmer ist sie »der Preis« dafür, dass er keine Lizenzgebühren zahlen muss. Eine interessengerechte Copyleft-Klausel kann sich an der gesetzlichen Ausgangslage orientieren. Wegen der urheberrechtlichen Abhängigkeit einer Umgestaltung vom Ausgangswerkes kann der Lizenznehmer diese nicht ohne die Zustimmung des Urhebers verwerten. Für die Copyleft-Klausel heißt das: Immer dann, wenn eine Umgestaltung iSv § 69c Nr. 2 UrhG vorliegt, darf der Lizenznehmer diese nur unter den Bedingungen der Lizenz verwerten. Liegt ein eigenständig verwertbares Werk vor, so steht es ihm frei, welche Bedingungen er auswählt. Damit ist die im Wege ergänzender Vertragsauslegung vereinbarte Klausel zwar enger als die von der GPL vorgesehene Klausel, doch soll mit der ergänzenden Vertragsauslegung nicht die Wiederherstellung der unwirksamen Klausel, sondern ein interessengerechter Ausgleich gefunden werden. Auf die Weise kann zumindest für Verträge zwischen Unternehmern ein Ausgleich getroffen werden, der den Parteiinteressen besser entspricht als die Gesamtunwirksamkeit des Vertrages.

Ist der Lizenznehmer ein Verbraucher, so bleibt der Vertrag ohne die Copyleft-Klausel bestehen: Art 6 I Klausel-RL bewirkt die Unwirksamkeit des gesamten Vertrages nur, wenn er ohne die missbräuchliche Klausel nicht bestehen kann.[721] Da der Lizenzvertrag auch ohne die Copyleft-Klausel bestehen kann, entfällt die Copyleft-Klausel bei Verbraucherverträgen ersatzlos.

dd) Zwischenergebnis

Trotz der teils unglücklichen Konzeption führt die Auslegung der Copyleft-Klausel in § 2 GNU GPL v2 zu einem Ergebnis. Allerdings ist die von der Lizenz vorgesehene Grenze, ab wann ein abgeleitetes Werk nur unter derselben Lizenz verwertet werden darf, intransparent. Bei der GNU GPL handelt es sich um AGB, sodass diese Intransparenz zur Unwirksamkeit der Copyleft-Klausel führt. Da dem Lizenznehmer ein Festhalten am Vertrag ohne die Copyleft-Klausel nicht zumutbar ist, ist der Vertrag grundsätzlich nach § 306 III BGB unwirksam. Diese Rechtsfolge kann vermieden werden, wenn die entstandene Lücke mit Hilfe der – vom BGH als zulässig erachteten – ergänzenden Vertragsauslegung gefüllt wird. Eine solche ist für Verbraucherverträge nach der Rechtsprechung des EUGH zur Klausel-RL allerdings nicht möglich. Nur für Verträge zwischen Unternehmern kann die Lücke auf diese Weise geschlossen werden. Interessengerecht wäre eine Copyleft-Klausel, die eingreift, wenn eine Umgestaltung im

721 *Hubert Schmidt*, in: BeckOK-BGB § 306 Rn. 3; *Pfeiffer*, in: Grabitz/Hilf/Nettesheim, RL 93/13/EWG Art. 6 Rn. 14ff.

Sinne des UrhG vorliegt. Hier zeigt sich, dass die GNU GPL v2, obwohl sie die am weitesten verbreitete Lizenz ist, erhebliche Schwächen in der Formulierung der Copyleft-Klausel aufweist.

d) GNU GPL v3

Die GNU GPL v3 regelt wie die Vorgängerversion sowohl die Erlaubnis, die Bearbeitung zu verwerten, als auch die daran geknüpften Bedingungen in einem einzigen Abschnitt. Gemäß § 5 darf der Lizenznehmer ein »work based on the Program« verwerten, wenn er die Lizenzbedingungen in § 5 Abs. 1 lit. a bis d einhält, wobei der Copyleft-Effekt in lit. c geregelt ist.

aa) Auslegung

§ 5 GPL v3 gestattet dem Lizenznehmer, das »work based on the program« zu verwerten (»to convey«). Ein »work based on the program« ist nach Definition in § 0 das Ergebnis einer Werkveränderung. Eine Werkveränderung liegt nach der Lizenz vor, wenn eine urheberrechtliche Zustimmung benötigt wird, die über diejenige zur identischen Vervielfältigung hinausgeht. Folglich liegt ein »work based on the program« nicht nur bei Umgestaltungen iSv § 69c Nr. 2 UrhG[722] vor, sondern auch bei Teilvervielfältigungen iSv § 69c Nr. 1 UrhG.[723]

§ 5 erfasst auch die Verwertung von »modifications to produce it from the Program«. Die »modification« ist ein Computerprogramm, welches das Ausgangsprogramm verändert und so ein »work based on the Program« produziert.[724] Ohne diese Alternative würde ein solches Programm nicht unter die Lizenz fallen, wenn es selbst keine Umgestaltung des Ausgangswerkes ist und auch keine Teile davon enthält.[725]

Was alles unter den Begriff »to convey« fällt, sagt die Definition in § 0 GPL v3. Danach ist jegliche Form der Verwertung (»propagation«) gemeint, die es Dritten ermöglicht, Kopien zu erstellen oder zu erhalten. »To propagate« wiederum ist definiert als jede Handlung, die ohne Zustimmung zu einer urheberrechtlichen Haftung führt. Aus der Systematik der beiden Definitionen folgt, dass »propagate« der Oberbegriff ist, der sämtliche urheberrechtlich relevanten Verwertungshandlungen erfasst; »convey« erfasst nur solche Verwertungs-

722 So aber *Spindler*, in: Schricker/Loewenheim Vor §§ 69a ff. UrhG Rn. 47.

723 Vgl. *Czychowski*, in: Fromm/Nordemann GPL Rn. 10, der daraus den fehlerhaften Schluss zieht, es liege ein Verstoß gegen § 307 II Nr. 1 BGB vor. Allerdings ist es kein wesentlicher Grundgedanke irgendeiner gesetzlichen Regelung, dass Begriffe nur so definiert werden dürfen, wie sie im UrhG definiert werden. Die Lizenz nimmt auch nicht Bezug auf eine Werkverbindung; so aber *Jaeger/Metzger*, GRUR 2008, 130, 136; *dies.*, OSS, Rn. 68.

724 Etwa Patches, vgl. *F. Schäfer*, Viraler Effekt, S. 183f.

725 Vgl. *Nimmer*, CRi 2006, 129, 131, 133f.

handlungen, die dazu führen, dass ein Dritter eine Kopie erhält oder erstellen kann.[726]

Nach § 5 Abs. 1 lit. c GPL v3 ist das ganze Werk, das unveränderte Teile des Ausgangswerkes enthält oder das Ausgangswerk umgestaltet, unter der Lizenz anzubieten. Dabei ist unerheblich, wie die Dateien »verpackt«[727] sind (§ 5 Abs. 1 lit. c S. 2 GPL v3). Eigenständig verwertbare Werke fallen nicht unter die Copyleft-Klausel und können somit frei verwertet werden. Hier ist die GPL v3 deutlicher als die v2. Während die GPL v2 die Begriffe »program« und »work« innerhalb der Copyleft-Klausel verwendet, bezieht sich »work based on the program« in der GPL v3 nach der Definition in § 0 stets auf das Computerprogramm, das bearbeitet wurde oder Teilvervielfältigungen enthält. Eine Zusammensetzung aus verschiedenen Modulen fällt nur dann unter den Copyleft-Effekt, wenn die Module nicht eigenständig verwertbar sind. Andernfalls handelt es sich um mehrere Werke.

Schwerer zu verstehen ist § 5 Abs. 2 GPL v3, der regelt, wie bei einem »aggregate« zu verfahren ist. Zunächst wird etwas kompliziert definiert, was ein »aggregate« im Sinne der Lizenz ist.[728] Im zweiten Satz wird erläutert, dass der Copyleft-Effekt nicht eingreift, wenn ein »aggregate« vorliegt.[729] Absatz 2 hat nur dann eine eigenständige Bedeutung, wenn ein »aggregate« in den Anwendungsbereich von Absatz 1 fällt, also lizenziert werden müsste. Ein »aggregate« ist eine Zusammenstellung des unveränderten oder veränderten Ausgangswerks (»covered work«) mit einem anderen unabhängigen, eigenständig verwertbaren Werk. Dabei muss die Zusammenstellung noch weitere Voraussetzungen erfüllen, etwa darf sie kein »larger work« ergeben.[730] Da allerdings die gemeinsame Verwertung mit einem eigenständigen Werk ohnehin nicht in den Anwendungsbereich der Copyleft-Klausel fällt, hat die »aggregate«-Klausel im deutschen Recht keine weitergehende Funktion. Ein Umkehrschluss dahingehend,

726 Vgl. *Jaeger/Metzger*, OSS, Rn. 64. Mit den Begriffen »propagate« und »convey« hat sich die Lizenz von den Begriffen des US-amerikanischen Urheberrechts gelöst, vgl. *F. Schäfer*, Viraler Effekt, S. 175; *Koglin*, CR 2008, 137, 138; *Hilber/Reintzsch*, CR 2014, 697, 701; kritisch *Marly*, Softwarerecht, Rn. 942 Fn. 544. Eine Lösung von urheberrechtlichen Begriffen hat indes nicht stattgefunden, da die Begriffe unter Rückgriff auf das Urheberrecht definiert werden.

727 Computerprogramme und die dazugehörenden Dateien können technisch verschieden »verpackt« werden. Die Lizenz stellt klar, dass es auf diese technischen Details nicht ankommt.

728 Der Hauptsatz in § 5 Abs. 2 lautet: »A compilation of a covered work with other separate and independent works is called an ›aggregate‹.« Die Relativsätze (»which… and which …«) sind nur beschreibend, der Konditionalsatz enthält eine Einschränkung (»if…«), vgl. Fn. 730.

729 Zum Zweck der Vorschrift *Beardwood/Alleyne*, CRi 2008, 14, 16.

730 Vgl. § 5 Abs. 2 S. 1 GPL v3, abgedruckt in Anhang 3.

dass ein »larger work« den Copyleft-Effekt nach sich zieht, ist unzulässig.[731] Da die Lizenz keine eindeutige Aussage erhält, dass ein solches »larger work« den Copyleft-Effekt auslöst, gehen verbleibende Zweifel gemäß § 305c II BGB zu Lasten des Verwenders. Auf eine Inhaltskontrolle dieses Absatzes kommt es somit nicht mehr an.[732]

bb) Wirksamkeit

Anders als die GPL v2 geht die GPL v3 von einem urheberrechtlichen Werk aus und orientiert sich bei der Reichweite der Copyleft-Klausel an den urheberrechtlichen Begriffen. Obwohl bislang noch nicht vollständig geklärt ist, was eine Umgestaltung im Sinne des UrhG ist und wann ein Werk selbstständig verwertbar ist,[733] führt diese Unschärfe nicht zu einer Intransparenz und Unwirksamkeit der Klausel.[734]

Auch die Klausel über Programme, die das Ausgangswerk verändern, ist hinreichend transparent.[735] Die Klausel lässt Tatbestand und Rechtsfolge erkennen und benachteiligt den Lizenznehmer auch nicht unangemessen. Vertreibt jemand ein eigenständiges Werk, welches ein unter GPL v3 lizenziertes Werk verändert (etwa Patches)[736], benötigt er zur Herstellung des Werkes kein Nutzungsrecht. Denn er verwertet das Ausgangswerk mit der Herstellung des eigenständigen Werkes nicht. Einen Lizenzvertrag muss er nur dann abschließen, wenn er das GPL-lizenzierte Werk vertreibt.[737] Folglich wird der Hersteller eines verändernden Werkes durch den Vertag nicht benachteiligt. Nur bei einer Verwertung zusammen mit dem Ausgangswerks greift die Copyleft-Klausel ein. Es obliegt somit dem Lizenznehmer, durch die Art der Verwertung zu entscheiden, ob der Copyleft-Effekt bei Patches eingreift.

Damit hält die Copyleft-Klausel der GPL v3 im Ergebnis einer AGB-Prüfung stand.

e) Zwischenergebnis

Copyleft-Klauseln sind im Grundsatz wirksam und mit dem AGB-Recht vereinbar. Die vorgetragenen Bedenken greifen in ihrer Pauschalität nicht durch. Allerdings muss die jeweilige Klausel der Inhaltskontrolle nach §§ 307ff. BGB, insbesondere dem Transparenzgebot, standhalten. Die Untersuchung der Copyleft-Klausel der GNU GPL v2 hat gezeigt, dass diese Klausel der weit ver-

731 A. A. wohl *Jaeger/Metzger*, OSS, Rn. 68 a.E.
732 Zu Bedenken hinsichtlich der Transparenz *Marly*, Softwarerecht, Rn. 970ff.
733 Vgl. *Jaeger/Metzger*, OSS, Rn. 68.
734 A. A. *Marly*, Softwarerecht, Rn. 970ff., 977; *Funk/Zeifang*, CR 2007, 617, 621f.
735 A. A. *Marly*, Softwarerecht, Rn. 969.
736 Vgl. *F. Schäfer*, Viraler Effekt, S. 183f.
737 So auch *F. Schäfer*, Viraler Effekt, S. 184.

breiteten Lizenz am Transparenzgebot scheitert. Im Gegensatz dazu genügt die Copyleft-Klausel der GNU GPL v3 den Anforderungen des Transparenzgebots. Als Vorbild für künftige Lizenzen kann die Creative Commons Lizenz in der Version 4 dienen. Diese ist klar und verständlich.

Ist eine Copyleft-Klausel nach § 306 I BGB unwirksam, so bleibt der Vertrag im Übrigen grundsätzlich bestehen. Etwas anderes gilt nach § 306 III BGB nur, wenn es einer Partei nicht zumutbar ist, am Vertrag ohne die unwirksame Klausel festzuhalten. Die Copyleft-Klausel ist wesentlicher Bestandteil des Lizenzvertrages und wird zu Recht als sein »Herzstück« bezeichnet. Häufig wird der hinter dieser Klausel stehende Gedanke den Ausgangsurheber veranlasst haben, sein Werk unentgeltlich zur Verfügung zu stellen. Somit sprechen gute Gründe dafür, dass der gesamte Vertrag ohne die Klausel unwirksam ist.

Die Gesamtunwirksamkeit des Vertrages ist wiederum für den Lizenznehmer nachteilig, da er das Werk – und bei einer Bearbeitung sein darauf aufbauendes Werk – nicht mehr verwerten kann. Ein interessengerechtes Ergebnis kann nicht dadurch erreicht werden, dass die Klausel aufrechterhalten wird. Der BGH lässt, wenn ein Vertrag ohne die Klausel unwirksam wäre, eine ergänzende Vertragsauslegung zu, um die im Vertrag entstandene Lücke zu füllen. Anders als bei der geltungserhaltenden Reduktion wird dabei nicht nach dem gerade noch Zulässigen, sondern nach einem interessengerechten Ausgleich gesucht. Interessengerecht wäre hier statt der intransparenten Copyleft-Klausel eine Klausel, die sich an bekannten urheberrechtlichen Kategorien orientiert. Da nur bei einer Umgestaltung eine urheberrechtliche Abhängigkeit zwischen Ausgangswerk und Bearbeitung besteht, kann die Grenze der Bearbeitung als interessengerechter Ausgleich zwischen den Parteien angesehen werden. Wenn eine Umgestaltung iSv § 69c Nr. 2 UrhG vorliegt, darf der Lizenznehmer diese nur unter den Bedingungen der Lizenz verwerten. Liegt ein eigenständig verwertbares Werk vor, so steht es ihm frei, welche Bedingungen er auswählt.

5. Lizenzkompatibilität

Der Copyleft-Effekt hat zur Folge, dass Bearbeitungen wieder unter einer Open Content Lizenz angeboten werden müssen. Einige Lizenzen, wie etwa die GNU GPL v2, erlauben nur die Lizenzierung unter denselben Bedingungen.[738] Andere Lizenzen wie die Creative Commons Lizenz erlauben auch die Lizenzierung unter einer »kompatiblen« Lizenz.[739] Das hat den Vorteil, dass auch Inhalte

738 Teilweise wird auch die Verwendung jeder späteren Version der Lizenz gestattet, dazu oben S. 73ff.

739 Eine kompatible Lizenz »bezeichnet eine unter creativecommons.org/compatiblelicenses genannte Lizenz, die Creative Commons als der vorliegenden Public License im Wesentlichen gleichwertig anerkannt hat.« Abschnitt 1 lit. c CCv4.

kombiniert werden können, die unter verschiedenen Copyleft-Lizenzen angeboten werden. Ohne eine Kompatibilitätsklausel liegt ein Lizenzverstoß vor, wenn nicht dieselbe Lizenz verwendet wird.[740] Gestatten die Lizenzen der kombinierten Inhalte nur die Verwendung der jeweils »eigenen« Lizenz, so scheidet die Kombination aus.[741] Gerade bei der Softwareentwicklung ist es üblich, auf verschiedene Module zurückzugreifen. Das hat dazu geführt, dass einige Open Source Software Lizenzen sehr weitreichende Kompatibilitätsklauseln enthalten.[742]

Keine Probleme, die Inhalte unter mehreren Lizenzen anzubieten, hat der Inhaber sämtlicher ausschließlicher Nutzungsrechte oder der erste Urheber eines Werkes.[743] Da diese bei der Open Content Lizenzierung nur einfache Nutzungsrechte einräumen, können sie weitere Nutzungsrechte unter anderen Bedingungen einräumen.

Werden dieselben Inhalte unter verschiedenen Lizenzen angeboten, spricht man von *Dual Licensing*. Eingesetzt wird das Dual Licensing zum einen, um Software sowohl proprietär als auch offen zu verwerten; zum anderen kann ein Werk auch unter mehreren Open Content Lizenzen angeboten werden, um das geschilderte Kompatibilitätsproblem zu lösen.[744]

6. Freie Benutzung als Grenze

Gemäß § 24 UrhG kann ein Werk, das in freier Benutzung eines anderen geschaffen worden ist, ohne die Zustimmung des Urhebers verwertet werden. Auf ein solches Werk nimmt folglich auch der Open Content Lizenzvertrag keinen Einfluss, solange es eigenständig verwertet wird.[745] Da das in freier Benutzung geschaffene Werk unabhängig ist, benötigt der Lizenznehmer keine Zustimmung des Lizenzgebers, um es zu verwerten.[746] Ein etwaiger Fortfall der Rechte zur Verwertung des Ausgangswerkes lässt die Verwertung des in freier Benutzung geschaffenen Werkes unberührt, sodass im Prozess die Abgrenzung zwischen freier und abhängiger Benutzung oft die entscheidende Weiche stellt.[747]

740 LG Köln CR 2014, 704, 705 – Unzulässige Umlizenzierung einer Open Source Software; *Jaeger/Metzger*, OSS, Rn. 118d; *Gerlach*, CR 2006, 649, 650.

741 *Metzger*, in: Kollision von Urheberrecht und Nutzerverhalten, S. 115, 121; *Jaeger*, CR 2014, 706.

742 *Gerlach*, CR 2006, 649, 651; *Metzger*, in: Kollision von Urheberrecht und Nutzerverhalten, S. 115, 121ff.

743 *Jaeger/Metzger*, OSS, Rn. 115.

744 *Jaeger/Metzger*, OSS, Rn. 117; *Eickemeier/Keppeler*, CR 2017, 787.

745 Wenn es gemeinsam mit dem Ausgangswerk verwertet wird, ist ein Eingreifen einer Copyleft-Klausel zumindest möglich.

746 *Koglin*, Opensourcerecht, S. 76.

747 Vgl. LG Hamburg CR 2017, 364 Tz. 96 – VMware.

7. Zwischenergebnis

Open Content Lizenzverträge verpflichten den Lizenzgeber, ein auflösend bedingtes Nutzungsrecht einzuräumen. Der Lizenznehmer hingegen ist zu keiner Gegenleistung verpflichtet. Die Lizenzbedingungen schreiben zwar vor, unter welchen Bedingungen der Lizenznehmer das Werk verwerten darf. Dabei handelt es sich jedoch nicht um eine Pflicht, die vom Lizenzgeber eingeklagt werden könnte. Vielmehr führt ein Verstoß gegen die Bedingungen nur dazu, dass das einfache Nutzungsrecht entfällt.

Solche Rechtefortfallklauseln verstoßen grundsätzlich nicht gegen AGB-Recht. Die Untersuchung von drei verschiedenen Rechtefortfallklauseln hat gezeigt, dass auch deren konkrete Ausgestaltungen einer Inhaltskontrolle standhalten.

Mit Blick auf die Bearbeitung von Open Content ist die Copyleft-Klausel von besonderem Interesse. Im Grundsatz bestehen keine Bedenken gegen eine Klausel, welche die Verwertung einer Umgestaltung nur gestattet, wenn diese unter denselben Bedingungen freigegeben wird. Allerdings muss jede Klausel den Anforderungen der §§ 307ff. BGB – insbesondere dem Transparenzgebot – genügen. Hier zeigte sich, dass die Copyleft-Klausel der GNU GPL v2 den Anforderungen nicht genügt und daher unwirksam ist. Die Copyleft-Klauseln der GNU GPL v3 und der Creative Commons Lizenz halten demgegenüber einer Inhaltskontrolle stand.

D. Erschöpfung des Verbreitungsrechts

In der Diskussion um Open Content wird immer behauptet, es drohe »Gefahr«[748] durch den Erschöpfungsgrundsatz; zumindest sei es zweifelhaft, ob das Vertriebsmodell mit dem Erschöpfungsgrundsatz vereinbar ist.[749] Dabei ist bereits der Begriff des *Erschöpfungsgrundsatzes* problematisch. Er ist missverständlich, weil er teils eigenständig – ohne Rückgriff auf das UrhG – verwendet wird.[750] Es ist daher ungenau, von der Erschöpfung von Lizenzen oder »dinglich abgespaltenen Rechten«[751] zu sprechen. Nur das Verbreitungsrecht (§§ 17 I, 69c Nr. 3 S. 1 UrhG) ist nach einer rechtmäßigen Erstverbreitung gemäß §§ 17 II, 69c Nr. 3 S. 2 UrhG erschöpft. Das heißt, der Erwerber eines Vervielfältigungsstückes darf

---

748 *Schiffner*, Open Source Software, S. 136; *F. A. Koch*, CR 2000, 333, 336; *Plaß*, GRUR 2002, 670, 680.

749 *Jaeger/Metzger*, OSS, Rn. 132; *Teupen*, Copyleft, S. 213ff.; *Böcker*, Computerprogramme, S. 194f.; *Spindler*, CR 2014, 557, 565f.; *Rautenstrauch*, Open-Source-Computersoftware, S. 165; *Timm*, Kartellrecht der Softwareverträge, S. 281.

750 Vgl. etwa *Heussen*, MMR 2004, 445, 449; *ders.*, in: FS Kilian, S. 323, 327f.

751 *Heussen*, MMR 2004, 445, 449.

dieses verbreiten, also weiter veräußern, ohne dass der Urheber Einfluss auf diese Veräußerung nehmen darf. Es ist dem Erwerber indes weder erlaubt, das Werkstück zu vervielfältigen, zu verändern noch es öffentlich wiederzugeben; auch die Verbreitung von selbst hergestellten Vervielfältigungsstücken oder einer veränderten Version ist nicht zulässig.[752] Nichts anderes gilt für Computerprogramme. Der EUGH hat in der Usedsoft-Entscheidung[753] lediglich den Begriff der Verbreitung anders ausgelegt, als dies nach deutschem Verständnis nahegelegen hätte.[754]

Eine »Gefahr« könnte allenfalls dadurch bestehen, dass Beschränkungen des Nutzungsrechts nach der Erstverbreitung gegenüber dem Erwerber und späteren Erwerbern nicht mehr durchgesetzt werden können.[755] Das Verbreitungsrecht erschöpft vollständig; eine Beschränkung des Nutzungsrechts erlischt somit nach der Verbreitung. Allerdings droht die Gefahr nur scheinbar. Denn der Urheber kann lediglich die weitere Verbreitung des konkreten Werkstücks nicht mehr unterbinden. Wird etwa ein Werk unter einer CC-Lizenz angeboten, welche die kommerzielle Nutzung verbietet, so kann der Erwerber eines Werkstückes, an dem sich das Verbreitungsrecht erschöpft hat, dieses kommerziell weiterverbreiten. Es ist dem Erwerber aber nicht gestattet, das Werk darüber hinaus kommerziell zu verwerten, etwa zu bearbeiten oder zu vervielfältigen.[756]

Genauso wenig führt die Direktlizenzierungsklausel in den Open Content Lizenzen dazu, dass die Erschöpfung des Verbreitungsrechts umgangen wird.[757] Auch Klauseln, die den Vertrieb unter bestimmte Bedingungen stellen, berühren das erschöpfte Verbreitungsrecht nicht und sind daher nicht nach § 305c BGB überraschend.[758] Entscheidend hierfür ist der Zeitpunkt des Vertragsschlusses: Der Lizenzvertrag zwischen dem Nutzer und dem Rechteinhaber kommt in dem Zeitpunkt zustande, in welchem der Nutzer verwertet, d. h. eine urheberrecht-

752 LG Frankfurt a.M. CR 2006, 729, 732 – Anwendbarkeit der GPL; *Schack*, UrhR, Rn. 430; *Rosenkranz*, Open Contents, S. 83f. Zu pauschal daher *Spindler*, K&R 2004, 528, 531; wortgleich *ders.*, in: Spindler, Rechtsfragen OS, S. 94: »Andererseits stünden dem Zweiterwerber mangels wirksamer Vereinbarung der GPL auch nur die Rechte der §§ 69a ff. UrhG zu, so dass er grundsätzlich nicht zur Veränderung der Software berechtigt wäre.«

753 EUGH EU:C:2012:407 = GRUR 2012, 904 – UsedSoft/Oracle.

754 Ob die Entscheidung inhaltlich überzeugt, steht auf einem anderen Blatt. Vgl. zur Kritik nur *Stieper*, ZUM 2012, 668.

755 BGH GRUR 2001, 153 – OEM-Version.

756 Vgl. auch *Spindler*, CR 2014, 557, 566.

757 Vgl. aber *Heussen*, MMR 2004, 445, 449 »Erschöpfungsgrundsatz nicht anwendbar«; *Wiebe*, in: Spindler/Schuster § 69c Rn. 52f.; *König*, Einfaches, unentgeltliches Nutzungsrecht, S. 89f.; *Oberhem*, Vertrags- und Haftungsfragen, S. 147f.; *Rautenstrauch*, Open-Soruce-Computerprogramme, S. 165; wie hier *Schiffner*, Open Source Software, S. 169; *Spindler/Wiebe*, CR 2003, 873, 877.

758 So *Plaß*, GRUR 2002, 670, 679f.; dagegen *Jaeger/Metzger*, OSS, Rn. 185ff.

liche zustimmungsbedürftige Verwertungshandlung vornimmt. Mit dem Erwerber eines Werkstückes, an dem sich das Verbreitungsrecht erschöpft hat, kommt zunächst kein Lizenzvertrag zustande. Auch wenn er das Werkstück weiterveräußern will, greift er nicht in die Rechte des Urhebers ein, da sich das Verbreitungsrecht bereits erschöpft hat. Ein Lizenzvertrag wird vielmehr erst dann geschlossen, wenn der Erwerber das Werk verwertet, indem er es etwa verändert, vervielfältigt oder öffentlich wiedergibt. In diesem Fall sieht die Open Content Lizenz eine Direktlizenzierung zwischen dem Urheber und dem Verwerter vor. Die Erschöpfung des Verbreitungsrechts wird folglich nicht umgegangen, weil derjenige, der ein Werkstück erwirbt, an dem sich das Verbreitungsrecht erschöpft hat, gar keinen Lizenzvertrag abschließen muss.

Die Erschöpfung des Verbreitungsrechts findet auch bei Open Content die vom Gesetz vorgesehene Anwendung. Dabei kommt es weder zu einer Behinderung des Vertriebsmodells noch verstößt dieses gegen den Erschöpfungsgrundsatz der §§ 17 II, 69c Nr. 3 S. 2.[759]

759 *Timm*, Kartellrecht der Softwareverträge, S. 282 f.; *Teupen*, Copyleft, S. 224; *Jaeger/Metzger*, OSS, Rn. 132; *Metzger*, in: Kollision von UrhR und Nutzerverhalten, S. 115, 119; anschaulich *Jaeger*, in: ifrOSS-GPL § 4 Rn. 20 f.

3. Teil: Rechtsdurchsetzung

Verstößt ein Lizenznehmer gegen die Lizenzbedingungen, dann entfällt sein Nutzungsrecht und dem Rechteinhaber stehen die Ansprüche aus §§ 97ff. UrhG zu. Bei Open Content Projekten, an denen viele beteiligt sind, werden häufig nicht alle, sondern nur einzelne Urheber oder eine Organisation die Rechtsverletzung gerichtlich verfolgen. Hier fragt sich, ob nur eigene oder auch fremde Rechte durchgesetzt werden können (unten A.), ob Vermutungen den Beweis der Urheberschaft erleichtern (unten B.) und wie weit die Ansprüche der Beteiligten reichen (unten C.). In den vergangenen Jahren hat ein ehemaliger Entwickler des Linux-Kernels die Softwarebranche durch Abmahnungen und Klagen in Aufruhr versetzt.[760] Dieses Verhalten scheint auf dem ersten Blick den Grundsätzen des Open Content zu widersprechen, sodass der Vorwurf rechtsmissbräuchlichen Verhaltens im Raum steht.[761] Hier ist zu untersuchen, ob tatsächlich ein solches treuwidriges Verhalten vorliegt und wie entsprechenden Abmahnungen entgegengetreten werden kann (unten D.).

A. Aktivlegitimation

Eine Verletzung des Urheberrechts kann jeder Urheber für sein Werk geltend machen. Ist bei verbundenen Werken nur eines der Werke betroffen, dann ist der Urheber des anderen Werkes nicht befugt, die Rechtsverletzung geltend zu machen.[762] Auch im Fall von Bearbeitungen kann der jeweilige Bearbeiterurheber aus eigenen nur klagen, wenn *sein* Werkbeitrag verletzt wird.[763] Kraft seines Verbietungsrechts (§ 31 III UrhG) aktivlegitimiert ist auch der Inhaber eines ausschließlichen Nutzungsrechts.[764] Neben ihm ist auch der Urheber be-

760 Vgl. https://t1p.de/Copyright-Trolle, https://t1p.de/Linux-Abmahnungen.
761 Etwa *von Welser*, ZGE 2017, 570, 582; *Czychowski*, GRUR-RR 2018, 1, 5.
762 BGH GRUR 2016, 1189 Tz. 11ff. – Goldrapper.
763 *F. Koch*, CR 2000, 273, 279; *Omsels*, in: FS Hertin, S. 141, 163.
764 *Schack*, UrhR, Rn. 757; *F. Schäfer*, K&R 2010, 298, 299.

rechtigt, eine Rechtsverletzung geltend zu machen, wenn er ein berechtigtes Interesse an der Rechtsverfolgung hat.[765] Das gilt vor allem für Unterlassungsansprüche bei Eingriffen in das Urheberpersönlichkeitsrecht oder wenn der Urheber am Gewinn beteiligt ist.[766]

I. Gesetzliche Prozessstandschaft, § 8 II UrhG

Eine gesetzliche Prozessstandschaft sieht § 8 II 3 UrhG nur für Miturheber vor: Ein Miturheber kann Ansprüche wegen Verletzung des gemeinsamen Urheberrechts im eigenen Namen durchsetzen. Dabei spielt es keine Rolle, wie groß der Beitrag des klagenden Urhebers im Verhältnis zum Gesamtwerk ist.[767] Fraglich ist, ob § 8 II 3 UrhG analog auf verbundene Werke oder Bearbeitungen angewendet werden kann.[768] Dagegen spricht, dass die Prozessstandschaft im deutschen Zivilprozess eine Ausnahme darstellt; grundsätzlich muss jeder seine Rechte selbst geltend machen.[769] Daher darf nicht vorschnell eine planwidrige Regelungslücke angenommen werden. Der Gesetzgeber hat in § 8 II UrhG Verletzungen »des gemeinsamen Urheberrechts« im Blick gehabt und wollte dessen Rechtsverfolgung vereinfachen.[770] Ein solches *gemeinsames* Urheberrecht fehlt bei Bearbeitungen und Werkverbindungen. Bei der Werkverbindung (§ 9 UrhG) besteht gerade nur eine Treuepflicht im Innenverhältnis der Urheber; jeder Urheber *kann* sein Werk auch anderweitig verwerten, wenn er nicht ein ausschließliches Nutzungsrecht in die Gesellschaft eingebracht hat. Die Einräumung eines Nutzungsrechts an einen Dritten mag im Verhältnis zum Urheber des anderen verbundenen Werkes eine Vertragsverletzung sein, sie ist aber gleichwohl wirksam. Schon deshalb besteht kein Anlass, dem Urheber eines verbundenen Werkes die Prozessführung auch über das fremde Recht zu gestatten.[771] Auch bei Bearbeitungen besteht keine § 8 II 3 UrhG vergleichbare Interessenlage.[772] Bei der Verwertung der Bearbeitung wird auch das Aus-

---

765 BGH GRUR 2017, 266, 269 Tz. 35 – World of Warcraft I; BGHZ 118, 394, 399 f. – ALF. *Schack*, UrhR, Rn. 758 fordert kein berechtigtes Interesse des Urhebers.

766 BGH aaO; *Pießkalla*, ZUM 2015, 858, 863.

767 BGH GRUR 2003, 231, 233 – Staatsbibliothek.

768 Dafür *Metzger*, in: Wissen – Märkte – Geistiges Eigentum, S. 79, 86.

769 *Schack*, in: FS Gerhardt, S. 859.

770 BT-Drs. IV/270, S. 41.

771 A. A. *Metzger*, in: Wissen – Märkte – Geistiges Eigentum, S. 79, 86; *Wirtz*, in: Fromm/Nordemann § 9 UrhG Rn. 16; OLG Hamburg ZUM-RD 2013, 428, 439 (aufgehoben vom BGH GRUR 2016, 1189 – Goldrapper).

772 Für eine Analogie zu § 8 II 3 UrhG *Jaeger/Metzger*, OSS, Rn. 167; *Metzger*, in: Wissen – Märkte – Geistiges Eigentum, S. 79, 86; ihm folgend *Nordmeyer*, JIPITEC 2010, 19 Rn. 22; dagegen *Teupen*, Copyleft, S. 156; *S. Meyer*, Miturheberschaft, S. 124f.

gangswerk mitverwertet. Dementsprechend kann der Urheber des Ausgangswerkes aus eigenem Recht wegen der Verletzung seines Bearbeitungsrechts (§ 23 UrhG) vorgehen. Umgekehrt besteht kein Anlass, dem Bearbeiterurheber zu gestatten, Verletzungen des Ausgangswerkes geltend zu machen. Das Ausgangswerk ist unabhängig von der Bearbeitung und von ihr in keiner Weise abhängig. Der Urheber kann sich bewusst gegen ein rechtliches Vorgehen entscheiden oder gar dazu verpflichtet haben, von einer Rechtsverfolgung abzusehen. Diese Entscheidung darf nicht durch den Bearbeiter unterlaufen werden. Daher besteht auch bei der Miturheberschaft keine vergleichbare Interessenlage. Eine analoge Anwendung des § 8 II 3 UrhG scheidet daher sowohl für verbundene Werke als auch für Bearbeitungen aus.[773]

II. Gewillkürte Prozessstandschaft

Gesetzlich ist eine Prozessstandschaft nur für die Miturheberschaft vorgesehen. Sollen auch in anderen Fällen fremde Rechte im eigenen Namen durchgesetzt werden, so besteht im deutschen Recht die Möglichkeit einer *gewillkürten* Prozessstandschaft.[774] Erforderlich hierfür ist ein eigenes schutzwürdiges Interesse des Klägers, das fremde Recht im eigenen Namen durchzusetzen.[775] Dieses Interesse kann etwa daraus resultieren, dass der Prozessausgang Einfluss auf die Rechtslage des Klägers hat. Dies wird für den Inhaber eines einfachen Nutzungsrechts grundsätzlich angenommen.[776] Neben dem eigenen Interesse des Prozessstandschafters ist erforderlich, dass ihm der Berechtigte entsprechend § 185 BGB eine Ermächtigung zur Prozessführung erteilt.[777] In den untersuchten Open Content Lizenzverträgen fehlt eine ausdrückliche Ermächtigung zur Prozessführung.[778]

Allerdings könnte der Lizenzvertrag ergänzend so auszulegen sein, dass dem Lizenznehmer eine solche Ermächtigung erteilt wird. Damit könnte eine effektivere Rechtsdurchsetzung der Lizenzvereinbarung erreicht werden. Dagegen spricht jedoch, dass sich ein Urheber gerade bei Open Content Projekten bewusst dagegen entscheiden kann, seine Rechte gerichtlich durchzusetzen – etwa

---

773 So jetzt auch *Schulze*, in: Dreier/Schulze § 9 UrhG Rn. 22.

774 Ausführlich zur gewillkürten Prozessstandschaft *Hoffmann*, ZZP 130 (2017), 403ff. mwN. Zur Kritik etwa *Schack*, in: FS Gerhardt, S. 859, 869ff. mwN.

775 BGHZ 96, 151; *Jacoby*, in: Stein/Jonas vor § 50 ZPO Rn. 50ff.

776 BGH GRUR 1959, 200, 201 – Der Heiligenhof; *Schack*, UrhR, Rn. 821; *Leistner*, in: Schricker/Loewenheim § 97 UrhG Rn. 50; *Specht*, in: Dreier/Schulze § 97 UrhG Rn. 21; *Reber*, in: BeckOK-UrhG § 97 Rn. 17.

777 BGH NJW 2015, 2425 Tz. 22; *Weth*, in: Musielak/Voit § 51 ZPO Rn. 26; *Hübsch*, in: BeckOK-ZPO § 51 Rn. 47.

778 Vgl. *Omsels*, in: FS Hertin, S. 141, 163.

um nicht in den Ruf eines »rücksichtslosen Abmahners« zu geraten. Aber auch wenn der Urheber seine Rechte gerichtlich durchsetzen möchte, hat er ein Interesse daran, dass dies nicht irgendein ihm unbekannter Bearbeiter übernimmt. Denn das vom Prozessstandschafter erstrittene Urteil wirkt schließlich auch gegen den Rechtsinhaber.[779] Die Interessen des Urhebers sprechen damit grundsätzlich gegen eine Prozessstandschaft bei Open Content. Folglich können die Lizenzverträge nicht so ausgelegt werden, dass der Urheber den Lizenznehmer ermächtigt, als Prozessstandschafter aufzutreten.

B. Beweis der Urheberschaft

Wer als Urheber eine Rechtsverletzung geltend macht, muss er seine Urheberschaft darlegen und beweisen. Dies gilt auch für den Bearbeiterurheber.[780] § 10 UrhG privilegiert den in üblicher Weise als Urheber Bezeichneten; seine Urheberschaft wird widerleglich vermutet.[781] Diese gesetzliche Vermutung gilt für Miturheber wie für Bearbeiter eines Werkes.[782] Die Vermutung betrifft jedoch nur die Urheberschaft und nicht die Schutzfähigkeit des Werkbeitrages.[783] Der klagende Bearbeiter oder Miturheber muss beweisen, dass sein Beitrag die Schöpfungshöhe erreicht. Das gilt auch für Computerprogramme. Nach dem BGH gilt zwar die tatsächliche Vermutung, dass komplexe Computerprogramme schutzfähig sind.[784] Ob der einzelne Beitrag aber die Schöpfungshöhe erreicht, liegt außerhalb der Vermutung und muss dementsprechend dargelegt und bewiesen werden.[785] Sowohl der Beitrag eines Miturhebers als auch die Bearbeitung müssen jeweils selbst urheberschutzfähig sein. Nur wenn diese Beiträge selbst wieder komplex sind, kann die vom BGH aufgestellte tatsächliche Vermutung greifen. Die einfache Bearbeitung eines komplexen Werkes reicht hierfür nicht aus.[786]

779 RGZ 73, 306, 309; BGHZ 123, 132, 135f.; *Schack*, NJW 1988, 865, 869; *Hoffmann*, ZZP 130 (2017), 403 418f.

780 OLG Hamburg MMR 2019, 452 Tz. 78ff. – VM-Ware; LG Köln GRUR-RR 2018, 11 Tz. 59.

781 *Riesenhuber*, GRUR 2003, 187, 195; *Schack*, UrhR, Rn. 309.

782 Für Miturheber BGH GRUR 2009, 1046 Tz. 25 – Kranhäuser; für Bearbeiter BGH GRUR 1991,456, 457 – Goggolore; *Riesenhuber*, GRUR 2003, 187, 190.

783 BGH GRUR 1998, 376, 378 – Coverversion; *Schulze*, in: Dreier/Schulze § 10 UrhG Rn. 18.

784 BGH GRUR 2005, 860, 861 – Fash 2000.

785 OLG Karlsruhe, Urt. v. 6.7.2015–6 U 91/15 (unveröffentlicht).

786 OLG Hamburg MMR 2019, 452 Tz. 130f. – VM-Ware; *Czychowski*, GRUR-RR 1, 3; *Galetzka/Hackel*, MMR 2019, 455, 456.

C. Materielle Ansprüche

Der Rechteinhaber kann gemäß § 97 I UrhG Beseitigung und Unterlassung verlangen und gemäß Absatz 2 bei Verschulden des Verletzers auch Schadensersatz. Ein Anspruch auf Einhaltung der Copyleft-Klausel steht dem Lizenzgeber indes nicht zu. Er kann vom Verletzer nicht verlangen, dass dieser den Quellcode offenlegt und seine Bearbeitung lizenziert.[787]

Bei der Rechtsverletzung sind zwei Konstellationen zu unterscheiden: Zum einen kann das bedingt eingeräumte Nutzungsrecht entfallen, wenn der Lizenznehmer die Lizenzbedingungen nicht einhält. Zum anderen kann der Urheber nicht in der Lage oder nicht Willens sein, ein Nutzungsrecht einzuräumen;[788] weil er nicht (mehr) verfügungsbefugt ist oder ein Dritter das Werk ohne Zustimmung des Urhebers unter eine Open Content Lizenz gestellt hat.

I. Unterlassungsanspruch

Unterlassung kann der Rechteinhaber nach § 97 I UrhG nur insoweit verlangen, wie seine Rechte betroffen sind. Der Übersetzer eines Buches zB kann nur gegen die Verwendung *seiner* Übersetzung vorgehen, nicht gegen die Verwertung anderer Übersetzungen.[789] Dafür muss er darlegen und beweisen, dass er Bearbeiterurheber ist und seine Bearbeitung widerrechtlich verwertet wurde. Die gleichen Grundsätze finden Anwendung, wenn Open Content verwertet wird, an dem viele mitgearbeitet haben: Der Rechteinhaber muss darlegen und beweisen, dass sein schutzfähiger Beitrag widerrechtlich verletzt wurde. Wenn ihm das gelingt, kann er verlangen, dass *dieser* Beitrag nicht mehr verwertet wird.[790]

1. Unterlassungsanspruch bei Lizenzverstoß

Entfällt das Nutzungsrecht wegen eines Lizenzverstoßes, dann stehen dem Rechteinhaber Unterlassungs- und Beseitigungsansprüche nach § 97 I UrhG zu. Fraglich ist indes die Reichweite des Unterlassungsanspruchs. Kann die Nutzung vollständig untersagt oder lediglich die Verwertung außerhalb der Lizenzbedingungen untersagt werden?

Die Gerichte verurteilen nicht zu einem »›uneingeschränkten‹ Verbreitungsverbot […], sondern – lediglich – [dazu,] es zu unterlassen, die Software

---

787 Dazu oben S. 98ff.

788 Dazu und zum erweiterten Sukzessionsschutz oben S. 81ff.

789 *Loewenheim/Leistner*, in: Schricker/Loewenheim § 3 UrhG Rn. 40.

790 LG Hamburg CR 2016, 364 Tz. 92f. – VMware.

ohne die Einhaltung der – im Einzelnen genau zu bezeichnenden und zu beschreibenden – Bestimmung der [Lizenz] zu verbreiten«[791]. Das überzeugt. Da der Unterlassungsanspruch in die Zukunft gerichtet ist, muss ein vollständiges Verbot ausscheiden. Denn der Verletzer kann das an jedermann gerichtete Angebot erneut annehmen[792] und das Werk dann lizenzkonform verwerten. Es existiert keine Klausel, die es einem Verletzer verbieten würde, das Angebot noch einmal anzunehmen. Eine solche Klausel stünde auch im Widerspruch zum Prinzip der Open Content Lizenzen: *Jedermann* soll die Nutzung innerhalb der Lizenz gestattet werden.

Die Klageschrift muss den Voraussetzungen des § 253 II Nr. 2 ZPO genügen und sowohl das verletzte Werk als auch die Verletzungshandlung genau bezeichnen.[793] So weiß der Prozessgegner, auf welche Version und welchen Teil des Werkes sich der Klageantrag bezieht und welches Verhalten er unterlassen soll; diese Fragen sollen nicht erst im Vollstreckungsverfahren geklärt werden.[794] Darüber hinaus müssen die angegriffene Verwertungshandlung sowie der konkrete Verstoß gegen die Lizenz in der Klageschrift und somit auch im Tenor des Urteils bezeichnet sein.[795] Andere nicht bezeichnete Verstöße prüft das Gericht nicht. Der Kläger kann aus dem Unterlassungstitel folglich nur gegen denselben Verstoß oder gegen kerngleiche Verstöße vorgehen.[796] Andere als die geltend gemachten Verstöße gegen die Lizenz sind nicht kerngleich und müssten vom Rechteinhaber in einem eigenständigen Verfahren durchgesetzt werden. Das Gericht darf folglich nicht tenorieren, der Beklagte habe es zu unterlassen, das Werk anders als durch die Open Content Lizenz gestattet zu nutzen. Ein derartiges Urteil wäre zu unbestimmt.[797] Denn die Open Content Lizenzen sind in einigen Punkten nicht hinreichend bestimmt und auslegungsbedürftig.[798] Aus

791 OLG Hamm MMR 2017, 767 Tz. 148 – GPL. So auch LG Berlin BeckRS 2007, 16293 (Tenor nicht abgedruckt in CR 2006, 735); LG Halle, BeckRS 2015, 20839 (Tenor nicht abgedruckt in CR 2016, 27); LG Hannover CR 2016, 430; LG Leipzig BeckRS 2016, 07334 (Tenor nicht abgedruckt in MMR 2016, 417); LG Köln BeckRS 2017, 132228 (Tenor nicht abgedruckt in GRUR-RR 2018, 11 – Linux-Kernel).

792 *von Welser*, GRUR-Prax 2018, 164, 165 und 166. Dazu und den »Heilungsmöglichkeiten« der CC v4 und GPL v3 bereits oben bei Fn. 599, S. 104f.

793 BGH GRUR 2017, 266 Tz. 29 – World of Warcraft I. *von Welser*, ZGE 2017, 570, 583f.; *Czychowski*, GRUR-RR 2018, 1, 3f. und *Schöttle*, CR 2018, 15f. weisen darauf hin, dass etwa die Verweisung auf den »Linux-Kernel« zu unbestimmt sei.

794 BGH GRUR 2017, 266 Tz. 29 – World of Warcraft I.

795 *von Welser*, ZGE 2017, 570, 586. So etwa LG München I, LG Hannover, LG Köln (Nachweise oben Fn. 791).

796 BGH GRUR 2014, 706 Tz. 11 – Reichweite des Unterlassungsgebots.

797 *von Welser*, ZGE 2017, 570, 585f.

798 Vgl. OLG Köln, GRUR 2015, 167 – Creative Commons Lizenz zur Auslegung, wann eine *kommerzielle* Nutzung vorliegt. Vgl. zudem oben S. 110ff. zu Zweifelsfragen bei der Copyleft-Klausel der GNU GPL v2.

dem Tenor muss eindeutig hervorgehen, welches konkrete Verhalten zu unterlassen ist. Im Zweifel ist der Tenor unter Rückgriff auf die Gründe auszulegen.[799] Nimmt der Tenor Bezug auf eine Open Content Lizenz, ohne dass sich der konkrete Verstoß – im Zweifel durch Auslegung – ermitteln lässt, ist der Tenor unbestimmt und das Urteil insoweit unwirksam und nicht vollstreckbar[800].

2. Unterlassungsanspruch bei fehlender Nutzungsrechtseinräumung

Wenn der Rechteinhaber kein Nutzungsrecht eingeräumt hat, hat er einen uneingeschränkten Unterlassungsanspruch. Dies hat zur Folge, dass die entsprechenden Werke oder Werkteile ohne Zustimmung des Berechtigten nicht genutzt werden dürfen. Solche Fälle können vorkommen, wenn der Rechteinhaber nicht (mehr) verfügungsbefugt ist, weil er ein ausschließliches Nutzungsrecht eingeräumt hat oder in die Insolvenz gefallen ist.

II. Schadensersatz

§ 97 II UrhG gewährt dem Rechteinhaber einen Schadensersatzanspruch, wenn der Verletzer vorsätzlich oder fahrlässig gehandelt hat. Hier fragt sich, welcher Sorgfaltsmaßstab in Bezug auf die Rechtsinhaberschaft und die Verfügungsbefugnis an das Handeln des Verletzers anzulegen ist (unten 2.) und welcher Schaden dem Urheber entsteht, wenn der Verletzer die Lizenzbedingungen nicht einhält (unten 3.).

1. Miturheber

Handelt es sich bei dem verletzten Werk um ein in Miturheberschaft geschaffenes Werk, müssen alle Miturheber namentlich benannt werden. Gemäß § 8 II 3 a.E. UrhG kann ein Miturheber nur Leistung an alle verlangen.[801] Wenn das Werk von mehreren Personen geschaffen wurde, die einander nicht kennen und anonym über das Internet zusammengearbeitet haben, ist es praktisch unmöglich, alle Miturheber namentlich zu benennen.[802] Damit scheidet ein Schadenser-

799 BGH GRUR 2018, 292 Tz. 18 mwN – Produkte zur Wundversorgung.

800 Vgl. *Althammer*, in: Stein/Jonas § 313 ZPO Rn. 27; *Musielak*, in: Musielak/Voit § 313 ZPO Rn. 13.

801 Dazu *Schack*, UrhR, Rn. 320.

802 *F. Koch*, CR 2000, 273, 279; *Omsels*, in: FS Hertin, S. 141, 168; *Spindler*, in: FS Schricker, S. 539, 548; *F. Schäfer*, K&R 2010, 298, 299; *S. Meyer*, CR 2011, 560, 562; *Völzmann-Stickelbrock*, in: Geistiges Eigentum im Internet, S. 47, 58; *Teupen*, Copyleft, S. 161.

satzanspruch bei in Miturheberschaft geschaffenen Werken praktisch häufig schon aus diesem Grund aus.

2. Verschuldensmaßstab

Nach § 97 II 1 UrhG schuldet Schadensersatz, wer die Rechtsverletzung vorsätzlich oder fahrlässig begeht. Fahrlässig handelt, wer die im Verkehr erforderliche Sorgfalt außer Acht lässt (§ 276 II BGB). Im Urheberrecht wird allgemein ein sehr strenger Maßstab an die verkehrsübliche Sorgfalt angelegt.[803] Wer ein fremdes Werk nutzen will, muss sich vorher über den Bestand des Rechts sowie den Umfang der Nutzungsbefugnis und damit auch über Lizenzketten informieren.[804] Das kann bei Open Content Projekten, an denen über Jahre viele Personen mitgewirkt haben, praktisch unmöglich sein. Die Schätzungen, wie viele Entwickler zum Linux Kernel beigetragen haben, gehen auseinander;[805] mehrere Tausend sind es in jedem Fall. Und auch bei Wikipedia haben tausende Menschen über Jahre zur Entstehung der Enzyklopädie beigetragen.[806] Es ist regelmäßig nicht überprüfbar, welche Beiträge der zahlreichen Entwickler schutzfähig sind und ob wirksam Rechte einräumt wurden.

Wer zu strenge Maßstäbe an die im Verkehr erforderliche Sorgfalt anlegt, überspannt die Anforderungen, die einem Lizenznehmer abverlangt werden können. Wer Nutzungsrechte von einem Dritten erwerben will, muss grundsätzlich darauf vertrauen, dass dieser darüber verfügen kann. Im Urheberrecht fehlt aber ein Rechtsscheinsträger,[807] der im Sachenrecht die Eigentumsvermutung des § 1006 BGB rechtfertigt, einen gutgläubigen Erwerb ermöglicht[808] und zur Privilegierung des gutgläubigen unberechtigten Besitzers gegenüber dem Eigentümer führt.[809] Immerhin führt die unberechtigte Nutzung nach § 97 UrhG nur bei Verschulden zu einem Schadensersatzanspruch, der also zumindest Fahrlässigkeit voraussetzt. Die Anforderungen an die im Verkehr erforderliche Sorgfalt dürfen aber nicht so streng angesetzt werden, dass dem Rechtsverletzer Nachforschungspflichten auferlegt werden, die er nicht erfüllen kann und die

---

803 BGH GRUR 1993, 34, 36 – Bedienungsanweisung; GRUR 2010, 616 Tz. 40 – marionskochbuch.de; kritisch *Raue*, Schadensberechnung, S. 250f.

804 *Specht*, in: Dreier/Schulze § 97 UrhG Rn. 78; *Wimmers*, in: Schricker/Loewenheim § 97 UrhG Rn. 245; *Reber*, in: BeckOK-UrhG § 97 Rn. 102.

805 *Jaeger/Metzger*, OSS, Rn. 22a aE (über 13.000); *von Welser*, GRUR-Prax 2018, 64 (15.000). Laut der Linux Foundation haben 15.600 Personen mitgearbeitet, vgl. https://www.linuxfoundation.org/2017-linux-kernel-report-landing-page/.

806 *Mezger*, in: Rechtsquelle Wikipedia?, S. 9, 12ff.

807 *Schack*, UrhR, Rn. 601. S. oben Fn. 465.

808 BGHZ 56, 123, 128f.; *Oechsler*, in: MüKo-BGB § 932 Rn. 6; vgl. *Raue*, Schadensberechnung, S. 254.

809 Vgl. *Gursky*, in: Staudinger vor §§ 987–993 BGB Rn. 4.

letztendlich zu einer verschuldensunabhängigen Schadensersatzhaftung führen würden.[810] Die Unmöglichkeit bzw. Unzumutbarkeit der Nachforschung hat die Rechtsprechung vielmehr in einigen Fällen dazu veranlasst, nicht nur die Fahrlässigkeit abzulehnen, sondern darüber hinaus den Anspruch auf Unterlassen auszuschließen.[811] Diese teleologische Reduktion war im Fall der Presse verfassungsrechtlich geboten[812] und zeigt, dass das UrhG eine in Teilen zu weitgehende Haftung vorsieht.[813] Zu berücksichtigen ist schließlich, dass dem Rechteinhaber - unabhängig vom Verschulden - ein Bereicherungsanspruch in Höhe der angemessenen Lizenzgebühr zusteht.[814] Der Rechteinhaber ist daher weder rechtlos gestellt noch werden seine Rechte ausgehöhlt, wenn geringere Anforderungen an die verkehrsübliche Sorgfalt gestellt werden. Es bestehen auch unionsrechtlich keine Bedenken gegen eine Anhebung des Fahrlässigkeitsmaßstabs. Zwar harmonisiert Art. 13 I Durchsetzungs-RL[815] die Fahrlässigkeit (iSv »vernünftigerweise hätten wissen müssen«). Doch ist die Richtlinie nur mindestharmonisierend und die bisherigen Anforderungen der Rechtsprechung sind strenger als von der Richtlinie gefordert.[816]

Bei Open Content, der über eine Plattform - wie etwa Wikipedia - angeboten wird ist zu prüfen, ob ein Lizenznehmer grundsätzlich darauf vertrauen darf, dass Inhalte auf der Plattform wirksam lizenziert worden sind. Bei der Beurteilung ist zu berücksichtigen, wie der Rechtsverkehr die Plattform wahrnimmt. Raum für eine solche einzelfallbezogene Beurteilung bietet der flexible Maßstab in § 276 II BGB.

Wenn ein Nutzer einen Inhalt auf Wikipedia lädt, fragt Wikipedia, ob er Urheber ist. Dies muss der Nutzer bestätigen. Darf ein Lizenznehmer dann

810 Kritisch auch BGHZ 68, 98f. - Kunststoffhohlprofil (zum Gebrauchsmuster); *Sack*, in: FS Hubmann, S. 373, 394f.; *Raue*, Schadensberechnung, S. 250f., der auf die verschuldensunabhängigen Ansprüche des Rechteinhabers auch aus Bereicherungsrecht hinweist.

811 BGH GRUR 1999, 418 - Möbelklassiker (keine Haftung der Presse bei urheberrechtsverletzenden Werbeanzeigen); LG Berlin GRUR-RR 2009, 216f. - Buchhändlerhaftung (keine Haftung des Buchhändlers bei Teilplagiat), kritisch dazu *Schack*, in: FS Reuter, S. 1167, 1181; LG Hamburg GRUR-RR 2011, 249 - Online-Buchhändler (keine Haftung des Online-Buchhändlers bei rechtswidriger Bildnutzung). Eine weitgehende Haftungsbegrenzung verlangt *Becker*, in: FS Buchner, S. 53, 64f.

812 *Schack*, in: FS Reuter, S. 1167, 1181; *J. B. Nordemann*, in: Fromm/Nordemann § 97 UrhG Rn. 183; vgl. BGH GRUR 1991, 418, 420 - Möbelklassiker.

813 Für eine restriktive Auslegung daher *Becker*, in: FS Buchner, S. 53, 62ff.

814 BGH GRUR 1992, 557, 558 - Talkmaster-Foto; *Sack*, in: FS Hubmann, S. 373, 375ff. (vgl. auch 384f. zur Entreicherung); *Schack*, UrhR, Rn. 808f. *Dreier*, in: Dreier/Schulze § 102a UrhG Rn. 3ff.; ausführlich *Raue*, Schadensberechnung, S. 257ff. (zur Entreicherung, S. 263ff.) und *ders.*, ZUM 2017, 71, 72f.). Der BGH hält eine Entreicherung im Regelfall für ausgeschlossen GRUR 2016, 1280 Tz. 96 - Everytime we touch; GRUR 2012, 715 Tz. 41 - Bochumer Weihnachtsmarkt.

815 Richtlinie 2004/48/EG zur Durchsetzung der Rechte des geistigen Eigentums.

816 *Raue*, Schadensberechnung, S. 102f.; *Dreier*, GRUR Int. 2004, 706, 707.

darauf vertrauen, dass andere sich rechtskonform verhalten und den Inhalt verwerten? Ihm ist es schlicht unmöglich, die Rechtekette nachzuprüfen, sodass die Nachfrage von Wikipedia genügen muss, um die Fahrlässigkeit des Lizenznehmers auszuschließen. Andernfalls würden die Sorgfaltsanforderungen überspannt. Nur wenn sich aufdrängt, dass die Rechte nicht wirksam eingeräumt werden können, sind weitere Nachforschungen anzustellen.

Auch wenn man die Anforderungen an die im Verkehr erforderliche Sorgfalt deutlich niedriger ansetzt als der BGH, bleibt das Haftungsrisiko bei der Verwendung von Open Content. Bei Software wie bei anderen Inhalten besteht die Gefahr, dass jemand fremde Inhalte als eigene ausgibt. Wer darauf vertraut und das Werk in Einklang mit den Lizenzbedingungen verwertet, begeht trotzdem eine Urheberrechtsverletzung – er haftet zumindest auf Unterlassung.

3. Schadenshöhe

§ 97 II UrhG gewährt dem Rechteinhaber einen Schadensersatzanspruch. Die Höhe des Schadens kann auf verschiedenen Wegen ermittelt werden. Grundlage ist die dreifache Schadensberechnung.[817] Regelmäßig stützen sich die Rechteinhaber zur Berechnung ihres Schadens auf die Lizenzanalogie.[818] Nach § 97 II 3 UrhG kann der Schadensersatzanspruch auch auf der Grundlage des Betrages berechnet werden, den der Verletzer als angemessene Vergütung hätte entrichten müssen, wenn er die Erlaubnis zur Nutzung des verletzten Rechts eingeholt hätte. Dieser Schaden besteht in der Höhe der angemessenen Lizenzgebühr.

Bei der Open Content Lizenzierung stellt sich folgendes Problem: Wenn der Urheber[819] ein Werk unter einer Open Content Lizenz kostenfrei anbietet, was ist dann die angemessene Lizenzgebühr, die verständige Parteien vereinbart hätten?[820] Null Euro! So die überwiegende Rechtsprechung.[821] Gelingt es dem Ur-

817 § 97 II 2, 3 UrhG. Dazu umfassend *Raue*, Schadensberechnung, S. 37, 225ff.

818 *Leistner*, in: Schricker/Loewenheim § 97 UrhG Rn. 267.

819 Hat ein Dritter ohne Erlaubnis ein fremdes Bild hochgeladen, können die folgenden Erwägungen nicht gelten, wenn der Urheber Schadensersatz verlangt. Denn der Urheber bietet sein Werk nicht kostenlos unter der Lizenz an.

820 Auf letzteres ist abzustellen; BGH GRUR 1962, 509, 513 – Dia-Rähmchen II; GRUR 2006, 136 Tz. 23 – Pressefotos; *Peifer*, AfP 2008, 545, 550; *Schack*, UrhR, Rn. 779; *Dregelies*, GRUR 2018, 8, 9; *Leistner*, in: Schricker/Loewenheim § 97 UrhG Rn. 271; *Specht*, in: Dreier/Schulze § 97 UrhG Rn. 83; *J. B. Nordemann*, in: Fromm/Nordemann § 97 UrhG Rn. 90; *Meckel*, in: Dreyer/Kotthoff/Meckel/Hentsch § 97 Rn. 76; *Reber*, in: BeckOK-UrhG § 97 Rn. 122; kritisch *Raue*, Schadensberechnung, S. 287.

821 OLG Köln GRUR 2015, 167, 173 – Creative-Commons-Lizenz; OLG Hamm MMR 2017, 767 Tz. 171 – GPL; weniger pauschal OLG Köln GRUR-RR 2018, 280 – Speicherstadt; LG Frankfurt a.M. ZUM 2018, 809, 813; a.A. LG München I MMR 2015, 467, 469; *F. Schäfer*, K&R 2010, 298, 301f.; *S. Meyer*, CR 2011, 560, 562f.; *Koreng*, K&R 2015, 99, 102f.

heber nicht, einen anderen Schaden darzulegen und zu beweisen,[822] so ist die Schadensersatzforderung unbegründet. Damit ist der Urheber aber nicht rechtlos gestellt;[823] denn ihm bleiben die Unterlassungs- und Beseitigungsansprüche aus § 97 I 1 UrhG. Es ist allerdings fraglich, ob die pauschale Verneinung eines Schadens nach der Lizenzanalogie richtig ist.[824] Schließlich hat der Rechteinhaber die kostenfreie Nutzung nur unter den ausgewählten Bedingungen erteilt.[825]

Es ist nach den Maßstäben der Lizenzanalogie im Einzelfall zu untersuchen, ob ein Schadensersatzanspruch zu gewähren ist. Danach ist die Lizenzgebühr zu zahlen, die vernünftige Vertragsparteien in Kenntnis der Umstände vereinbart hätten.[826] Dabei gilt ein objektiver Maßstab.[827] Zu berücksichtigen ist auch die bisherige Lizenzpraxis des Rechteinhabers.[828] Fehlt es an einer solchen, so ist die Höhe der angemessenen Lizenzgebühr unter Berücksichtigung der Umstände des Einzelfalls nach § 287 ZPO zu schätzen.[829] Im Ergebnis soll der Rechtsverletzer nicht besser stehen als ein ordentlicher Lizenznehmer.[830]

Für Open Content Lizenzen fällt es schwer, eine übliche Lizenzgebühr zu ermitteln. Trotzdem kann ein Schadensersatzanspruch nach der Lizenzanalogie weder pauschal verneint noch bejaht werden. Vielmehr ist im Einzelfall nach der Art des Verstoßes zu unterscheiden. Zwar führt bei vielen auflösend bedingten Lizenzen jeder Verstoß dazu, dass das Nutzungsrecht entfällt und ein Eingriff in das Ausschließlichkeitsrecht vorliegt. Doch ist zu berücksichtigen, dass der Rechteinhaber kostenlose Lizenzen anbietet. Es ist also zu ermitteln, was vernünftige Lizenzvertragsparteien für die Lizenzierung bei dem konkreten Verstoß vereinbart hätten. Keinesfalls kann die von Interessengruppen als angemessen empfohlene Vergütung[831] ungekürzt herangezogen werden.[832] Hat etwa

822 Es ist weiter möglich, einen tatsächlichen Schaden geltend zu machen und den Verletzergewinn herauszuverlangen. Dazu *Jaeger*, JIPITEC 2010, 36 Rn. 14. Zu letzterem LG Köln CR 2014, 704, 706.

823 So aber LG Bochum MMR 2016, 553, 554 (aufgehoben durch OLG Hamm Fn. 821).

824 Kritisch *Rauer/Ettig*, WRP 2015, 153, 157; *Mantz*, GRUR Int. 2008, 20, 23 zur Entscheidung eines niederländischen Gerichts.

825 *Schweinoch*, NJW 2015, 794, 795; *Völtz*, VuR 2016, 169, 173.

826 BGH GRUR 2006, 136 Tz. 23 – Pressefotos; GRUR 2009, 407 Tz. 22 – Whistling for a Train.

827 BGH aaO; *Raue*, Schadensberechnung, S. 287 mit Kritik an der Rechtsprechung. Vgl. zudem die Nachweise oben S. 142ff.

828 BGH GRUR 2009, 660 Tz. 32 – Resellervertrag; vgl. OLG Köln GRUR-RR 2018, 280 Tz. 23 – Speicherstadt; *Raue*, Schadensberechnung, S. 305.

829 BGH GRUR 2009, 407 Tz. 23 – Whistling for a train; OLG Köln GRUR 2015, 167, 173 – Creative-Commons-Lizenz; *von Wolff*, in: Wandtke/Bullinger § 97 UrhG Rn. 109; *Raue*, Schadensberechnung, S. 310.

830 BGH GRUR 1993, 55, 58 – Tchibo/Rolex II; GRUR 2006, 143, 146 – Catwalk; *Leistner*, in: Schricker/Loewenheim § 97 UrhG Rn. 267; *Specht*, in: Dreier/Schulze § 97 UrhG Rn. 83.

831 Wie etwa die Honorarempfehlungen der Mittelstandsgemeinschaft Foto-Marketing (MFM).

der Lizenznehmer das Werk verwendet und nur die Verlinkung vergessen,[833] ist zu ermitteln, welche Lizenzgebühr vernünftige Vertragsparteien für diese konkrete Verwertung vereinbart hätten. Da *diese* konkrete Verwertung (ohne Link auf die Lizenz) keinen eigenen wirtschaftlichen Wert hat, wäre die Lizenzgebühr folglich mit Null Euro zu bemessen.

Anders ist dagegen zu entscheiden, wenn die Lizenz nur die Verwertung für nicht kommerzielle Zwecke gestattet und der Lizenznehmer – lizenzwidrig – kommerziell verwertet. Die Lizenzierung zu kommerziellen Zwecken hat einen eigenen wirtschaftlichen Wert. Folglich besteht ein Schadensersatzanspruch, dessen Höhe sich nach der Lizenzanalogie bemisst. Entsprechendes gilt, wenn der Lizenznehmer Bearbeitungen ohne Erlaubnis vornimmt oder gegen die Copyleft-Klausel verstößt. Der Wert einer solchen Verwertung ist vom Gericht nach § 287 ZPO frei zu schätzen.

Schwieriger sind die Fälle zu bewerten, in denen die Lizenz Handlungen umfassend freigibt und der Verletzer nur die formalen Bedingungen[834] nicht einhält. Der Rechteinhaber erlaubt, das Werk unter den Bedingungen der Open Content Lizenz kostenfrei zu verwerten. Fraglich ist, ob der Lizenznehmer sich von den Lizenzbedingungen freikaufen könnte;[835] also ob die Verwertung ohne die Vorgaben der Open Content Lizenz einen eigenständigen Wert hat. Dagegen spricht, dass es sich bei den meisten Anforderungen, wie etwa dem Hinweis auf die Lizenz oder die Namensnennung,[836] um bloße Formalien handelt.[837] Es ist daher zu vermuten, dass die Verwertung ohne Einhaltung dieser Bedingungen keinen eigenen wirtschaftlichen Wert hat. Diese tatsächliche Vermutung kann der Rechteinhaber allerdings widerlegen. Kann er darlegen und beweisen, dass er das Werk neben der Open Content Lizenzierung kostenpflichtig lizenziert, dann besteht ein Schadensersatzanspruch.[838]

Die fehlende Namensnennung führt nicht nur dazu, dass das Nutzungsrecht des Urhebers entfällt, sondern auch zu einem Verstoß gegen § 13 UrhG. Der dadurch entstandene Schaden wird regelmäßig durch einen Zuschlag auf die

832 Diese stellen als einseitige Empfehlung eines Interessenverbandes vielmehr die maximale Lizenzgebühr dar. *Raue*, Schadensberechnung, 309; *Rauer/Ettig*, WRP 2015, 153, 156f.; OLG Hamm GRUR-RR 2014, 243f.; LG München I MMR 2015, 467, 469. Vgl. auch BGH GRUR 2006, 136 Tz. 27ff. – Pressefotos; GRUR 2019, 292 Tz. 17ff. – Foto eines Sportwagens.

833 Vgl. den Fall des LG Frankfurt a.M. ZUM 2018, 809.

834 Etwa Hinweis auf die Lizenz, zur Verfügungstellen des Ursprungsquellcodes, Namensnennung. Darunter fällt nicht ein Copyleft-Verstoß; er führt grundsätzlich zu einem Schadensersatzanspruch.

835 Vgl. OLG Hamm MMR 2017, 767 Tz. 171 – GPL.

836 Dazu sogleich.

837 OLG Hamm MMR 2017, 767 Tz. 171 – GPL.

838 OLG Köln GRUR-RR 2018, 280 Tz. 23f. – Speicherstadt. Vgl. BGH GRUR 2015, 258 Tz. 75 – CT-Paradies.

Lizenzanalogie abgegolten.[839] Dieser Zuschlag wird häufig durch einen prozentualen Aufschlag auf die fiktive Lizenzgebühr berechnet.[840] Wer so vorgeht, kann bei einer kostenlosen Lizenz die fehlende Namensnennung nicht berücksichtigen.[841] Auf die Weise wird der Urheber, der sein Werk unter einer Open Content Lizenz anbietet, nicht hinreichend geschützt. Neben persönlichkeitsrechtlichen Beeinträchtigungen kann die Namensnennung für ihn auch einen wirtschaftlichen Wert haben, etwa indem seine Reputation gesteigert wird.[842] Der Werbewert, den der genannte Urheber mit dem Werk erzielen kann, muss auch bei einer kostenlosen Lizenz berücksichtigt werden.[843] Auch bei Open Content Lizenzen verzichtet der Urheber nicht auf seine urheberpersönlichkeitsrechtlichen Befugnisse wie etwa die Namensnennung. Im Ergebnis muss das Gericht daher die Lizenzgebühr für die fehlende Namensnennung und somit den materiellen Schaden nach § 287 ZPO frei schätzen.[844]

Darüber hinaus kann der Urheber Schadensersatz wegen eines immateriellen Schadens nach § 97 II 4 UrhG verlangen. Dafür ist ein schwerwiegender Eingriff in das Urheberrecht erforderlich.[845]

III. Bereicherungsrecht

Fehlt es am Verschulden des Verwerters, so kann der Urheber neben dem verschuldensunabhängigen Anspruch auf Unterlassung auch Herausgabe der Bereicherung verlangen, ohne dass es auf das Verschulden ankommt. Den Weg zur Eingriffskondiktion (§ 812 I 1 Alt. 2 BGB) ebnet § 102a UrhG.[846] In der urheberrechtswidrigen Nutzung des Werkes liegt ein Eingriff in den Zuweisungsgehalt des Urheberrechts.[847] Die Nutzung kann der Verwerter nicht herausgeben, sodass er gemäß § 818 II BGB Wertersatz schuldet.[848] Bemessen wird der Wer-

839 BGH GRUR 2015, 780 Tz. 39 – Motorradteile.

840 Häufig wird ein Aufschlag von 100 % verlangt und zugesprochen, vgl. etwa BGH GRUR 2015, 780 Tz, 40 – Motorradteile; *Specht*, in: Dreier/Schule § 97 Rn. 80. Kritik u.a. bei *Schack*, UrhR, Rn. 784.

841 So mathematisch korrekt, aber wenig überzeugend OLG Köln GRUR 2015, 167, 173 – Creative-Commons-Lizenz. Zur Kritik am Urteil *Koreng*, K&R 2015, 102f.; *Rauer/Ettig*, WRP 2015, 153, 157; *M. Schneider*, CR 2016, 37, 42.

842 *Rauer/Ettig*, WRP 2015, 153, 154.

843 *M. Schneider*, CR 2016, 37, 42.

844 *Maaßen*, GRUR-Prax 2013, 127, 129; das KG Berlin hat diesen Schaden mit 100 EUR angesetzt, MMR 2016, 335, 336 – Pixelio.de.

845 BGH GRUR 2015, 780 Tz. 38 – Motorradteile; *Schack*, UrhR, Rn. 785.

846 *Zurth*, GRUR 2019, 143; *Dreier*, in: Dreier/Schulze § 97 UrhG Rn. 1.

847 BGH GRUR 2010, 623 Tz. 33 – Motorradteile; GRUR 2016, 1280 Tz. 96 – Everytime we touch; *Zurth*, GRUR 2019, 143, 144f.

848 BGH GRUR 2016, 1280 Tz. 96 – Everytime we touch; *Schack*, UrhR, Rn. 809.

tersatz an objektiven Maßstäben, also der angemessenen Lizenzgebühr.[849] Dabei werden dieselben Kriterien herangezogen wie bei der Schadensberechnung nach der Lizenzanalogie. Für Inhalte, die unter einer Open Content Lizenz stehen, ist daher auch auf Ebene des Bereicherungsrechts zu berücksichtigen, dass die Inhalte *unentgeltlich* angeboten werden.[850] Gleichwohl kann auch ein Bereicherungsanspruch mit Blick auf die Unentgeltlichkeit nicht pauschal abgelehnt werden.

Führt die Verletzung zu einem Bereicherungsanspruch auf Zahlung der Lizenzgebühr, so ist zu berücksichtigen, dass der BGH eine Entreicherung nach § 818 III BGB weitgehend ausschließt.[851] Nach seiner Ansicht kann das Erlangte (der rechtswidrige Gebrauch des Schutzrechts) nach der Nutzung nicht mehr entfallen.[852]

D. Missbräuchliche Rechtsausübung?

In den vergangenen Jahren hat ein ehemaliger Linux-Entwickler mit Abmahnungen für Aufsehen gesorgt und den Ärger der anderen Entwickler auf sich gezogen.[853] Er hat Unternehmen, die gegen die GNU GPL v2 verstoßen haben, abgemahnt und zur Abgabe einer Unterlassungserklärung aufgefordert, in der sich das Unternehmen verpflichtet, nicht gegen die GPL zu verstoßen. Später verlangte er wegen eines weiteren GPL-Verstoßes eine Vertragsstrafe. Anspruchsgrundlage war also nicht § 97 UrhG, sondern die Unterlassungsvereinbarung, sodass die Erwägungen zur Schadenshöhe hier nicht greifen.

Auch andere (Bearbeiter-)Urheber mahnen gezielt Verstöße gegen Open Content Lizenzen.[854] Der Verdacht liegt nahe, dass Abmahnungen und Vertragsstrafen auch bei Verstößen gegen Lizenzbedingungen von Open Content gezielt genutzt werden, um sich daran zu bereichern.[855] Dies steht im Widerspruch zur ursprünglichen Idee von Open Content. Inhalte für jedermann kostenlos zugänglich zu machen, um sich anschließend am Fehlverhalten einzelner Lizenznehmer zu bereichern, legt den Vorwurf des Rechtsmissbrauchs

849 BGH GRUR 2016, 1280 Tz. 96; *Schack*, UrhR, Rn. 809; *Zurth*, GRUR 2019, 143, 145.

850 Dazu oben S. 142ff.

851 BGH GRUR 2012, 715 Tz. 41 – Bochumer Weihnachtsmarkt. GRUR 2016, 1280 Tz. 96 – Everytime we touch; dem folgend *Schack*, UrhR, Rn. 809.

852 Dagegen *Raue*, ZUM 2017, 71, 72f.; *Zurth*, GRUR 2019, 143, 146.

853 Vgl. *von Welser*, ZGE 2017, 570, 573f.; *Czychowski*, GRUR-RR 2018, 1, 2.

854 Vgl. www.bilderdiebstahl.de. Dazu *Reuter*, Die Cider Connection. https://t1p.de/Cider-Connection; *Pachali*, Vermehrte Abmahnungen bei Creative-Commons-Fotos, https://t1p.de/Abmahnung-CC.

855 Zum Lauterkeitsrecht der Bericht des NDR vom 25.11.2014, https://t1p.de/NDR.

nahe.[856] Doch ist mehr als fraglich, ob tatsächlich ein Rechtsmissbrauch und somit ein Verstoß gegen Treu und Glauben vorliegt.[857] Anders als das Lauterkeitsrecht sieht das UrhG keine Norm zur missbräuchlichen Rechtsausübung vor. Eine analoge Anwendung von § 8 IV UWG scheidet mangels planwidriger Regelungslücke aus.[858] Das allgemeine Verbot missbräuchlicher Rechtsausübung aus § 242 BGB findet aber auch im UrhG Anwendung.[859] Allerdings darf eine missbräuchliche Rechtsausübung nicht vorschnell angenommen werden, nur weil ein Verhalten unredlich erscheint.[860]

I. Berechtigte Abmahnung

Zunächst ist davon auszugehen, dass der Abmahnende zu Recht abmahnt, er also Rechteinhaber ist und ein Lizenzverstoß vorliegt. Das Nutzungsrecht wurde nur unter bestimmten Bedingungen eingeräumt. Werden diese nicht eingehalten, handelt der Lizenznehmer ohne Berechtigung und begeht einen Urheberrechtsverstoß. Der Urheber kann die Verwertung außerhalb der Bedingungen untersagen. Die Abmahnung ist dann grundsätzlich nicht rechtsmissbräuchlich, sondern dient der legitimen Durchsetzung des Urheberrechts. Sie unterscheidet sich nicht von einer Abmahnung außerhalb von Open Content. Ein Rechtsmissbrauch kommt nur ausnahmsweise in Betracht, etwa wenn die Abmahnung vorwiegend dazu dient, einen Aufwendungsersatzanspruch entstehen zu lassen.[861] Solange der abmahnende Urheber aber ein konkretes *eigenes* Interesse an der aktuellen Rechtsverfolgung anführen kann, scheidet ein Missbrauchseinwand aus.[862] Wenn nicht, bleibt der Missbrauchseinwand. An den Nachweis des Rechtsmissbrauchs sollten hohe, aber nicht *zu* hohe Anforderungen gestellt werden. Legt der Abgemahnte substantiiert dar, dass der Urheber bereits an der Abmahnung mitverdient,[863] dann sollte man dem Urheber eine besondere Be-

856 *von Welser*, ZGE 2017, 570, 582; *ders.*, GRUR-RR 2018, 164, 165; *Czychowski*, GRUR-RR 2018, 1, 5; *Schöttle*, CR 2018, 15f.; *Siebers*, MMR 2018, 415, 416f.

857 Eine fundierte Begründung bleiben die Autoren (vorige Fußnote) schuldig. *Czychowski*, aaO zieht den Rechtsgedanken aus § 8 IV UWG heran.

858 BGH GRUR 2013, 176 Tz. 14 – Ferienluxuswohnung; *J. B. Nordemann*, in: Fromm/Nordemann § 97 UrhG Rn. 189.

859 BGH GRUR 2013, 176 Tz. 15 – Ferienluxuswohnung.

860 Vgl. OLG Hamm MMR 2012, 119, 122; *J. B. Nordemann*, in: Fromm/Nordemann § 97 UrhG Rn. 189; *Kefferpütz*, in: Wandtke/Bullinger § 97a UrhG Rn. 31.

861 BGH GRUR 2013, 176 Tz. 21 – Ferienluxuswohnung. Anhaltspunkte für ein solches Verhalten schildert *J. B. Nordemann*, in: Fromm/Nordemann § 97 UrhG Rn. 191.

862 *Kefferpütz*, in: Wandtke/Bullinger § 97a UrhG Rn. 31.

863 Vgl. dazu *J. B. Nordemann*, WRP 2005, 184, 190; *ders.*, in: Fromm/Nordemann § 97 UrhG Rn. 191.

gründung abverlangen, warum er ein Interesse an der Abmahnung hat, das über die Gewinnerzielung hinausgeht.

Ein rechtsmissbräuchliches Verhalten kann bei Open Content Lizenzen jedoch nicht mit einem Unclean-Hands-Einwand begründet werden.[864] Auch wenn der Abmahnende selbst die Lizenzbedingungen im Verhältnis zu Dritten nicht einhält, kann er sein Ausschließlichkeitsrecht dennoch durchsetzen.

II. Unberechtigte Abmahnung

Eine unberechtigte Abmahnung hingegen ist unzulässig und berechtigt den Abgemahnten seinerseits, Aufwendungsersatz vom Abmahnenden zu verlangen und diesen auf Unterlassung weiterer Abmahnungen in Anspruch zu nehmen.[865] Erkennt der Abgemahnte diesen Verstoß, ist er durch § 97a IV UrhG hinreichend geschützt.

1. Wirksamkeit des Unterlassungsvertrages

Unterschreibt der Abgemahnte trotzdem einen Unterlassungsvertrag, dann muss er das vertraglich Versprochene grundsätzlich gegen sich gelten lassen. Aus diesem Vertrag folgt ein eigenständiger Unterlassungsanspruch, der unabhängig von § 97 I UrhG ist.[866] Der Schuldner ist auch dann an den Vertrag gebunden, wenn die Unterlassungserklärung über den abgemahnten Verstoß hinausgeht. Diese Gefahr droht insbesondere, wenn der Abgemahnte eine vorgefertigte Unterlassungserklärung unterschreibt. Selbst wenn der Abmahnende nicht Schutzrechtsinhaber ist, bindet die Unterlassungserklärung den Abgemahnten, da diese unabhängig vom gesetzlichen Unterlassungsanspruch ist.

Unmittelbar hilft auch § 97a II UrhG dem Abgemahnten nicht weiter, wenn er einen Unterlassungsvertrag unterschrieben hat. § 97a UrhG stellt Voraussetzungen für eine Abmahnung auf. In ihr muss u. a. die Rechtsverletzung genau beschrieben und bei einer beigefügten Unterlassungserklärung aufgezeigt werden, inwieweit diese über die abgemahnte Rechtsverletzung hinausgeht. Unterbleibt diese Aufklärung, führt das nicht aber nicht zur Unwirksamkeit des Unterlassungsvertrages. Der von der Bundesregierung vorgeschlagene § 97a II

---

864 Vgl. aber *Schöttle*, CR 2018, 15. Gegen einen Unclean-Hands-Einwand im Urheberrecht *Apel*, ZUM 2015, 522, 524. Zum Lauterkeitsrecht *Köhler*, in: Köhler/Bornkamm/Feddersen § 11 UWG Rn. 2.38 f. mwN.

865 *Specht*, in: Dreier/Schulze § 97a UrhG Rn. 10 mwN. Vgl. auch BGHZ (GSZ) 164, 1, 4 f. – Unberechtigte Schutzrechtsverwarnung.

866 BGH GRUR 2014, 797 Tz. 51 – fishtailparka; OLG Brandenburg WRP 2014, 1223 Tz. 18.

Satz 3 UrhG-E, der die Unwirksamkeit der Unterlassungserklärung vorsah,[867] ist in der endgültigen Fassung gestrichen worden.[868] Dabei hätte eine solche Regelung die zu Unrecht Abgemahnten geschützt. Gleichwohl gilt bis zu einer Gesetzesänderung, dass ein Unterlassungsvertrag bei unberechtigter wie bei unwirksamer[869] Abmahnung grundsätzlich wirksam ist.

2. Lösung vom Unterlassungsvertrag

Fraglich ist, ob der Unterlassungsschuldner sich von einem Unterlassungsvertrag lösen kann, den er infolge einer unberechtigten Abmahnung eingegangen ist.

Hat der Abmahnende den Abgemahnten arglistig getäuscht, so kann dieser den Unterlassungsvertrag nach § 123 BGB anfechten.[870] Ging der Abmahnende allerdings davon aus, Miturheber oder Bearbeiterurheber zu sein, scheitert die Anfechtung an fehlender Arglist.

Ein Anspruch des zu Unrecht Abgemahnten auf Vertragsaufhebung könnte aus einem Schadensersatzanspruch folgen. Ein solcher Anspruch kann aus § 823 I BGB (wegen Eingriffs in das Recht am eingerichteten und ausgeübten Gewerbebetrieb),[871] aus § 826 BGB und auch aus §§ 280 I, 241 II, 311 II BGB (c.i.c.)[872] folgen. Im Wege der Naturalrestitution (§ 249 I BGB) ist der Geschädigte so zu stellen, wie er ohne das schädigende Ereignis stünde; der Anspruch kann damit auch auf Vertragsauflösung gerichtet sein.[873] Wäre die Abmahnung unterblieben, hätte der Schuldner den Unterlassungsvertrag nicht unterschrieben und müsste keine Vertragsstrafe zahlen. Gleichwohl hat der BGH im Markenrecht dem Schuldner einen Anspruch auf Freistellung von den vertraglichen Pflichten weder aus § 280 noch aus § 823 I BGB gewährt.[874] Mit Abgabe der Unterwerfungserklärung habe der Schuldner auf eine gerichtliche Klärung verzichtet und wollte gerade die Unsicherheit eines Prozesses vermeiden. Daher könne er später nicht gegen eine verwirkte Vertragsstrafe einwenden, sein

867 BT-Drs. 17/13057, S. 8, 13f.

868 *Spindler*, in: Spindler/Schuster § 97a Rn. 13. Das übersieht *Wimmers*, in: Schricker/Loewenheim § 97a UrhG Rn. 21.

869 Zur Unterscheidung *Kefferpütz*, in: Wandtke/Bullinger § 97a UrhG Rn. 39.

870 *Bornkamm*, in: Köhler/Bornkamm/Feddersen § 12 UWG Rn. 1.239.

871 BGHZ (GSZ) 164, 1 – Unberechtigte Schutzrechtsverwarnung.

872 *Godendorff*, Schadensersatz wegen unberechtigter Verwarnung, S. 101ff.; vgl. *Bornkamm*, in: Köhler/Bornkamm/Feddersen § 12 UWG Rn. 1.239.

873 Vgl. BGHZ 194, 39 Rn. 64; BGH NJW 1998, 302; *Looschelders*, Schuldrecht AT, § 8 Rn. 15 mwN.

874 BGH GRUR 2014, 797 Tz. 48, 51 – fishtailparka.

Verhalten sei nicht rechtswidrig gewesen.[875] Zudem durfte der Abmahnende auf die Richtigkeit der Prüfung des Markenamtes vertrauen.[876] Daher liege keine Sorgfaltspflichtverletzung iSv § 280 I BGB vor.[877] Aufgrund des Hoheitsakts dürfe der Inhaber auf die Bestandskraft der Marke vertrauen.[878] Ein solcher fehlt allerdings im Urheberrecht, sodass die Rechtsprechung bereits aus diesem Grund nicht übertragen werden kann. Weiter stellt im Urheberrecht § 97a UrhG besondere Anforderungen an eine Abmahnung. Der Abmahnende hat gesetzlich festgelegte Sorgfaltspflichten zu erfüllen. Erfüllt er diese schuldhaft nicht, so handelt er sorgfaltswidrig. Gibt der Abgemahnte daraufhin eine Unterlassungserklärung ab, hat er Anspruch auf Aufhebung des Unterlassungsvertrages aus §§ 280 I, 241 II, 311 II, 249 I BGB. Auch eine bereits gezahlte Vertragsstrafe kann im Wege des Schadensersatzes zurückgefordert werden.

Geht der Abmahnende aus dem Unterlassungsvertrag gegen den Unterlassungsschuldner vor, so kann dieser ihm rechtsmissbräuchliches Verhalten vorwerfen; allerdings nicht in der Form des *venire contra factum proprium*,[879] sondern wegen *dolo agit, qui petit, quod statim redditurus est.* Er kann keine Vertragsstrafe verlangen, die er sogleich als Schadensersatz wieder zurückzahlen müsste. Daneben kann der Unterlassungsschuldner mit einer Widerklage die Aufhebung des Vertrages verlangen. Für den Unterlassungsschuldner ist dies dennoch ein Prozess mit umgekehrten Vorzeichen: Beruft er sich auf die Einwendung *dolo agit*, muss er deren Voraussetzung – in diesem Fall die unberechtigte oder unwirksame Abmahnung – beweisen.[880] Daher sollte der Abgemahnte sehr genau prüfen, ob er einen so weitgehenden Unterlassungsvertrag eingehen will.

---

875 BGH GRUR 2014, 797 Tz. 51 – fishtailparka. Vgl. auch BGH GRUR 1998, 953, 954f. – Altunterwerfung III; *Bornkamm*, in: Köhler/Bornkamm/Feddersen § 12 UWG Rn. 1.229.

876 OLG Frankfurt a.M. GRUR-RR 2013, 132, 134 – fishtailparkas; bestätigt durch BGH GRUR 2014, 797 Tz. 48 – fishtailparka.

877 OLG Frankfurt a.M. GRUR-RR 2013, 132, 134 – fishtailparkas; bestätigt durch BGH GRUR 2014, 797 Tz. 48 – fishtailparka.

878 So OLG Frankfurt a.M. GRUR-RR 2013, 132, 134 – fishtailparkas, mit Hinweis auf *Ingerl/Rohnke*, MarkenG vor §§ 14–19d Rn. 415. Allerdings ist die Argumentation zweifelhaft, da das Markenamt nach § 37 MarkenG nur sehr eingeschränkt prüft.

879 Gegen *Schöttle*, CR 2018, 15.

880 *Sutschet*, in: BeckOK-BGB § 242 Rn. 177.

E. Ergebnis

Die gerichtliche Durchsetzung von Verstößen bei Open Content ist in Deutschland möglich und wird immer häufiger wahrgenommen.[881] Das zeigen die zahlreichen ober- und untergerichtlichen Urteile. Bei Open Content muss der Rechteinhaber den Rechtsstreit grundsätzlich selber führen, da eine gesetzliche Prozessstandschaft im Urheberrecht nur für Miturheber vorgesehen ist und die für eine gewillkürte Prozessstandschaft nötige Einwilligung regelmäßig nicht vorliegt.

Ein Urheber, der sein Werk unter eine Open Content Lizenz gestellt hat, hat keinen uneingeschränkten Unterlassungsanspruch. Sein Anspruch reicht vielmehr nur soweit, wie die Lizenz eine Verwertung verbietet. Einen Schaden nach der Lizenzanalogie kann der Urheber ebenfalls nur eingeschränkt darlegen: Je weiter die Open Content Lizenz reicht, desto eher muss er sich vorhalten lassen, dass die übliche Lizenzgebühr für das Werk Null Euro beträgt. Hat dagegen ein Dritter das Werk eines anderen unter eine Open Content Lizenz gestellt, so schuldet der Lizenznehmer bei schuldhafter Verletzung vollen Schadensersatz. Hier dürfen jedoch keine zu hohen Anforderungen an die im Verkehr erforderliche Sorgfalt gestellt werden, da der Lizenznehmer nur geringe Möglichkeiten zur Überprüfung der Rechtekette hat. Wenn eine seriöse Plattform als Lizenzmittler auftritt, sollte der Urheber auf eine wirksame Rechtseinräumung vertrauen dürfen.

Wird ein Lizenznehmer aufgrund eines Lizenzverstoßes abgemahnt, sollte er genau prüfen, welche Unterlassungserklärung er abgibt. Hat er eine Unterlassungserklärung infolge einer unbegründeten Abmahnung abgegeben, dann kann er aus §§ 280 I, 241 II, 311 II BGB die Aufhebung des Unterlassungsvertrages verlangen. Allerdings muss er beweisen, dass die ursprüngliche Abmahnung unberechtigt war.

Dass eine berechtigte Abmahnung wegen missbräuchlicher Rechtsausübung unwirksam ist, kommt im Urheberrecht nur sehr selten vor. Dem Urheber ist es grundsätzlich gestattet, seine Rechte durchzusetzen – auch, wenn er sie unter einer Open Content Lizenz anbietet.

881 Siehe auch *von Welser*, ZGE 2017, 570, 574ff. zu den Gründen für ein Vorgehen in Deutschland.

4. Teil: Internationales Privatrecht

Große Open Content Projekte leben von der Beteiligung vieler Menschen. Damit geht nahezu zwingend einher, dass die Entwickler aus verschiedensten Staaten stammen: Das Betriebssystem Linux wurde ursprünglich vom finnischen Studenten Linus Torvalds entworfen; heute wird es weltweit weiterentwickelt. Artikel in Wikipedia können von jedermann und von überall aus ergänzt werden, einzige Voraussetzung ist ein Internetanschluss. Wer ein Foto in die Datenbank einfügt, muss nicht einmal die Sprache des Artikels beherrschen, in den das Bild eingefügt wird. Für die Nutzer wie für die Rechteinhaber stellt sich daher die Frage, welches Recht über die Zulässigkeit einer Verwertung entscheidet: Nach welchem Recht bestimmt sich, ob eine Rechtsverletzung vorliegt? Wer ist Urheber des Werkes? Und nach den Vorschriften welchen Staates bestimmen sich die vertraglichen Pflichten?

A. Art. 8 I Rom II-VO

Gesetzlicher Ausgangspunkt für das auf Urheberrechtssachverhalte anwendbare Recht ist Art. 8 Rom II-VO.[882] Danach ist auf die Verletzung von Rechten des

882 Weder aus den fremdenrechtlichen Bestimmungen des UrhG noch aus den Staatsverträgen kann eine Kollisionsnorm abgeleitet werden. Dazu ausführlich *Schack*, Anknüpfung, Nr. 8f., 24ff.; *ders.*, UrhR, Rn. 1011ff.; *ders.*, ZUM 1989, 275ff.; *Neuhaus*, RabelsZ 40 (1976), 191, 193; *van Eechoud*, Choice of Law, S. 107ff.; *Peinze*, Internationales Urheberrecht, S. 125ff.; *Beckstein*, Einschränkungen des Schutzlandprinzips, S. 124f.; *Oppermann*, Anknüpfung internationaler Urheberrechtsverletzungen, S. 56ff.; *Klass*, GRUR Int. 2007, 373, 374f.; *von Welser*, IPRax 2003, 440, 441; zu Art. 5 RBÜ auch EUGH EU:C:2005:418 = GRUR 2005, 755 Tz. 32 – Tod's/Heyraud. Dagegen entnehmen der RBÜ eine Kollisionsnorm *Ulmer*, Immaterialgüterrechte im internationalen Privatrecht, Nr. 1; *Drexl*, in: MüKo-BGB IntImmGR Rn. 74; *Metzger*, IPRax 2006, 242, 244f.; *ders.*, JZ 2010, 929, 933 mit zweifelhaftem Hinweis auf BGHZ 118, 394, 397 – ALF.

Geistigen Eigentums[883] das Rechts des Staates anzuwenden ist, für dessen Gebiet Schutz beansprucht wird. Für die *Verletzung* des Urheberrechts gilt demnach unstreitig das Schutzlandprinzip, die *lex loci protectionis.*[884] Als Teil des Urheberrechts fällt auch das Urheber*persönlichkeits*recht in den Anwendungsbereich der Verordnung; das allgemeine Persönlichkeitsrecht ist dagegen nach Art. 1 II lit. g Rom II-VO nicht erfasst.[885] Fraglich ist allerdings, ob Art. 8 I Rom II-VO nur die Rechtsolgen oder darüber hinaus auch sämtliche Voraussetzungen der Rechtsverletzung bestimmt.[886]

I. Rechtsinhaberschaft

Nach herrschender Lehre ist zumindest die Rechtsinhaberschaft als Vorfrage nach nationalem Recht, ohne Rückgriff auf die Rom II-VO anzuknüpfen.[887] Die deutsche Rechtsprechung knüpft das Urheberrecht insgesamt einheitlich an das Schutzland, sodass sich für den BGH die Frage nach der Reichweite des Art. 8 I Rom II-VO nicht stellt.[888] Dagegen wird in der Literatur teilweise eine selbstständige Anknüpfung für die Inhaberschaft des Urheberrechts gefordert.[889] Dass dies mit der Rom II-VO vereinbar sei, folge zum einem aus dem Wortlaut von Art. 8 I Rom II-VO, der die Anknüpfung nach dem Schutzlandprinzip für außervertragliche Schuldverhältnisse *aus einer Verletzung* des geistigen Eigentums

883 Vgl. deren beispielhafte Aufzählung in Erwgr. 26 Rom II-VO sowie *Drexl*, in: MüKo-BGB IntImmGR Rn. 171.

884 Dazu *Schack*, UrhR, Rn. 1018 und die ständige Rechtsprechung des BGH GRUR 2018, 178 Tz. 13 – Vorschaubilder III, jeweils mwN.

885 *Grünberger*, ZVglRWiss 108 (2009), 134, 173f.; *Drexl*, in: MüKo-BGB IntImmGR Rn. 174 mwN in Fn. 607; *de la Durantaye*, in: Rome Regulations Art. 8 Rome II-REG Rn. 8; a. A. *Schack*, UrhR, Rn. 1018.

886 Ausführlich *Drexl*, in: MüKo-BGB IntImmGR Rn. 175ff.

887 *Schack*, in: FS Kropholler, S. 651, 655f.; *ders.*, GRUR 2017, 802; *Drexl*, in: MüKo-BGB IntImmGR Rn. 184; *Fezer/Koos*, in: Staudinger IntWirtschR Rn. 907f.; *Thorn*, in: Palandt Art. 8 Rom II-VO Rn. 9; *Spickhoff*, in: BeckOK-BGB Art. 8 Rom II-VO Rn. 3; *Leistner*, in: Intellectual Property and Private International Law, S. 102ff.; *Unberath/Cziupka/Pabst*, in: EuZPR/EuIPR Art. 8 Rom II-VO Rn. 9ff.; *Dicey/Morris/Collins*, Conflict of Laws[15] Vol. 2, Rn. 34-026, 35-074; *Metzger*, JZ 2010, 929, 933; *ders.*, in: German National Reports 2010, S. 327, 338; *Richter*, Parteiautonomie im Int. Immaterialgüterrecht, S. 96f.; *Gössl*, Internetspezifisches Kollisionsrecht?, S. 208ff.; a. A. *Grünberger*, ZVglRWiss 108 (2009), 134, 157ff. (keine Vorfrage); *ders.*, in: NK-BGB Art. 8 Rom II-VO Rn. 52f.; *Sack*, WRP 2008, 1405, 1409f.; *Basedow/Metzger*, in: FS Boguslavskij, S. 153, 162; *Tochtermann*, Sukzessionsschutz, S. 244.

888 Etwa BGH GRUR 2015, 264 Tz. 24 – Hi Hotel II; GRUR 2018, 178 Tz. 13 – Vorschaubilder III. Der BGH differenziert nicht und scheint von einem weiten Anwendungsbereich der Rom II-VO auszugehen.

889 Siehe unten S. 164ff.

festlegt.[890] Die Rom II-VO regele nur das Deliktstatut, sodass die Anknüpfung etwaiger Vorfragen unberührt bleibe; wer Eigentümer einer Sache ist, sei schließlich auch nach der *lex rei sitae* als Vorfrage gesondert anzuknüpfen.[891] Es ergäbe in der Tat keinen Sinn, die Inhaberschaft des Rechts nur für das Deliktsrecht einheitlich zu regeln, wenn in anderen Fällen - etwa bei Lizenzvertragsstreitigkeiten - eine andere Anknüpfung in Frage kommt, weil die Rom II-VO in diesem Fall nicht anwendbar ist.[892] Daher fällt die Inhaberschaft des Rechts nicht in den Anwendungsbereich der Rom II-VO, sondern ist als Vorfrage gesondert anzuknüpfen.[893]

Da der BGH ohnehin einheitlich das Schutzlandprinzip anwendet, scheint diese Unterscheidung rein dogmatischer Natur zu sein.[894] Doch entscheidet nicht der BGH, sondern die Reichweite der Rom II-VO darüber, ob ein Mitgliedsstaat überhaupt ein anderes Anknüpfungsmoment für Inhaberschaft, Bestand und Inhalt des Rechts festlegen darf.[895] Schließlich können sich selbst bei gleicher Anknüpfung - etwa an die lex loci protectionis - Unterschiede in Hinblick auf das anwendbare Recht ergeben. Denn die Rom II-VO enthält Sachnormverweisungen, das nationale Kollisionsrecht hingegen grundsätzlich IPR-Verweisungen, sodass ein *Renvoi* möglich ist.[896]

II. Bestand, Inhalt und Schranken

1. Inhalt und Schranken

Anders als die Inhaberschaft werden Inhalt und Schranken des Rechts von der Rom II-VO erfasst.[897] Beides bestimmt sich nach dem Recht des Landes, für

---

890 *Schack*, in: FS Kropholler, S. 651, 655; *Gössl*, Internetspezifisches Kollisionsrecht, S. 208f.

891 *Drexl*, in: MüKo-BGB IntImmGR Rn. 178; *Schack*, UrhR, Rn. 1025.

892 *Richter*, Parteiautonomie im Int. Immaterialgüterrecht, S. 96; *McGuire*, in: BeckOGK-Rom II-VO Art. 8 Rn. 38; *Drexl*, in: MüKo-BGB IntImmGR Rn. 182; *McGuire*, in: Geistiges Eigentum im Internet, S. 143, 153; vgl. aber *Grünberger*, in: NK-BGB Art. 8 Rom II-VO Rn. 53.

893 Ausführlich *Drexl*, in: MüKo-BGB IntImmGR Rn. 183, 176ff.; *Leistner*, in: Intellectual Property and Private International Law, S. 97, 104; *Schack*, UrhR, Rn. 1018; a. A. *Nordemann-Schiffel*, in: Fromm/Nordemann vor §§ 120ff. UrhG Rn. 65.

894 Vgl. *Metzger*, in: FS 50 Jahre UrhG, S. 267, 273.

895 Vgl. *McGuire*, in: BeckOGK-Rom II-VO Art. 8 Rn. 34.

896 Exemplarisch *Drexl*, in: MüKo-BGB IntImmGR Rn. 175. Zum Renvoi *Schack*, UrhR, Rn. 1053.

897 *Leistner*, in: Intellectual Property and Private International Law, S. 97, 104; *Grünberger*, ZVglRWiss 108 (2009), 134, 171; *ders.*, in: NK-BGB Art. 8 Rom II-VO Rn. 55; *Beckstein*, Einschränkungen des Schutzlandprinzips, S. 108; *Richter*, Parteiautonomie im Int. Immaterialgüterrecht, S. 96f.; *Heinze*, in: jurisPK-BGB Art. 8 Rom II-VO Rn. 43; *Basedow/Metzger*, in: FS Boguslavskij, S. 153, 162; *Metzger*, JZ 2010, 929, 933; *ders.*, in: German National Reports 2010, S. 327, 351f.; a. A. *Schack*, in: FS Kropholler, S. 651; 655f.; *ders.*,

dessen Gebiet Schutz beansprucht wird.[898] Nach Art. 15 lit. a bestimmt die Rom II-VO das anwendbare Recht auch in Bezug auf den Grund und Umfang der Haftung. Grund für die Haftung meint alle haftungsbegründenden Merkmale.[899] Ob eine Handlung ein Immaterialgüterrecht verletzt und damit haftungsbegründend ist, kann nur über dessen Inhalt bestimmt werden.[900] Da sich der Inhalt auch aus den Schranken ergibt,[901] fallen sowohl der Inhalt als auch die Schranken unter die Rom II-VO. Da zumindest für Inhalt und Schranken Einigkeit besteht, dass sie nach der lex loci protectionis angeknüpft werden,[902] entspricht die vorgenommene Auslegung von Art. 8 I Rom II-VO insoweit auch dem Erwägungsgrund 26, der von der lex loci protectionis als allgemein anerkanntem Grundsatz ausgeht.[903]

2. Bestand des Rechts

Eine Immaterialgüterrechtsverletzung ist nur tatbestandsmäßig, wenn das Recht existiert. Daher muss auch der Bestand des Rechts der Rom II-VO unterfallen.[904] Dazu gehören der Kreis der geschützten Werke (abstrakte Schutzfähigkeit) und die Schöpfungshöhe (konkrete Schutzfähigkeit). Denn ob ein Werk schutzfähig ist und welche Schutzvoraussetzungen erfüllt werden müssen, ist für die Tatbestandsmäßigkeit einer Verletzungshandlung relevant. Nur wenn eine Schöpfung überhaupt abstrakt schutzfähig ist und die konkreten Schutzvoraussetzungen erfüllt, kann das Immaterialgüterrecht verletzt werden.

Wäre der Bestand – oder nur ein Teil des Bestands[905] – als Vorfrage gesondert anzuknüpfen und nicht Teil der Rom II-VO, könnten Bestand und Inhalt des Rechts aufgrund unterschiedlicher nationaler Kollisionsnormen nach unter-

---

UrhR, Rn. 1018; wohl auch *De Miguel Asensio*, in: Intellectual Property and Private International Law, S. 137, 157f.

898 EUGH EU:C:2012:642 = GRUR 2012, 1245 Tz. 31f. – Football Dataco. Zur Bestimmung der lex loci protectionis unten S. 172ff.

899 *Junker*, in: MüKo-BGB Art. 15 Rom II-VO Rn. 8.

900 *Leistner*, in: Intellectual Property and Private International Law, S. 97, 104; *Schack*, MMR 2000, 59, 64.

901 Vgl. etwa *Schack*, in: FS Schricker, S. 511: »Inhalt des Urheberrechts und seine Schranken sind zwei Seiten derselben Medaille«; *Stieper*, Schranken, S. 129ff.; *J. H. Schmidt*, Maximalschutz, S. 208.

902 BGH GRUR 2018, 178 Tz. 13 mwN; *Schack*, JZ 1998, 1018; *ders.*, MMR 2000, 59, 63; *ders.*, UrhR, Rn. 1045f.; *Klass*, GRUR Int. 2007, 373, 382.

903 Vgl. *Leistner*, in: Intellectual Property and Private International Law, S. 97, 102.

904 *Grünberger*, in: NK-BGB Art. 8 Rom II-VO Rn. 54; a. A. *Drexl*, in: MüKo-BGB IntImmGR Rn. 183; *Leistner*, in: Intellectual Property and Private International Law, S. 97, 103; *Metzger*, JZ 2010, 929, 933; *Rosenkranz*, Open Contents, S. 163; *Richter*, Parteiautonomie im Int. Immaterialgüterrecht, S. 93ff.; offen gelassen von *Heinze*, in: jurisPK-BGB Art. 8 Rom II-VO Rn. 44; *Dreier*, in: Dreier/Schulze vor §§ 120ff. UrhG Rn. 30.

905 Dafür im Ergebnis *Schack*, Anknüpfung, Nr. 103f.; *ders.*, UrhR, Rn. 1031ff.

schiedlichem Sachrecht zu bestimmen sein. Da aber Inhalt und Schranken an den in der Rechtsordnung vorgesehenen Befugnissen ausgerichtet sind, sich also wechselseitig bedingen, müssen Bestand, Inhalt und Schranken einheitlich angeknüpft werden.[906] Es ist eine gesetzgeberische Entscheidung, ob etwas geschützt und erlaubt ist. Die Rechtmäßigkeit einer Handlung kann entweder durch eine Schranke (Inhalt) oder dadurch erreicht werden, dass einer Leistung der Urheberschutz als solcher versagt wird (Bestand).[907]

In Italien etwa waren Werke der angewandten Kunst bis 2001 nur eingeschränkt urheberschutzfähig.[908] In einem solchen Fall käme man bei getrennter Anknüpfung (Bestand nach italienischem Recht, Schutzland Deutschland) zu folgendem Ergebnis: Das in Italien nicht schutzfähige Werk der angewandten Kunst würde auch in Deutschland nicht geschützt. Dieses Ergebnis überzeugt nicht. Ob eine Verwertung vergleichbarer Gegenstände zulässig ist, hinge dann von der Rechtslage nach dem »Bestandsstatut« ab. Das führte im Beispiel dazu, dass Urheber von Werken mit italienischem Bestandsstatut schlechter gestellt wären. Unabhängig davon, ob man dieses über den Ort der Veröffentlichung, den gewöhnlichen Aufenthalt des Urhebers oder dessen Staatsangehörigkeit bestimmt, bedarf es einer Rechtfertigung für diese Ungleichbehandlung. Diese gelingt nicht mit Blick auf die Interessen der Verkehrskreise im Schutzland, da der dortige Rechtsverkehr von einer Schutzfähigkeit des Gegenstandes ausgehen wird. Im Übrigen kollidiert zumindest die Anknüpfung an die Staatsangehörigkeit mit dem Diskriminierungsverbot des Art. 18 AEUV.[909]

Noch deutlicher zeigt sich die Schwäche einer getrennten Anknüpfung, wenn man das Beispiel der nicht geschützten Werke der angewandten Kunst umdreht (Bestand nach deutschem Recht, Schutzland Italien): Ein Werk der angewandten Kunst mit deutschem Bestandsstatut wäre auch in Italien geschützt. Dieses Ergebnis müsste aus italienischer Sicht mit dem *ordre public* korrigiert werden.[910] Da das italienische Urheberrecht als lex loci protectionis für Verwertungshandlungen in Italien über den Inhalt bestimmt, müsste es auf ein Werk angewendet werden, das nach eigenem Recht nicht schutzfähig ist. Dieses Problem

906 Im Ergebnis auch *Drexl*, in: MüKo-BGB IntImmGR Rn. 183.

907 *S. Meyer*, Miturheber, S. 184. Etwa für § 5 UrhG ist unklar, ob es sich um eine Schranke handelt oder ob er den Bestand betrifft. Für die materiellrechtliche Fragestellung kommt es darauf nicht an. Die Unsicherheiten bezüglich der Einordnung zeigen, wie schwer eine Grenzziehung ist und dass es sich im Ergebnis um eine gesetzgeberische Entscheidung handelt. Vgl. zu § 5 UrhG etwa *Stieper*, Schranken, S. 5; *Schack*, UrhR, Rn. 579.

908 *Schack*, Kunst und Recht, Rn. 836; *Mezger*, Schutzschwelle für Werke der angewandten Kunst, S. 173f.

909 Ausführlich zum Verhältnis von Art. 18 AEUV und dem Kollisionsrecht *Troge*, Europarecht und das Staatsangehörigkeitsprinzip im IPR, S. 169f., 276ff. und passim, i.E. eine Diskriminierung bejahend. Dagegen *Drexl*, in: FS Dietz, S. 461, 474.

910 Vgl. *Schack*, UrhR, Rn. 1031; *ders.*, in: FS Kropholler, S. 651, 665.

mag für einen geschulten Juristen zu lösen sein – für den Rechtsverkehr in Italien ist dies jedoch kaum zu bewältigen. Wie soll ein Nutzer erkennen, welches Recht über den Bestand entscheidet und ob dieses Recht Werke der angewandten Kunst grundsätzlich schützt? Der italienische Rechtsverkehr ginge vielmehr davon aus, dass ein Werk der angewandten Kunst – zumindest aus urheberrechtlicher Perspektive – stets frei verwertet werden kann.

Eine unterschiedliche Anknüpfung von Bestand und Inhalt des Rechts ist nicht nur wegen dieser Interessenabwägung abzulehnen,[911] sondern widerspräche auch der Rom II-VO. Sie regelt, wie sich aus Art. 15 ergibt, neben den Rechtsfolgen auch den Tatbestand einer Rechtsverletzung. Der Tatbestand ergibt sich bei Verletzung von Rechten des geistigen Eigentums aber erst durch den Bestand, den Inhalt und die Schranken des Rechts. Im Gegensatz zum Sacheigentum fehlt eine Sachsubstanz, auf die tatsächlich eingewirkt werden kann. Diese Auslegung der Rom II-VO führt zu einer einheitlichen Anknüpfung und dient damit dem internationalen Entscheidungseinklang. Da Binnenmarktinteressen betroffen sind, liegt eine weite Auslegung auch im Interesse der Union.[912]

3. Zwischenergebnis

Sowohl Inhalt und Schranken als auch der Bestand des Schutzrechts unterfallen damit der Rom II-VO und sind nach dem Schutzlandprinzip anzuknüpfen. Lediglich die Rechtsinhaberschaft fällt nicht in den Anwendungsbereich der Rom II-VO. Sie wird als Vorfrage gesondert angeknüpft; eine passende Kollisionsnorm ist im nationalen Recht zu suchen.

B. Kollisionsrechtliche Aussage von Territorialitäts- und Universalitätsprinzip

Da es im deutschen Recht an einer gesetzlichen Kollisionsnorm für das Urheberrecht fehlt, muss sie von der Rechtsprechung und Wissenschaft entwickelt werden. Freilich wäre das Ergebnis vorgezeichnet, wenn aus übergeordneten Prinzipien eine Kollisionsnorm folgt oder aus diesen als einzig sinnvoll abgeleitet werden muss.

911 So auch *Spoendlin*, UFITA 107 (1988), 11, 22f.

912 Vgl. Kommissionsvorschlag KOM (2003) 427, S. 25 für einen weiten Anwendungsbereich von Art. 11 des Entwurfs (Art. 15 Rom II-VO); *Grünberger*, in: NK-BGB Art. 8 Rom II-VO Rn. 52.

Die herrschende Meinung geht von der territorialen Beschränkung des Urheberrechts aus.[913] Dem gegenüber stehen die Anhänger einer prinzipiell universalen Geltung.[914] Fraglich ist, ob sich aus diesen beiden Prinzipien eine Kollisionsnorm ableiten lässt.

I. Territorialitätsprinzip

1. Inhalt

Der genaue Inhalt des Territorialitätsprinzips ist selbst unter seinen Anhängern umstritten.[915] Konsens scheint nur darin zu bestehen, dass das Urheberrecht nur auf dem Gebiet des Staates wirkt, dessen Gesetzgeber das Urhebergesetz erlassen und die Leistung somit als schutzfähig anerkannt hat.[916] Daraus folgt zum einen, dass ein inländisches Schutzrecht nur im Inland, ein ausländisches Schutzrecht nur im jeweiligen Ausland verletzt werden kann[917] und zum anderen, dass ein Urheber kein einheitliches Recht, sondern ein Bündel nationaler Urheberrechte an demselben Geistesgut erwirbt.[918]

Die territoriale Geltung des Urheberrechts wird unterschiedlich begründet. Teilweise wird auf eine Begründung ganz verzichtet und die Geltung schlicht

913 EUGH EU:C:2005:475 = GRUR 2006, 50 Tz. 46, 54 – Lagardère; BVerfGE 81, 208, 222 – Bob Dylan; BGHZ 126, 252, 255 – Folgerecht bei Auslandsbezug; *Ulmer*, Immaterialgüterrechte im internationalen Privatrecht, Nr. 17; *von Bar*, UFITA 108 (1988), 27, 39f.; *Grünberger*, ZVglRWiss 108 (2009), 134, 147; *Metzger*, JZ 2010, 929, 934; *Tochtermann*, Sukzessionsschutz, S. 230; *Katzenberger/Metzger*, in: Schricker/Loewenheim vor §§ 120ff. UrhG Rn. 109; *Dreier*, in: Dreier/Schulze vor §§ 120ff. UrhG Rn. 1.

914 Etwa *Neuhaus*, RabelsZ 40 (1976), 191, 195; *Drobnig*, RabelsZ 40 (1976), 195, 197; *Schack*, Anknüpfung, Nr. 13; *ders.*, ZUM 1989, 267, 276; *Intveen*, Internationales Urheberrecht und Internet, S. 85f.; *Klass*, GRUR Int. 2007, 373, 380; *Gössl*, Internetspezifisches Kollisionsrecht, S. 228.

915 *Peinze*, Internationales Urheberrecht, S. 8 hält eine kohärente Darstellung aller Ansichten für kaum möglich. Vgl. auch *Bollacher*, Internationales Privatrecht, Urheberrecht und Internet, S. 21. Ausführlich zum Territorialitätsprinzip *Beckstein*, Einschränkungen des Schutzlandprinzips, S. 19ff.

916 EUGH EU:C:2005:475 = GRUR 2006, 50 Tz. 46 – Lagardère; BGHZ 126, 252, 255 – Folgerecht bei Auslandsbezug; *Ulmer*, Immaterialgüterrechte im internationalen Privatrecht, Nr. 17; *Beckstein*, Einschränkungen des Schutzlandprinzips, S. 20f.; *Intveen*, Internationales Urheberrecht und Internet, S. 23; *Oppermann*, Anknüpfung internationaler Urheberrechtsverletzungen, S. 87f.; *Tochtermann*, Sukzessionsschutz, S. 234; *Ebner*, Markenschutz im internationalen Privat- und Zivilprozessrecht, S. 21; *Dreier*, in: Dreier/Schulze vor §§ 120ff. UrhG Rn. 1; *Katzenberger/Metzger*, in: Schricker/Loewenheim vor §§ 120ff. UrhG Rn. 112; *Drexl*, in: MüKo-BGB IntImmGR Rn. 7.

917 *Schack*, Anknüpfung, Nr. 14; *ders.*, UrhR, Rn. 915; *von Bar*, UFITA 108 (1988), 27, 39; *Klass*, GRUR Int. 2007, 373, 379.

918 BVerfGE 81, 208, 223 – Bob Dylan; BGHZ 152, 317, 322 – Sender Felsberg; *Kegel*, in: Soergel EGBGB Art. 12 Anh. Rn. 16, 22; *Schack*, UrhR, Rn. 915.

vorausgesetzt,[919] teilweise wird das Territorialitätsprinzip aus allgemeinen völkerrechtlichen Grundsätzen gefolgert.[920] Andere wiederum verstehen es als wesentlich für den Verkehrsschutz[921] oder als Ordnungsprinzip.[922] Vollends überzeugen kann keiner dieser genannten Ansätze. Es ist somit nicht zwingend, dass das Urheberrecht territorial begrenzt ist.[923]

2. Kollisionsrechtliche Aussage

Dass das Urheberrecht auf das Gebiet des Staates beschränkt ist, der es als schutzfähig anerkannt hat, wird als sachrechtliches Prinzip verstanden.[924] Dementsprechend folgt aus dem Territorialitätsprinzip keine Kollisionsnorm.[925] Wer aber die Territorialität der Urheberrechte als zwingend ansieht, wird in aller Regel eine Anknüpfung an das Schutzland vorziehen, ohne dass dies *zwingend* aus der territorialen Geltung des Schutzrechts folgt. Wenn nämlich das Recht außerhalb des Staatsgebietes keinen Geltungsanspruch hat, kann außerhalb des Schutzlandes auch kein Schutz beansprucht werden.[926] Eine andere Kollisionsnorm als die der lex loci protectionis würde zur Anwendung eines nationalen Rechts führen, welches keinen Geltungsanspruch für den besagten Sachverhalt hätte. Das hätte zwangsläufig die Klageabweisung zur Folge. Insofern wird also eine materiell-rechtliche Aussage des Urheberrechts auf der Ebene des Kollisionsrechts berücksichtigt.[927] Doch wendet *Beckstein* zu Recht ein, dass auch bei Geltung des Territorialitätsprinzips ein Urheberrecht durch die Vorschriften eines fremden Urhebergesetzes ausgestaltet werden kann.[928] So könne die

919 So BVerfGE 81, 208, 222; BGHZ 126, 252, 255 – Folgerecht bei Auslandsbezug.

920 So wohl *Tochtermann*, Sukzessionsschutz, S. 238. Vgl. auch *Fezer/Koos*, in: Staudinger IntWirtschR Rn. 894.

921 *von Bar*, UFITA 108 (1988), 27, 41.

922 *Weber*, Behandlung von Patent-, Warenzeichen- und Urheberrechtsverletzungen, S. 24; *Weigel*, Gerichtsbarkeit, internationale Zuständigkeit und Territorialitäts-Prinzip, S. 111ff. unter Bezugnahme auf *Osterrieth*, Lehrbuch des gewerblichen Rechtsschutzes, S. 345f.

923 *Schack*, Anknüpfung, Nr. 18; *Ebener*, Markenschutz im internationalen Privat- und Zivilprozessrecht, S. 35; *Bollacher*, Internationales Privatrecht, Urheberrecht und Internet, S. 64f.; *Beckstein*, Einschränkungen des Schutzlandprinzips, S. 72f.

924 *Drexl*, in: MüKo-BGB IntImmGR Rn. 14; *Klass*, GRUR Int. 2007, 373, 379; *Oppermann*, Anknüpfung internationaler Urheberrechtsverletzungen, S. 94f.

925 *Ebner*, Markenschutz im internationalen Privat- und Zivilprozessrecht, S. 36ff.; *Beckstein*, Einschränkungen des Schutzlandprinzips, S. 114ff.; *Schack*, UrhR, Rn. 917f.; *Drexl*, in: MüKo-BGB IntImmGR Rn. 14.

926 Vgl. *Skrzipek*, Urheberpersönlichkeitsrecht und Vorfrage, S. 36; *Bollacher*, Internationales Privatrecht, Urheberrecht und Internet, S. 28f.

927 Vgl. *Klass*, GRUR Int. 2007, 373, 379 »Schutzlandprinzip *korrespondiert* mit dem Territorialitätsprinzip«. So auch *Katzenberger*, GRUR Int. 1992, 567, 570f.; *ders.*, in: FG Schricker, S. 225, 240.

928 *Beckstein*, Einschränkungen des Schutzlandprinzips, S. 115f.

Schutzlandanknüpfung aus dem Territorialitätsprinzip nur für die Frage, *ob* das Werk im Inland schutzfähig ist, als »einzig sinnvolle« Anknüpfung abgeleitet werden. Denn jeder Staat entscheidet für sein Gebiet, *ob* er für die Leistung ein Urheberrecht für sein Staatsgebiet als schutzbegründend anerkennt, die Ausgestaltung des Rechts – insbesondere die Frage nach dessen Inhaber – könnte indes durchaus nach einem anderen Recht erfolgen. Die Aussage des Territorialitätsprinzips betrifft nur die territoriale Reichweite des Schutzrechts, nicht dagegen seine Ausgestaltung und seinen Inhaber.

Da der Bestand des Rechts – also das »Ob« des Schutzes – nach hier vertretener Ansicht ohnehin in den Anwendungsbereich der Rom II-VO fällt, ist dafür die Schutzlandanknüpfung schon wegen der Vorgaben aus Art. 8 I Rom II-VO festgelegt.[929] Dasselbe gilt für Inhalt und Schranken des Rechts.

Es bleibt festzuhalten, dass aus dem Territorialitätsprinzip keine kollisionsrechtliche Aussage in Bezug auf den Inhaber eines Rechts folgt. So müssen die Vertreter des Territorialitätsprinzips nach nationalem Recht eine geeignete Kollisionsnorm suchen.

II. Universalitätsprinzip

1. Inhalt

Begreift man das Universalitätsprinzip als Gegenstück zum sachrechtlichen Territorialitätsprinzip,[930] besagt es zunächst nur, dass ein vom Staat als bestehend anerkanntes Urheberrecht nicht nur für das Staatsgebiet wirkt, sondern einen weltweiten Geltungsanspruch hat.[931] Das heißt, ein nationales Schutzrecht kann nicht nur auf dem eigenen Territorium, sondern auch im Ausland verletzt werden.[932] Ob für ein Immaterialgut ein Immaterialgüter*recht* (Urheberrecht) gewährt wird, ist eine nach einer Rechtsordnung zu beantwortende Frage, also das Ergebnis eines Subsumtionsvorgangs. Als Ausgangspunkt für ein universal geltendes Urheberrecht braucht es eine Rechtsordnung, welche das Urheberrecht anerkennt.[933] Geht man von einer eindeutigen Zuordnung eines jeden Werkes zu einem Land aus, gibt es für ein Immaterialgut nur *ein* weltweit gel-

929 Dazu oben S. 156ff. Selbst wenn man dies nicht aus der Rom II-VO ableitet, ist aus den oben genannten Gründen der Bestand an das Recht des Schutzlandes anzuknüpfen.

930 Etwa *Schack*, Anknüpfung, Nr. 13; *Drexl*, in: MüKo-BGB IntImmGR Rn. 15; *Klass*, GRUR Int. 2007, 373, 380.

931 *Schack*, JZ 1995, 357, 358; *ders.*, ZUM 1989, 267, 276; *Klass*, GRUR Int. 2007, 373, 380; *Oppermann*, Anknüpfung internationaler Urheberrechtsverletzungen, S. 97; *Intveen*, Internationales Urheberrecht und Internet, S. 85.

932 Nach welchem Recht sich die Zulässigkeit der Handlung bestimmt, ist damit nicht gesagt.

933 Deutlich *Oppermann*, Anknüpfung internationaler Urheberrechtsverletzungen, S. 97.

tendes Urheberrecht.[934] Diese eindeutige Zuordnung zu nur einem Staat gibt es jedoch nicht.[935] Daher können sich mehrere Rechtsordnungen in Hinblick auf denselben Schöpfungsvorgang für anwendbar erklären. Weil das Immaterialgut[936] nirgends belegen ist,[937] gibt keine eindeutige Zuordnung zu einem Staat wie etwa im Sachenrecht. Mehrere Rechtsordnungen könnten sich auf denselben Schöpfungsakt für anwendbar erklären, wodurch parallel mehrere universale Urheberrechte für das Werk entstehen. Dann kommt es zur Überschneidung mehrerer Rechte. Erkennen mehrere Rechtsordnungen dasselbe Werk als schutzfähig an, so muss das Kollisionsrecht bestimmen, welche Rechtsordnung (und damit welches Urheberrecht) über Inhaberschaft, Bestand und Inhalt des Rechts entscheidet.

2. Kollisionsrechtliche Aussage

Damit enthält auch das Universalitätsprinzip keine kollisionsrechtliche Aussage.[938] Es geht wie beim Territorialitätsprinzip darum, welchen räumlichen Anwendungsbereich ein Urheberrecht hat. Welche Rechtsordnung darüber bestimmt, wer Inhaber des Urheberrechts ist und wie es ausgestaltet ist, bleibt dem nationalen Kollisionsrecht überlassen.[939]

III. Ergebnis

Weder aus dem Territorialitäts- noch aus dem Universalitätsprinzip folgt eine Kollisionsnorm für die erste Inhaberschaft. Welches dieser Prinzipien im Immaterialgüterrecht allgemein oder speziell im Urheberrecht gilt, kann somit für die weitere Untersuchung offen bleiben.

---

934 *Schack*, ZUM 1989, 267, 276; *Klass*, GRUR Int. 2007, 373, 380.

935 Das zeigt bereits, dass unterschiedliche Anknüpfungspunkte vertreten werden. Dazu *Klass*, GRUR Int. 2007, 337, 384; *Gottschalk*, in: Conflict of Laws in a Globalized World, S. 184, 187, f.; *Drexl*, in: MüKo-BGB IntImmGR Rn. 16. Dazu unten S. 163ff.

936 Es ist zwischen Immaterialgut und dem daran bestehenden Immaterialgüterrecht zu unterscheiden. Vgl. *Grünberger*, ZVglRWiss 108 (2009), 134, 147.

937 *Weigel*, Gerichtsbarkeit, internationale Zuständigkeit und Territorialitäts-Prinzip, S. 89; *Schack*, Anknüpfung, Nr. 45; *Klass*, GRUR Int. 2007, 373, 381.

938 *Cigoj*, in: FS Firsching, S. 53, 72; *Regelin*, Kollisionsrecht der Immaterialgüterrechte, S. 150; *Bollacher*, Internationales Privatrecht, Urheberrecht und Internet, S. 166; *Skrzipek*, Urheberpersönlichkeitsrecht und Vorfrage, S. 39; *Oppermann*, Anknüpfung internationaler Urheberrechtsverletzungen, S. 99.

939 *Drexl*, in: MüKo-BGB IntImmGR Rn. 16 versteht das Universalitätsprinzip als Prinzip der einheitlichen Anknüpfung, ohne dass es eine Kollisionsnorm vorgibt.

C. Nationale Kollisionsnorm (für Inhaberschaft und Übertragbarkeit)

Eine Kollisionsnorm muss daher auf der Ebene des nationalen Rechts durch eine Abwägung der kollisionsrechtlichen Interessengefunden werden.

I. Anknüpfung an die lex loci protectionis

Der BGH[940] und weite Teile der Lehre[941] gehen davon aus, dass sämtliche urheberrechtlichen Fragen einheitlich nach der jeweiligen lex loci protectionis angeknüpft werden. Wer Inhaber eines Urheberrechts ist und ob über dieses wirksam verfügt wurde, bestimmt sich somit nach dem Recht des jeweiligen Schutzlandes.

Wenn etwa ein Urheber sein Urheberrecht auf den Erwerber überträgt, kann das bei Anwendung der lex loci protectionis zu folgendem Ergebnis führen: Der Erwerber ist für dasselbe Werk im Staat A Inhaber des Urheberrechts, im Staat B Inhaber des ausschließlichen Nutzungsrechts und im Staat C gar kein Rechteinhaber, wenn das Schutzland die Verfügung als unwirksam ansieht. Die Anhänger der Schutzlandanknüpfung halten dieses Ergebnis für interessengerecht, da jeder Staat so seine ordnungspolitischen Vorstellungen und Interessenabwägungen durchsetzen könne,[942] wie etwa das Schöpferprinzip.[943] Schutzländer, die wie Deutschland diesem Prinzip folgen, können für das Inland weiter den Schöpfer als Urheber betrachten und die Übertragung in eine Einräumung eines ausschließlichen Nutzungsrechts umdeuten. Darüber hinaus sei es bei anderen Anknüpfungsmomenten – etwa der Anknüpfung an das Veröffentlichungsland – möglich, das »passende« Urheberstatut auszuwählen, was zu einer Benachtei-

940 BGHZ 136, 380, 387 – Spielbankaffaire; GRUR 2013, 509 Tz. 22 – UniBasic-IDOS; GRUR 2015, 1189 Tz. 36 – Goldrapper.

941 *Ulmer*, Immaterialgüterrechte im internationalen Privatrecht, Nr. 54; *Katzenberger*, in: FG Schricker, S. 225, 258; *Gottschalk*, in: Conflict of Laws in a Globalized World, S. 184, 203ff., 208; *Thum*, in: Intellectual Property and Private International Law, S. 265, 278f.; *Grünberger*, ZVglRWiss 108 (2009), 134, 160ff.; *Metzger*, JZ 2010, 929, 933; *McGuire*, in: Geistiges Eigentum im Internet, S. 143, 154f.; *Birkmann*, Anknüpfung der originären Inhaberschaft, S. 72ff.; *Tochtermann*, Sukzessionsschutz, S. 242ff.; *Drexl*, in: MüKo-BGB IntImmGR Rn. 26; *Fezer/Koos*, in: Staudinger IntWirtschR Rn. 1081ff.; *Dreier*, in: Dreier/Schulze vor §§ 120ff. UrhG Rn. 30; *Walter*, in: Loewenheim § 58 Rn. 22; *Kotthoff*, in: Dreyer/Kotthoff/Meckel/Hentsch § 120 Rn. 13.

942 *Dreier*, in: Dreier/Schulze vor §§ 120ff. UrhG Rn. 29; *Metzger*, JZ 2010, 929, 934.

943 *Drexl*, in: MüKo-BGB IntImmGR Rn. 23; *Thum*, in: Intellectual Property and Private International Law, S. 265, 278f.; vgl. *Walter*, in: Loewenheim § 58 Rn. 22; *Katzenberger/Metzger*, in: Schricker/Loewenheim vor §§ 120ff. UrhG Rn. 111; *McGuire*, in: Geistiges Eigentum im Internet, S. 143, 149.

ligung verhandlungsschwacher Urheber führen könnte.[944] Knüpft man hingegen an das Schutzland, wäre es nicht möglich, dessen Schutzvorschriften zu unterlaufen. Darüber hinaus wird angeführt, dass einander widersprechende Ergebnisse bei parallelem Schutz nach Urheberrecht und einem gewerblichen Schutzrecht vermieden würden.[945]

II. Eigenständige Anknüpfung der Inhaberschaft

Demgegenüber stehen die Anhänger einer eigenständigen, einheitlichen Anknüpfung der Rechtsinhaberschaft.[946] Wer Urheber eines Werkes sei, müsse einmal nach einer Rechtsordnung und nicht immer wieder aufs Neue für jeden Staat gesondert bestimmt werden.

1. Argumente für eine eigenständige, einheitliche Anknüpfung

Die Vertreter einer einheitlichen Anknüpfung der Rechtsinhaberschaft verweisen darauf, dass es für den Rechtsverkehr eine erhebliche Erleichterung darstellen würde, wenn der Inhaber des Urheberrechts unabhängig vom Ort der Verwertung stets derselbe sei. So könne etwa über Weltrechte verfügt werden, ohne die Inhaberschaft für jedes Land einzeln bestimmen zu müssen.[947] Dieses Bedürfnis wird vor allem bei der globalen Verwertung urheberrechtlich geschützter Inhalte insbesondere im Internet herausgestellt.[948] Auch dass die Grenzen zwischen Bearbeiter, Miturheber und Einzelurheber (verbundener Werke) divergieren können,[949] spricht für eine einheitliche Anknüpfung der Inhaberschaft. Die beteiligten Schöpfer wie die Verwerter haben ein Interesse daran, dass nicht für jedes Schutzland gesondert geprüft werden muss, wer in welchem Umfang berechtigt ist. Wer Rechtsinhaber ist, ist sowohl für den Rechtserwerb als auch für die Rechtsdurchsetzung relevant. Der Erwerb nach einem vom Schutzland verschiedenen Recht sei einem Verwerter, der Nut-

944 *Drexl*, in: MüKo-BGB IntImmGR Rn. 23; *Birkmann*, Anknüpfung der originären Inhaberschaft, S. 60.

945 *McGuire*, in: Geistiges Eigentum im Internet, S. 143, 150; *Tochtermann*, Sukzessionsschutz, S. 144.

946 *Schack*, Anknüpfung, Nr. 55 ff.; *Klass*, GRUR Int. 2007, 373 ff.; vgl. zudem die Nachweise in Fn. 958, 963, 969, 970.

947 *Schack*, IPRax 1993, 46, 48; *Klass*, GRUR Int. 2007, 373, 381; *von Welser*, in: Wandtke/Bullinger vor §§ 120 ff. UrhG Rn. 11.

948 *Peifer*, ZUM 2006, 1, 3; *Klass*, GRUR Int. 2007, 373, 381 f.; *dies.*, GRUR Int. 2008, 546, 548; *Rosenkranz*, Open Contents, S. 177.

949 Vgl. zum deutschen materiellen Recht oben Teil 1, S. 25 ff.

zungsrechte erwerben will, genauso zumutbar, wie herauszufinden, nach welchem Recht sich die Inhaberschaft bestimmt.[950]

Kern der Argumentation ist, dass der Rechteinhaber im Interesse der erleichterten Verwert- und Durchsetzbarkeit des Urheberrechts (wie im Sachenrecht nach der lex rei sitae) weltweit übereinstimmend beurteilt werden sollte. Folgerichtig müssen dann nicht nur die erste Inhaberschaft, sondern sämtliche Verfügungen und Nutzungsrechtseinräumungen nach demselben Recht bestimmt werden.[951] Andernfalls könnte es bei einem Zweiterwerb dazu kommen, dass die Rechtsinhaberschaft auseinanderfällt.

Der einheitlichen Anknüpfung wird entgegengehalten, dass mit ihr das in Kontinentaleuropa anerkannte Schöpferprinzip preisgegeben werde:[952] Es wäre möglich, dass andere - sogar juristische - Personen anstelle des Schöpfers Urheber im Rechtssinne werden.[953]

Für die einheitliche Anknüpfung wird angeführt, sie fördere den internationalen Entscheidungseinklang.[954] Dem ist jedoch entgegenzuhalten, dass das Ideal des internationalen Entscheidungseinklangs dadurch herbeigeführt wird, dass dieselbe Kollisionsnorm verwendet wird - auf ihren Inhalt kommt es nicht an.[955] So würde auch eine weltweite Anknüpfung an die lex loci protectionis zum internationalen Entscheidungseinklang führen.

Zuletzt wird der lex loci protectionis entgegengehalten, der Ort der Verletzung sei nicht der »geeignete Kandidat« zu bestimmen, wer Inhaber des Urheberrechts ist,[956] weil der Verwerter sich diesen Ort aussuchen kann. Vorteil einer Anknüpfung sämtlicher Fragen an die lex loci protectionis ist demgegenüber der interne Entscheidungseinklang, der Angleichungsprobleme vermeidet.[957]

2. Problem der Kollisionsnorm

Die Vertreter einer einheitlichen Anknüpfung stehen vor der Herausforderung, eine Kollisionsnorm benennen zu müssen. Hierfür werden verschiedene Ansätze vorgeschlagen.

---

950 *Schack*, Anknüpfung, Nr. 107; *ders.*, UrhR, Rn. 1024; *Klass*, GRUR Int. 2007, 373, 382; *Rosenkranz*, Open Contents, S. 178.

951 *Schack*, Anknüpfung, Nr. 115; *ders.*, UrhR, Rn. 1040; *von Welser*, in: Wandtke/Bullinger vor §§ 120ff. UrhG Rn. 11.

952 *Drexl*, in: MüKo-BGB IntImmGR Rn. 17.

953 *Klass*, GRUR Int. 2008, 546, 547.

954 *Klass*, GRUR Int. 2008, 546, 548.

955 *Kegel/Schurig*, IPR, S. 140; *Kropholler*, IPR, S. 39; *Rauscher*, IPR, Rn. 59.

956 *Klass*, GRUR Int. 2007, 373, 382.

957 Vgl. *Walter*, in: Loewenheim § 58 Rn. 22; *Spindler*, IPRax 2003, 412, 414.

Viele Autoren schlagen in Anlehnung an die RBÜ eine Anknüpfung an den Ort der ersten Veröffentlichung vor.[958] Hier habe das Werk seinen Ursprung. Vor der Veröffentlichung bestimme sich die Inhaberschaft nach dem Personalstatut des Urhebers.[959] Problematisch ist der Ort einer Erstveröffentlichung im Internet. Einige schlagen vor, an den Serverstandort anzuknüpfen.[960] Die Anknüpfung an den Serverstandort zieht indes erhebliche Rechtsunsicherheiten nach sich, da es häufig zufällig und im Voraus unbestimmbar ist, in welchem Land der Server steht.[961] Allein die Wikimedia Foundation betreibt sechs Server an unterschiedlichen Orten.[962] Sollte es aufgrund technischer Probleme, Auslastungen o. ä. dazu kommen, dass Inhalte ausnahmsweise auf einem anderen Server als dem erwarteten gespeichert werden, würde sich das Urheberstatut rein zufällig ändern. Die Anknüpfung an den Serverstandort erfüllt somit nicht die Voraussetzungen an eine vorhersehbare Kollisionsnorm.

Andere wollen daher bei einer Veröffentlichung im Internet an die Staatsangehörigkeit anknüpfen.[963] Dagegen sprechen die Bedenken, die allgemein gegen eine Anknüpfung an die Staatsangehörigkeit vorgetragen werden.[964] Weiter wird vorgeschlagen, an den Ort der geschäftlichen Niederlassung des Hosting-Anbieters anzuknüpfen.[965] Dagegen spricht jedoch, dass der Schöpfer häufig keinen Einfluss auf den Hosting-Anbieter hat, wenn er sein Werk etwa in einem sozialen Netzwerk veröffentlicht.[966] Zudem wird sich kaum jemand

958 *Schack*, Anknüpfung, Nr. 76ff.; *ders.*, UFITA 108 (1988), 51, 57; *ders.*, ZUM 1989, 267, 279; *ders.*, JZ 1998, 1018, 1019; *ders.*, UrhR, Rn. 1026ff. Bei Filmwerken für eine Anknüpfung an den Sitz des Filmherstellers. Ihm folgend *Braun*, Internationale Coproduktion von Filmen, S. 152. Für eine Anknüpfung an das Ursprungsland ferner *Neuhaus*, RabelsZ 40 (1976), 191, 192f.; *Drobnig*, RabelsZ 40 (1976), 195, 198ff.; *Cigoj*, in: FS Firsching, S. 53, 75; *Intveen*, Internationales Urheberrecht, S. 93f.; *Bollacher*, Internationales Privatrecht, Urheberrecht und Internet, S. 171ff.; *Skrzipek*, Urheberpersönlichkeitsrecht und Vorfrage, S. 71ff.; *Evert*, Anwendbares Urheberrecht, S. 254f.; *Regelin*, Kollisionsrecht der Immaterialgüterrechte, S. 183f.; *S. Meyer*, Miturheberschaft, S. 195; *von Welser*, in: Wandtke/Bullinger vor §§ 120ff. UrhG Rn. 11.

959 *Schack*, Anknüpfung, Nr. 76ff.

960 *Schack*, MMR 2000, 59, 64; *ders.*, UrhR, Rn. 1029. *Bollacher*, Internationales Privatrecht, Urheberrecht und Internet, S. 174f.; *Intveen*, Internationales Urheberrecht und Internet, S. 91; wohl auch *Evert*, Anwendbares Urheberrecht, S. 191.

961 Kritisch daher *Klass*, GRUR Int. 2008, 546, 548; *S. Meyer*, Miturheber, S. 196; *McGuire*, in: Geistiges Eigentum im Internet, S. 143, 145; *Beckstein*, Einschränkungen des Schutzlandprinzips, S. 317f.

962 https://de.wikipedia.org/wiki/Wikipedia:Server.

963 *von Welser*, in: Wandtke/Bullinger vor §§ 120ff. UrhG Rn. 11; *Skrzipek*, Urheberpersönlichkeitsrecht und Vorfrage, S. 82.

964 Vgl. etwa *Schack*, Anknüpfung, Nr. 75 und sogleich.

965 *S. Meyer*, Miturheber, S. 197 mit Hinweis auf *Schack*, JZ 1998, 753, 761.

966 Eine Wahl der sozialen Netzwerke ist zwar möglich, allerdings gibt es nur wenige Netzwerke, bei der eine große Breitenwirkung erzielt werden kann. Tatsächlich besteht die Wahlmöglichkeit also nicht.

ernsthaft darüber Gedanken machen, wo der Hosting-Anbieter seinen Sitz hat und welchen Einfluss das auf das anwendbare Urheberrecht hat.

Für die Ursprungslandsanknüpfung fehlt es bislang an einem interessengerechten Anknüpfungsmoment bei Internetveröffentlichungen.[967] Darüber hinaus wird allgemein kritisiert, dass es bei einer Anknüpfung an den Ort der Veröffentlichung möglich sei, dass ein Urheber seine Rechtsposition aufgrund des Statutenwechsels (vor Veröffentlichung Personalstatut, danach Recht des Veröffentlichungsortes) verliert.[968]

Andere wollen dagegen an den gewöhnlichen Aufenthalt des Urhebers[969] oder dessen Staatsangehörigkeit[970] im Zeitpunkt der Schöpfung anknüpfen. So wird das Problem der Lokalisierung einer Internetveröffentlichung umgangen. Allerdings stellen sich Folgeprobleme, wenn man an die Person des Urhebers anknüpft, was soll gelten, wenn die Beteiligten aus verschiedenen Staaten stammen? Selbst wenn man den Urhebern insoweit eine Rechtswahl ermöglichen wollte,[971] bedürfte es einer Kollisionsnorm für den Fall ihres Fehlens. Hier etwa an die Staatsangehörigkeit der Mehrheit der Miturheber anzuknüpfen,[972] kann nicht funktionieren, da erst das materielle Recht bestimmt, wer Miturheber ist.[973] Auch eine qualitative Anknüpfung – welcher Beitrag ist der wesentlichste? – ist zu unsicher, wenn nicht gar unmöglich;[974] bei einer quantitativen Anknüpfung kann es zu einem Patt kommen. Auch eine Anknüpfung an den Herstellungsort[975] kann heute nicht überzeugen, da die Urheber nicht an einem Ort zusammenarbeiten müssen, etwa wenn sie gemeinsam Software auf einer Cloud-Plattform entwickeln.[976] *Gössl* schlägt bei mehreren Beteiligten eine Anwendung des Gesellschaftsstatuts vor.[977] Doch bleibt es auch hier problematisch,

967 *Drexl*, in: MüKo-BGB IntImmGR Rn. 24.

968 *Drexl*, in: MüKo-BGB IntImmGR Rn. 24; *Birkmann*, Anknüpfung der originären Inhaberschaft, S. 65f.

969 *van Eechoud*, Choice of Law in Copyright, S. 181; *dies.*, in: Intellectual Property and Private International Law, S. 289, 299; *Rosenkranz*, Open Contents, S. 179; *Klass*, GRUR Int. 2008, 546, 554, 57; *Gössl*, Internetspezifisches Kollisionsrecht, S. 246. Vgl. *Rehbinder/Peukert*, UrhR, Rn. 1210 für das Recht der engsten Verbindung, die in der Regel dem gewöhnlichen Aufenthalt entspreche.

970 *Oppermann*, Anknüpfung internationaler Urheberrechtsverletzungen, S. 152f.

971 Dafür *van Eechoud*, Choice of Law in Copyright, S. 186; *Rosenkranz*, Open Contents, S. 180; vgl. auch *Klass*, GRUR Int. 2008, 546, 556.

972 Dafür *Rosenkranz*, Open Contents, S. 180.

973 *S. Meyer*, Miturheber, S. 189; *Gössl*, Internetspezifisches Kollisionsrecht?, S. 247.

974 *Schack*, Anknüpfung, Nr. 79.

975 Dafür *Schack*, Anknüpfung, Nr. 79 für unveröffentlichte Werke von Miturhebern.

976 *Gössl*, Internetspezifisches Kollisionsrecht?, S. 247.

977 *Gössl*, Internetspezifisches Kollisionsrecht?, S. 248f. Das Gesellschaftsstaut bestimmt sich für Unionsunternehmen nach deren Gründungsort. Siehe nur EUGH EU:C:2002:632 – Überseering und *Ebke*, JZ 2003, 927ff. Bei einer Miturheberschaft gibt es jedoch keine

das Zusammenwirken Mehrerer zu lokalisieren, wenn sie keine vertragliche Vereinbarung getroffen haben.

Eine weitere Herausforderung für die eigenständige Anknüpfung der Rechtsinhaberschaft sind Bearbeitungen. Unterscheidet sich das Bearbeiterurheberstatut vom Urheberstatut, kann dies zu Friktionen führen, wenn die jeweils anwendbaren Rechtsordnungen die Grenze zwischen Bearbeitung und Miturheberschaft unterschiedlich ziehen. Doch sind Normenmangel und Normenhäufung im IPR nichts ungewöhnliches.[978]

III. Bewertung

Die Argumente für eine einheitliche Anknüpfung der Rechtsinhaberschaft scheinen zunächst deutlich zu überwiegen.[979] Insbesondere die Gefahr, dass sie je nach Schutzland variiert, spricht dafür, die Inhaberschaft einheitlich anzuknüpfen. Allerdings zeigt die Suche nach einer geeigneten Kollisionsnorm die wesentliche Schwäche der einheitlichen Anknüpfung: Es fehlt an einer interessengerechten Kollisionsnorm, insbesondere für Internetsachverhalte. Heute ist es dem Urheber ein Leichtes, sein Werk über das Internet weltweit zu verwerten. Gerade die weltweite Abrufbarkeit macht es schwierig, das Urheberrecht sinnvoll zu lokalisieren. Konnte man vor dem Zeitalter des Internet die gleichzeitige weltweite Veröffentlichung noch weitgehend ausblenden,[980] ist heute eine interessengerechte Kollisionsnorm für die gleichzeitige weltweite Veröffentlichung unverzichtbar. Anknüpfungsmomente wie der Ort des Hochladens oder der Standort des Servers, sind häufig zufällig und damit nicht interessengerecht.[981] Darüber hinaus sind diese Orte nach Jahrzehnten kaum oder gar nicht mehr beweisbar. Wenn man die Urheberschaft stattdessen an die Person des Schöpfers knüpft, ist die Beteiligung mehrerer Personen ein bislang nicht gelöstes Problem.

Insofern erscheint die h. M., die sämtliche urheberrechtlichen Fragen nach der lex loci protectionis anknüpfen will, in einem besseren Licht. Zwar kann es dann zu divergierenden Rechtsinhabern in verschiedenen Schutzländern kom-

---

rechtsgeschäftliche Gründung. Sie entsteht unabhängig vom rechtsgeschäftlichen Willen der Urheber; s. oben S. 26.

978 Vgl. *McGuire*, in: Geistiges Eigentum im Internet, S. 143, 150.

979 *McGuire*, in: Geistiges Eigentum im Internet, S. 143, 146.

980 So *Schack*, Anknüpfung, Nr. 88.

981 Streiten zwei Deutsche vor einem deutschen Gericht über die Internet-Verwertung eines Fotos, das ein Deutscher in Deutschland aufgenommen hat, leuchtet es nicht ein, auf die Frage der Inhaberschaft ausländisches Recht anzuwenden, nur weil der Server im Ausland steht oder das Bild im Ausland auf den Server geladen wurde.

men. Doch hat dieses scheinbar unhaltbare Ergebnis in der urheberrechtlichen Praxis nur selten zu gerichtlichen Verfahren geführt.[982]

Dass die Rechtsinhaberschaft auseinanderfällt, wird bei der Verfügung über Weltrechte regelmäßig kein größeres Problem sein: Ob der Erwerber das Urheberrecht oder »nur« ein ausschließliches Nutzungsrecht erwirbt, ist für die vermögensrechtlichen Bestandteile des Urheberrechts unerheblich.[983] Probleme, die durch verschiedene Berechtigungen bei der Miturheberschaft entstehen, können dadurch gelöst werden, dass man sämtliche Beteiligten in die Vertragsgestaltung miteinbezieht. Entscheidend wird das Auseinanderfallen der Inhaberschaft erst, wenn der Schöpfer entgegen dem Willen des Rechtsinhabers aus dem *Urheberpersönlichkeitsrecht* gegen die Verwertung vorgeht, wie etwa *John Huston* gegen die nachträgliche Kolorierung seines Schwarz-weiß-Films.[984] Wer hier an das Ursprungsland anknüpft, das Ergebnis dann aber über eine Sonderanknüpfung[985] oder den ordre public korrigiert, muss sich fragen, ob nicht bereits die Anknüpfung falsch gewesen ist.[986] Wenn das ausländische Recht zu einem anderen Ergebnis kommt als das eigene, darf dies nicht regelmäßig über den ordre public korrigiert werden. Das widerspräche dem Gedanken des Internationales Privatrechts, das von der Gleichwertigkeit aller Rechtsordnungen ausgeht. Der ordre public soll nur verhindern, dass Rechtsfolgen herbeigeführt werden, die gegen grundlegende Rechtsprinzipien des Forumstaates verstoßen.[987] *Schack* will an der einheitlichen Anknüpfung festhalten, dem Schöpfer aber einen Anspruch aus dem *allgemeinen* Persönlichkeitsrecht gewähren.[988] Hier stellt sich die – nach dem jeweils anwendbaren Recht zu beantwortende – Frage, ob das Urheberpersönlichkeitsrecht als *lex specialis* das allgemeine Persönlichkeitsrecht verdrängt.[989] Wer dem Schöpfer einen Anspruch aus dem allgemeinen Persönlichkeitsrecht zubilligt, muss zudem berücksichtigen, dass auch dies für die Verwerter erhöhte Transaktionskosten bedeutet. Diese müssen sich nicht nur über das Urheberrecht, sondern auch über mögliche Ansprüche aus dem allgemeinen Persönlichkeitsrecht infor-

982 *Drexl*, in: MüKo-BGB IntImmGR Rn. 22, 26; *Thum*, in: Interellectual Property and Private International Law, S. 265, 273; vgl. auch *Metzger*, in: Intellectual Property in the Global Arena, S. 157, 161; *Peifer*, ZUM 2006, 1, 5.

983 *Metzger*, in: Intellectual Property in the Global Arena, S. 157, 161f.

984 Cour de cassation GRUR Int. 1992, 304 – John Huston II.

985 So die Cour de cassation GRUR Int. 1992, 304 – John Huston II. Kritisch *Schack*, IPRax 1993, 46, 50.

986 Vgl. *Metzger*, in: Intellectual Property in the Global Arena, S. 157, 158, 160f.

987 *Stürner*, in BeckOGK Art. 6 EGBGB Rn. 2.

988 *Schack*, IPRax 1993, 46, 51; dagegen *Drexl*, in: MüKo-BGB IntImmGR Rn. 20.

989 Dazu für das deutsche Recht *Bullinger*, in: Wandtke/Bullinger Vor §§ 12ff. UrhG Rn. 16ff.; *Schack*, GRUR 1985, 352ff.

mieren.[990] Dies gilt insbesondere bei Umgestaltungen des Werkes, wenn sein Schöpfer über das allgemeine Persönlichkeitsrecht die Verwertung der – möglicherweise entstellenden – Umgestaltung zumindest behindern kann.[991]

Die Transaktionskosten, die bei der Verfügung über Weltrechte entstehen, könnten durch eine einheitliche Anknüpfung ohnedies nur gesenkt werden, wenn diese weltweit anerkannt würde.[992] *Schack* will die einheitliche Anknüpfung im deutschen Kollisionsrecht als Sachnormverweisung verstehen, um eventuelle Rückverweisungen auf die lex loci protectionis zu vermeiden.[993] Allerdings ist die Rechtssicherheit damit nur für Klagen vor deutschen Gerichten hergestellt. Wird vor einem ausländischen Gericht geklagt, was bei Verfügungen über Weltrechte nicht grundsätzlich ausgeschlossen werden kann, drohen gleichwohl eine zersplitterte Anknüpfung und damit einhergehend höhere Transaktionskosten. Ohnehin zieht eine weltweite kommerzielle Verwertung erhebliche Kosten nach sich, da die Vorschriften der nationalen Urheberrechte zumindest wegen der inhaltlichen Ausgestaltung lege loci protectionis geprüft werden müssen.[994]

Darüber hinaus führt eine einheitliche Anknüpfung der Inhaberschaft dazu, dass Verfügungsbeschränkungen des anwendbaren Rechts grundsätzlich weltweite Geltung entfalten. Wäre etwa in dem (wie auch immer bestimmten) Ursprungsland eine Lizenzierung an jedermann untersagt, so könnte dieses Werk nirgends auf der Welt als Open Content genutzt werden, da sich die Verfügung stets nach demselben Recht richtet. Bei einer Anknüpfung an die lex loci protectionis würde eine solche Verfügungsbeschränkung alle Urheber treffen, allerdings nur für die Verwertung in dem betreffenden Schutzland, sodass nur für dieses Land eine Open Content Lizenzierung ausgeschlossen wäre. Es zeigt sich, dass Schutzvorschriften zugunsten des Urhebers, die zu einer Beschränkung der Verfügungsbefugnis führen (wie etwa § 31 IV a. F. UrhG[995]), weltweite Geltung erlangen können. Bei einem ausländischen Urheberrechtsstatut könnte dagegen auch für das deutsche Staatsgebiet eine Verfügung über unbekannte Nutzungsarten formlos erfolgen. Der Schutz wäre damit auf Urheber solcher Werke beschränkt, für die das Urheberrechtsstatut das deutsche UrhG beruft. Für denjenigen, der ein Nutzungsrecht vom Urheber erwerben möchte, heißt das, dass er sich stets über das Urheberrechtsstatut erkundigen muss, um dessen

990 Vgl. *Gottschalk*, in: Conflict of Laws in a Globalized World, S. 184, 207.

991 Vgl. *Schack*, IPRax 1993, 46, 51.

992 *Thum*, in: Intellectual Property and Private International Law, S. 265, 280; *Drexl*, in: Müko IntImmGR Rn. 22; vgl. *Fezer/Koos*, in: Staudinger IntWirtschR Rn. 1083.

993 *Schack*, IPRax 1993, 46, 49. Dies geht zulasten des internationalen Entscheidungseinklangs. A. A. *Gössl*, Internetspezifisches Kollisionsrecht?, S. 246, 250.

994 Art. 8 I Rom II-VO. Dazu oben S. 155f.

995 Für dessen Anknüpfung an das Urheberstatut *Schack*, UrhR, Rn. 1043 Fn. 71.

Voraussetzungen zu erfüllen, selbst wenn er nur in einem anderen Land verwerten möchte.[996]

Das alles sind gewichtige Einwände gegen eine (theoretisch vielleicht vorzugswürdige) einheitliche Anknüpfung des Urheberrechts. Vor allem fehlt eine taugliche Kollisionsnorm – zumindest für Veröffentlichungen im Internet – als Grundvoraussetzung für eine einheitliche Anknüpfung.[997] *Klass* hat herausgestellt, dass eine differenzierte Kollisionsnorm für das Urheberrecht nötig ist, die nach Werkarten (etwa für Filmwerke) und gegebenenfalls nach Art der Herstellung (etwa im Arbeitsverhältnis) unterscheidet.[998] Solch eine Kollisionsnorm hat allerdings nur dann einen Sinn für die Rechteinhaber und Verwerter, wenn sie annähernd weltweit, zumindest aber unionsweit angewendet wird. Nur dann kann sie Transaktionskosten senken und die weltweite Verwertung erleichtern. Bis es zu einer Einigung über eine solche Kollisionsnorm kommt, sollte weiterhin die lex loci protectionis angewendet werden. Eine abweichende Kollisionsnorm nur im deutschen Recht senkt keine Transaktionskosten. Zudem liegt es nahe, dass auch deutsche Gerichte das Ergebnis korrigieren, sobald das Urheberpersönlichkeitsrecht betroffen ist. Da die unterschiedliche Anknüpfung grundsätzlich nur bei urheberpersönlichkeitsrechtlichen Streitigkeiten relevant wird, droht die Gefahr, dass das Ergebnis stets korrigiert wird, wenn es sich von der lex loci protectionis unterscheidet. Es scheint, als seien die kulturellen Unterschiede im Urheberrecht zu groß, um die Entscheidung anderer Staaten »ergebnisblind« zu akzeptieren[999] und nur im Extremfällen eine Ergebniskorrektur vorzunehmen. Entscheidet sich ein Staat im materiellen Recht dafür, eine Verfügung grundsätzlich für unwirksam zu erklären oder sie nur unter erschwerten Bedingungen zuzulassen, wird er dies in der Regel mit dem Schutz der beteiligten Personen begründen. Der Schritt, den für erforderlich erachteten Schutz dann grundrechtlich zu untermauern und über den ordre public auch im Internationalen Privatrecht durchzusetzen, liegt zumindest nahe.

Solange es an einem internationalen Konsens für eine Kollisionsnorm der Rechtsinhaberschaft fehlt, sollte daher auch in Deutschland an der bisherigen Praxis festgehalten und sämtliche Fragen des Urheberrechts nach der lex loci protectionis angeknüpft werden.

---

996 Für zumutbar gehalten von *Schack*, Anknüpfung, Nr. 107, 114; *Klass*, GRUR Int. 2007, 373, 382; *Rosenkranz*, Open Contents, S. 178.

997 *Klass*, GRUR Int. 2007, 373, 378: »die Überzeugungskraft eines universalen Ansatzes [steht und fällt] im Ergebnis mit der überzeugenden Benennung des maßgeblichen Anknüpfungspunktes.«

998 *Klass*, GRUR Int. 2007, 373, 385; *dies.*, GRUR Int. 2008, 546ff.

999 So das gewollte Vorgehen im IPR, *Schack*, in: FS Kropholler, S. 651, 664 mwN.

D. Bestimmung der lex loci protectionis

Nach Art. 8 I Rom II-VO ist das Recht des Staates anzuwenden, für dessen Gebiet der Schutz beansprucht wird. Maßgeblich ist allein sein Klagevortrag, der auszulegen ist.[1000]

Erfolgt eine Verwertungshandlung über Staatsgrenzen hinweg oder ist das Interesse des Urhebers in mehreren Staaten betroffen, fragt sich, nach welchem Recht sich die Zulässigkeit der Verwertungshandlung richtet. Nach der in Art. 8 I Rom II-VO für das Deliktstatut festgelegten Schutzlandanknüpfung obliegt es dem Kläger, zu entscheiden, nach welchem Recht er Schutz beansprucht. Die Verwertungshandlung wird also nicht auf Ebene des Kollisionsrechts lokalisiert. Vielmehr sagt das anwendbare Sachrechts, ob die Verwertungshandlung das Urheberrecht für dieses Gebiet verletzt.[1001] Das folgt schon aus dem Wortlaut von Art. 8 I Rom II-VO (»beansprucht wird«, »is claimed«).[1002] Daneben spricht die unterschiedliche Formulierung in den Absätzen 1 und 2 dafür, dass die Lokalisierung auf der Ebene des materiellen Rechts erfolgt.[1003] Darüber hinaus wird angeführt, dass sich nur so der Unterschied zur allgemeinen deliktischen Kollisionsregel in Art. 4 Rom II-VO erklären lasse.[1004]

I. Mosaikbetrachtung

Wenn die Verwertungshandlung nicht auf der Ebene des Kollisionsrechts lokalisiert wird, ist die logische Konsequenz eine Mosaikbetrachtung (distributive Rechtsanwendung).[1005] Ob eine grenzüberschreitende Verwertungshandlung

1000 BGH GRUR 2009, 840 Tz. 17 – Le-Corbusier-Möbel II; öst. OGH GRUR Int. 2013, 668, 670; *Heinze*, in: jurisPK-BGB Art. 8 Rom II-VO Rn. 30 mwN.

1001 EUGH EU:C:2012:642 = GRUR 2012, 1245 Tz. 32f. – Football Dataco; *Grünberger*, ZVglRWiss 108 (2009), 134, 154; *Rosenkranz*, Open Contents, S. 183; *Tochtermann*, Sukzessionsschutz, S. 241; *Metzger*, in: ECPIL Art. 8 Rome II-REG Rn. 26; *Drexl*, in: MüKo-BGB IntImmGR Rn. 12, 276; *McGuire*, in: BeckOGK-Rom II-VO Art. 8 Rn. 142; *Heinze*, in: jurisPK-BGB Art. 8 Rom II-VO Rn. 31; *Klass*, GRUR Int. 2007, 373, 376; vgl. auch *Sandrock*, GRUR Int. 1985, 507, 514; unklar *McGuire*, i in: Geistiges Eigentum im Internet, S. 143, 162.

1002 *Grünberger*, ZVglRWiss 108 (2009), 134, 152f.

1003 *Richter*, Parteiautonomie im Int. Immaterialgüterrecht, S. 99; *Unberath/Cziupka/Pabst*, in: EuZPR/EuIPR Art. 8 Rom II-VO Rn. 21.

1004 Vgl. *Richter*, Parteiautonomie im Int. Immaterialgüterrecht, S. 100; *Fezer/Koos*, in: Staudinger IntWirtschR Rn. 911; *Katzenberger/Metzger*, in: Schricker/Loewenheim vor §§ 120ff. UrhG Rn. 126.

1005 *Unberath/Cziupka/Pabst*, in: EuZPR/EuIPR Art. 8 Rom II-VO Rn. 22; *Metzger*, in: ECPIL Art. 8 Rome II-REG Rn. 28; *Grünberger*, in: NK-BGB Art. 8 Rom II-VO Rn. 37; *Thorn*, in: Palandt Art. 8 Rom II-VO Rn. 7; kritisch *van Engelen*, NIPR 2008, 440, 445.

zulässig ist, richtet sich demnach nach allen betroffenen Rechtsordnungen. Da der Kläger sich aussucht, auf welches Schutzlandrecht er sich beruft, muss der Verwerter jedes Recht prüfen, das sich potentiell für anwendbar ansehen könnte, da er nicht weiß, auf welches Recht sich der Kläger später berufen wird.[1006] Das könnte dazu führen, dass der Verwerter sich an dem strengsten Recht ausrichten muss und sich dieses im praktischen Ergebnis durchsetzt.[1007]

II. Extraterritoriale Wirkung des Rechts

Wird das anwendbare Recht allein nach dem Vortrag des Klägers bestimmt, gehen Aussagen wie etwa »das Schutzland ist der Ort, in dem die angegriffene Vervielfältigungshandlung vorgenommen wird«,[1008] genaugenommen fehl, da Schutzland das Land ist, für dessen Gebiet der Kläger einen Anspruch geltend macht. Dem Kläger steht es aber frei, nach welchem Recht er Schutz beansprucht.[1009] Zwar wird sich der »›kluge‹ Kläger«[1010] nur auf das Recht eines Landes berufen, in welchem eine Verwertungshandlung stattgefunden hat, da die Klage andernfalls als unbegründet abzuweisen ist. Fraglich ist indes, ob ein Recht extraterritoriale Wirkung beanspruchen kann.[1011] Die Vertreter des Territorialitätsprinzips werden dies verneinen: Jedes Recht kann nur auf dem entsprechenden Territorium verletzt werden.[1012] Das Recht des Landes A wird wegen des Territorialitätsprinzips nicht von einer Verletzung des Urheberrechts ausgehen, wenn eine Verwertungshandlung ausschließlich im Staat B erfolgt ist.[1013]

1006 *Katzenberger/Metzger*, in: Schricker/Loewenheim vor §§ 120ff. UrhG Rn. 148.

1007 *Schack*, MMR 2000, 59, 65; vgl. auch *Spindler*, IPRax 2003, 412, 419.

1008 Vgl. etwa *Stieper*, ZUM 2019, 1, 7; *Spindler*, in: Information im 21. Jahrhundert, S. 115, 143.

1009 *Rehbinder/Peukert*, UrhR, Rn. 1206; *de la Durantaye*, in: Rome Regulations Art. 8 Rome II-REG Rn. 18.

1010 *Klass*, GRUR Int. 2007, 373, 376; *Drexl*, in: MüKo-BGB IntImmGR Rn. 12.

1011 Zur extraterritorialen Wirkung *Drexl*, in: FS Nordemann, S. 429, 432f.; *Gottschalk*, in: Conflict of Laws in a Globalized World, S. 184, 211f.; Vgl. auch *von Bar*, UFITA 108 (1988), 27, 45f. Gegen die Zulässigkeit einer extraterritorialen Wirkung unter der Rom II-VO *Dicey/Morris/Collins*, Conflict of Laws[15] Vol. 2, Rn. 35–078, die zumindest einen »genuine link« fordern. Ähnlich *Beckstein*, Einschränkungen des Schutzlandprinzips, S. 97, wonach nur der »Sachverhaltsabschnitt als verletzungsrelevant angesehen werden kann, der auf dem betreffenden Schutzgebiet liegt.«

1012 *Buchner*, GRUR Int. 2005, 1004, 1006; *Fezer/Koos*, in: Staudinger IntWirtschR Rn. 947; *Katzenberger/Metzger*, in: Schricker/Loewenheim vor §§ 120ff. UrhG Rn. 131; *Lauber-Rönsberg*, in: BeckOK-UrhG Kollisionsrecht Rn. 20.

1013 BGHZ 126, 252, 255f. – Folgerecht bei Auslandsbezug; GRUR 2011, 227 Tz. 20 – Italienische Bauhausmöbel; *Katzenberger*, GRUR Int. 1992, 567, 571.

Zum selben Ergebnis kommen die Vertreter des Universalitätsprinzips mit einer anderen Begründung. Sie legen ein anderes Verständnis des Urheberrechts zugrunde: Es gibt nur ein Urheberrecht (nicht ein Bündel mehrerer Rechte), das aber je nach Staat anders ausgestaltet ist.[1014] Zwangsläufig wird dieses *eine* Urheberrecht für das Gebiet eines anderen Territoriums durch ein anderes Urheberrechtsgesetz ausgestaltet. So gelangen auch die Vertreter eines universalen Ansatzes des Urheberrechts im Ergebnis nicht zu einer extraterritorialen Anwendung eines UrhG. Der Unterschied zwischen bei den Ansichten liegt darin, dass die einen von einer Begrenzung des Schutzrechts ausgehen, die anderen von einer Begrenzung des Anwendungsbereichs des Gesetzes. Was den Inhalt des Rechts angeht, kommen die Ansätze zum gleichen Ergebnis. Es ist unerheblich, ob es diverse Urheberrechte gibt, die sich auf das jeweilige Territorium beschränken, oder nur ein Urheberrecht, das je nach Territorium anders ausgestaltet ist. Jedenfalls bedarf es für die Verletzung des Urheberrechts immer einer Inlandsbeziehung.

Sollte ein nationales Recht dennoch einen zu weiten Geltungsanspruch haben und sich in einem Fall ohne oder nur minimalem Inlandsbezug für anwendbar erklären, bleibt eine Kontrolle über den ordre public.[1015]

III. Verwertung im Internet

Die Verwertung im Internet führt dazu, dass Werke grundsätzlich weltweit abrufbar sind.[1016] In diesen Fällen, werden regelmäßig mehrere Rechtsordnungen anwendbar sein. Es ist nach Art. 8 Rom II-VO keine Frage des IPR, ob nur das Recht des Upload-Landes oder auch das Recht aller Abrufstaaten anwendbar ist, da der Kläger entscheidet, für welches Land er Schutz beansprucht. Damit entscheidet das anwendbare Recht, ob (und unter welchen Voraussetzungen) der Abruf im Inland einen Eingriff in das Urheberrecht darstellt.[1017]

Dies ist kein Problem der extraterritorialen Geltung des Rechts, da mit der Abrufbarkeit eine Beziehung zu jedem Staat besteht. Damit sind potentiell alle Rechtsordnungen anwendbar, wobei jede Rechtsordnung nur darüber entscheidet, ob die Abrufbarkeit auf dem eigenen Territorium zulässig ist. Der

1014 Vgl. *Schack*, JZ 1998, 753, 762: »ein einheitliches Recht mit verschiedenen nationalen Facetten«.

1015 *Heinze*, in: jurisPK-BGB Art. 8 Rom II-VO Rn. 30, 52f.

1016 Eine eingeschränkte Abrufbarkeit kann durch Geo-Blocking erreicht werden, doch lässt sich das leicht umgehen. Vgl. *Specht*, Diktat der Technik, S. 389; *Federrath*, ZUM 2015, 929ff.

1017 Für § 19a UrhG wird eine Verletzung schon bei bloßer Abrufbarkeit angenommen; BGHZ 185, 291 Tz. 19 – Vorschaubilder I; *Schack*, GRUR 2007, 639, 640f.

Verletzte bestimmt durch seinen Vortrag, für welches Land er Schutz beansprucht und welches Recht somit entscheidet. Er kann sich in einem Prozess auch gegen die Verletzung in mehreren Ländern wehren.

IV. Einschränkung des Schutzlandprinzips?

Die potentielle Anwendbarkeit zahlreicher oder gar aller Rechtsordnungen der Welt führt zu der Überlegung, ob einige Rechtsordnungen a priori ausgenommen werden können.[1018] Eine Einschränkung der leges loci protectionis soll nicht dazu dienen, den Verletzungsort schon auf der Ebene des Kollisionsrechts zu fixieren.[1019] Dies setzt gerade die Prüfung eines materiellen Urheberrechts voraus.[1020] Es geht folglich darum, ob einzelne Rechtsordnungen kollisionsrechtlich für nicht anwendbar erklärt werden sollen.[1021] So könnten bereits auf der Ebene des IPR einige Rechtsordnungen ausgenommen werden, indem man etwa fordert, dass die Verwertung auf ein bestimmtes Territorium ausgerichtet sein muss.[1022] Dafür sprechen die gleichen Bedenken wie bei der extraterritorialen Reichweite eines Schutzrechts.[1023] Die Sorge ist, dass der Kläger sich auf ein Schutzland beruft, das – bis auf die tatsächliche Abrufbarkeit – keine Verbindung zum Sachverhalt aufweist.

Dazu das folgende Beispiel: Der Architekt des Kieler Schlosses kann den Betreiber des Blogs »Kieler Sehenswürdigkeiten« nach deutschem Recht nicht auf Unterlassung in Anspruch nehmen, wenn der Blog ein Bild des Schlosses enthält (§ 59 UrhG, Panoramafreiheit). Kann er sich aber auf ein Schutzland berufen, das keine Panoramafreiheit kennt? Schließlich ist der Blog auch aus dem Ausland abrufbar.

Ist eine Anwendung des fremden Rechts mit den deutschen oder europäischen Grundrechten unvereinbar, so bleibt zwar die Möglichkeit der Korrektur

1018 Ausführliche Darstellung verschiedener Lösungsansätze bei *Varimezov*, Grenzüberschreitende Rechtsverletzung, S. 215. Für eine Anwendbarkeit nur der Rechtsordnung bei ubiquitärer Verwertung das American Law Institute (ALI) in § 321, dazu *Beckstein*, Einschränkungen des Schutzlandprinzips, S. 339ff.; *Rosenkranz*, Open Contents, S. 194ff.

1019 Gegen eine Lokalisierung der Verletzungshandlung auf Ebene des Kollisionsrechts *Ziegler*, Urheberrechtsverletzungen durch Social Sharing, S. 34ff. mwN.

1020 Daher wird die Lokalisierung auf Ebene des Kollisionsrechts als zirkelschlüssig abgelehnt. *Rosenkranz*, Open Contents, S. 182f.; *Ziegler*, Urheberrechtsverletzungen durch Social Sharing, S. 34ff., jeweils mwN.

1021 Deutlich *Rosenkranz*, Open Contents, S. 198.

1022 *Buchner*, GRUR Int. 2005, 1004, 1007 (zum Rom II-VO-Entwurf); *Fezer/Koos*, in: Staudinger IntWirtschR Rn. 1116; *Dreier*, in: Dreier/Schulze vor §§ 120ff. UrhG Rn. 42, jeweils ohne Begründung, ob dies mit der Rom II-VO zu vereinbaren ist.

1023 Vgl. etwa das Beispiel von *Rosenkranz*, Open Contents, S. 198.

über den ordre public. Allerdings ist die Eingriffsschwelle sehr hoch.[1024] Gerade bei der Panoramafreiheit wird weder nach deutschen noch nach europäischen Grundrechten ein Verstoß vorliegen, der den Eingriff des ordre public rechtfertigt.[1025] Zudem setzt eine ordre public Korrektur die vorherige Prüfung des ausländischen materiellen Rechts voraus.[1026] Da wäre es wesentlich einfacher, in solchen Fällen dem Kläger generell zu verwehren, sich auf ein nur marginal betroffenes Schutzland zu berufen.

1. Erforderlichkeit einer Einschränkung

Möglicherweise ist eine solche Einschränkung auf der Ebene des Kollisionsrechts gar nicht erforderlich, weil dieses Problem durch das internationale Zivilverfahrensrecht oder das Sachrecht gelöst wird.

a) Internationales Zivilverfahrensrecht

Eine kollisionsrechtliche Einschränkung ist dann nicht erforderlich, wenn die Einschränkung bereits auf Ebene des internationalen Zivilverfahrensrechts erreicht werden kann. Der EUGH geht bei der Erfolgsortzuständigkeit nach Art. 7 Nr. 2 EUGVVO für Urheberrechtsverletzungen davon aus, dass sich die Kognitionsbefugnis dieses Gerichts auf Rechtsverletzungen im Forumstaat beschränkt.[1027] Dem Kläger ist es folglich - abhängig vom Zuständigkeitsgrund - gar nicht möglich, eine Rechtsverletzung für das Ausland geltend zu machen, da das Gericht für sie nicht zuständig ist. Allerdings ist die Kognitionsbefugnis des Gerichts zumindest am Beklagtenwohnsitz nicht eingeschränkt.[1028] Daher stellt sich jedenfalls am allgemeinen Gerichtsstand des Beklagten unverändert die Frage, ob eine kollisionsrechtliche Einschränkung erfolgen soll. Das Problem wird somit nicht schon durch das internationale Verfahrensrecht gelöst.

1024 Vgl. Erwgr. 32 der Rom II-VO (»außergewöhnliche Umstände«). *Junker*, in: MüKo-BGB Art. 26 Rom II-VO Rn. 1.

1025 Die Schranken der InfoSoc-RL sind fakultativ und in der EU gibt es Staaten, die keine Panoramafreiheit kennen. Das spricht gegen einen Grundrechtsverstoß. In Deutschland enthält etwa das DesignG keine entsprechende Schranke; es gibt also auch im deutschen Recht keine uneingeschränkte Panoramafreiheit. Dazu ausführlich *Cornels*, Schranken des Designrechts, S. 137ff.

1026 *Beckstein*, Einschränkungen des Schutzlandprinzips, S. 202f.

1027 EUGH EU:C:2013:635 = GRUR 2014, 100 Tz. 45 - Pinckney/Mediatech; EUGH EU:C:2015:28 = GRUR 2015, 296 Tz. 33ff., 36 - Hejduk/EnergieAgentur. Diese Beschränkung der Kognitionsbefugnis wir von vielen kritisiert, etwa von *Schack*, NJW 2013, 3629f. mwN; *ders.*, IZVR, Rn. 346.

1028 *Rehbinder/Peukert*, UrhR, Rn. 1198, 1204. Für Persönlichkeitsrechtsverletzungen EUGH EU:C:1995:61 = NJW 1995, 1881 Tz. 33 - Shevill. Vgl. für Marken und Patente *Schack*, IZVR, Rn. 347 mwN.

b) Sachrechtliche Einschränkung

Das Problem könnte sich vielleicht auch auf der Ebene des Sachrechts lösen lassen, sodass eine weitergehende kollisionsrechtliche Einschränkung nicht erforderlich ist. Der EUGH hat in der Sache *Football Dataco* eine Einschränkung nicht auf kollisionsrechtlicher Ebene (Art. 8 I Rom II-VO) vorgenommen, sondern bei der Auslegung der Datenbank-RL,[1029] die das materielle Recht harmonisiert.[1030] Eine Verwertung im Schutzland, das vom Upload-Ort abweicht, sei zumindest dann gegeben, »wenn Anhaltspunkte vorliegen, die den Schluss zulassen, dass eine solche Handlung die Absicht der sie vornehmenden Person erkennen lässt, Mitglieder der Öffentlichkeit im letztgenannten Mitgliedstaat gezielt anzusprechen«.[1031] Entsprechend ist der BGH im nationalen Markenrecht vorgegangen.[1032] Er hat – entgegen anderslautender Literaturmeinungen[1033] – keine Beschränkung des Schutzlandprinzips vorgenommen, sondern für die Verletzung einer nationalen Marke einen »hinreichenden wirtschaftlich relevanten Inlandsbezug«[1034] gefordert. Auch in urheberrechtlichen Entscheidungen hat der BGH nicht das Schutzlandprinzip beschränkt, sondern die Anwendung deutschen Sachrechts diskutiert.[1035] Die Gerichte haben folglich eine Einschränkung auf der Ebene des Sachrechts vorgenommen.[1036]

Ob bereits die Abrufbarkeit in Deutschland eine Verletzung deutschen Urheberrechts darstellt, entscheidet die Auslegung von § 19a UrhG.[1037] Allerdings harmonisiert Art. 3 InfoSoc-RL das Recht der öffentlichen Wiedergabe und damit § 19a UrhG. Daher bestimmt die InfoSoc-RL, ob eine öffentliche Wie-

1029 Art. 7 der Richtlinie 96/9/EG über den rechtlichen Schutz von Datenbanken.

1030 Das missversteht *Dreier*, in: Dreier/Schulze vor §§ 120ff. UrhG Rn. 42, der meint, der EUGH gehe von einer Einschränkung auf Ebene des IPR aus.

1031 EUGH EU:C:2012:642 = GRUR 2012, 1245 Tz. 47 – Football Dataco.

1032 BGH GRUR 2005, 431, 432 – HOTEL MARITIME; GRUR 2012, 621 Tz. 34ff. – OSCAR.

1033 Etwa *Peifer*, IPRax 2013, 228, 230; *Dreier*, in: Dreier/Schulze vor §§ 120ff. UrhG Rn. 42; *Fezer/Koos*, in: Staudinger IntWirtschR Rn. 1116; *Nordemann-Schiffel*, in: Fromm/Nordemann vor §§ 120ff. UrhG Rn. 77, 79; wohl auch *Lauber-Rönsberg*, in: BeckOK-UrhG Kollisionsrecht Rn. 26. Missverständlich auch der Urteilstitel in einigen Fachzeitschriften: »Einschränkung des Schutzlandprinzips [...]«, etwa in: GRUR 2005, 431 und NJW 2005, 1435. Wie hier *Sack*, WRP 2008, 1405, 1417; *Beckstein*, Einschränkungen des Schutzlandprinzips, S. 149f.

1034 BGH GRUR 2012, 621 Tz. 36 – OSCAR.

1035 Etwa BGHZ 126, 252 – Folgerecht bei Auslandsbezug (kein Anspruch aus § 26 UrhG bei Versteigerung in England); BGHZ 185, 291 Tz. 17, 19 – Vorschaubilder I (keine Vervielfältigung nach § 16 UrhG bei Speicherung auf einem ausländischen Server, Eingriff in § 19a UrhG durch Abrufbarkeit in Deutschland); BGHZ 171, 151 Tz. 26ff. – Wagenfeld-Leuchte (Anwendbarkeit von § 17 UrhG bei Angebot aus dem Ausland; zum Verhältnis zur späteren EUGH-Rspr. *Drexl*, in: MüKo-BGB IntImmGR Rn. 299).

1036 *de la Durantaye*, in: Rome Regulations Art. 8 Rome II-REG Rn. 21 mwN.

1037 Für letzteres LG Hamburg ZUM 2016, 887, 890. Gegen jegliche materiell-rechtliche Einschränkung *Schack*, UrhR, Rn. 1060a.

dergabe bereits dann vorliegt, wenn ein Inhalt im Inland abgerufen werden kann oder ob weitere Voraussetzungen hinzutreten müssen.[1038] Diese Frage müsste der BGH im Zweifel dem EUGH vorlegen. Die Vorlagefrage betrifft dann nicht die Rom II-VO, sondern die Auslegung von Art. 3 der InfoSoc-RL, der § 19a UrhG harmonisiert. Entsprechendes gilt für die Vervielfältigung, § 16 UrhG und Art. 2 InfoSoc-RL – etwa wenn diese auf einem ausländischen Server erfolgt und der Kläger Schutz für Deutschland beansprucht.[1039]

Legt der EUGH die Verwertungsrechte der InfoSoc wie die der Datenbank-RL einschränkend aus,[1040] dann scheint ein Bedürfnis zur Korrektur auf der Ebene des Kollisionsrechts zu fehlen.

Wenn der Urheber aber Schutz für einen Drittstaat begehrt, enthält dieses Recht möglicherweise keine derartige Einschränkungen. Die sachrechtlichen Einschränkungen der InfoSoc-RL helfen dem Verwerter nicht weiter, wenn der Kläger sich auf das (nicht harmonisierte) Recht des Drittstaates beruft.[1041] Dann bleibt nur eine Korrektur über den ordre public, an die hohe Anforderungen gestellt werden müssen. Etwaige Überlegungen, einschränkende Kriterien im Sachrecht einzuführen, können sich immer nur auf eine konkrete Rechtsordnung beziehen.[1042] Keinesfalls darf das fremde Recht schlicht (einschränkend) so ausgelegt werden, wie es nach dem Gesetz im Forum-Staat geschieht.[1043]

Dementsprechend muss eine Korrektur zumindest für Drittstaatenfälle in Betracht gezogen werden.

2. Zulässigkeit einer Einschränkung auf Ebene des Kollisionsrechts

Art. 8 Rom II-VO enthält keine Einschränkung des Schutzlandprinzips. Diese könnte nur durch eine teleologische Reduktion von Art. 8 I Rom II-VO erreicht werden.[1044] Möglicherweise hat der EU-Gesetzgeber aber bewusst auf eine Ein-

---

1038 *Drexl*, in: MüKo-BGB IntImmGR Rn. 311.

1039 Verneint von BGHZ 185, 291 Tz. 17 – Vorschaubilder I. Zumindest bei Cloud-Diensten ist es nicht nachvollziehbar, warum sich die Zulässigkeit nicht auch nach dem Ort des Up- und Downloads richten soll; vgl. dazu *Dreier*, in: Dreier/Schulze vor §§ 120ff. UrhG Rn. 33. Sinnvoll wäre es hier sogar, den Ort des Servers ganz auszunehmen, wobei dies unter der Rom II-VO wohl nicht mehr auf Ebene des IPR möglich ist. Gegen den Ort des Servers *Spindler*, IPRax 2003, 412, 416; *Stieper*, ZUM 2019, 1, 7. Zu Cloud-Diensten *McGuire*, in: Geistiges Eigentum im Internet, S. 143ff.

1040 Zur sachrechtlichen Beschränkung oben S. 177f.

1041 Vgl. *Kur*, in: Intellectual Property in the Conflict of Laws, S. 175, 183; *Grünberger*, in: NK-BGB Art. 8 Rom II-VO Rn. 44.

1042 Das kann ein nationales Gesetz (UrhG) oder die maßgebliche Verordnung (InfoSoc) sein.

1043 *Beckstein*, Einschränkungen des Schutzlandprinzips, S. 162.

1044 De lege lata gegen eine Einschränkung *Unberath/Cziupka/Pabst*, in: EuZPR/EuIPR Art. 8 Rom II-VO Rn. 22; *Weller/Nordmeier*, in: Spindler/Schuster Art. 8 Rom II-VO Rn. 6; *Sack*, WRP 2008, 1405, 1415, 1417; *McGuire*, in: BeckOGK-Rom II-VO Rn. 148; *Heinze*, in:

schränkung des Art. 8 I Rom II-VO verzichtet, womit einer teleologischen Reduktion die dogmatische Grundlage entzogen wäre.

Für das Kartellkollisionsrecht hat der Gesetzgeber die kumulative Anwendung mehrerer Rechtsordnungen dadurch zu vermeiden gewusst, dass er in Art. 6 III lit. b Rom II-VO unter bestimmten Voraussetzungen ein Wahlrecht des Klägers vorsieht.[1045] Daraus könnte der Schluss gezogen werden, dass sich der Gesetzgeber für Art. 8 Rom II-VO bewusst gegen eine solche Lösung entschieden hat.[1046] Allerdings legt Art. 6 III lit. b Rom II-VO fest, dass nur eine Rechtsordnung anwendbar ist. Daraus lässt sich der Schluss ableiten, dass der Gesetzgeber für Art. 8 Rom II-VO bewusst auf die Festlegung auf eine Rechtsordnung verzichtet hat.[1047]

Die Beschränkung auf *ein* Recht ist aber von der Ausnahme einiger Rechtsordnungen durch das zusätzliche Kriterium eines erhöhten Inlandsbezugs zu unterscheiden. Fraglich ist, ob der Gesetzgeber sich bewusst auch gegen eine solche Beschränkung entschieden hat. Dass der Gesetzgeber sich hierzu keinerlei Gedanken gemacht hat,[1048] ist angesichts der Regelungen in Art. 6 Rom II-VO und der breiten Diskussion in der Literatur zur lex loci protectionis[1049] wenig wahrscheinlich.[1050]

Allerdings ist die Schutzlandanknüpfung nur deshalb in die Rom II-VO aufgenommen worden, weil die Kommission die allgemeine Kollisionsnorm des Art. 4 Rom II-VO für ungeeignet hielt.[1051] Es blieb also nur, entweder die Im-

---

jurisPK-BGB Art. 8 Rom II-VO Rn. 32; *Drexl*, in: MüKo-BGB IntImmGR Rn. 346; weniger kritisch *Katzenberger/Metzger*, in: Schricker/Loewenheim vor §§ 120ff. UrhG Rn. 148. Für eine Einschränkung der Rom II-VO *Beckstein*, Einschränkungen des Schutzlandprinzips, S. 128f., 199f. Für eine Einschränkung, ohne auf das Problem der Vereinbarkeit mit der Rom II-VO einzugehen, *Dreier*, in: Dreier/Schulze vor §§ 120ff. UrhG Rn. 42; *Nordemann-Schiffel*, in: Fromm/Nordemann vor §§ 120ff. UrhG Rn. 79; *Fezer/Koos*, in: Staudinger IntWirtschR Rn. 1116 (jeweils unter zweifelhaftem Hinweis auf die Rspr; dazu oben S. 177f.).

1045 *Unberath/Cziupka/Pabst*, in: EuZPR/EuIPR Art. 6 Rom II-VO Rn. 8. Zu Art. 6 III *Katt*, Gesamtschuldnerische Haftung des Kronzeugen, S. 76ff.

1046 Vgl. *Sack*, WRP 2008, 1405, 1415; *Illmer*, in: Huber Art. 8 Rn. 34; *McGuire*, in: BeckOGK-Rom II-VO Rn. 148; *Heinze*, in: jurisPK-BGB Art. 8 Rom II-VO Rn. 32; *de la Durantaye*, in: Rome Regulations Art. 8 Rome II-REG Rn. 21.

1047 Kritisiert von *van Engelen*, NIPR 2008, 440, 447f. *Beckstein*, Einschränkungen des Schutzlandprinzips, S. 287 diskutiert *solche* Lösungen daher nur de lege ferenda.

1048 So *Drexl*, in: MüKo-BGB IntImmGR Rn. 345.

1049 Vgl. etwa ALI-Principles zum Internationalen Privatrecht von 2007 und die anschließende Diskussion auch in Europa sowie die Sammelbände *Drexl/Kur*, Intellectual Property and Private International Law; und *Basedow/Drexl/Kur/Metzger*, Intellectual Property in the Conflict of Laws (darin etwa *Kur*, S. 175, 186f.).

1050 Vgl. den Kommissionsentwurf zur Rom II-VO COM (2003) 427 final, S. 22: »Die Behandlung der Rechte an geistigem Eigentum ist bei den von der Kommission organisierten Konsultationen eingehend erörtert worden. In zahlreichen Beiträgen wurde darauf hingewiesen, dass es in diesem Bereich bereits eine allgemein anerkannte Regel gibt«.

1051 Kommissionsentwurf COM (2003) 427 final, S. 22f.

materialgüterrechte vom Anwendungsbereich der Verordnung auszunehmen oder eine eigenständige Kollisionsnorm zu schaffen. Die Kommission ging im ersten Entwurf von der Schutzlandanknüpfung als allgemein anerkannter Regel für die Rechte des geistigen Eigentums aus. Da dieser Grundsatz auch den Staatsverträgen zugrunde liege,[1052] hat die Kommission die Schutzlandanknüpfung für Rechte des geistigen Eigentums in den ersten Entwurf zur Rom II-VO aufgenommen. Wenn der Unionsgesetzgeber allerdings fehlerhaft[1053] davon ausgegangen ist, dass die Staatsverträge die lex loci protectionis vorgeben und hat er aufgrund dieser Annahme weitere Beschränkungen nicht in Betracht gezogen, besteht zumindest die Möglichkeit einer teleologischen Reduktion. Denn wollte der Unionsgesetzgeber nur die bislang praktizierte Regel übernehmen, hätte er eine Einschränkung nicht in Betracht ziehen müssen. Daher kann die Verordnung nicht so verstanden werden, dass der Unionsgesetzgeber sich bewusst gegen eine Ausnahme entschieden hat. Eine einschränkende Auslegung oder eine teleologische Reduktion ist somit nicht von vornherein ausgeschlossen. Der EUGH hat bislang eine Einschränkung der Rom II-VO nicht in Erwägung gezogen.[1054] Diese Frage wäre ihm jedoch zur Vorabentscheidung vorzulegen.

3. Inhalt einer Beschränkung

Hält man eine teleologische Reduktion – wie hier vertreten – grundsätzlich für möglich, bleibt zu klären, wie eine solche Einschränkung ausgestaltet sein könnte. Die Einschränkung darf nicht zu weit gehen, schließlich sollen dem Kläger keine Rechte abgeschnitten werden. Dies stünde im Widerspruch zu den Unionsrechtsakten, die ein hohes Schutzniveau bieten und die Durchsetzung der Rechte des geistigen Eigentum verbessern wollen.[1055] Eine Einschränkung darf sich zudem nicht allein an subjektiven Kriterien des Verwerters orientieren.[1056]

Eine Einschränkung könnte so aussehen, dass der Kläger eine erhöhte Inlandsbeziehung zum Schutzland, auf das er sich beruft, darlegen muss. Diese kann darin liegen, dass der Beklagte seine Website auf diesen Markt ausgerichtet hat, oder auch darin, dass es tatsächlich zu einem erhöhten Abruf in diesem Staat

1052 So der Kommissionsentwurf zur Rom II-VO COM (2003) 427 final, S. 22.

1053 Vgl. die Nachweise in Fn. 882.

1054 EUGH EU:C:2012:642 = GRUR 2012, 1245 – Football Dataco. Vgl. zudem *McGuire*, in: BeckOGK-Rom II-VO Rn. 148 mit einem Vergleich zur Rspr. des EUGH zu Art. 7 Nr. 2 EuGVVO.

1055 Insbesondere die Durchsetzungs-RL und die InfoSoc-RL.

1056 *Beckstein*, Einschränkungen des Schutzlandprinzips, S. 226f.

gekommen ist.[1057] Um einen Gleichlauf der Einschränkungen zu gewährleisten, könnten zudem die Kriterien, die der EUGH zur Beschränkung des Sachrechts entwickelt hat, auch auf kollisionsrechtlicher Ebene herangezogen werden.[1058] Kann der Kläger keinen ausreichenden Inlandsbezug darlegen, so scheidet eine Berufung auf dieses Schutzland aus.

Auf diese Weise kann die *missbräuchliche* Auswahl eines besonders strengen Rechts verhindert werden, ohne dass die Rechte des Klägers über Gebühr beschnitten werden. Für Rechteverwerter, die sich an ein globales Publikum wenden, kommt eine solche Einschränkung ohnehin nicht in Betracht. Wer sich an ein weltweites Publikum richtet, muss auch mit der kollisionsrechtlichen Anwendbarkeit aller Rechtsordnungen rechnen.

E. Anknüpfung des Lizenzvertrages

Die Bedingungen, unter denen Nutzungsrechte im Rahmen von Open Content Verträgen eingeräumt werden, ergeben sich aus dem Lizenzvertrag. Der Lizenzvertrag ist getrennt vom Urheberrechtsstatut nach dem Vertragsstatut anzuknüpfen und das auf den Lizenzvertrag anwendbare Recht gesondert zu bestimmen (Trennungsprinzip).[1059] Dieses bestimmt insbesondere über die Auslegung der Lizenzbedingungen und deren Wirksamkeit.[1060] Die Anknüpfung des Lizenzvertrags richtet sich – wenn keine Rechtswahl getroffen wurde[1061] – nach Art. 4 Rom I-VO.[1062] Da der Katalog in Absatz 1 den Lizenzvertrag nicht erwähnt, führt Art. 4 II Rom I-VO zum Recht des gewöhnlichen Aufenthaltes der Person, welche die für den Vertrag charakteristische Leistung erbringt. Bei einer Verpflichtung zur Einräumung einfacher Nutzungsrechte erbringt der Lizenz*geber* die für den Vertrag charakteristische Leistung.[1063] Auf Open Content Lizenzverträge ist daher das am gewöhnlichen Aufenthaltsort des Lizenzgebers geltende Recht anwendbar.[1064]

1057 Vgl. *de Miguel Asensio*, in: Intellectual Property and Private International Law, S. 137, 180f.

1058 Dazu oben S. 177. Dabei darf der Schwerpunkt allerdings nicht zu sehr auf die subjektive Sicht des Verwerters gelegt werden, vielmehr muss ein objektives Verständnis zugrunde gelegt werden.

1059 *Schack*, UrhR, Rn. 1039, 1290; *Dreier*, in: Dreier/Schulze vor §§ 120ff. UrhG Rn. 49.

1060 Vgl. Art. 10 Rom I-VO.

1061 Diese ist nach Art. 3 Rom I-VO möglich. Dazu *Richter*, Parteiautonomie im Int. Immaterialgüterrecht, S. 280.

1062 Siehe nur *Schack*, UrhR, Rn. 1285ff.; *Rehbinder/Peukert*, Rn. 1192ff.; *Dreier*, in: Dreier/Schulze vor §§ 120ff. UrhG Rn. 49ff.

1063 *Schack*, UrhR, Rn. 1287; *Rosenkranz*, Open Contents, S. 202; *Tochtermann*, Sukzessionsschutz, S. 258; *Martiny*, in: MüKo-BGB Art. 4 Rom I-VO Rn. 265.

1064 OLG Köln GRUR 2015, 167, 170 – Creative-Commons-Lizenz.

Die genaue Reichweite des Vertragsstatuts ist umstritten, vor allem die Frage, ob das Vertragsstatut auch über die urheberrechtliche Verfügung entscheidet.[1065] Eine zu große Reichweite des Vertragsstatuts und die damit einhergehende Rechtswahlmöglichkeit (Art. 3 Rom I-VO) gingen zu Lasten des Urhebers.[1066] Daher herrscht weitgehend Einigkeit, dass die Übertragbarkeit dem Urheberrechtsstatut und nicht dem Vertragsstatut unterfällt.[1067] Dasselbe gilt für die Art der Lizenz, also ob diese mit dinglicher Wirkung erteilt werden kann,[1068] sowie für den gutgläubigen Erwerb.[1069] Letztlich gehen also selbst die Vertreter der sog. Einheitstheorie davon aus, dass diverse Aspekte dem Urheberrechtsstatut unterfallen.[1070] Für eine gesonderte Anknüpfung spricht auch Art. 14 *Abs. 2* Rom I-VO, der die »Übertragbarkeit, das Verhältnis zwischen Zessionar und Schuldner [und] die Voraussetzungen, unter denen die Übertragung dem Schuldner entgegengehalten werden kann«, dem Recht der übertragenen Forderung unterstellt. Daraus kann entsprechend für das Urheberrecht abgeleitet werden, dass die genannten Punkte dem Urheberrechtsstatut unterfallen.[1071]

Der einzige verbleibende Unterschied zwischen Einheits- und Trennungstheorie ist somit die Anknüpfung von Wirksamkeit und Auslegung der Verfügung.[1072] Wenn die Art der Verfügung (Vollübertragung oder ausschließliches Nutzungsrecht, schuldrechtliche oder dingliche Wirkung einer einfachen Lizenz) nach dem Urheberrechtsstatut bestimmt wird, sollte die Trennung kon-

---

1065 Ausführlich *Richter*, Parteiautonomie im Int. Immaterialgüterrecht, S. 285ff.

1066 *Schack*, in: FS Heldrich, S. 997, 1004; vgl. *Ulmer*, Immaterialgüterrechte im internationalen Privatrecht, Nr. 68f.

1067 BGHZ 136, 380, 387 – Spielbankaffaire; *Ulmer*, Immaterialgüterrechte im internationalen Privatrecht, Nr. 68; *Katzenberger*, in: FG Schricker, S. 225, 258; *Hausmann*, in: FS Schwarz, S. 47, 64; *Metzger*, in: Intellecutal Property in the Conflict of Laws, S. 61, 73; *Grünberger*, ZVglRWiss 108 (2009), 134, 164; *Rehbinder/Peukert*, UrhR, Rn. 1193; *Dreier*, in: Dreier/Schulze vor §§ 120ff. UrhG Rn. 30 (jeweils für das Schutzland); *Schack*, Anknüpfung, Nr. 114; *ders.*, in: FS Heldrich, S. 997, 1003 (für das Ursprungsland).

1068 *Grünberger*, ZVglRWiss 108 (2009), 134, 169; *Rosenkranz*, Open Contents, S. 225; *Richter*, Parteiautonomie im Int. Immaterialgüterrecht, S. 310; *Katzenberger/Metzger*, in: Schricker/Loewenheim vor §§ 120ff. UrhG Rn. 153; *Dreier*, in: Dreier/Schulze vor §§ 120ff. UrhG Rn. 30. A. A. wohl *Rehbinder/Peukert*, UrhR, Rn. 1193.

1069 *Ulmer*, Immaterialgüterrechte im internationalen Privatrecht, Nr. 71; *Grünberger*, ZVglRWiss 108 (2009), 134, 169; *Richter*, Parteiautonomie im Int. Immaterialgüterrecht, S. 310; *Katzenberger/Metzger*, in: Schricker/Loewenheim vor §§ 120ff. UrhG Rn. 153; *Dreier*, in: Dreier/Schulze vor §§ 120ff. UrhG Rn. 30.

1070 Für die Einheitstheorie von den in den vorangehenden Fußnoten Genannten: *Ulmer*, aaO, Nr. 67; *Katzenberger*, aaO, S. 225, 251; *Grünberger*, aaO, S. 170; *Rosenkranz*, aaO, S. 223f.; *Richter*, aaO, S. 328f; *Katzenberger/Metzger*, aaO, Rn. 152; *Dreier*, aaO, Rn. 50.

1071 *Schack*, UrhR, Rn. 1290; *Mankowski*, in: Intellectual Property and Private International Law, S. 31, 43. Vgl. auch *Hausmann*, in: FS Schwarz, S. 47, 66; *Zimmer*, Urheberrechtliche Verpflichtungen und Verfügungen im IPR, S. 167f. (jeweils noch zum wortgleichen Art. 33 EGBGB a. F.).

1072 *Richter*, Parteiautonomie im Int. Immaterialgüterrecht, S. 290.

sequent durchgehalten werden, sodass das Trennungsprinzip auch im internationalen Privatrecht gilt: Das Urheberrechtsstatut ist somit für sämtliche Aspekte der Verfügung heranzuziehen.[1073] Fraglich ist indes, ob sich aus Art. 14 *Abs. 1* Rom I-VO etwas anderes ergibt.[1074] Danach bestimmt sich das Verhältnis zwischen Zessionar und Zedent nach dem Recht des Vertrages zwischen ihnen. Ausweislich des Erwägungsgrundes 38 ist damit sowohl die schuldrechtliche als auch die verfügungsrechtliche Ebene gemeint.[1075] Allerdings zeigt Abs. 2 gerade, dass längst nicht alle Fragen dem Vertragsstatut, sondern teilweise dem Statut der abgetretenen Forderung unterliegen. Überdies ist unklar, ob Art. 14 Rom I-VO überhaupt eine Regelung für Lizenzverträge treffen wollte.[1076] Sollte es mal entscheidend darauf ankommen, weil die materiellen Rechtsordnungen zu unterschiedlichen Ergebnissen gelangen, so müsste diese Frage dem EUGH vorgelegt werden.[1077]

F. Folge für Open Content

Abschließend soll untersucht werden, welche Auswirkungen die gefundenen Ergebnisse für Open Content haben. Es ist ein Charakteristikum gerade von großen Open Content Projekten, dass sie an vielen Orten auf der Welt entwickelt werden und sich an ein globales Publikum wenden. So entstehen zwangsläufig Berührungspunkte mit diversen Rechtsordnungen.

I. Rechtsinhaber

Wer Inhaber eines Urheberrechts ist, bestimmt nach h. M. das Recht des dem jeweiligen Schutzlandes. Daher ist für jedes Land, in dem der Open Content verwertet wird, gesondert zu untersuchen, wem die Rechte zustehen. Die

1073 Das muss erst recht gelten, wenn die Inhaberschaft einheitlich angeknüpft wird, *Schack*, UrhR, Rn. 1291, 1040.

1074 Ausführlich dazu *Richter*, Parteiautonomie im int. Immaterialgüterrecht, S. 293ff. Vgl. zudem BGH GRUR 2019, 271 Tz. 73f. – Drahtloses Kommunikationsnetz.

1075 Das führen *Katzenberger/Metzger*, in: Schricker/Loewenheim vor §§ 120ff. UrhG Rn. 152 als Argument für die Einheitstheorie an.

1076 Dagegen *Drexl*, in: MüKo-BGB IntImmGR Rn. 194; *Heinze*, in: jurisPK-BGB Art. 8 Rom II-VO Rn. 47. Daher wollen *Grünberger*, ZVglRWiss 108 (2009), 134, 168, und *Richter*, Parteiautonomie im Int. Immaterialgüterrecht, S. 293ff. Art. 14 Rom I-VO analog anwenden. Dagegen *Schack*, ZUM 2017, 878, 879. Vgl. auch *Mankowski*, in: Intellectual Property and Private International Law, S. 31, 45f.

1077 Ausführlich zur Begründung der Einheitstheorie über Art. 14 Rom I-VO *Grünberger*, ZVglRWiss 108 (2009), 134, 168ff.; *Richter*, Parteiautonomie im Int. Immaterialgüterrecht, S. 293ff.

möglicherweise je nach Schutzland divergierenden Grenzen zwischen Miturheberschaft und Bearbeitung sind für die Lizenzierung unerheblich, solange alle Rechteinhaber der Verwertung zugestimmt haben. Probleme können auftreten, wenn eine Person in einem Schutzland als Urheber, anderorts aber nur als Gehilfe angesehen wird. Wenn mit dieser Person kein Lizenzvertrag abgeschlossen wird, ist eine Verwertung in den Schutzländern, die diese Person als Urheber ansehen, zum Scheitern verurteil. Doch handelt es sich hierbei um kein typisch international-privatrechtliches Problem. Vielmehr stellt es sich genauso in rein nationalen Sachverhalten, wenn umstritten ist, ob eine Person Gehilfe oder Miturheber ist.

II. Inhalt und Schranken

Nach allgemeiner Meinung richten sich Inhalt und Schranken des Urheberrechts nach dem Recht des Schutzlandes. Der Lizenzgeber räumt mit den hier untersuchten Open Content Lizenzen ein einfaches Nutzungsrecht zur weltweiten Verwertung ein. Gleichwohl ist damit für den Lizenznehmer noch nicht sichergestellt, dass er das lizenzierte Werk beliebig verwerten kann. Ob die Verwertung zulässig ist, kann vom jeweiligen Schutzland abhängig sein, da der Lizenzgeber immer nur sein Werk (etwa ein Bild) lizenzieren kann. Wird mit dem lizenzierten Werk gleichzeitig ein anderes Werk verwertet (etwa eine Vervielfältigung eines Bauwerkes), so hängt es von den Schrankenregelungen (hier: Panoramafreiheit) des Schutzlandes ab, ob das lizenzierte Werk ohne Zustimmung des anderen Urhebers verwertet werden darf.

Wer sein Werk ins Internet stellt und sich mit seiner Open Content Lizenz an ein weltweites Publikum richtet, muss sicherstellen, dass er damit keine Rechte Dritter verletzt. Denn durch das Lizenzangebot an jedermann besteht zunächst ein Bezug zu allen Rechtsordnungen, sodass potentiell alle Rechtsordnungen anwendbar sind. Auch hier besteht das Problem der divergierenden Schranken bei der Verwertung von Werken Dritter. Der Verwerter muss sich faktisch also an der strengsten anwendbaren Rechtsordnung ausrichten.[1078] Dies ist jedoch kein Problem speziell von Open Content, sondern es tritt stets auf, wenn man sich an ein globales Publikum richtet.

1078 *Rosenkranz*, Open Contents, S. 201; s. auch oben S. 172f.

III. Vertrag

Da bei Open Content Lizenzen einfache Nutzungsrechte ohne Ausübungspflichten eingeräumt werden, erbringt der Lizenzgeber die charakteristische Leistung, sodass das Recht an seinem gewöhnlichen Aufenthaltsort über die Auslegung des Lizenzvertrages entscheidet. Das gilt für Lizenzen mit einer Copyleft-Klausel wie für solche, bei denen die Rechte vollständig und unbedingt eingeräumt werden.[1079] Denn der Lizenz*nehmer* erbringt selbst keine Leistung. Verwertet er seine Bearbeitung, ist er nicht verpflichtet, die Lizenzbedingungen einzuhalten; lediglich der Erwerb seines Nutzungsrechts ist bedingt.[1080]

Die in dieser Arbeit untersuchten Lizenzen treffen keine vorrangige Rechtswahl, sodass es im Ergebnis bei der allgemeinen Kollisionsnorm des Art. 4 II Rom I-VO bleibt. Allein aus der Tatsache, dass sich manche Formulierungen an den Begriffen einer Rechtsordnung (typischerweise einer US-amerikanischen) orientieren, kann keine konkludente Rechtswahl geschlossen werden.[1081] Die Creative Commons Lizenzen gibt es in den älteren Versionen in sog. portierten Fassungen, die an die jeweiligen Rechtsordnungen angepasst sind und Rechtswahlklauseln enthalten.[1082] Die Version 4 hat dieses Konzept allerdings aufgegeben. Es gibt nur noch eine Version der Lizenz, die in verschiedene Sprachen übersetzt worden ist. In den Open Content Lizenzverträgen wird auch keine konkludente Rechtswahl auf die »*lex mercatoria* der FOSS Communities« getroffen.[1083] Hier fehlt bereits eine hinreichende Grundlage für eine lex mercatoria für FOSS Communities. Die vielen unterschiedlichen Lizenzen zeigen gerade, dass es keinen Konsens gibt, was Open Content Lizenzen enthalten dürfen oder müssen und wie sie auszulegen sind.

Der Lizenznehmer schließt bei Projekten, an denen vielen Personen mitgearbeitet haben, mit jedem Rechteinhaber einen Vertrag.[1084] Dabei muss für jeden Vertragsschluss das anwendbare Recht gesondert bestimmt werden.[1085] Da sich das Vertragsstatut nach dem gewöhnlichen Aufenthaltsort des Lizenzgebers

---

1079 Zweifelnd *Mankowski*, in: Intellectual Property and Private International Law, S. 31, 60. Wie hier *Dreier*, in: FS Schricker, S. 283, 288 Fn. 22; *Rosenkranz*, Open Contents, S. 213.

1080 Dazu oben S. 98ff.

1081 *Schiffner*, Open Source Software, S. 109; *Spindler*, in: Information im 21. Jahrhundert, S. 115, 138; *Jaeger/Metzger*, OSS, Rn. 362.

1082 Vgl. dazu *Rosenkranz*, Open Contents, S. 28f.

1083 Dafür *Metzger*, JZ 2010, 929, 936; *ders.*, JIPITEC 2012, 361 Rn. 14ff.; *ders.*, in: Die Kollision von Urheberrecht und Nutzerverhalten, S. 115, 124; *Jaeger/Metzger*, OSS, Rn. 364.

1084 Das zu oben S. 72f.

1085 Maßgeblicher Zeitpunkt für die Beurteilung ist der Zeitpunkt des Vertragsschlusses, so ausdrücklich Art. 19 III Rom I-VO. Wechselt der Lizenzgeber nach Abgabe seines Angebots (ad incertas personas) seinen gewöhnlichen Aufenthalt, dann bestimmt sich für alle ab diesem Zeitpunkt geschlossenen Lizenzverträge das Vertragsstatut nach dem neuen gewöhnlichen Aufenthalt.

bestimmt, können auf die Verträge unterschiedliche Rechtsordnungen anwendbar sein.[1086] Wenn an großen Open Content Projekten, wie etwa Linux, Programmierer aus vielen Ländern mitarbeiten, unterliegen die Lizenzverträge, die der Lizenznehmer mit jedem Rechteinhaber schließt, diversen unterschiedlichen Rechtsordnungen. Aufgrund der hohen Anzahl der Programmierer wird der Lizenznehmer nicht wissen, wie viele Verträge er abschließt und welchen Rechtsordnungen diese alle unterliegen. Das bringt eine erhebliche Rechtsunsicherheit mit sich. *Teupen* will daher nicht an den Aufenthaltsort der Lizenzgeber, sondern an den des Lizenznehmers anknüpfen.[1087] Normativ könnte diese Anknüpfung an Art. 4 III Rom I-VO festgemacht werden. Dagegen spricht jedoch, dass der Lizenzgeber sich dann einer Vielzahl von Rechtsordnungen ausgesetzt sähe, je nachdem, wo sein Vertragspartner, den er nicht kennt, seinen gewöhnlichen Aufenthalt hat. Der Lizenzgeber erbringt die charakteristische Leistung und sollte daher keinen zusätzlichen Aufwand dadurch haben, dass er diverse Rechtsordnungen prüfen muss. Er muss sich darauf einstellen können, dass auf seinen Lizenzvertrag ein bestimmtes, ihm bekanntes Recht anwendbar ist.

Der Lizenznehmer schließt dagegen diverse Verträge mit unterschiedlichen Personen. In Verhältnis zu jedem einzelnen Lizenzgeber hat die Rom I-VO die Entscheidung für das anwendbare Recht zu Gunsten des Lizenzgebers getroffen.[1088] Dass es sich zu seinem Nachteil auswirken soll, dass der Lizenznehmer gleichzeitig Verträge nach diversen Rechtsordnungen abschließen muss, überzeugt daher nicht. Dasselbe gilt für ein in Miturheberschaft geschaffenes Werk sowie für Bearbeitungsketten: Stammen die Miturheber oder Bearbeiter aus verschiedenen Staaten, finden unterschiedliche Rechtsordnungen auf die Verträge Anwendung, die mit den Miturhebern oder Bearbeitern geschlossen werden. Eine Sonderanknüpfung an den Standortort des Servers oder dessen Betreiber muss ausscheiden.[1089] Zu dieser Rechtsordnung besteht keine enge Verbindung, zumal der Ort häufig zufällig und regelmäßig unbekannt ist.[1090] Bei Werkverbindungen[1091] stellen sich bei der Lizenzierung keine besonderen Probleme. Denn jeder Urheber muss die Rechte an seinem Werk einräumen und schließt somit einen Lizenzvertrag.

1086 *Deike*, CR 2003, 9, 12; *Spindler*, in: Information im 21. Jahrhundert, S. 115, 139f.; *Metzger*, JIPITEC 2012, 361 Rn. 8.

1087 *Teupen*, Copyleft, S. 133f. (noch zu Art. 28 EGBGB, dem Vorläufer zu Art. 4 II Rom I-VO).

1088 Vgl. *Rosenkranz*, Open Contents, S. 215, der darauf verweist, dass Art. 4 III Rom I-VO eine Einzelfallbetrachtung für das konkrete Vertragsverhältnis verlangt.

1089 Für letzteres *Spindler*, in: Information im 21. Jahrhundert, S. 105, 139.

1090 Im Ergebnis auch *Teupen*, Copyleft, S. 132f.

1091 Eine Werkverbindung iSv § 9 UrhG liegt bei Open Content in der Regel nicht vor. Dazu oben S. 41ff.

IV. Lösungsansätze für Open Content Lizenzen

Für Entwickler von Open Content Lizenzen empfiehlt es sich daher, die standardisierten Verträge soweit wie möglich von der Sprache einer Rechtsordnung zu lösen und alle Auslegungszweifel zu vermeiden. Aus diesem Grund hat sich die GNU GPL v3 von den Begriffen des US-amerikanischen Rechts gelöst.[1092] Darüber hinaus empfiehlt sich eine klarstellende Rechtswahl. Dabei ist allerdings zu berücksichtigen, dass bei Verbraucherverträgen eine Rechtswahl nur eingeschränkt möglich ist.[1093] Wenig sinnvoll ist es – zumindest für die globale Verwertung im Internet – Lizenzen dem jeweils landesspezifischen Recht anzupassen. Denn in jedem Fall muss sich der Lizenzgeber für eine bestimmte Lizenz entscheiden, unter der er seine Inhalte lizenziert. Der Lizenz*nehmer* steht dann unter Umständen vor der Herausforderung, dass er die Lizenzvereinbarung aufgrund der Sprachlichbarriere nicht versteht.[1094] Für eine globale Verwertung sollten die Lizenzen daher zumindest auch in englischer Sprache verfügbar sein.

Bei größeren Open Content Projekten kann ein treuhänderisches Lizenzmodell auch im internationalen Vertragsrecht für mehr Rechtssicherheit sorgen.[1095] Im Verhältnis zu Lizenznehmern erbringt der Treuhänder als Rechtsinhaber, der das einfache Nutzungsrecht einräumt, die charakteristische Leistung. Daher ist das Recht am gewöhnlichen Aufenthaltsort des Treuhänders auf den Lizenzvertrag anwendbar. Für den Lizenznehmer entfällt so das Risiko, dass gleiche Verträge nach diversen Rechtsordnungen beurteilt werden. Für den Treuhänder hat das den Vorteil, dass er den Lizenzvertrag an einer einzigen Rechtsordnung ausrichten kann: entweder an der gewählten (Art. 4 I Rom I-VO) oder an der seines gewöhnlichen Aufenthaltsortes (Art. 4 II Rom I-VO). Im Verhältnis des Treuhänders zu den Urhebern, die ihre Nutzungsrechte bzw. ihr Urheberrecht übertragen, bietet sich eine Rechtswahl an, um auch in ihrem Verhältnis ein einheitliches Vertragsstatut zu gewährleisten.[1096]

1092 *Metzger*, JIPITEC 2012, 361 Rn. 13. Vgl. zudem oben S. 124ff. mit Nachweisen zur Kritik.

1093 Vgl. Art. 6 II Rom I-VO. Dazu *Rosenkranz*, Open Contents, S. 210f.

1094 Anschaulich *Metzger*, JIPITEC 2012, 361 Rn. 12; *ders.*, in: Die Kollision von Urheberrecht und Nutzerverhalten, S. 115, 125.

1095 Zur treuhänderischen Lizenzvereinbarungen s. oben S. 91ff.

1096 Da dem Treuhänder das Urheberrecht übertragen bzw. ein ausschließliches Nutzungsrecht eingeräumt wird, ist er für die weitere Open Content Lizenzierung verantwortlich. Somit erbringt er die charakteristische Leistung in dem Vertragsverhältnis. Daher wäre nach Art. 4 II Rom I-VO die Rechtsordnung am gewöhnlichen Aufenthalt des Treuhänders anwendbar. Somit ist auch in diesem Verhältnis stets nur eine Rechtsordnung auf das Vertragsverhältnis anwendbar. Zur charakteristischen Leistung bei Einräumung eines ausschließlichen Nutzungsrechts bei gleichzeitiger Ausübungspflicht des Lizenznehmers *Schack*, UrhR, Rn. 1287.

5. Teil: Ergebnisse

1. Open Source Software ist nicht nur durch Linux fest am Markt etabliert. Dass auch anderer Open Content nachgefragt wird, zeigt die Online-Enzyklopädie Wikipedia, die klassische Lexika inzwischen vom Markt verdrängt hat. Wesentliches Merkmal der Open Content Projekte ist, dass viele Menschen an einem Ziel arbeiten – häufig ohne einander zu kennen. Charakteristikum von Open Content sind die Lizenzverträge.[1097] Sie regeln, wie weit eine Nutzung der Inhalte gestattet ist, und – im Rahmen der Copyleft-Klausel – ob Bearbeitungen unter denselben Bedingungen lizenziert werden müssen.
2. Die Miturheberschaft nach § 8 UrhG setzt neben einem gemeinsamen Plan voraus, dass die einzelnen Beiträge der Miturheber nicht gesondert verwertbar sind. Insbesondere bei gestaffelten Werkbeiträgen ist die Miturheberschaft von der Bearbeitung abzugrenzen. Die Grenze zur Bearbeitung, also das Ende der Miturheber-Schöpfungsphase, ist erreicht, sobald das Ausgangswerk selbstständig verwertbar ist.[1098] Hier sind dieselben Maßstäbe auszulegen wie bei der Verwertbarkeit der einzelnen Beiträge der Miturheber.[1099]
3. Bislang nicht von EUGH geklärt ist, ob die getrennte Verwertbarkeit der einzelnen Beiträge auch bei Computerprogrammen die Miturheberschaft ausschließt. Dafür spricht die Systematik der Computerprogramm-RL. Gleiches gilt für die Datenbank-RL.[1100] Für andere Werkarten ist die Miturheberschaft indes nicht durch das Unionsrecht harmonisiert.[1101]
4. Sind die Beiträge der Urheber getrennt verwertbar, können sich die Urheber zur gemeinsamen Verwertung ihrer Werke zusammenschließen. Die Urheber sind dann durch die in § 9 UrhG geregelten Treuepflichten gebunden.

1097 Dazu der 2. Teil S. 69ff.
1098 Dazu S. 28ff.
1099 Dazu S. 33ff.
1100 Dazu S. 37ff.
1101 Dazu S. 39.

Werden verschiedene Werke, die unter einer Open Content Lizenz stehen, miteinander verbunden, so liegt regelmäßig keine Werkverbindung (§ 9 UrhG) vor, da nicht die Urheber die Werke miteinander verbunden haben.[1102]

5. Wenn ein bestehendes Werk verändert werden soll, muss dessen Urheber der Verwertung zustimmen, § 23 UrhG. Auch Vervielfältigungen im Zuge der Herstellung einer Bearbeitung sind nur zulässig, wenn entweder der Urheber zugestimmt hat oder eine Schrankenregelung der §§ 44a ff. eingreift. Das folgt aus den Vorgaben der InfoSoc-RL, welche die Verwertungsrechte harmonisiert. Nach Unionsrecht erfasst die Verwertung nicht nur die unveränderte, sondern auch die umgestaltende Verwertung. Da in jeder Bearbeitung zugleich eine Vervielfältigung liegt, muss die Vervielfältigung zulässig sein. Eine über die §§ 44a ff. UrhG hinausgehende Schranke in § 23 S. 1 UrhG hineinzulesen, verstieße gegen die InfoSoc-RL, deren Schrankenkatalog in Art. 5 InfoSoc-RL abschließend ist.[1103]
6. Außer über sein Bearbeitungsrecht aus § 23 UrhG kann der Urheber gegen entstellende Veränderungen aus §§ 97, 14 UrhG vorgehen. Ein Eingriff in die Werkintegrität kann auch vorliegen, wenn das Ausgangswerk nicht verändert, sondern durch andere Teile ergänzt wird. Gegen solche Ergänzungen kann der Urheber nur aus § 14 UrhG, nicht aber aus § 23 UrhG vorgehen.[1104] Auch wenn der Urheber seinen Lizenznehmern gestattet, Veränderungen vorzunehmen, kann er gegen entstellende Veränderungen vorgehen; auf das Urheberpersönlichkeitsrecht kann er nicht mit dinglicher Wirkung verzichten. Bei der nach § 14 UrhG vorzunehmenden Interessenabwägung ist zu berücksichtigen, dass der Urheber mit einer Open Content Lizenz jedermann ein Nutzungsrecht einräumt, sodass nur bei schwerwiegenden Entstellungen ein Anspruch aus § 14 UrhG in Betracht kommt.[1105]
7. Seine Grenze findet das Ausschließlichkeitsrecht des Urhebers in der freien Benutzung.[1106] Obwohl die InfoSoc-RL keine Vorschrift zur freien Benutzung kennt, sind die Verwertungsrechte auch im Unionsrecht nicht grenzenlos. Die Abgrenzung zwischen abhängiger und freier Werknutzung ist im Unionsrecht innerhalb des Tatbestandes der Verwertungsrechte zu diskutieren.[1107] Da die konkrete Umsetzung der Richtlinie den Mitgliedstaaten obliegt, ist die deutsche Umsetzung mit § 24 UrhG zwar unionsrechtskonform. Allerdings sind die Vorgaben, die der EUGH zB in der Parodieschranke aufstellt, im deutschen Recht zwingend zu berücksichtigen.

1102 Dazu S. 41ff.
1103 Dazu S. 48ff.
1104 Dazu S. 54f.
1105 Dazu S. 56ff.
1106 Zur freien Benutzung S. 59ff.
1107 Dazu S. 60ff.

8. Bei Open Content Lizenzen gibt der Urheber ein Angebot an jedermann ab.[1108] Gibt es mehrere Urheber, so wird mit jedem ein Vertrag geschlossen. Open Content Lizenzen führen daher nicht zu Lizenzketten, sondern zu Lizenzbündeln.[1109] Das führt zu Problemen, wenn bestehende Inhalte unter einer neueren oder einer anderen Lizenz angeboten werden sollen. Stimmen nicht alle Urheber der Lizenzierung unter anderen Bedingungen erneut zu, lässt sich das gewollte Ergebnis mit den Mitteln des Zivilrechts nur schwer erreichen.[1110] Das bewirkt Rechtsunsicherheit für Lizenznehmer, wenn sie nicht wissen, an welche Bedingungen sie sich halten müssen.
9. Eine weitere Unsicherheit für den Lizenznehmer besteht darin, dass er nicht weiß, ob alle Urheber ihm wirksam Rechte einräumen können. Manche Urheber könnten nicht mehr willig oder aufgrund fehlender Verfügungsbefugnis nicht (mehr) in der Lage sein, Nutzungsrechte einzuräumen. Hat ein Lizenznehmer bereits Nutzungsrechte erworben, dann wird er durch § 33 UrhG geschützt.[1111] Anders sieht es aus, wenn er kein Nutzungsrecht erworben hat. Einen erweiterten Sukzessionsschutz kennt das UrhG nicht.[1112] Weder eine analoge Anwendung von § 33 UrhG noch Lizenzketten oder Missbrauchseinwände vermögen den Lizenznehmer zu schützen. Für ihn heißt das, dass die Zulässigkeit seiner Verwertung stets davon abhängt, dass ihm von allen Urhebern die erforderlichen Nutzungsrechte eingeräumt werden.
10. Das Problem, dass der Urheber seine Verfügungsbefugnis verliert, lässt sich zum Teil, durch treuhänderische Lizenzierungsmodelle entschärfen. Sie haben den Vorteil, dass im Verhältnis zu Dritten der Treuhänder als Rechteinhaber und Lizenzgeber auftritt.[1113]
11. Viele Open Content Lizenzen enthalten eine Klausel, wonach jeder Lizenzverstoß zum Fortfall des Nutzungsrechts führt. Der Urheber kann dann nicht nur wegen Vertragsverletzung gegen den Lizenznehmer vorgehen, sondern auch wegen Verletzung des Urheberrechts. Rechtefortfallklauseln halten einer Inhaltkontrolle stand.[1114]
12. Die ebenfalls typische Copyleft-Klausel knüpft die Zustimmung zur Bearbeitung daran, dass der Bearbeiter auch seine Bearbeitung unter der Open Content Lizenz anbietet. Copyleft-Klauseln halten im Grundsatz einer In-

1108 Dazu S. 71 f.
1109 Dazu S. 72 f.
1110 Dazu S. 73 ff.
1111 Dazu S. 81 f.
1112 Dazu S. 82 ff.
1113 Dazu S. 91 ff.
1114 Dazu S. 100 ff.

haltskontrolle nach §§ 307ff. BGB stand.[1115] Allerdings verstößt die Ausgestaltung der Copyleft-Klausel in der GNU GPL v2 gegen das Transparenzgebot[1116] und ist daher nach § 306 I BGB unwirksam. Da die Copyleft-Klausel das »Herzstück« des Lizenzvertrages ist, führt die Unwirksamkeit nach § 306 III BGB zur Gesamtunwirksamkeit des Vertrages. Abhilfe kann hier (nur) im Unternehmerverkehr durch eine – vom BGH für zulässig erachtete – ergänzende Vertragsauslegung geschaffen werden.[1117] So können die Interessen der Parteien am Fortbestehen des Vertrages trotz der intransparenten Klausel gewahrt werden.

13. Was die Rechtsdurchsetzung von Open Content angeht,[1118] muss jeder Urheber bzw. Inhaber des ausschließlichen Nutzungsrechts seine Rechte selbst durchsetzen. Eine Prozessstandschaft, die in § 8 II 3 UrhG nur für Miturheber vorgesehen ist, steht weder analog noch durch ergänzende Vertragsauslegung für andere Formengemeinsamen Werkschaffens zur Verfügung.[1119]
14. Der Urheber kann bei Lizenzverstößen wie bei fehlender Nutzungsrechtseinräumung Ansprüche aus § 97 UrhG geltend machen. Er hat indes – auch bei Bestehen des Lizenzvertrages – keinen Anspruch darauf, dass der Lizenznehmer seine Bearbeitung lizenziert.[1120] Entfällt das Nutzungsrecht wegen eines Lizenzverstoßes, so beschränkt sich der Unterlassungsanspruch des Urhebers auf die lizenzwidrige Nutzung.[1121]
15. Schadensersatz erhält der Urheber nach § 97 II UrhG nur bei Verschulden des Verletzers. Bei der Lizenzierung von Open Content dürfen jedoch nicht die vom BGH zu hoch angesetzten Maßstäbe an die im Verkehr erforderliche Sorgfalt gelten. Auch bei einem milderen Fahrlässigkeitsmaßstab ist der Urheber hinreichend geschützt, denn ihm bleiben Unterlassungs- und auch Bereicherungsansprüche.[1122]
16. Bei der Berechnung des Schadensersatzes nach der Lizenzanalogie ist zu berücksichtigen, dass der Urheber das Nutzungsrecht unentgeltlich zur Verfügung gestellt hat. Je nach Art des Verstoßes ist die übliche Lizenzgebühr daher mit null Euro anzusetzen.[1123]

1115 Dazu S. 105ff.
1116 Dazu S. 110ff.
1117 Dazu S. 120ff.
1118 Dazu der 3. Teil S. 133ff.
1119 Dazu S. 133ff.
1120 Dazu S. 98ff.
1121 Dazu S. 137ff.
1122 Dazu S. 140ff.
1123 Dazu S. 142ff.

17. Die Abmahnung von Lizenzverstößen ist bei Vorliegen eines Verstoßes grundsätzlich nicht rechtsmissbräuchlich.[1124] Nur wenn die Abmahnung zu Unrecht erfolgte, kann der andere Teil sich dagegen zur Wehr setzen. Das muss – entgegen dem BGH – auch dann gelten, wenn der vermeintliche Verletzer bereits eine strafbewehrte Unterlassungserklärung abgegeben hat.[1125]
18. Aus Art. 8 Rom II-VO folgt die Schutzlandanknüpfung nicht nur für die Rechtsfolgen der Verletzung, sondern auch für Inhalt, Schranken und Bestand des Urheberrechts.[1126] Lediglich die Vorfrage nach der Rechtsinhaberschaft wird von Art. 8 Rom II-VO nicht erfasst und ist im Kollisionsrecht der Mitgliedstaaten zu suchen.[1127] Dabei geben weder das Territorialitäts- noch das Universalitätsprinzip eine Kollisionsnorm vor.[1128] Solange es keinen internationalen Konsens für eine einheitliche Anknüpfung an ein Urheberrechtsstatut gibt, ist auch die Inhaberschaft weiterhin an die lex loci protectionis anzuknüpfen.[1129] Diese Anknüpfung hat eine kollisionsrechtliche Mosaikbetrachtung zur Folge.[1130] Wer sich mit Open Content an Lizenznehmer aus aller Welt richtet, muss die Anforderungen aller Rechtsordnungen erfüllen.[1131] Das heißt, er muss nach jedem Recht in der Lage sein, die lizenzierten Rechte einzuräumen.
19. Über den schuldrechtlichen Open Content Lizenzvertrag entscheidet das Recht am gewöhnlichen Aufenthaltsort des Lizenzgebers.[1132] Das hat für einen Lizenznehmer eines mehrfach bearbeiteten Werkes zur Folge, dass er gleiche Verträge mit etlichen Personen schließt, auf die jedoch unterschiedliche Rechtsordnungen anwendbar sind.[1133] Auch dieses Problem kann dadurch entschärft werden, dass ein treuhänderisches Lizenzvertragsmodell gewählt wird, sodass auf Lizenzgeberseite nur eine Person steht und dementsprechend nur eine Rechtsordnung über die Auslegung des Lizenzvertrages entscheidet.[1134]

1124 Dazu S. 146ff.
1125 Dazu S. 148ff.
1126 Dazu S. 155ff.
1127 Dazu S. 154f.
1128 Dazu S. 158ff.
1129 Dazu S. 163ff.
1130 Dazu S. 172f.
1131 Dazu S. 184.
1132 Dazu S. 181ff.
1133 Dazu S. 185f.
1134 Dazu S. 187.

Anhang 1: Creative Commons Namensnennung-Share Alike 4.0 International Public License

Abschnitt 1 – Definitionen

a. **Abgewandeltes Material** bezeichnet Material, welches durch Urheberrechte oder ähnliche Rechte geschützt ist und vom lizenzierten Material abgeleitet ist oder darauf aufbaut und in welchem das lizenzierte Material übersetzt, verändert, umarrangiert, umgestaltet oder anderweitig modifiziert in einer Weise enthalten ist, die aufgrund des Urheberrechts oder ähnlicher Rechte des Lizenzgebers eine Zustimmung erfordert. Im Sinne der vorliegenden Public License entsteht immer abgewandeltes Material, wenn das lizenzierte Material ein Musikwerk, eine Darbietung oder eine Tonaufnahme ist und zur Vertonung von Bewegtbildern verwendet wird.
b. **Abwandlungslizenz** bezeichnet die Lizenz, die Sie in Bezug auf Ihr Urheberrecht oder ähnliche Rechte an Ihren Beiträgen zum abgewandelten Material in Übereinstimmng mit den Bedingungen der vorliegenden Public License erteilen.
c. **BY-SA-kompatible Lizenz** bezeichnet eine unter creativecommons.org/compatiblelicenses genannte Lizenz, die Creative Commons als der vorliegenden Public License im Wesentlichen gleichwertig anerkannt hat.
d. **Urheberrecht und ähnliche Rechte** bezeichnet das Urheberrecht und/oder ähnliche, dem Urheberrecht eng verwandte Rechte, einschließlich insbesondere des Rechts des ausübenden Künstlers, des Rechts zur Sendung, zur Tonaufnahme und des Sui-generis-Datenbankrechts, unabhängig davon, wie diese Rechte genannt oder kategorisiert werden. Im Sinne der vorliegenden Public License werden die in Abschnitt 2(b)(1)-(2) aufgeführten Rechte nicht als Urheberrecht und ähnliche Rechte angesehen.
e. **Wirksame technische Schutzmaßnahmen** bezeichnet solche Maßnahmen, die gemäß gesetzlichen Regelungen auf der Basis des Artikels 11 des WIPO Copyright Treaty vom 20. Dezember 1996 und/oder ähnlicher internationaler Vereinbarungen ohne entsprechende Erlaubnis nicht umgangen werden dürfen.

f. **Ausnahmen und Beschränkungen** bezeichnet Fair Use, Fair Dealing und/oder jegliche andere Ausnahme oder Beschränkung des Urheberrechts oder ähnlicher Rechte, die auf Ihre Nutzung des lizenzierten Materials Anwendung findet.
g. **Lizenzelemente** bezeichnet die Lizenzeigenschaften, die in der Bezeichnung einer Creative Commons Public License aufgeführt werden. Die Lizenzelemente der vorliegenden Public License sind Namensnennung und Share Alike.
h. **Lizenziertes Material** bezeichnet das Werk der Literatur oder Kunst, die Datenbank oder das sonstige Material, welches der Lizenzgeber unter die vorliegende Public License gestellt hat.
i. **Lizenzierte Rechte** bezeichnet die Ihnen unter den Bedingungen der vorliegenden Public License gewährten Rechte, welche auf solche Urheberrechte und ähnlichen Rechte beschränkt sind, die Ihre Nutzung des lizenzierten Materials betreffen und die der Lizenzgeber zu lizenzieren berechtigt ist.
j. **Lizenzgeber** bezeichnet die natürliche(n) oder juristische(n) Person(en), die unter der vorliegenden Public License Rechte gewährt (oder gewähren).
k. **Weitergabe** meint, Material der Öffentlichkeit bereitzustellen durch beliebige Mittel oder Verfahren, die gemäß der lizenzierten Rechte Zustimmung erfordern, wie zum Beispiel Vervielfältigung, öffentliche Vorführung, öffentliche Darbietung, Vertrieb, Verbreitung, Wiedergabe oder Übernahme und öffentliche Zugänglichmachung bzw. Verfügbarmachung in solcher Weise, dass Mitglieder der Öffentlichkeit auf das Material von Orten und zu Zeiten ihrer Wahl zugreifen können.
l. **Sui-generis Datenbankrechte** bezeichnet Rechte, die keine Urheberrechte sind, sondern gegründet sind auf die Richtlinie 96/9/EG des Europäischen Parlaments und des Rates vom 11. März 1996 über den rechtlichen Schutz von Datenbanken in der jeweils gültigen Fassung bzw. deren Nachfolgeregelungen, sowie andere im Wesentlichen funktionsgleiche Rechte anderswo auf der Welt.
m. **Sie** bezeichnet die natürliche oder juristische Person, die von lizenzierten Rechten unter der vorliegenden Public License Gebrauch macht. **Ihr bzw. Ihre** hat die entsprechende Bedeutung.

Abschnitt 2 – Umfang

a. **Lizenzgewährung**
   1. Unter den Bedingungen der vorliegenden Public License gewährt der Lizenzgeber Ihnen eine weltweite, vergütungsfreie, nicht unterlizenzierbare,

nicht-ausschließliche, unwiderrufliche Lizenz zur Ausübung der lizenzierten Rechte am lizenzierten Material, um:

A. das lizenzierte Material ganz oder in Teilen zu vervielfältigen und weiterzugeben; und

B. abgewandeltes Material zu erstellen, zu vervielfältigen und weiterzugeben.

2. Ausnahmen und Beschränkungen. Es sei klargestellt, dass, wo immer gesetzliche Ausnahmen und Beschränkungen auf Ihre Nutzung Anwendung finden, die vorliegende Public License nicht anwendbar ist und Sie insoweit ihre Bedingungen nicht einhalten müssen.

3. Laufzeit. Die Laufzeit der vorliegenden Public License wird in Abschnitt 6(a) geregelt.

4. Medien und Formate; Gestattung technischer Modifikationen. Der Lizenzgeber erlaubt Ihnen, die lizenzierten Rechte in allen bekannten und zukünftig entstehenden Medien und Formaten auszuüben und die dafür notwendigen technischen Modifikationen vorzunehmen. Der Lizenzgeber verzichtet auf jegliche und/oder versichert die Nichtausübung jeglicher Rechte und Befugnisse, Ihnen zu verbieten, technische Modifikationen vorzunehmen, die notwendig sind, um die lizenzierten Rechte ausüben zu können, einschließlich solcher, die zur Umgehung wirksamer technischer Schutzmaßnahmen erforderlich sind. Im Sinne der vorliegenden Public License entsteht kein abgewandeltes Material, soweit lediglich Modifikationen vorgenommen werden, die nach diesem Abschnitt 2(a)(4) zulässig sind.

5. Nachfolgende Empfänger

A. Angebot des Lizenzgebers – Lizenziertes Material. Jeder Empfänger des lizenzierten Materials erhält automatisch ein Angebot des Lizenzgebers, die lizenzierten Rechte unter den Bedingungen der vorliegenden Public License auszuüben.

B. Zusätzliches Angebot des Lizenzgebers – Abgewandeltes Material. Jeder, der abgewandeltes Material von Ihnen erhält, erhält automatisch vom Lizenzgeber ein Angebot, die lizenzierten Rechte am abgewandelten Material unter den Bedingungen der durch Sie vergebenen Abwandlungslizenz auszuüben.

C. Keine Beschränkungen für nachfolgende Empfänger. Sie dürfen keine zusätzlichen oder abweichenden Bedingungen fordern oder das lizenzierte Material mit solchen belegen oder darauf wirksame technische Maßnahmen anwenden, sofern dadurch die Ausübung der lizenzierten Rechte durch Empfänger des lizenzierten Materials eingeschränkt wird.

6. Inhaltliche Indifferenz. Die vorliegende Public License begründet nicht die Erlaubnis, zu behaupten oder den Eindruck zu erwecken, dass Sie oder

Ihre Nutzung des lizenzierten Materials mit dem Lizenzgeber oder den Zuschreibungsempfängern gemäß Abschnitt 3(a)(1)(A)(i) in Verbindung stehen oder durch ihn gefördert, gutgeheißen oder offiziell anerkannt werden.

b. **Sonstige Rechte**
   1. Urheberpersönlichkeitsrechte, wie etwa zum Schutz vor Werkentstellungen, werden durch die vorliegende Public License ebenso wenig mitlizenziert wie das Recht auf Privatheit, auf Datenschutz und/oder ähnliche Persönlichkeitsrechte; gleichwohl verzichtet der Lizenzgeber auf derlei Rechte bzw. ihre Durchsetzung, soweit dies für Ihre Ausübung der lizenzierten Rechte erforderlich und möglich ist, jedoch nicht darüber hinaus.
   2. Patent- und Kennzeichenrechte werden durch die vorliegende Public License nicht lizenziert.
   3. Soweit wie möglich verzichtet der Lizenzgeber auf Vergütung durch Sie für die Ausübung der lizenzierten Rechte, sowohl direkt als auch durch eine Verwertungsgesellschaft unter welchem freiwilligen oder abdingbaren gesetzlichen oder Pflichtlizenzmechanismus auch immer eingezogen. In allen übrigen Fällen behält sich der Lizenzgeber ausdrücklich jedes Recht vor, Vergütungen zu fordern.

Abschnitt 3 – Lizenzbedingungen

Ihre Ausübung der lizenzierten Rechte unterliegt ausdrücklich folgenden Bedingungen

a. **Namensnennung**
   1. Wenn Sie das lizenzierte Material weitergeben (auch in veränderter Form), müssen Sie:
      A. die folgenden Angaben beibehalten, soweit sie vom Lizenzgeber dem lizenzierten Material beigefügt wurden:
         i. die Bezeichnung der/des Ersteller(s) des lizenzierten Materials und anderer, die für eine Namensnennung vorgesehen sind (auch durch Pseudonym, falls angegeben), in jeder durch den Lizenzgeber verlangten Form, die angemessen ist;
         ii. einen Copyright-Vermerk;
         iii. einen Hinweis auf die vorliegende Public License;
         iv. einen Hinweis auf den Haftungsausschluss;
         v. soweit vernünftigerweise praktikabel einen URI oder Hyperlink zum lizenzierten Material;
      B. angeben, ob Sie das lizenzierte Material verändert haben, und alle vorherigen Änderungsangaben beibehalten; und

C. angeben, dass das lizenzierte Material unter der vorliegenden Public License steht, und deren Text oder URI oder einen Hyperlink darauf beifügen.
2. Sie dürfen die Bedingungen des Abschnitts 3(a)(1) in jeder angemessenen Form erfüllen, je nach Medium, Mittel und Kontext in bzw. mit dem Sie das lizenzierte Material weitergeben. Es kann zum Beispiel angemessen sein, die Bedingungen durch Angabe eines URI oder Hyperlinks auf eine Quelle zu erfüllen, die die erforderlichen Informationen enthält.
3. Falls der Lizenzgeber es verlangt, müssen Sie die gemäß Abschnitt 3(a)(1)(A) erforderlichen Informationen entfernen, soweit dies vernünftigerweise praktikabel ist.

b. **Share Alike**
Zusätzlich zu den Bedingungen in Abschnitt 3(a) gelten die folgenden Bedingungen, falls Sie abgewandeltes Material weitergeben, welches Sie selbst erstellt haben.
1. Die Abwandlungslizenz, die Sie vergeben, muss eine Creative-Commons-Lizenz der vorliegenden oder einer späteren Version mit den gleichen Lizenzelementen oder eine BY-SA-kompatible Lizenz sein.
2. Sie müssen den Text oder einen URI oder Hyperlink auf die von Ihnen gewählte Abwandlungslizenz beifügen. Diese Bedingung dürfen Sie in jeder angemessenen Form erfüllen, je nach Medium, Mittel und Kontext in bzw. mit dem Sie abgewandeltes Material weitergeben.
3. Sie dürfen keine zusätzlichen oder abweichenden Bedingungen anbieten oder das abgewandelte Material mit solchen belegen oder darauf wirksame technische Maßnahmen anwenden, sofern dadurch die Ausübung der Rechte am abgewandelten Material eingeschränkt wird, die Sie unter der Abwandlungslizenz gewähren.

[…]

Abschnitt 6 – Laufzeit und Beendigung

a. Die vorliegende Public License gilt bis zum Ablauf der Schutzfrist des Urheberrechts und der ähnlichen Rechte, die hiermit lizenziert werden. Gleichwohl erlöschen Ihre Rechte aus dieser Public License automatisch, wenn Sie die Bestimmungen dieser Public License nicht einhalten.
b. Soweit Ihr Recht, das lizenzierte Material zu nutzen, gemäß Abschnitt 6(a) erloschen ist, lebt es wieder auf:

1. automatisch zu dem Zeitpunkt, an welchem die Verletzung abgestellt ist, sofern dies innerhalb von 30 Tagen seit Ihrer Kenntnis der Verletzung geschieht; oder
2. durch ausdrückliche Wiedereinsetzung durch den Lizenzgeber.

Es sei klargestellt, dass dieser Abschnitt 6(b) die Rechte des Lizenzgebers, Ausgleich für Ihre Verletzung der vorliegenden Public License zu verlangen, nicht einschränkt.

c. Es sei klargestellt, dass der Lizenzgeber das lizenzierte Material auch unter anderen Bedingungen anbieten oder den Vertrieb des lizenzierten Materials jederzeit einstellen darf; gleichwohl erlischt dadurch die vorliegende Public License nicht.

d. Die Abschnitte 1, 5, 6, 7 und 8 gelten auch nach Erlöschen der vorliegenden Public License fort.

[…]

Anhang 2: GNU General Public License, Version 2

TERMS AND CONDITIONS FOR COPYING, DISTRIBUTION AND MODIFICATION

0. This License applies to any program or other work which contains a notice placed by the copyright holder saying it may be distributed under the terms of this General Public License. The "Program", below, refers to any such program or work, and a "work based on the Program" means either the Program or any derivative work under copyright law: that is to say, a work containing the Program or a portion of it, either verbatim or with modifications and/or translated into another language. (Hereinafter, translation is included without limitation in the term "modification".) Each licensee is addressed as "you".
Activities other than copying, distribution and modification are not covered by this License; they are outside its scope. The act of running the Program is not restricted, and the output from the Program is covered only if its contents constitute a work based on the Program (independent of having been made by running the Program). Whether that is true depends on what the Program does.

1. You may copy and distribute verbatim copies of the Program's source code as you receive it, in any medium, provided that you conspicuously and appropriately publish on each copy an appropriate copyright notice and disclaimer of warranty; keep intact all the notices that refer to this License and to the absence of any warranty; and give any other recipients of the Program a copy of this License along with the Program.
You may charge a fee for the physical act of transferring a copy, and you may at your option offer warranty protection in exchange for a fee.

2. You may modify your copy or copies of the Program or any portion of it, thus forming a work based on the Program, and copy and distribute such modifications or work under the terms of Section 1 above, provided that you also meet all of these conditions:

a) You must cause the modified files to carry prominent notices stating that you changed the files and the date of any change.
b) You must cause any work that you distribute or publish, that in whole or in part contains or is derived from the Program or any part thereof, to be licensed as a whole at no charge to all third parties under the terms of this License.
c) If the modified program normally reads commands interactively when run, you must cause it, when started running for such interactive use in the most ordinary way, to print or display an announcement including an appropriate copyright notice and a notice that there is no warranty (or else, saying that you provide a warranty) and that users may redistribute the program under these conditions, and telling the user how to view a copy of this License. (Exception: if the Program itself is interactive but does not normally print such an announcement, your work based on the Program is not required to print an announcement.)

These requirements apply to the modified work as a whole. If identifiable sections of that work are not derived from the Program, and can be reasonably considered independent and separate works in themselves, then this License, and its terms, do not apply to those sections when you distribute them as separate works. But when you distribute the same sections as part of a whole which is a work based on the Program, the distribution of the whole must be on the terms of this License, whose permissions for other licensees extend to the entire whole, and thus to each and every part regardless of who wrote it.
Thus, it is not the intent of this section to claim rights or contest your rights to work written entirely by you; rather, the intent is to exercise the right to control the distribution of derivative or collective works based on the Program.
In addition, mere aggregation of another work not based on the Program with the Program (or with a work based on the Program) on a volume of a storage or distribution medium does not bring the other work under the scope of this License.

3. You may copy and distribute the Program (or a work based on it, under Section 2) in object code or executable form under the terms of Sections 1 and 2 above provided that you also do one of the following:
a) Accompany it with the complete corresponding machine-readable source code, which must be distributed under the terms of Sections 1 and 2 above on a medium customarily used for software interchange; or,
b) Accompany it with a written offer, valid for at least three years, to give any third party, for a charge no more than your cost of physically performing source distribution, a complete machine-readable copy of the corresponding

source code, to be distributed under the terms of Sections 1 and 2 above on a medium customarily used for software interchange; or,

c) Accompany it with the information you received as to the offer to distribute corresponding source code. (This alternative is allowed only for non-commercial distribution and only if you received the program in object code or executable form with such an offer, in accord with Subsection b above.)

The source code for a work means the preferred form of the work for making modifications to it. For an executable work, complete source code means all the source code for all modules it contains, plus any associated interface definition files, plus the scripts used to control compilation and installation of the executable. However, as a special exception, the source code distributed need not include anything that is normally distributed (in either source or binary form) with the major components (compiler, kernel, and so on) of the operating system on which the executable runs, unless that component itself accompanies the executable.

If distribution of executable or object code is made by offering access to copy from a designated place, then offering equivalent access to copy the source code from the same place counts as distribution of the source code, even though third parties are not compelled to copy the source along with the object code.

4. You may not copy, modify, sublicense, or distribute the Program except as expressly provided under this License. Any attempt otherwise to copy, modify, sublicense or distribute the Program is void, and will automatically terminate your rights under this License. However, parties who have received copies, or rights, from you under this License will not have their licenses terminated so long as such parties remain in full compliance.

[…]

6. Each time you redistribute the Program (or any work based on the Program), the recipient automatically receives a license from the original licensor to copy, distribute or modify the Program subject to these terms and conditions. You may not impose any further restrictions on the recipients' exercise of the rights granted herein. You are not responsible for enforcing compliance by third parties to this License.

[…]

9. The Free Software Foundation may publish revised and/or new versions of the General Public License from time to time. Such new versions will be similar in

spirit to the present version, but may differ in detail to address new problems or concerns.
Each version is given a distinguishing version number. If the Program specifies a version number of this License which applies to it and “any later version”, you have the option of following the terms and conditions either of that version or of any later version published by the Free Software Foundation. If the Program does not specify a version number of this License, you may choose any version ever published by the Free Software Foundation.

[…]

Anhang 3: GNU General Public License, Version 3

TERMS AND CONDITIONS

0. Definitions.
"This License" refers to version 3 of the GNU General Public License.
"Copyright" also means copyright-like laws that apply to other kinds of works, such as semiconductor masks.
"The Program" refers to any copyrightable work licensed under this License. Each licensee is addressed as "you". "Licensees" and "recipients" may be individuals or organizations.
To "modify" a work means to copy from or adapt all or part of the work in a fashion requiring copyright permission, other than the making of an exact copy. The resulting work is called a "modified version" of the earlier work or a work "based on" the earlier work.
A "covered work" means either the unmodified Program or a work based on the Program.
To "propagate" a work means to do anything with it that, without permission, would make you directly or secondarily liable for infringement under applicable copyright law, except executing it on a computer or modifying a private copy. Propagation includes copying, distribution (with or without modification), making available to the public, and in some countries other activities as well.
To "convey" a work means any kind of propagation that enables other parties to make or receive copies. Mere interaction with a user through a computer network, with no transfer of a copy, is not conveying.
An interactive user interface displays "Appropriate Legal Notices" to the extent that it includes a convenient and prominently visible feature that (1) displays an appropriate copyright notice, and (2) tells the user that there is no warranty for the work (except to the extent that warranties are provided), that licensees may convey the work under this License, and how to view a copy of this License. If the interface presents a list of user commands or options, such as a menu, a prominent item in the list meets this criterion.

[...]

2. Basic Permissions.

All rights granted under this License are granted for the term of copyright on the Program, and are irrevocable provided the stated conditions are met. This License explicitly affirms your unlimited permission to run the unmodified Program. The output from running a covered work is covered by this License only if the output, given its content, constitutes a covered work. This License acknowledges your rights of fair use or other equivalent, as provided by copyright law.

You may make, run and propagate covered works that you do not convey, without conditions so long as your license otherwise remains in force. You may convey covered works to others for the sole purpose of having them make modifications exclusively for you, or provide you with facilities for running those works, provided that you comply with the terms of this License in conveying all material for which you do not control copyright. Those thus making or running the covered works for you must do so exclusively on your behalf, under your direction and control, on terms that prohibit them from making any copies of your copyrighted material outside their relationship with you.

Conveying under any other circumstances is permitted solely under the conditions stated below. Sublicensing is not allowed; section 10 makes it unnecessary.

[...]

5. Conveying Modified Source Versions.

You may convey a work based on the Program, or the modifications to produce it from the Program, in the form of source code under the terms of section 4, provided that you also meet all of these conditions:

a) The work must carry prominent notices stating that you modified it, and giving a relevant date.
b) The work must carry prominent notices stating that it is released under this License and any conditions added under section 7. This requirement modifies the requirement in section 4 to "keep intact all notices".
c) You must license the entire work, as a whole, under this License to anyone who comes into possession of a copy. This License will therefore apply, along with any applicable section 7 additional terms, to the whole of the work, and all its parts, regardless of how they are packaged. This License gives no permission to license the work in any other way, but it does not invalidate such permission if you have separately received it.

d) If the work has interactive user interfaces, each must display Appropriate Legal Notices; however, if the Program has interactive interfaces that do not display Appropriate Legal Notices, your work need not make them do so.

A compilation of a covered work with other separate and independent works, which are not by their nature extensions of the covered work, and which are not combined with it such as to form a larger program, in or on a volume of a storage or distribution medium, is called an "aggregate" if the compilation and its resulting copyright are not used to limit the access or legal rights of the compilation's users beyond what the individual works permit. Inclusion of a covered work in an aggregate does not cause this License to apply to the other parts of the aggregate.

[...]

8. Termination.
You may not propagate or modify a covered work except as expressly provided under this License. Any attempt otherwise to propagate or modify it is void, and will automatically terminate your rights under this License (including any patent licenses granted under the third paragraph of section 11).
However, if you cease all violation of this License, then your license from a particular copyright holder is reinstated (a) provisionally, unless and until the copyright holder explicitly and finally terminates your license, and (b) permanently, if the copyright holder fails to notify you of the violation by some reasonable means prior to 60 days after the cessation.
Moreover, your license from a particular copyright holder is reinstated permanently if the copyright holder notifies you of the violation by some reasonable means, this is the first time you have received notice of violation of this License (for any work) from that copyright holder, and you cure the violation prior to 30 days after your receipt of the notice.
Termination of your rights under this section does not terminate the licenses of parties who have received copies or rights from you under this License. If your rights have been terminated and not permanently reinstated, you do not qualify to receive new licenses for the same material under section 10.

[...]

14. Revised Versions of this License.
The Free Software Foundation may publish revised and/or new versions of the GNU General Public License from time to time. Such new versions will be

similar in spirit to the present version, but may differ in detail to address new problems or concerns.

Each version is given a distinguishing version number. If the Program specifies that a certain numbered version of the GNU General Public License "or any later version" applies to it, you have the option of following the terms and conditions either of that numbered version or of any later version published by the Free Software Foundation. If the Program does not specify a version number of the GNU General Public License, you may choose any version ever published by the Free Software Foundation.

If the Program specifies that a proxy can decide which future versions of the GNU General Public License can be used, that proxy's public statement of acceptance of a version permanently authorizes you to choose that version for the Program.

Later license versions may give you additional or different permissions. However, no additional obligations are imposed on any author or copyright holder as a result of your choosing to follow a later version.

[...]

Literaturverzeichnis

Allmann, Ivonne Open Source Compliance, Baden-Baden 2019

Apel, Simon Anmerkung zu LG Berlin, Urteil vom 6. Januar 2015–15 O 412/14, ZUM 2015, 522–525

Bar, Christian von Kollisionsrecht, Fremdenrecht und Sachrecht für internationale Sachverhalte im Internationalen Urheberrecht, UFITA 108 (1988), 27–49

Basedow, Jürgen/Metzger, Axel Anmerkung zu Art. 8 des Vorschlags der EG-Kommission für eine »Verordnung über das außervertragliche Schuldverhältnisse anzuwendende Recht« (»Rom II«), in: Festschrift für Mark Moiseevič Boguslavskij, Berlin 2004, S. 153–172

Bauer, Christian Alexander User Generated Content, Berlin/Heidelberg 2011

Beardwood, John P./Alleyne, Andrew C. Open Source Hybrids and the Final GPLv3, CRi 2008, 14–20

Becker, Bernhard von Rechtsprobleme bei Mehr-Autoren-Werkverbindungen, ZUM 2002, 581–588

Becker, Christoph Verletzung immaterieller Rechte in der Lieferkette?, in: Festschrift für Herbert Buchner zum 70. Geburtstag, München 2009, S. 53–66

beck-online.GROSSKOMMENTAR zum Zivilrecht, Hrsg. Beate Gsell u. a., München 2019

Beck'scher Online-Kommentar BGB, Hrsg.: Heinz Georg Bamberger, u. a., 50. Edition München 1. 5. 2019

Beck'scher Online-Kommentar Urheberrecht, Hrsg.: Hartwig Ahlberg, Horst-Peter Götting, 24. Edition München 15. 4. 2019

Beck'scher Online-Kommentar ZPO, Hrsg.: Volkert Vorwerk, Christian Wolf, 32. Edition München 1. 3. 2019

Beckstein, Frank Einschränkungen des Schutzlandprinzips, Tübingen 2010

Benkard, Georg [Begr.] Patentgesetz, Gebrauchsmustergesetz, Patentkostengesetz Kommentar, 11. Auf. München 2015

Berger, Christian Zur »Aktivlegitimation« des Urhebers und des Inhabers eines ausschließlichen Nutzungsrechts, in: Festschrift für Gernot Schulze zum 70. Geburtstag, München 2017, S. 353–360

Berger, Christian/Wündisch, Sebastian [Hrsg.] Urhebervertragsrecht, Handbuch, 2. Aufl. Baden-Baden 2015

Bergmann, Alfred Miturheber als Gesellschafter, in: Festschrift für Joachim Bornkamm zum 65. Geburtstag, München 2014, S. 737–747

Birkmann, Andrea Die Anknüpfung der originären Inhaberschaft am Urheberrecht, Baden-Baden 2009

Bisges, Marcel Der europäische Werkbegriff und sein Einfluss auf die deutsche Urheberrechtsentwicklung, ZUM 2015, 357–361

Bitzer, Jürgen/Schröder, Philipp J. H. Entwicklung von Open-Source-Software: Kostenrelevante Eigenschaften einer ungewöhnlichen Organisationsform, in: Open Source Jahrbuch 2007, Hrsg.: Bernd Lutterbeck, Matthias Bärwolf, Robert A. Gehring, Berlin 2007, S. 185–194

Blobel, Elena Miturhebergemeinschaft und Miturhebergesellschaft, Baden-Baden 2014

Böcker, Lina Barbara Computerprogramme zwischen Werk und Erfindung, Baden-Baden 2009

Bollacher, Philipp D. Internationales Privatrecht, Urheberrecht und Internet, Frankfurt a.M. u.a. 2005

Bork, Reinhard Allgemeiner Teil des Bürgerlichen Gesetzbuchs, 4. Aufl. Tübingen 2016

Braun, Alfons Maria Die internationale Coproduktion von Filmen im Internationalen Privatrecht, München 1996

Brauneck, Anja/Brauner, Frank Optionsverträge über künftige Werke im Filmbereich, ZUM 2006, 513–523

Buchner, Benedikt Rom II und das Internationale Immaterialgüter- und Wettbewerbsrecht, GRUR Int. 2005, 1004–1012

Büscher, Wolfgang/Dittmer, Stefan/Schiwy, Peter [Hrsg.] Gewerblicher Rechtsschutz, Urheberrecht, Medienrecht: Kommentar, 3. Auflage Köln 2015

Canaris, Claus-Wilhelm Gesamtunwirksamkeit und Teilgültigkeit rechtsgeschäftlicher Regelungen, in: Festschrift für Ernst Steindorff zum 70. Geburtstag, Berlin, New York 1990, S. 519–571

Castendyk, Oliver Gibt es ein »Klingelton-Herstellungsrecht«?, ZUM 2005, 9–19

Chakraborty, Martin Das Rechtsinstitut der freien Benutzung im Urheberrecht, Baden-Baden 1997

Cigoj, Stojan Internationalprivatrechtliche Aspekte der Urheberrechte, in: Festschrift für Karl Firsching zum 70. Geburtstag, Hrsg.: Dieter Henrich, Bernd von Hoffmann, München 1985, S. 53–76

Cornels, Jann Hendrik Die Schranken des Designrechts, Göttingen 2015

Czychowski, Christian Abschied vom Schöpferprinzip in digitalen kreativen Netzwerken?, in: Der Schutz des geistigen Eigentums im Internet, Hrsg.: Stefan Leible, Tübingen 2012, S. 11–15

ders. Der »Urheberrechts-Troll« – Wichtige Rechtsfragen von Open Source-Lizenzen?, GRUR-RR 2018, 1–5

De Miguel Asensio, Pedro A. The Private International Law of Intellectual Property and Unfair Commercial Practices: Convergence or Divergence?, in: Intellectual Property and Private International Law, Hrsg.: Stefan Leible, Ansgar Ohly, Tübingen 2009, S. 137–190

De Nicolò, Christopher Open Source Software: Rechtliche Aspekte nach deutschem und italienischem Recht, Diss Regensburg 2010

Deike, Thies Open Source Software: IPR-Fragen und Einordnungen ins deutsche Rechtssystem, CR 2003, 9–18

Determann, Lothar Softwarekombinationen unter der GPL, GRUR Int. 2006, 645–653 *ders.* Dangerous Liaisons – Software Combinations as Derivative Works – Distribution, Installation, and Execution of Linked Programs under Copyright Law, Commercial Licenses, and the GPL, Berkeley Technology Law Journal 2006, 1422–1498

Dicey, Albert Venn/Collins, Lawrence/Morris, John Humphrey Carlile Conflict of Laws, 2. Volume, London 2012

Dietrich, Nils Anmerkung zu BGH Urt. v. 16.4.2015 – I ZR 225/12 – Goldrapper, ZUM 2015, 1006–1007

Dietz, Adolf Die Schutzdauer-Richtlinie der EU, GRUR Int. 1995, 670–686

Dietz, Claire Der Werkintegritätsschutz im deutschen und US-amerikanischen Recht, Berlin 2009

Dregelies, Max Die Haftung des GmbH-Geschäftsführers für Patent- und andere Immaterialgüterrechte, GRUR 2018, 8–15

Dreher, Meinrad Die Auslegung von Rechtsbegriffen in AGB, AcP 189 (1989), 234–385

Dreier, Thomas Verletzung urheberrechtlich geschützter Software nach der Umsetzung der EG-Richtlinie, GRUR 1993, 781–792

ders. Ausgleich, Abschreckung und andere Rechtsfolgen von Urheberrechtsverletzungen, GRUR Int. 2004, 706–712

ders. Creative Commons, Science Commons – Ein Paradigmenwechsel im Urheberrecht, in: Festschrift für Gerhard Schricker zum 70. Geburtstag, München 2005, S. 283–298

Dreier, Thomas/Schulze, Gernot [Hrsg.] Urheberrechtsgesetz, 6. Aufl. München 2018

Dreier, Thomas/Vogel, Rupert Software- und Computerrecht, Frankfurt a.M. 2008

Drexl, Josef Europarecht und Kollisionsrecht, in: Festschrift für Adolf Dietz zum 65. Geburtstag, München 2001, S. 461–480

ders. Lex americana ante portas – Zur extraterritorialen Anwendung nationalen Urheberrechts, in: Festschrift für Wilhelm Nordemann zum 70. Geburtstag, München 2004, S. 429–445

Dreyer, Gunda/Kotthoff, Jost/Meckel, Astrid/Hentsch, Christian-Henner Urheberrechtsgesetz, Urheberwahrnehmungsgesetz, Kunsturhebergesetz, Heidelberger Kommentar, 4. Aufl. Heidelberg 2018

Drobnig, Ulrich Originärer Erwerb und Übertragung von Immaterialgüterrechten im Kollisionsrecht, RabelsZ 40 (1946), 195–208

Ebke, Werner F. Überseering: »Die wahre Liberalität ist Anerkennung«, JZ 2003, 927–933

Ebner, Martin Markenschutz im internationalen Privat- und Zivilprozessrecht, Köln u.a. 2004

Eickemeier, Dominik/Keppeler Lutz Martin Anmerkung zu OLG Hamm Urt. v. 13.6.2017–4 U 72/16 – Kostenlose Zurverfügungstellung von Software unter GNU durch Universität, CR 2017, 787–788

Elkemann-Reusch, Ilva Die erzwungene Gegengabe, ZGE 2010, 413–452

Engelhardt, Tim Drafting Options for Contributor Agreements for Free and Open Source Software: Assignment, (Non)Exclusive Licence and Legal Consequences. A Comparative Analysis of German and US Law, SCRIPTed 2013, 149–176

Erdmann, Willi Vereinbarungen über Werkveränderungen, in: Festschrift für Ulrich Loewenheim zum 75. Geburtstag, München 2009, S. 81–95

Evert, Till Anwendbares Urheberrecht im Internet, Hamburg 2005

Flechsig, Frederike B. Harmonisierung der Schutzdauer für musikalische Kompositionen mit Text, ZUM 2012, 227–235

Forkel, Hans Gebundene Rechtsübertragungen, Köln u. a. 1977

Fromm, Friedrich Karl/Nordemann, Wilhelm [Begr.] Kommentar zum Urheberrechtsgesetz, Verlagsgesetz, Einigungsvertrag (Urheberrecht), zur EU-Portabilitätsverordnung, Hrsg.: Axel Nordemann, u. a., 12. Aufl. Stuttgart 2018

dies. Kommentar zum Urheberrechtsgesetz, Verlagsgesetz, Urheberrechtswahrnehmungsgesetz, Hrsg.: Axel Nordemann, Jan Bernd Nordemann, 11. Aufl. Stuttgart 2014

Fuchs, Anke/Meierhöfer, Christine/Morsbach, Jochen/Pahlow, Louis Agile Programmierung – Neue Herausforderungen für das Softwarevertragsrecht? Unterschiede zu den »klassischen« Softwareentwicklungsprojekten, MMR 2012, 427–433

Funk, Axel/Zeifang, Gregor Die GNU General Public License, Version 3, CR 2007, 617–624

Gabler, Mariella Die urheberrechtliche Drittnutzung zwischen Vervielfältigung, Bearbeitung und freier Benutzung, Baden-Baden 2018

Galetzka, Christian Open Source Software im Internet der Dinge, in: DSRI Tagungsband Herbstakademie 2015, Hrsg.: Jürgen Taeger, Edewecht 2015, S. 647–663

Galetzka, Christian/Hackel, Florian Anmerkung zu OLG Hamburg, Urt. v. 28. 2. 2019–5 U 146/16 – VM-Ware, MMR 2019, 455–458

Gamerith, Helmuth Die Verwirkung im Urheberrecht, WRP 2004, 75–102

Gamm, Otto-Friedrich Freiherr von Urheberrechtsgesetz Kommentar, München 1968

Gantz, Sönke Das droit de non-paternité, Göttingen 2011

Geiger, Matthias Das Umarbeitungsrecht des Softwareanwenders, Baden-Baden 2007

Gerlach, Carsten Praxisprobleme der Open-Source-Lizenzierung, CR 2006, 649–654

Godendorff, Nils Schadensersatz wegen unberechtigter Verwarnung im Immaterialgüter- und Wettbewerbsrecht, Göttingen 2007

Golla, Sebastian J./Lück, Benjamin Der grüne Weg als Sackgasse?: Zur Rechtsnatur des sogenannten Zweitveröffentlichungsrechts nach § 38 Abs. 4 UrhG, ZUM 2015, 550–555

Gössl, Susanne Lilian Internetspezifisches Kollisionsrecht?, Baden-Baden 2014

Gottschalk, Eckart The Law Applicable to Intellectual Property Rights, in: Conflict of Laws in a Globalized World, Hrsg.: Eckart Gottschalk u. a., Cambridge 2007, S. 184–219

Grabitz, Eberhard [Begr.]/*Hilf, Meinhard/Nettesheim, Martin* [Hrsg.] Das Recht der Europäischen Union, Band IV, 40. EL München Oktober 2009

Graf von Westphalen, Friedrich [Begr.] Vertragsrecht und AGB-Klauselwerke, 40. EL München 2018

Grassmuck, Volker Freie Software, 2. Aufl. Bonn 2004

Greger, Reinhard Der surfende Richter, in: Festschrift für Rolf Stürner zum 70. Geburtstag 1. Teilband, Tübingen 2013, S. 289–296

Grimm, Kristin Lizenzketten im Urheberrecht – Zum Schicksal der Unterlizenz nach Beendigung des Hauptlizenzvertrages, Frankfurt a.M. 2016

Grobe-Einsler User-Generated Content: Werkschaffung durch mehrere Urheber, Jena 2016

Grohmann, Hans Das Recht des Urhebers, Entstellungen und Änderungen seines Werkes zu verbieten, Erlangen 1971

Grünberger, Michael Das Urheberrechtsstatut nach der Rom II-VO, ZVglRWiss 108 (2009) 134–177

ders. Bedarf es einer Harmonisierung der Verwertungsrechte und Schranken?, ZUM 2015, 273–290

Grünberger, Michael/Podszun, Rupprecht Die Entwicklung des Immaterialgüterrechts im Recht der Europäischen Union in den Jahren 2013/14 – Teil 1, GPR 2015, 11–25

Grützmacher, Malte Anmerkung zu LG Frankfurt a.M. Urt. v. 6.9.2006-2-6 O 224/06 - Anwendbarkeit der GPL, CR 2006, 733-735

ders. Open Source Software - BSD Copyright und Apache Software License, ITRB 2006, 108-112

ders. Rechtliche Aspekte der Herstellung und Nutzung von Embedded Systems, in: Von der Lochkarte zum globalen Netzwerk - 30 Jahre DGRI, Hrsg.: Wolfgang Büchner, Thomas Dreier, Köln 2007, S. 87-108

Guadamuz, Andres/Rens, Andrew Comparative Analysis of copyright assignment and licence formalities for Open Source Contributor Agreements, SCRIPTed 2013, 207-230

Haberer, Anno Die Lizenzketten, Frankfurt a.M. 2015

Haberstumpf, Helmut Verfügungen über urheberrechtliche Nutzungsrechte im Verlagsrecht, in: Festschrift für Heinrich Hubmann zum 70. Geburtstag, Frankfurt a.M. 1985, S. 127-144

ders. Zum Umfang der Verbietungsrechte des Verlegers, in: Festschrift für Gerhard Schricker zum 70. Geburtstag, München 2005, S. 309-324

ders. Freie Benutzung im harmonisierten Urheberrecht, ZGE 2015, 425-459

Hauck, Ronny Die Verdinglichung obligatorischer Rechte am Beispiel einfacher immaterialgüterrechtlicher Lizenzen, AcP 211 (2011), 626-664

Haug, Simon Anmerkung zu KG Berlin Urt. v. 7.12.2015-24 U 111/15 - Kein SE nach MFM-Sätzen, K&R 2016, 126-128

Hausmann, Rainer Möglichkeiten und Grenzen der Rechtswahl in internationalen Urheberrechtsverträgen, in: Festschrift für Wolf Schwarz zum 70. Geburtstag, Baden-Baden 1988, S. 47-74

Herbst, Reimer Die rechtliche Ausgestaltung der Lizenz und ihre Einordnung in das System des Bürgerlichen Rechts, Göttingen 1968

Heussen, Benno »Danaergeschenke, Dereliktion oder Haftung im Verein?« Offene Rechtsfragen um Free-Software, in: Festschrift für Wolfgang Kilian, Baden-Baden 2004, S. 323-338

ders. Rechtliche Verantwortungsebenen und dingliche Verfügungen bei der Überlassung von Open Source Software, MMR 2004, 445-450

Hilber, Marc/Reintzsch, Dirk Cloud Computing und Open Source - Wie groß ist die Gefahr des Copyleft bei SaaS? Zur Auslegung der Copyleft-Lizenzen und des dabei anzuwendenden Rechts, CR 2014, 697-702

Hilty, Reto M./Köklü, Kaya Reichweite des Rechtsschutzes von Computerprogrammen, in: Festschrift für Joachim Bornkamm zum 65. Geburtstag, Hrsg.: Wolfgang Büscher u.a., München 2014, S. 797-809

ders. M. Die freie Benutzung nach § 24 UrhG - Grenzen und Potential, in: Anwalt des Urheberrechts: Festschrift für Gernot Schulze zum 70. Geburtstag, Hrsg.: Thomas Dreier u.a. München 2017, S. 127-135

Hoeren, Thomas Open Source Software und das Schenkungsrecht - eine durchdachte Liaison, in: Festschrift für Helmut Kollhosser zum 70. Geburtstag Band 2, Karlsruhe 2004, S. 229-240

ders. Anmerkung 1 zu LG München I, Urt. v. 19.5.2004-21 O 6123/04 - GPL Verstoß, CR 2004, 776-778

Hoffmann, Jan Felix Gewillkürte Prozessstandschaft und materiell-rechtliche Ausübungsermächtigung, ZZP 130 (2017), 403-437

Hoppen, Peter/Thalhofer, Thomas Der Einbezug von Open Source-Komponenten bei der Erstellung kommerzieller Software, CR 2012, 275–280

Hörnig, Andreas Das Bearbeitungsrecht und die Bearbeitung im Urheberrecht unter besonderer Berücksichtigung von Werken der Literatur, UFITA 99 (1985), 13–116

Huber, Peter [Hrsg.] Rome II Regulation Pocket Commentary, München 2011

Institut für Rechtsfragen der Freien und Open Source Software (ifrOSS) [Hrsg.] Die GPL kommentiert und erklärt, Köln 2005, zitiert: *Bearbeiter*, in: ifrOSS-GPL

Jacobs, Rainer Anmerkung zu BGH Urt. v. 23.2.2012 – I ZR 6/11 – Kommunikationsdesigner, GRUR 2012, 1025–1026

Jaeger, Till Kommerzielle Applikationen für Open Source Software und deutsches Urheberrecht, in: Vernetztes Rechnen – Softwarepatente – Web 2.0, Hrsg. Mathis Hoffmann, Stefan Leible, Stuttgart u. a. 2008, S. 61–78

ders. Enforcement of the GNU GPL in Germany and Europe JIPITEC 2010, 34–39

ders. Anmerkung zu LG Köln Urt. v. 17.7.2014–14 O 463/13 – Unzulässige Umlizenzierung einer Open Source Software für Online Shops, CR 2014, 706–707

Jaeger, Till/Mantz, Reto Anmerkung zu LG Köln, Urt. v. 5.3.2014–28 O 232/13, MMR 2014, 480–483

Jaeger, Till/Metzger, Axel Open Source Software, 4. Aufl. München 2016

dies. Open Content-Lizenzen nach deutschem Recht, MMR 2003, 431–436

dies. Die neue Version 3 der GNU General Public License, GRUR 2008, 130–137

Jakob, Sylvia F. A Qualitative Study on the Adoption of Copyright Assignment Agreements (CAA) and Copyright License Agreements (CLA) within Selected FOSS Projects, JIPITEC 2014, 105–115

Jänich, Volker Geistiges Eigentum – eine Komplementärerscheinung zum Sacheigentum, Tübingen 2002

Jongsma, Daniël Parody After Deckmyn – A Comparative Overview of the Approach to Parody Under Copyright Law in Belgium, France, Germany and The Netherlands, IIC 2017, 652–682

Jotzo, Florian Anmerkung zu BGH Urt. v. 19.7.2012 – I ZR 70/10 – M2Trade, JZ 2013, 797–800

ders. Der EuGH als Interimsnormgeber im digitalen Urheberrecht, ZGE 2017, 447–470

juris Praxiskommentar Band 6 – Internationales Privatrecht und UN-Kaufrecht, Hrsg.: Markus Würdinger, 8. Aufl. Saarbrücken 2017

Karger, Michael Rechtseinräumung bei Software-Erstellung, CR 2001, 357–366

Karl, Christof Der urheberrechtliche Schutzbereich von Computerprogrammen, München 2009

Katt, Mareen Die gesamtschuldnerische Haftung des Kronzeugen, Tübingen 2019

Katzenberger, Paul Deutsches Folgerecht und ausländische Kunstauktionen – Zur Anwendbarkeit und zum räumlichen Schutzbereich des § 26 UrhG bei grenzüberschreitenden Veräußerungen von Kunstwerken, GRUR Int. 1992, 567–588

ders. Urheberrechtsverträge im Internationalen Privatrecht und Konventionsrecht, in: Festgabe für Gerhard Schricker zum 60. Geburtstag, München 1995, S. 225–259

Kegel, Gehard/Schurig Klaus Internationales Privatrecht, 9. Aufl. München 2004

Keppeler, Lutz M. Wann erstreckt sich die GPLv2 auf eine komplexe Software »as a whole«?, CR 2015, 9–15

Kilian, Wolfgang/Heussen, Benno [Hrsg.] Computerrechtshandbuch – Informationstechnologie in der Rechts- und Wirtschaftspraxis, 33. EL München 2017

Klass, Nadine Das Urheberkollisionsrecht der ersten Inhaberschaft – Plädoyer für einen universalen Ansatz, GRUR Int. 2007, 373–386

dies. Ein interessen- und prinzipienorientierter Ansatz für die urheberkollisionsrechtliche Normbildung: Die Bestimmung geeigneter Anknüpfungspunkte für die erste Inhaberschaft, GRUR Int. 2008, 546–557

dies. Werkgenuss und Werknutzung in der digitalen Welt: Bedarf es einer Harmonisierung des Urheberpersönlichkeitsrechts?, ZUM 2015, 290–308

Klingebiel, Marian Rechtsprobleme des Web 2.0, Hamburg 2015

ders. Wikis und Urheberrecht – Lösung über Lizenzierung, in: Nutzergenerierte Inhalte als Gegenstand des Privatrechts – Aktuelle Probleme des Web 2.0, Hrsg.: Henning Große Ruse-Khan u. a., Heidelberg u. a. 2010, S. 43–70

Knopp, Michael Fanfiction – nutzergenerierte Inhalte und das Urheberrecht, GRUR 2010, 28–33

Koch, Frank A. Urheber- und kartellrechtliche Aspekte der Nutzung von Open-Source-Software (I), CR 2000, 273–281 und (II), CR 2000, 333–344

ders. Probleme beim Wechsel zur neuen Version der General Public License (Teil 1), ITRB 2007, 261–263 und (Teil 2), ITRB 2007, 285–288

Koch, Thomas Das Schweigen von Marcel Duchamp – Anmerkung zur BGH-Entscheidung »Beuys-Aktion«, in: Festschrift für Joachim Bornkamm zum 65. Geburtstag, München 2014, S. 835–848

Koglin, Olaf Opensourcerecht, Frankfurt a.M. 2007

ders. Die Nutzung von Open Source Software unter neunen GPL-Versionen nach der »any later version«-Klausel, CR 2008, 137–143

Köhler, Helmut/Bornkamm, Joachim/Feddersen, Jörn Gesetz gegen den Unlauteren Wettbewerb, 37. Aufl. München 2019

König, Dominik Das einfache unentgeltliche Nutzungsrecht für jedermann, Göttingen 2016

König, Dominik/Beck, Benjamin Die immaterialgüterrechtliche Schutzfähigkeit von »Affen-Selfies«, ZUM 2016, 34–38

Koreng, Ansgar Neues zu Creative Commons-Lizenzen, K&R 2015, 99–103

Kornblum, Udo »Die verflixte schwebende Jungfrau«, JuS 1981, 801–805

Kreutzer, Till Open Content Lizenzen – Ein Leitfaden für die Praxis, Bonn 2011, zitiert: *Kreutzer*, Open Content 2011

ders. Open Content – Ein Praxisleitfaden zur Nutzung von Creative Common Lizenzen, Bonn 2015, zitiert: *Kreutzer*, Open Content 2015

ders. Zu den Folgen einer Verwendung von GPL-lizenzierten Open-Source-Software-Komponenten auf die Durchsetzung von Urheberrechten an Firmware, CR 2012, 146–152

Kropholler, Jan Internationales Privatrecht, 6. Aufl. Tübingen 2006

Krujatz, Sebastian Open Access, Tübingen 2012

Krusemarck, Philipp Die abhängige Schöpfung im Recht des geistigen Eigentums, Tübingen 2013

Kümpel, Siegfried Konto/Depot zugunsten Dritter auf den Todesfall und das Widerrufsrecht der Erben, WM 1993, 825–829

Kur, Annette Trademark Conflicts on the Internet: Territoriality Redefined?, in: Intellectual Property in the Conflict of Laws, Hrsg.: Jürgen Basedow, u. a., Tübingen 2005, S. 175–193

Lehmann, Michael Das Urhebervertragsrecht der Softwareüberlassung, in: Festgabe für Gerhard Schricker zum 60. Geburtstag, München 1995, S. 543–570

Lehmann, Michael/Meents, Jan Geert [Hrsg.] Handbuch des Fachanwalts Informationstechnologierecht, 2. Aufl. Köln 2011

Leistner, Matthias the Law Applicable to Non-Contractual Obligations Arising from an Infringement of National or Community IP Rights, in: Intellectual Property and Private International Law, Hrsg.: Stefan Leible, Ansgar Ohly, Tübingen 2009, S. 97–121

ders. Von Joseph Beuys, Marcel Duchamp und der dokumentarischen Fotografie von Kunstaktionen, ZUM 2011, 468–487

ders. Der europäische Werkbegriff, ZGE 2013, 4–45

ders. Urheberrecht an der Schnittstelle zwischen Unionsrecht und nationalem Recht – Werkbegriff und Recht der öffentlichen Wiedergabe, GRUR 2014, 1145–1155

ders. Urheberrecht unter dem Einfluss der EuGH-Rechtsprechung, EuZW 2016, 166–171

Lejeune, Mathias Rechtsprobleme bei der Lizenzierung von Open Source Software nach der GNU GPL, ITRB 2003, 10–12

Lenhard, Frank Vertragstypologie von Softwareüberlassungsverträgen, München 2006

Lessig, Lawrence Free Culture – how big media uses technology and the law to lock down culture and control creativity, New York 2004

Lewinski, Silke von International Copyright Law and Policy, Oxford 2008

Lieder, Jan Die rechtsgeschäftliche Sukzession, Tübingen 2015

Loewenheim, Ulrich [Hrsg.] Handbuch des Urheberrechts, 2. Aufl. München 2010

Looschelders, Dirk Schuldrecht Allgemeiner Teil, 16. Aufl. München 2018

Loschelder, Michael Vervielfältigung oder Bearbeitung? – Zum Verhältnis des § 16 UrhG zu § 23 UrhG, GRUR 2011, 1078–1083

Lutz, Alexander Zugang zu wissenschaftlichen Informationen in der digitalen Welt, Tübingen 2012

Maaßen, Stefan Abmahnung wegen unterlassener Urheberbenennung: Grenzen eines Geschäftsmodells, GRUR-Prax 2013, 127–129

Mankowski, Peter Contracts Relating to Intellectual or Industrial Property Rights under the Rome I Regulation, in: Intellectual Property and Private International Law, Hrsg.: Stefan Leible, Ansgar Ohly, Tübingen 2009, S. 31–78

Mantz, Reto Open Content-Lizenzen und Verlagsverträge – Die Reichweite des § 33 UrhG, MMR 2006, 784–789

ders. Open Access-Lizenzen und Rechtsübertragung bei Open Access-Werken, in: Rechtliche Rahmenbedingungen von Open Access-Publikationen. Hrsg.: Gerald Spindler, Göttingen 2006, S. 55–103

ders. Open Source, Open Content und Open Access – Gemeinsamkeiten und Unterschiede, in: Open Source Jahrbuch 2007, Hrsg.: Bernd Lutterbeck, Matthias Bärwolf, Robert A. Gehring, Berlin 2007, S. 413–426

ders. Creative Commons-Lizenzen im Spiegel internationaler Gerichtsverfahren, GRUR Int. 2008, 20–24

ders. Anmerkung zu LG Hamburg, Urt. v. 14.6.2013–308 O 10/13, CR 2013, 640–641

Maracke, Catharina Editorial: Copyright Management for Open Collaborative Projects – Inbound Licensing Models for Open Innovation, SCRIPTed 2013, 140–148
Markert, Kurt Anmerkung zu BGH Urt. v. 6.4.2016 – VIII ZR 79/15, EnWZ 2016, 362–364
ders. Anmerkung zu EuGH, Urt. v. 21.12.2016 – C-154/15, C-307–15 und C-308/15, EnWZ 2017, 173–175
ders. Preisanpassung in der Strom- und Gasversorgung: Europäisches Aus für die »Dreijahreslösung« des BGH, ZMR 2017, 213–216
Marly, Jochen Praxishandbuch Softwarerecht, 7. Aufl. München 2018
Maunz, Theodor/Dürig, Günter [Begr.] Grundgesetz Kommentar, 87 EL München 2019
McGuire, Mary-Rose Die Lizenz – Eine Einordnung in die Systemzusammenhänge des BGB und des Zivilprozessrechts, Tübingen 2012
dies. Das Urheberrecht in der Cloud: Universalitäts- versus Territorialitätsprinzip, in: Der Schutz des geistigen Eigentums im Internet, Hrsg.: Stefan Leible, Tübingen 2012, S. 143–164
Medicus, Dieter/Petersen, Jens Allgemeiner Teil des BGB, 11. Aufl. Heidelberg 2016
Mes, Peter Patentgesetz, Gebrauchsmustergesetz Kommentar, 4. Aufl. München 2015
Metzger, Axel Rechtsgeschäfte über das Droit moral im deutschen und französischen Urheberrecht, München 2002
ders. Freie Software, Open Content – Ausgleich expansiver Urheberrechte durch das Vertragsrecht?, in: Interessenausgleich im Urheberrecht, Hrsg.: Reto M. Hilty, Alexander Peukert, Baden-Baden 2004, S. 253–265
ders. Anmerkung 2 zu LG München I, Urt. v. 19.5.2004–21 O 6123/04 – GPL Verstoß, CR 2004, 778–780
ders. Europäisches Urheberrecht ohne Droit moral?, in: Festschrift für Gerhard Schricker zum 70. Geburtstag, München 2005, S. 454–471
ders. Transfer of Rights, License Agreements, and Conflict of Law: Remarks on the Rome Convention of 1980 and the Current ALI Draft, in: Intellectual Property in the Conflict of Laws, Hrsg.: Jürgen Basedow, u.a., Tübingen 2005, S. 61–77
ders. Zum anwendbaren Urheberrecht bei grenzüberschreitendem Rundfunk, IPRax 2006, 242–246
ders. Innovation in der Open Source Community – Herausforderungen für Theorie und Praxis des Immaterialgüterrechts, in: Geistiges Eigentum und Innovation, Hrsg.: Martin Eifert, Wolfgang Hoffmann-Riem, Berlin 2009, S. 187–206
ders. Vom Einzelurheber zu Teams und Netzwerken: Erosion des Schöpferprinzips?, in: Wissen – Märkte – Geistiges Eigentum, Hrsg.: Stefan Leible u.a., Tübingen 2010, S. 79–92
ders. Applicable Law under the CLIP Principles: A Pragmatic Revaluation of Territoriality, in: Intellectual Property in the Global Arena, Hrsg.: Jürgen Basedow u.a., Tübingen 2010, S. 157–178
ders. Jurisdiction and Applicable Law in Matters of Intellectual Property, in: German National Reports to the 18th International Congress of Comparative Law, Hrsg.: Jürgen Basedow u.a., Tübingen 2010, S. 327–370
ders. Perspektiven des internationalen Urheberrechts – Zwischen Territorialität und Ubiquität, JZ 2010, 929–937
ders. Transnational Law for Transnational Communities, JIPITEC 2012, 361–368

ders. Internationalisation of FOSS Contributory Copyright Assignments and Licenses: Jurisdiction-Specific or »Unported«?, SCRIPTed 2013, 177–206

ders. Am Ende der Lizenzkette: Rechtsprobleme des mehrstufigen Softwarevertriebs, ITRB 2013, 239–242

ders. Open Source und andere alternative Lizenzmodelle: Nutzung des Urheberrechts als Mittel zur Sicherung freier Kommunikation, in: Die Kollision von Urheberrecht und Nutzerverhalten, Hrsg.: Michael Grünberger, Stefan Leible, Tübingen 2014, S. 115–129

ders. Das internationale Privat- und Verfahrensrecht und das UrhG von 1965: Zwischenlösung auf dem Weg zu einem internationalen Instrument, in: Festschrift 50 Jahre Urheberrechtsgesetz, München 2015, S. 267–276

Metzger, Axel/Barudi, Malek Open Source in der Insolvenz: Die wichtigsten Konsequenzen einer Insolvenz des Lizenzgebers im Überblick, CR 2009, 557–563

Metzger, Axel/Jaeger, Till Open Source Software und das deutsche Urheberrecht, GRUR Int. 1999, 839–848

dies. Open Source Software and German Copyright Law, IIC 2001, 52–74

Meyer, Stephan T. Miturheberschaft bei freier Software, Baden-Baden 2011

ders. Miturheberschaft und Aktivlegitimation bei freier Software, CR 2011, 560–566

Mezger, Lukas Die Schutzschwelle für Werke der angewandten Kunst nach deutschem und europäischem Recht, Göttingen 2017

ders. Das Konzept Wikipedia, in: Rechtsquelle Wikipedia? Praxis – Fiktionen – Standards, Hrsg.: Katharina Gräfin von Schlieffen, Jens Fischer, abrufbar unter: https://t1p.de/Rechtsquelle-Wikipedia, S. 9–16

Münchener Kommentar zum Bürgerlichen Gesetzbuch Band 1, 8. Aufl. München 2018; Band 2, 8. Aufl. München 2019; Band 3, 8. Aufl. München 2019; Band 4, 8. Aufl. München 2019; Band 7, 7. Aufl. München 2017; Band 11, 7. Aufl. München 2018; Band 12, 7. Aufl. München 2018

Nägele, Thomas/Apel, Simon Zur rechtserhaltenden Benutzung einer Marke für Open Source Software, WRP 2017, 775–780

Neuhaus, Paul Heinrich Freiheit und Gleichheit im internationalen Immaterialgüterrecht, RabelsZ 40 (1976), 191–195

Neumann-Duesberg, Horst Das besondere Persönlichkeitsrecht der Nichturheberschaft (droit de non-paternité), UFITA 50 (1967), 464–467

Nimmer, Raymond T. Coexisting with Free and Open Source Software, CRi 2006, 129–134

Nolden, Christoph Das Abstraktionsprinzip im urheberrechtlichen Lizenzverkehr, Göttingen 2005

Nomos Kommentar BGB Schuldrecht, Band 2/1: §§ 240–610, 3. Aufl. Baden-Baden 2016

Nomos Kommentar zum BGB, Band 6: Rom-Verordnungen, 3. Aufl. Baden-Baden 2019

Nordemann, Jan Bernd Die Erstattungsfähigkeit anwaltlicher Abmahnkosten bei Urheber rechtsverletzungen, WRP 2005, 184–190

ders. Der Unterschied zwischen Einräumung und Übertragung von Nutzungsrechten im Urheberrecht – auch ein Beitrag zur Begriffswahl »Übertragungszweckgedanke«, in: Festschrift für Joachim Bornkamm zum 65. Geburtstag, München 2014, S. 907–920

ders. Bearbeitung und Europarecht – Muss die Blässetheorie vor den EuGH?, in: Festschrift für Mathias Schwarz zum 65. Geburtstag, München 2017, S. 97–107

Nordmeyer, Arne Kartellrecht der Softwareverträge, Tübingen 2018 *ders.* Open Source und Kartellrecht: Die Gültigkeit der Copyleft- und Lizenzgebührenverbots-Klauseln angesichts des Art. 101 AEU[V] (sowie der §§ 1 f. GWB), JIPITEC 2010, 19–33

Oberhem, Carolina Vertrags- und Haftungsfragen beim Vertrieb von Open-Source-Software, Hamburg 2008

Oehler, Claas Komplexe Werke im System des Urheberrechtsgesetzes am Beispiel von Computerspielen – Zugleich ein Beitrag zur Auslegung der §§ 8 und 9 UrhG, Baden-Baden 2016

Ohly, Ansgar Gibt es einen Numerus clausus der Immaterialgüterrechte?, in: Festschrift für Gerhard Schricker zum 70. Geburtstag, München 2005, S. 105–121

ders. Urheberrecht in der digitalen Welt – Brauchen wir neue Regelungen zum Urheberrecht und dessen Durchsetzung?, Gutachten F zum 70. Deutschen Juristentag, München 2014

ders. Hip Hop und die Zukunft der »freien Benutzung« im EU-Urheberrecht: Anmerkungen zum Vorlagebeschluss des BGH »Metall auf Metall III«, GRUR 2017, 964–969

Omsels, Josef-Hermann Open Source und das deutsche Vertrags- und Urheberrecht, in: Festschrift für Paul W. Hertin zum 60. Geburtstag, München 2000, S. 141–171

Ory, Stephan/Sorge, Christian Schöpfung durch künstliche Intelligenz?, NJW 2019, 710–713

Pahlow, Louis Lizenz und Lizenzvertrag im Recht des Geistigen Eigentums, Tübingen 2006

Palandt, Otto [Begr.] Bürgerliches Gesetzbuch, 78. Aufl. München 2019

Peifer, Karl-Nikolaus Das Territorialitätsprinzip im Europäischen Gemeinschaftsrecht vor dem Hintergrund der technischen Entwicklung, ZUM 2006, 1–8

ders. Zur angemessenen Vergütung im Urhebervertragsrecht, AfP 2008, 545–551

ders. Internationale Zuständigkeit nach Art. 5 Nr. 3 EuGVVO und anwendbares Recht bei Markenrechtsverletzungen, IPRax 2013, 228–230

ders. Parodie, Mashup, Medienkritik: Das urheberrechtlich geschützte Werk als Gegenstand und Beiwerk der filmischen Auseinandersetzung – Möglichkeiten und Grenzen im Lichte des aktuellen Urheberrechtsgesetzes, ZUM 2016, 805–811

Peinze, Alexander Internationales Urheberrecht in Deutschland und England, Tübingen 2002

Peukert, Alexander Die Gemeinfreiheit – Begriff, Funktion, Dogmatik, Tübingen 2012

Peukert, Alexander/König, Dominik License contracts, free software and creative commons, in: German National Reports on the 19th International Congress of Comparative Law, Hrsg.: Martin Schmidt-Kessel, Tübingen 2014, S. 519–543

Picot, Henriette Abstraktion und Kausalabhängigkeit im deutschen Immaterialgüterrecht, Baden-Baden 2007

Pießkalla, Michael Urheberrechte an Beitragsleistungen in der Gesellschaft bürgerlichen Rechts: Zweckübertragungslehre vs. § 718 Abs. 1 BGB, ZUM 2015, 858–866

Plaß, Grund Open Contents im deutschen Urheberrecht, GRUR 2002, 670–682

Plassmann, Clemens Bearbeitungen und andere Umgestaltungen in § 23 Urheberrechtsgesetz, Berlin 1996

Plett, Konstanze Urheberschaft, Miturheberschaft und wissenschaftliches Gemeinschaftswerk, München 1984

Poo-Caamaño, Germán/German, Daniel M. The Right to a Contribution: An Exploratory Survey on How Organizations Address It, in: Open Source Systems: Adoption and Impact, Hrsg.: Ernesto Damiani u. a., Cham 2015, S. 157–167

Radke, Wolfram W. Bedingungsrecht und Typenzwang – Eine Untersuchung zu Grundlagen und Grenzen privatautonomer Gestaltung, Berlin 2001

Raue, Benjamin Die dreifache Schadensberechnung, Baden-Baden 2017

ders. Der Restschadensersatzanspruch im Urheberrecht (§ 102 UrhG, § 852 BGB) – Anmerkung zu BGH ZUM 2017, 62 – Everytime we touch, ZUM 2017, 71–73

Rauer, Nils/Ettig, Diana Creative Commons & Co., WRP 2015, 153–157

Rauscher, Thomas Internationales Privatrecht, 5. Aufl. Heidelberg 2017

Rautenstrauch, Birthe Open-Source-Computersoftware zwischen Urheber- und Kartellrecht, Hamburg 2013

Reber, Nikolaus Die urhebervertragsrechtlichen Regelungen zur »angemessenen Vergütung« in der DSM-Richtlinie, GRUR 2019, 891–897

Regelin, Frank Peter Das Kollisionsrecht der Immaterialgüterrechte an der Schwelle zum 21. Jahrhundert, Frankfurt a.M. 2000

Rehbinder, Manfred/Peukert, Alexander Urheberrecht – Ein Studienbuch, 18. Aufl. München 2018

Richter, Thomas Parteiautonomie im Internationalen Immaterialgüterrecht, Tübingen 2017

Riehle, Dirk How Open Source Software Is Changing the Software Developer's Career, IEEE Computer 2015 (vol. 48), No. 5, S. 51–57

Riehm, Thomas Umsetzungsspielräume der Mitgliedstaaten bei vollharmonisierenden Richtlinien, in: Vollharmonisierung im Privatrecht, Hrsg.: Beate Gsell, Carsten Herresthal, Tübingen 2010, S. 83–111

Rieke, Stephanie Die Miturhebergemeinschaft – unter besonderer Berücksichtigung der Geltendmachung der Ansprüche aus Rechtsverletzungen, Hamburg 2012

Riesenhuber, Karl Die Vermutungstatbestände des § 10 UrhG, GRUR 2003, 187–196

Roder, Verena Die Methodik des EuGH im Urheberrecht, Tübingen 2016

Rome Regulations Commentary, Hrsg.: Gralf-Peter Callies, 2. Aufl. Alphen 2015

Roos, Philipp Die AGB-Verbandsklage im Urhebervertragsrecht, Baden-Baden 2016

Rosati, Elenora Copyright in the EU: in search of (in)flexibilities, GRUR Int. 2014, 419–428

Rosen, Lawrence Open Source Licensing: Software Freedom and Intellectual Property Law, Upper Saddle River 2005

Rosenkranz, Timo Open Contents, Tübingen 2011

Sack, Rolf Die Lizenzanalogie im System des Immaterialgüterrechts, in: Festschrift für Heinrich Hubmann zum 70. Geburtstag, Frankfurt a.M. 1985, S. 373–396

ders. Das IPR des geistigen Eigentums nach der Rom II-VO, WRP 2008, 1405–1419

Sandrock, Otto Das Kollisionsrecht des unlauteren Wettbewerbs zwischen dem internationalen Immaterialgüterrecht und dem internationalen Kartellrecht, GRUR Int. 1985, 507–522

Schack, Haimo Zur Anknüpfung des Urheberrechts im internationalen Privatrecht, Berlin 1979

ders. Kunst und Recht, 3. Aufl. Tübingen 2017

ders. Internationales Zivilverfahrensrecht, 7. Aufl. München 2017

ders. BGB- Allgemeiner Teil, 16. Aufl. Heidelberg 2019

ders. Urheber- und Urhebervertragsrecht, 9. Aufl. Tübingen 2019
ders. Das Persönlichkeitsrecht der Urheber und ausübenden Künstler nach dem Tode, GRUR 1985, 352–361
ders. Rezension zu Marbach, Eugen, Rechtsgemeinschaft an Immaterialgütern, Bern 1987, UFITA 106 (1987), 280–283
ders. Die grenzüberschreitende Verletzung allgemeiner und Urheberpersönlichkeitsrechte, UFITA 108 (1988), 51–72
ders. Der Vergütungsanspruch der in- und ausländischen Filmhersteller aus § 54 UrhG, ZUM 1989, 267–285
ders. Wem gebührt das Urheberrecht, dem Schöpfer oder dem Produzenten?, ZUM 1990, 59–62
ders. Kolorierung von Spielfilmen: Das Persönlichkeitsrecht des Filmregisseurs im IPR, IPRax 1993, 46–51
ders. Anmerkung zu BGH Urt. v. 16. 6. 1994 – I ZR 24/92 – Folgerecht mit Auslandsbezug, JZ 1995, 357–359
ders. Drittwirkung der Rechtskraft?, NJW 1988, 865–873
ders. Neue Techniken und Geistiges Eigentum, JZ 1998, 753–763
ders. Anmerkung zu BGH Urt. v. 2. 10. 1997 – I ZR 88/95 – Spielbankaffaire, JZ 1998, 1018–1020
ders. Internationale Urheber-, Marken- und Wettbewerbsrechtsverletzungen im Internet – Internationales Privatrecht, MMR 2000, 59–65
ders. Prozessführung über fremde Rechte, in: Festschrift für Walter Gerhardt zum 70. Geburtstag, Köln 2004, S. 859–878
ders. International zwingende Normen im Urhebervertragsrecht, in: Festschrift für Andreas Heldrich zum 70. Geburtstag, München 2005, S. 997–1005
ders. Urheberrechtliche Schranken, übergesetzlicher Notstand und verfassungskonforme Auslegung, in: Festschrift für Gerhard Schricker zum 70. Geburtstag, München 2005, S. 511–521
ders. Urheber, Miturheber, Anreger und Gehilfen, in: Festschrift für Peter Raue zum 65. Geburtstag, Köln 2006, S. 649–661
ders. Rechtsprobleme der Online-Übermittlung, GRUR 2007, 639–645
ders. Das auf (formlose) Immaterialgüterrechte anwendbare Recht nach Rom II, in: Festschrift für Jan Kropholler zum 70. Geburtstag, Tübingen 2008, S. 651–669
ders. Anmerkung zu OLG Jena Urt. v. 27. 2. 2008–2 U 319/07 – Thumbnails, MMR 2008, 414–416
ders. Täter und Störer: Zur Erweiterung und Begrenzung der Verantwortlichkeit durch Verkehrspflichten im Wettbewerbs- und Immaterialgüterrecht, in: Festschrift für Dieter Reuter zum 70. Geburtstag, Berlin/New York 2010, S. 1167–1182
ders. Miturheber, Gehilfen und Bearbeiter in der bildenden Kunst, Aktions- und Videokunst, KUR 2012, 155–165
ders. Anmerkung zu EUGH, Urt. v. 3. 10. 2013 – C-170/12 – Peter Pinckney/KDG Mediatech AG, NJW 2013, 3629–3630
ders. Weniger Urheberrecht ist mehr, in: Festschrift für Artur-Axel Wandtke zum 70. Geburtstag, Berlin 2013, S. 9–20
ders. Persönlichkeitsrechtliche Grenzen der bildenden Kunst, KUR 2014, 3–10

ders. Einheitliches Urheberrecht in der EU, in: Festschrift 50 Jahre Urheberrechtsgesetz, Hrsg.: Thomas Dreier, Reto Hilty, München 2015, S. 277–285

ders. Das neue UrhWissG – Schranken für Unterricht, Wissenschaft und Institutionen, ZUM 2017, 802–808

ders. Unterlizensierung einfacher Nutzungsrechte?, in: Festschrift für Gernot Schulze zum 70. Geburtstag, München 2017, S. 307–314

ders. Anmerkung zu BGH, Urt. v. 27.4.2017 – I ZR 247/15 – AIDA-Kussmund, GRUR 2017, 802–803

ders. Rezension zu Richter, Thomas, Parteiautonomie im Internationalen Immaterialgüterrecht, Tübingen 2017, ZUM 2017, 878–879

ders. Anmerkung zu EUGH, Urt. v. 13.11.2018 – C-310/17 – Levola Hengelo BV/Smilde Foods BV, GRUR 2019, 75

ders. Weiterleben nach dem Tode – wie lange? Postmortale Begrenzung subjektiver Rechte, JZ 2019, 864–872

ders. Die Miturhebergemeinschaft, in: Festschrift für Karsten Schmidt zum 80. Geburtstag, Band II, München 2019, S. 315–322

Schäfer, Fabian Der virale Effekt, Karlsruhe 2007

ders. Aktivlegitimation und Anspruchsumfang bei der Verletzung der GPL v2 und v3, K&R 2010, 298–302

ders. Zum viralen Effekt der General Public License v. 2 (GPL), K&R 2012, 127–129

Schäfer, Jürgen Das Transparenzgebot im Recht der Allgemeinen Geschäftsbedingungen, Frankfurt a.M. 1992

Schiffner, Thomas Open Source Software: Freie Software im deutschen Urheber- und Vertragsrecht, München 2002

Schlaak, Martin Die Rechtsbeziehung zwischen Urhebern verbundener Werke, Berlin 1985

Schmidt, Harry Vertragsfolgen der Nichteinbeziehung und Unwirksamkeit von Allgemeinen Geschäftsbedingungen, Heidelberg 1986

Schmidt, Jan Hendrik Maximalschutz im internationalen und europäischen Urheberrecht, Göttingen 2018

Schmidt, Nicole Open Access, Baden-Baden 2016

Schneider, Jochen Handbuch EDV-Recht, Köln 2017

Schneider, Mathias Offene Fragen zur Urhebernennung nach Pixelio: Widersprüche in der aktuellen Rechtsprechung zum Urhebernennungsrecht und Lösungsmöglichkeiten, CR 2016, 37–43

Scholz, Jochen Zum Fortbestand abgeleiteter Nutzungsrechte nach Wegfall der Hauptlizenz, GRUR 2009, 1107–1112

Schöttle, Hendrik Anmerkung zu LG Köln Urt. v. 20.10.2017–14 O 188/17 – Linux-Kernel, CR 2018, 15–17

Schrader, Paul T./Rautenstrauch, Birthe Urheberrechtliche Verwertung von Bildern durch Anzeige von Vorschaugrafiken (sog. »Thumbnails«) bei Internetsuchmaschinen, UFITA 2007/III, 761–781

Schrader, Paul T./Weber, Klaus Das Vervielfältigungsrecht – Dogmatischer Ausgangspunkt oder praktischer Auffangtatbestand des Urheberrechts, UFITA 2011/II, 494–518

Schreibauer, Marcus/Mantz, Reto Anmerkung zu LG Berlin Urt. v. 8.11.2011–16 O 255/10 – Surfsitter, GRUR-RR 2012, 111–112

Schricker, Gerhard [Begr.]/*Loewenheim, Ulrich* Urheberrecht Kommentar, 5. Aufl. München 2017

Schricker, Gerhard [Hrsg.] Urheberrecht auf dem Weg zur Informationsgesellschaft, Baden-Baden 1997

ders. Die Einwilligung des Urhebers in entstellende Änderungen des Werkes, in: Festschrift für Heinrich Hubmann zum 70. Geburtstag, Frankfurt a.M. 1985, S. 409–419

ders. Anmerkung zu BGH Urt. v. 7.2.2002 – I ZR 304/99 – Unikatrahmen, JZ 2002, 719–721

Schulz, Carsten Dezentrale Softwareentwicklungs- und Softwarevermarktungskonzepte, Köln u.a. 2005

Schulze, Gernot Die kleine Münze und ihre Abgrenzungsproblematik bei den Werkarten des Urheberrechts, Freiburg Br. 1983

ders. Einheitlich lange Schutzdauer für alle Werkverbindungen, in: Festschrift für Artur-Axel Wandtke zum 70. Geburtstag, Berlin 2013, S. 373–384

Schwarz, Tim Jonathan Die Beendigung urheberrechtlicher Nutzungsrechtseinräumungen, Baden-Baden 2018

Schweinoch, Martin Anmerkung zu OLG Köln Urt. v. 31.10.2014–6 U 60/14 – Creative-Commons-Lizenz, NJW 2015, 794–795

Sester, Peter Open-Source-Software: Vertragsrecht, Haftungsrisiken und IPR-Fragen, CR 2000, 797–807

Siebers, Bernd Open Source Litigation, in: DSRI Tagungsband Herbstakademie 2016, Hrsg: Jürgen Taeger, Edewecht 2017 S. 355–367

ders. Anmerkung zu LG Köln Urt. v. 20.10.2017–14 O 188/17 – Linux-Kernel, MMR 2018, 415–417

Siefert, Torsten Die Abgrenzung von Werkeinheit und Werkmehrheit im Urheberrecht und deren Bedeutung für das Verwertungsrecht, Baden-Baden 1998

Skrzipek, Klaus Urheberpersönlichkeitsrechte und Vorfrage, Baden-Baden 2005

Sontag, Peter Das Miturheberrecht, Köln u.a. 1972

Sosnitza, Olaf Gedanken zur Rechtsnatur der ausschließlichen Lizenz, in: Festschrift für Gerhard Schricker zum 70. Geburtstag, München 2005, S. 183–196

Specht, Louisa Diktat der Technik, Baden-Baden 2019

Spindler, Gerald [Hrsg.] Rechtsfragen bei Open Source, Köln 2004

ders. Die kollisionsrechtliche Behandlung von Urheberrechtsverletzungen im Internet, IPRax 2003, 412–421

ders. Open Source Software auf dem gerichtlichen Prüfstand – Dingliche Qualifikation und Inhaltskontrolle, K&R 2004, 528–534

ders. Ausgewählte urheberrechtliche Probleme von OSS unter der GPL, in: Wem gehört die Information im 21. Jahrhundert, Hrsg.: Alfred Büllesbach, Thomas Dreier, Köln 2004, S. 114–144

ders. Miturhebergemeinschaft und BGB-Gesellschaft, in: Festschrift für Gerhard Schricker zum 70. Geburtstag, München 2005, S. 539–558

ders. Anreize zum Verschenken – Open Source, Open Access, Creative Commons und Wikipedia als Phänomene neuer Geschäfts- und Informationsmodelle: Erste Annäherung, in: Festschrift für Hans-Bernd Schäfer zum 65. Geburtstag, Wiesbaden 2008, S. 89–102

ders. Die Entwicklung des EDV-Recht 2007/2008, K&R 2008, 565–573 *ders.* Lizenzierung nach M2Trade, Take five und Reifen Progressiv: Eine Analyse mit besonderem Blick auf das Konzern- und auf das Kollisionsrecht, CR 2014, 557–567

Spindler, Gerald/Schuster, Fabian [Hrsg.] Recht der elektronischen Medien, 3. Aufl. München 2015

Spindler, Gerald/Wiebe, Andreas Open Source Vertrieb – Rechteeinräumung und Nutzungsberechtigung, CR 2003, 873–879

Spoendlin, Kaspar Der internationale Schutz des Urhebers, UFITA 107 (1988), 11–54

Stallman, Richard M. Free Software, Free Society – Selected Essays of Richard M. Stallman, 3. Aufl. Boston 2015

Staudinger, Julius von [Begr.] Kommentar zum Bürgerlichen Gesetzbuch mit Einführungsgesetz und Nebengesetzen, Buch 2 Recht der Schuldverhältnisse Einleitung zum Schuldrecht §§ 241–243, Berlin 2015

ders. Kommentar zum Bürgerlichen Gesetzbuch mit Einführungsgesetz und Nebengesetzen, Buch 2 Recht der Schuldverhältnisse §§ 305–310, UKlaG (Recht der Allgemeinen Geschäftsbedingungen), Berlin 2013

ders. Kommentar zum Bürgerlichen Gesetzbuch mit Einführungsgesetz und Nebengesetzen, Buch 2 Recht der Schuldverhältnisse §§ 397–432, Berlin 2017

ders. Kommentar zum Bürgerlichen Gesetzbuch mit Einführungsgesetz und Nebengesetzen, Buch 3 Sachenrecht §§ 985–1011, Berlin 2013

ders. Kommentar zum Bürgerlichen Gesetzbuch mit Einführungsgesetz und Nebengesetzen, Einführungsgesetz zum Bürgerlichen Gesetzbuch/IPR, Internationales Wirtschaftsrecht, Berlin 2015

Steffen, Lutz Die Miturhebergemeinschaft, Frankfurt a.M. 1989

Stein, Friedrich/Jonas, Martin [Begr.] Kommentar zur Zivilprozessordnung, 23. Aufl., Band 1: Einleitung, §§ 1–77 ZPO, Tübingen 2014; Band 4: §§ 271–327, Tübingen 2018

Stickelbrock, Barbara Linux & Co – Gewährleistung und Haftung bei kommerziell vertriebener Open Source Software (OSS), ZGS 2003, 368–372

Stieper, Malte Rechtfertigung, Rechtsnatur und Disponibilität der Schranken des Urheberrechts, Tübingen 2009

ders. Anmerkung zu BGH, Urt. v. 20.11.2008 – I ZR 112/06 – Metall auf Metall, ZUM 2009, 223–225

ders. Anmerkung zu EuGH, Urt. v. 3.7.2012 – C-128/11 – UsedSoft, ZUM 2012, 668–670

ders. Fan Fiction als moderne Form der Pastiche, AfP 2015, 301–305

ders. Urheberrechtlich wirksame Zweckbindung von Vervielfältigungsstücken?, ZGE 2017, 539–555

Stier, Dominik Sebastian Die Unterbrechung urheberrechtlicher Lizenzketten, Göttingen 2014

Stoffels, Markus AGB-Recht, 3. Aufl. München 2015

Strobel, Tobias So content with Open Content – Zufriedenheit dank Open-Content-Lizenz, MMR 2003, 778–782

Stroh, Rolf Werkeinheit und Werkmehrheit im deutschen Urheberrecht, München 1970

Suchomski, Bernd Proprietäres Patentrecht beim Einsatz von Open Source Software, Bonn 2011

Szalai, Stefan Die Rechtsnatur der Miturheberschaft, UFITA 2012/I, 5–67

Teufel, Fitz Freie Software, Offene Innovation und Schutzrechte, Mitteilungen der deutschen Patentanwälte 2007, 341–352

Teupen, Christian »Copyleft« im deutschen Urheberrecht – Implikationen von Open Source Software im Urhebergesetz, Berlin 2007

Thum, Dorothee Who Decides on the Colours of Films on the Internet? Drafting of Choise-of-Law Rules for the Determination of Initial Ownership of Film Works vis-à-vis Global Act of Exploitation on the Internet, in: Intellectual Property and Private International Law, Hrsg. Josef Drexl, Annette Kur, Oxford u. a. 2005, S. 265–287

Timm, Daniela Kartellrecht der Softwareverträge, Frankfurt a.M. 2005

Tochtermann, Lea Sukzessionsschutz im Recht des Geistigen Eigentums, Tübingen 2018

Troge, Thorsten Europarecht und das Staatsangehörigkeitsprinzip im Internationalen Privatrecht, Baden-Baden 2009

Ubertazzi, Luigi Carlo Das EU-Reglement über die Urheberpersönlichkeitsrechte, GRUR Int. 2018, 110–127

Uffmann, Katharina Das Verbot der geltungserhaltenden Reduktion, Tübingen 2010

Ulmer, Eugen Immaterialgüterrecht im internationalen Privatrecht, Köln u. a. 1975

ders. Urheber- und Verlagsrecht, 3. Aufl. Berlin 1980

Ulmer, Peter/Brandner, Hans Erich/Hensen, Horst-Diether [Begr.] Kommentar zum AGB-Recht, 12. Aufl. Köln 2016

Ungern-Sternberg, Joachim von Die Bindungswirkung des Unionsrechts und urheberrechtlichen Verwertungsrechte, in: Festschrift für Joachim Bornkamm zum 65. Geburtstag, München 2014, S. 1007–1022

ders. Die Rechtsprechung des EuGH und des BGH zum Urheberrecht und zu den verwandten Schutzrechten im Jahre 2013, GRUR 2014, 209–224

ders. Die Rechtsprechung des EuGH und des BGH zum Urheberrecht und zu den verwandten Schutzrechten im Jahre 2014, GRUR 2015, 205–221

ders. Verwendungen des Werkes in veränderter Gestalt im Lichte des Unionsrechts, GRUR 2015, 533–539

ders. Zum Recht auf Anerkennung der Urheberschaft: Inhalt und gesetzliche Beschränkungen, GRUR 2017, 760–765

van Eechoud, Mireille Choice of Law in Copyright and Related Rights, Den Haag, London, New York 2003

dies. Alternatives to the *lex protectionis* as the Choice-of-Law Rule for Initial Ownership of Copyright, in: Intellectual Property and Private International Law, Hrsg. Josef Drexl, Annette Kur, Oxford u. a. 2005, S. 289–306

dies. Along the Road to Uniformity – Diverse Readings of the Court of Justice Judgments on Copyright Work, JIPITEC 2012, 60–80

dies. Adapting the Work, in: The Work of Authorship, Hrsg.: Mireille van Eechoud, Amsterdam 2014, abrufbar unter: http://www.oapen.org/search?identifier=503030, S. 145–173

van Eechoud, Mireille/Hugenholtz, P. Bernt/Gompel, Stef van/Guibault, Lucie/Helberger, Natali Harmonizing European Copyright Law – The Challenges of Better Lawmaking, Austin u. a. 2009

van Engelen, Dick Rome II and intellectual property rights: Choice of law brought to a standstill, NIPR 2008, 440–448

Varimezov, Dimitar Grenzüberschreitende Rechtsverletzungen im Bereich des gewerblichen Rechtsschutzes und das anwendbare Recht, Frankfurt a.M. 2012

Vianello, Mirko Lizensierung von Musik in nutzergenerierten Video: Der steinige Weg zur Verwendung im Internet, MMR 2009, 90–95

Völtz, Gregor Creative Commons Lizenzen im Lichte des Verbraucherschutzes, VuR 2016, 169–173

Völzmann-Stickelbrock, Barbara Auswirkung des Widerrufs einer GNU-Lizenz auf Dritte, in: Der Schutz des geistigen Eigentums im Internet, Hrsg.: Stefan Leible, Tübingen 2012, S. 47–74

dies. Wikipedia aus der Sicht des Urheberrechts, in: Rechtsquelle Wikipedia? Praxis – Fiktionen – Standards, Hrsg.: Katharina Gräfin von Schlieffen, Jens Fischer, abrufbar unter: https://t1p.de/Rechtsquelle-Wikipedia, S. 26–32

Wagner, Kristina Aktuelle Möglichkeiten und rechtliche Probleme der Creative Commons-Lizenzmodelle, MMR 2017, 216–221

Waldenberger, Arthur Die Miturheberschaft im Rechtsvergleich, München 1991

ders. Zur zivilrechtlichen Verantwortlichkeit für Urheberrechtsverletzungen im Internet, ZUM 1997, 176–187.

Walter, Michael M. [Hrsg.] Europäisches Urheberrecht, Wien, New York 2006

Walter, Michael M./von Lewinski, Silke [Hrgs.] European Copyright Law, Oxford 2010

Wandtke, Arthur-Axel/Bullinger, Winfried [Hrsg.] Praxiskommentar zum Urheberrecht, 5. Aufl. München 2019

Wandtke, Arthur-Axel/Hauck, Ronny Urheberrecht versus Pressefreiheit, NJW 2017, 3422–3425

Weber, Tilman die Behandlung von Patent-, Warenzeichen-, und Urheberrechtsverletzungen im Internationalen Privat- und Zivilprozessrecht, Augsburg 1968

Wegmann, Katrin Der Rechtsgedanke der freien Benutzung des § 24 UrhG und die verwandten Schutzrecht, Baden-Baden 2013

Wehler, Philipp Die freie Benutzung im digitalen Zeitalter, Hamburg 2012

Welser, Marcus von Zum Urheberkollisionsrecht bei grenzüberschreitenden Sendungen, IPRax 2003, 440–442

ders. Rechtsfragen der Open Source Software – über den Versuch, Linux zu monetarisieren, ZGE 2017, 570–588

ders. Kampf um Linux: Ist die Freiheit der Open-Source-Software bedroht?, GRUR-Prax 2018, 164–166

Widmer, Mike J. Open Source Software – Urheberrechtliche Aspekte freier Software, Bern 2003

Wielsch, Dan Zugangsregeln, Tübingen 2008

ders. Governance of Massive Multiauthor Collaboration – Linux, Wikipedia, and Other Networks: Governed by Bilateral Contracts, Partnerships, or Something in Between?, JIPITEC 2010, 96–108

Wolf, Manfred/Lindacher, Walter F./Pfeiffer, Thomas AGB-Recht Kommentar, 6. Aufl. München 2013

Wolf, Manfred/Neuner, Jörg Allgemeiner Teil des Bürgerlichen Rechts, 11. Auf. München 2016

Wuermeling, Ulrich/Deike, Thies Open Source Software: Eine juristische Risikoanalyse, CR 2003, 87–91

Ziegler, Katharina Urheberrechtsverletzungen durch Social Sharing, Tübingen 2016

Zimmer, Till Urheberrechtliche Verpflichtungen und Verfügungen im Internationalen Privatrecht, Baden-Baden 2006

Zurth, Patrick Rechtsgeschäftliche und gesetzliche Nutzungsrechte im Urheberrecht: Eine dogmatische Analyse der Rechtsnatur und der vertraglichen Gestaltungsmöglichkeiten, Tübingen 2016

ders. Bereicherungsrechtliche Implikationen im Immaterialgüterrecht, GRUR 2019, 143–150